高等院校旅游学科21世纪规划教材

旅游环境学概论

（第二版）

孔邦杰　编著

上海人民出版社　格致出版社

作者简介

　　孔邦杰，浙江农林大学旅游与健康学院教师。主要从事旅游环境、旅游安全、旅游规划等领域的教学与科研工作。主持 2 项省部级项目，完成多项课题，主持或参与完成 50 多项旅游区规划项目。

内容提要

　　本书根据旅游环境的特点，以培养掌握旅游环境理论知识的应用型人才为目标，从旅游环境各要素与旅游之间的关系入手，阐述了旅游环境的基础知识、评价技术和保护方法等，以使旅游开发和活动的环境影响最小化，从而促使旅游经济与环境保护的协调可持续发展。

目录

第一章

旅游环境概述

学习要点

掌握旅游环境系统的概念、分类和特征;掌握旅游与环境间的相互关系,包括环境对旅游的影响,以及旅游对环境的反作用;了解旅游环境问题的形成原因和类型;掌握旅游环境问题的本质;了解旅游环境的保护措施。

基本概念

环境、旅游环境、转移环境问题、新增环境问题、旅游环境干扰、旅游环境污染、旅游环境破坏

据世界旅游组织统计,20世纪90年代初,旅游业已成为全球最大的产业。旅游作为人类社会中一种不断发展的生活方式,是一种高层次的消费活动,是人类社会物质生活条件获得基本满足后出现的一种享受和追求,也是人类一种积极健康的社会交往活动。

第一节　旅游环境系统

一、相关概念

(一) 旅游及旅游系统

旅游是人们离开常住地到异国他乡访问的旅行和暂时停留所引起的各种现象和关系的总和。旅游系统是围绕人类旅游活动形成的,涉及"吃、住、行、游、购、娱"六大要素,是参与旅游活动的各组成要素相互联系、相互制约形成的一个社会、自然、经济的动态有机体,具有实现旅游价值的整体功能。

旅游活动具有消费性、休闲性和社会性,其外部特征具有空间上的异地性、时间上的暂时性和过程上的综合性。从旅游活动所涉及的地域空间来看,旅游系统是由旅游客源地、旅游目的地、旅游通道和旅游环境共同构成的复合系统。

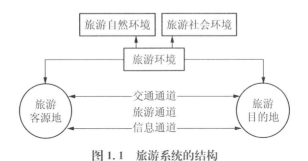

图1.1　旅游系统的结构

(二) 环境及环境系统

环境是相对于中心事物而言的,它作为中心事物的对立面而存在,是作用于中心事物的所有物质、能量与信息的总和。从一般意义上讲,环境是指环绕某一中心事物的周围事物,即围绕某中心事物的外部世界的总称。

地球表面各种环境要素或环境结构及其相互关系的总和称为环境系统。环境系统是一个复杂的,有时、空、量、序变化的动态系统和开放系统,各子系统和各组成成分之间,存在着相互作用,并构成一定的网络结构。正是这种网络结构,使环境具有整体功能,形成集体效应,起协同作用。

（三）旅游环境的概念

旅游环境的定义因中心事物的不同而不同。从以旅游者为中心的角度来看,旅游环境是指以旅游者为中心,使旅游活动得以存在、进行和发展的各种旅游目的地与依托地的自然、社会、人文等外部条件的总和;从以旅游资源为中心的角度来看,旅游环境是指以旅游资源为中心,围绕在旅游资源周围的其他自然生态、人文社会各种因素的总和。

二、旅游环境的分类

旅游环境内容广泛,按不同分类条件可以划分为不同的类型。按区域可分为森林旅游环境、滨海旅游环境、乡村旅游环境、城市旅游环境等;按性质可分为自然旅游环境、半自然旅游环境和人工旅游环境;按空间可分为旅游客源地环境、旅游目的地环境和旅游通道环境。为了更好地研究环境的性质,往往从环境整体的各个独立的、性质不同的而又服从整体演化规律的基本物质组分入手,也就是按环境要素分为旅游自然环境和旅游社会环境。

（一）旅游自然环境

旅游自然环境是指旅游目的地和依托地的各种自然因素的总和,是旅游区的大气、水、生物、土壤、岩石等所组成的自然环境综合体。变化万千、差异悬殊的自然环境是旅游活动的基础环境,对当地旅游业生存、发展起着至关重要的承载作用。

图1.2　旅游自然环境的分类

旅游自然环境不仅决定旅游目的地的分布,对旅游区的可进入性、交通路线、网络等有重要影响,而且在旅游客体的形成、特色、分布等方面都有决定作用。例如,我国西北地区干旱的自然环境,形成了沙漠、戈壁、雅丹地貌等自然旅游景观,以及与之相对应的人文景观,如坎儿井、绿洲农业等;青藏地区高寒的自然环境,形成了高山、雪原、冰川、湿冷植被和高寒动物等;云贵、两广和福建一线,其自然环境特点是气候湿热、多山地、广布可溶性灰岩,因此岩溶景观典型,山水风光秀丽;内蒙古在干旱、半干旱的自然环境条件下,形成了典型的草原和牧场风光。

（二）旅游社会环境

旅游社会环境是指旅游目的地和依托地的社会物质、精神条件的总和。旅游社会环境的发展和演替,受自然规律、经济规律以及社会规律的支配和制约,是人类精神文明和物质文明发展的标志,同时随着人类文明的演进而不断地丰富和发展。

图1.3　旅游社会环境的分类

1. 旅游政治环境。

旅游政治环境是区域旅游政策制度、旅游管理技能、政治局势等影响（支持或限制）旅游发展的软环境,对旅游发展起到了一种促进或阻碍作用。

2. 旅游经济环境。

旅游经济环境包括外部旅游经济环境和内部旅游经济环境。外部旅游经济环境是指满足旅游者开展旅游活动的一切经济条件,包括旅游区产业结构、基础设施及旅游服务设施条件、经济技术水平以及旅游投融资能力等。内部旅游经济环境是指旅游行业（产业）内部的管理制度、政策倾向、人员等对旅游的认知和支持程度。

3. 旅游文化环境。

旅游文化环境是旅游目的地所包含的有形文化资源和蕴涵在文化景观中的无形氛围。有形文化资源例如古建筑、古陵墓、古人类遗址、古代工程、古园林、人文景观、博物馆等；无形氛围例如宗教历史、民族风情、道德习俗、社会风貌、文化艺术、风味食品等。

三、旅游环境的特征

(一) 内容的广泛性

旅游环境的内容很广泛，既包括各种天然的和经过人工改造的自然因素的总体，如地质地貌、大气、水体、动植物、自然保护区及各类自然遗迹等，以及由这些自然因素共同构成的生态环境；同时包括风景名胜区、人文遗迹、社会经济文化、城市和乡村以及旅游接待设施和服务等。

(二) 要素的脆弱性

脆弱性是相对于干扰而言的。构成旅游环境的诸要素在旅游活动的干扰下，会受到一定程度的影响，产生动态变化，如周期性变化(季节性、节律性变化)和随机性变化(如非典型性肺炎对我国旅游业的影响)、线性变化和非线性变化、渐进性变化和突变性变化等，表现出明显的脆弱性。

在干扰旅游环境系统演化的内外因素中，有许多属于随机影响因子，尤其是一些自然因素、政治因素、市场因素、人为因素、心理因素等，随机性非常大，从而使旅游环境系统的结构与功能呈现出动态的不确定性，增加了人们认识和调控旅游环境系统的复杂性和困难性，但同时也为人们改造旅游环境系统提供了可能。

(三) 形式的地域性

地域性指环境(整体)特性的区域差异，或称为多样性，是共性之中的个性体现。人们的旅游动机之一就是追求异域环境与自己常住地环境的差异性，所以旅游环境的显著特点之一，就是旅游环境的地域特色。如不同旅游目的地的居住环境表现出不同的地域差异，福建的围屋(客家人所建)、广东的碉楼(华侨所建)、湖南湘西的吊脚楼(土家人所建)、皖南的白色灰瓦民居(安徽的儒商所建)等建筑特色与风格迥异。

一般来说，旅游客源地与旅游目的地相距越远，旅游目的地的地域特性相对表现得越突出，这种区域性特点汇成了特定地域的旅游吸引力，人们之所以离开自己的常居地，到较远的异地去旅游，正是这种引力作用的结果。为满足旅游者追求差异性的旅游需求，旅游开发经营者不断地在旅游地的开发建设中追求独特性，从而增加了旅游环境的地域特色。

（四）项目的休憩性

旅游区为人们提供一种与众不同的感观认识，从一定程度上给予人们某种享受。人们到旅游区游玩，通过环境的改变，人们不再受在家时的各种角色和行为的羁绊；通过欣赏景致，雄伟秀美的山水风光和珍奇瑰丽的名胜古迹给人带来精神上的享受和放松，从而使人们在体验旅游活动的过程中身体得到恢复、精神获得欢娱、性情得到陶冶、感官获得享受，甚至激发对生活的热爱、对生命的渴望。旅游活动起到了消除疲劳、放松精神、增进健康的作用，体现了旅游的休憩性。

（五）质量的优越性

旅游活动具有鲜明的享受性和消费性，人们进行旅游活动的目的就是审美享受和追求高品质的环境质量，因此旅游者对旅游区环境质量和服务功能的要求也较高。

环境质量是自然、社会、工程和美学四个方面的综合反映。为满足游客的基本需求，旅游活动过程中接触到的应是安全、优美、清洁、友善的环境，如空气清新、水体洁净和卫生良好等。同时，旅游环境不仅要满足旅游者更高的生理要求，还应满足其更高的心理和审美需求，因此要求风光优美、景观协调、气氛融洽、服务周到、设备完善、秩序井然、接待地居民热情好客，使人感到轻松、自由、舒适、愉快，旅游环境质量明显高于我们日常生活、生产和工作环境的质量，这是由旅游活动本身的特征所决定的。

（六）数量的稀缺性

旅游环境是一种资源，包括物质性（以及以物质为载体的能量性）和非物质性两方面，物质性方面如生物资源、矿产资源、淡水资源、海洋资源、土地资源、森林资源等；非物质性方面如环境状态、环境质量等。

旅游环境资源的数量总是少于人们能免费或自由取用的数量，表现出稀缺性。张家界、九寨沟等景区之所以能蜚声海内外，很重要的一个原因在于其旅游资源和环境状态的稀缺性。

第二节　旅游环境关系

旅游与环境的关系不可分割，旅游的产生和发展离不开环境的影响，同时旅游活动也影响环境。一方面,旅游地与客源地的环境差异产生旅游动机,旅游与其所存在的区域环境发生物质、能量和信息交换,良好的环境提供旅游活动所需的各种物质基础;另一方面,旅游活动的强度、频度、数量与质量等反作用于环境,向环境不断释放物质、能量与信息。旅游的良性发展对环境保护产生积极影响,而盲目的旅游开发则给环境造成负面冲击。

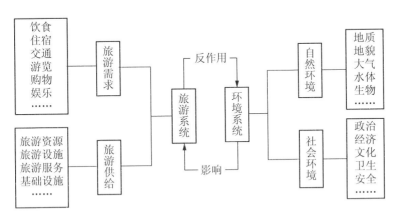

图 1.4　旅游系统与环境系统关系图

一、环境对旅游系统的影响

（一）环境是旅游业生存和发展的基础

旅游系统是在一定环境条件下存在、变化和发展的,旅游系统只有与环境不断发生物质、能量和信息的交换,才能存在与发展。某一旅游系统若与外界环境完全隔绝,旅游主体便失去旅游活动所必需的物质和信息,旅游客体便失去不可缺少的诸如自然、社会、经济等方面的支持,旅游媒体也会因旅游主体和客体的僵化而失去服务对象,从而失去活力和存在的必要。因此,环境是旅游活动的载体与前提,是旅游业赖以生存和发展的基础。

（二）环境是旅游资源的重要组成部分

环境是旅游发展不可或缺的重要资源,旅游就是将美丽的自然和人文环境"卖"给游客的一个过程。因此,环境是非常有价值的旅游资源,旅游事业的成功与旅游环境的吸引力、能给人带来的愉悦以及旅游者从中体验到的舒适程度息息相关。有时一些地方既没有吸引游客的文物古迹,也没有奇特的自然风光,却依靠其优越的环境质量而成为旅游胜地。如湖南省桃源洞国家森林公园,20 世纪 90 年代初期旅游资源调查中发现多处景点为无菌区,负氧离子数量高于城市百倍以上,此结果一经披露,立即引起国内外强烈反响。

（三）环境是开展旅游活动的重要因素

环境是影响旅游活动开展的关键因素之一,虽然对于某些特定类型环境的喜爱会随不同历史时期、不同旅游主体、文化背景差异而不同,但大多数旅游者都喜爱丰富多彩的自然景观、优越的环境质量和独特的异域文化,如阳光沙滩、飞瀑流泉、静谧森林、鸟语花香、异族风情等。旅游对环境的依存度非常高,游客游览的兴致会因为环境污染和破坏而降低,从而影响旅游活动的开展。世界上依靠丰富的自然风光而发展大规模旅游业的地区数不胜数,如许多热带岛屿地区,拥有丰富而优美的自然生态环境,而成为国际知名的旅游胜地。

（四）环境对旅游系统起到了塑造作用

环境通过物质、能量和信息的输入对旅游系统产生作用,旅游系统通过内部要素、结构和功能的自身调整而发生某些相应变化,这种作用可称之为环境对旅游系统的塑造作用或旅游系统对环境的适应作用。

自然环境决定了自然景观的形成与演变,形成了特定旅游区域复杂多样的自然景观,如名山大川、急流险滩、高峰绝壁、高原湖泊、荒漠草原、沟壑洞穴等。旅游设施建设、空间分布和特色受环境条件塑造作用的影响,如我国东北地区的雪橇、西北地区的驼运、西南山地的滑竿和毛驴、平原地区的马车等,都是一定的自然环境对旅游系统所产生的塑造作用。旅游活动和服务形式也会产生很大不同,如山地旅游区与城市旅游区会提供不同的旅游活动和服务内容。社会环境对旅游系统的影响是多方面的,影响较大的有经济条件、法规政策、社区环境、人力资源、历史文化等,塑造出不同内容、形式和结构的人文旅游环境。

二、旅游系统对环境的反作用

旅游系统不只是被动地接受环境的影响,它反过来通过对环境的占用、耗费与损坏等方式影响环境,影响的性质(积极或消极)、表现形式(显性或隐性)、范围(区内或区际)及其程度(大或小),主要取决于旅游流的规模、旅游者空间行为模式、旅游消费水平以及区域旅游政策等。

（一）旅游对环境的积极影响

旅游业的发展给社会、经济、文化、自然环境带来了深刻的变化和影响,通过对旅游资源及环境的合理开发利用而实现的旅游良性循环与发展,可以为环境的保护和改善提供物质基础和条件,对环境保护起到促进作用。

1. 提高环境质量。

一个地区要开发本地的旅游资源,要发展旅游业,必须为游客营造一个良好的环境氛围,以增强对旅游者的吸引力,如在旅游区植树种草,进行"绿化、美化、香化"活动,对旅游区内环境进行综合整治等,提高旅游地自然环境质量。一个旅游地要想吸引更多的旅游者,除具有良好的自然环境条件和具有特色的旅游吸引物以外,还必须有良好的景观风貌、设施条件和融洽的氛围,从而为游客营造一个良好的社会环境条件。承德市因燃料结构和地形原因,大气污染严重,长期未获解决,后来由于旅游业的需要以及有了旅游收入后,使当地环境条件迅速改观。苏州、广西漓江地区的环境治理,最大的动力即为发展旅游业。

浙江千岛湖旅游自 1982 年起步,经过几十年的发展积累,已经成为国内外知名的旅游区。在旅游业取得长足发展的同时,千岛湖的环境质量不仅没有恶化,许多环境指标还进一步优化。如以森林覆盖率为例,20 世纪 50 年代建湖初为23.8%,20 世纪 80 年代旅游业起步时为 47%,到现在旅游业蓬勃发展后则达到95%以上。千岛湖沿湖生活着十几万居民,多年来他们靠山吃山、靠水吃水,一直是景区植被、水体保护的主要威胁,随着林业资源枯竭,经济一度陷入困境。1982年开发建设景点发展旅游以来,旅游经营效益逐步上升,旅游收入已占总收入的70%以上,旅游业的发展使沿湖居民生活水平大幅提高,库区不但停止了森林采伐,每年还投入数百万元用于风景林营造,使千岛湖的环境更加优化,因此,可以说旅游业的发展提高了千岛湖的环境质量。

2. 推动环保工作。

旅游收入的再分配可使相关部门增加对环境的投入,成为旅游环境保护资金的重要来源,也是落实国家环境保护部和国家旅游局关于"广开渠道,积极筹措旅游区污染防治资金,各旅游区应当集中一部分专项资金用于环境保护"要求的手段之一。世界上一些国家旅游的发展就有利地促进了森林公园、自然保护区、历史文化名城、文化遗产等旅游资源的开发、建设和保护,从而保护了生物多样性和生态系统。塞内加尔、加纳、澳大利亚都出现了由土著居民举办的"部落旅游",将大部分旅游收入用于环境保护,效果显著。斯里兰卡对考古和历史保护区进行旅游开发,将这些景点的门票收入直接用于考古研究和保护。

旅游发展可以起到保护自然环境和野生动植物的作用,通过旅游开发而带来的经济收入,可以用于保护那些无法通过非损耗方式获得经济效益的资源,如文物古迹、珍稀野生动植物等。肯尼亚安波沙利(Amboseli)国家公园每年的旅游创汇达 800 万美元,而养牛收入只有 45 万美元,发展旅游业,每年每公顷土地纯收入为 40 美元,而发展农业只有 0.8 美元收入(Western,1984),当地政府因而颁布"禁猎令",建立多处自然保护区和国家公园。哥斯达黎加以自然景色和野生动植物为旅游项目,自 1985 年以来,每年游客递增 30%,而环境未受影响。因此,旅游发展不仅可以获得良好的经济效益,还可以促进环境的保护。

3. 保护传统文化。

从 20 世纪 80 年代至今,我国旅游业的发展在坚持可持续发展战略、保护环境、合理开发资源方面,做了大量富有成效的工作,有力地促进了传统文化和文物古迹的保护。在国家计划安排的有限的基本建设投资中,国家旅游局每年安排专款,资助地方整治或重建了南京秦淮河景区、苏州寒山寺景区、西安古城墙、敦煌月牙泉,整修了包括山海关、八达岭、慕田峪、司马台、黄崖关、嘉峪关等万里长城上的许多景点,这些举措为保护文物古迹作出了重要贡献,使一些濒临毁坏的文物古迹得到拯救。

原始古朴的民风和原汁原味的人文旅游资源,对旅游者的吸引力很大,发展旅游就会挖掘、整理和提炼那些最具民族特色的风俗习惯、历史掌故、神话传说、民间艺术、舞蹈戏曲、音乐美术、民间技艺、服饰饮食、接待礼仪等人文资源,如云南文山普者黑景区的篝火晚会、丽江大研古镇的"丽水金沙"晚会等。这样,随着旅游的发展,一些原先几乎被人们遗忘了的传统习俗和文化活动重又得到开发和恢复;传统的手工艺品因市场需求的扩大重又得到发展;传统的音乐、舞蹈、戏剧等重新受到重视和发掘;长期濒临湮灭的历史建筑重新得到维护和管理。所以,旅游为民族传统文化的保护提供了一条有效途径。

4. 增强环境意识。

旅游活动的开展和旅游业的发展,可以唤起人们的环境保护意识,改变当地居民的观念,增强他们对环境价值的认识,尤其是当旅游给当地居民带来实际利益时,这种作用就会更明显,政府对于环境价值的认识观念也会改变。比如,非洲许多国家的当地政府意识到发展旅游可以赚取外汇,如一个野象群每年创汇 61 万美元,一头狮子每年能创汇 2.7 万美元,一头雄狮一生能创汇 51.5 万美元。如果用作狩猎战利品,一头狮子只获得0.85万美元,作为商品出售仅得到0.1万美元左右。因此,相关政府部门自然而然提高了环境意识,主动保护生态环境。20世纪80年代初期,东非和南非就已建立20.72万平方公里的国家公园,成为世界上最大的野生动物庇护所。

当旅游者在旅游活动过程中深切了解了环境危机之后,会提高其环境保护意识,并转化为实际的关怀行动,如欧洲的游客会在游览阿尔卑斯山时顺便进行净山活动;在德国,许多热爱大自然的潜水者,会利用潜水时间顺便治理珊瑚礁的垃圾。旅游者还可成为前哨观察员,一旦发现某些珍贵资源正遭受破坏或冲击,可设法通知相关的保护团体或政府机构,或者发起相应的保护运动。当旅游者回到工作岗位或日常生活时,可主动宣扬保护自然的理念,参与一些环境保护的义务工作等。

5. 发挥教育功能。

旅游环境是一定地域和时代条件下自然现象和社会现象的反映,伴随着旅游活动的开展,旅游者可以学习到相关的自然知识、文化知识、生态知识、环境知识,更新环境保护观念,唤醒环境意识与关怀,理解与环境相关的问题,协助人们掌握解决环境问题的知识和技能,并使人们以合理的态度、知识及技术处理现存的环境问题及预防环境新问题的发生,确立合理的环境价值观和环境伦理观。

在旅游活动中,用眼观察、用耳倾听、用心感受,通过步行、骑车、骑马、探险、登山、漂流、划船、摄影、野营等参与性活动来认识环境,体验自然。通过森林旅游,唤起旅游者的绿色激情、绿色愉悦和绿色思考;通过游览沙漠,认识防沙、治沙的重要性。旅游活动能使旅游者形象直观地接受教育,大大提高教育效果,发挥了良好的环境教育功能。

(二)旅游对环境的消极影响

旅游发展与环境保护的相互矛盾或相互冲突,一方面表现为环境对旅游活动的制约,对旅游客源的产生形成阻力,影响旅游客流量和客流方向,如旅游区的水资源和土地资源制约旅游业规模;另一方面,表现为旅游发展对环境的负面作用和消极影响,如旅游活动中产生的废气、废水、垃圾等对当地的大气、水体、土壤等造成污染。

1. 对社会文化的影响。

旅游业在很大程度上改善了旅游地居民的物质生活条件,但对文化资源的不合理开发,将文化传统当作商品和经济资源进行售卖,没有合理的保护措施,使当地的文化旅游资源受到冲击,导致民族文化差异日益缩小,甚至演变成文化的灾难,如印度和尼泊尔,昔日神圣的庙堂仪式已成为好奇游客们相机中的摆设,寺庙更像一个人来人往的集市。

在经济不发达地区,游客购买力与当地居民购买力之间的鸿沟,很可能成为摧毁当地经济以及社会价值观的潜在危险因素,旅游不仅没有达到促进文化交流的目的,反而加剧了不同文化之间的隔阂。古巴旅游业的迅速发展,对当地的其他行业造成了巨大冲击;因为旅游发展需要,摩洛哥的童工编织地毯作为传统旅游项目供人参观,导致儿童没有时间接受正常教育。旅游活动对文化环境的破坏是无形的,但它的影响却是巨大、深远的,与自然资源相比,其恢复的难度更大。

2. 对景观美学的影响。

旅游对环境景观美学的不良影响主要表现为旅游业的不合理开发建设和游客的不文明行为。一些旅游区的服务设施外形、体量、色调与景观环境不协调或不完全协调,改变了风景区特有的景观氛围。为修建服务设施、道路、索道而砍伐树木,造成风景"创伤面",正是由于对旅游资源的不合理开发,使得旅游区地貌和植被遭到破坏,影响景观与美学效果。

有的旅游者在旅游过程中除了眼看、耳闻、鼻嗅之外,还有在古树、碑刻、石头等上面刻画的不良习惯,不仅破坏景观,而且影响植物生长,降低文化旅游资源的价值。黑龙江省五大连池自然保护区,有的游客为取盆景石,随意砸坏熔岩,使台地上有的地段变得百孔千疮。一些溶洞因游客过多,开放时间过长,致使洞内的石笋、钟乳风化、变黄,表皮疏松、脱落,观赏价值大为降低。

3. 对环境卫生的影响。

良好的环境卫生是发展旅游的前提条件之一。但游客增多以后,旅游垃圾随之增加,如果没有及时进行清理,会导致垃圾堆积,对旅游区环境卫生构成严重威胁。旅游者在旅游区游览、休憩、就餐、如厕、住宿等,停留时间较长,如果旅游区内卫生状况不好或者很差,反过来又会影响景区的声誉,降低游客的信任度。

在旅游业"六要素"中,旅游厕所始终贯穿其中,旅游厕所的建设档次、分布格局、方便程度和卫生水平是直接影响旅游全过程感受和旅游服务质量高低的重要因素。在过去许多年中,旅游地厕所少、标志不明显、厕所脏乱差等问题,曾严重影响我国的文明形象和我国旅游业的声誉。

4. 对大气环境的影响。

伴随着游客进入旅游区，供游客乘坐的交通工具蜂拥而至，汽车排放的有害尾气、扬起的尘埃和游客呼出的二氧化碳，以及旅游区内的宾馆、饭店等生活锅炉排放的废气，都会影响大气质量。如南岳衡山，年排放废气达1 600多万立方米，汽车排放的尾气达250多万立方米，再加上寺庙内外焚烧香纸、燃放鞭炮等，使旅游区内烟雾缭绕，灰尘满天，空气污浊不堪。

5. 对水体环境的影响。

旅游发展对水环境造成的不利影响主要是造成水质降低和水体污染，破坏水体景观美感。旅游设施建设期间及其运营过程中产生的废水可能使营养物和污染物进入水中，导致水质变差。过多的营养物、病原菌及其他污染物的输入，超过了水体的自净能力，造成水中溶解氧的枯竭，从而改变了水生植物和动物生长的生存条件，造成水体污染和水体生态破坏。水上交通和水上运动项目也会对水环境造成干扰和冲击。

6. 对地表土壤的影响。

地质、地貌是旅游地重要的旅游资源与环境，旅游设施建设过程中铺设道路、埋设管道、架设索道、挖池垒山、修建宾馆、架设线路等工程的建设，均有可能造成水土流失、地质地貌景观破坏和地区生态系统失衡。如泰山在1983年修建从中天门到南大门的索道时，著名景观月观峰的峰面被炸掉1/3，形成大面积的生石面和倒石堆，破坏地貌及植被1.9×10^4平方米。

旅游发展对土壤的影响包括破坏表土有机物质和土壤紧实度，改变土壤的通气性、温度、湿度、营养物以及生活在土中的有机体。这些逆向的变化，影响土壤维持植物生命的能力，最明显的是引起土壤板结，增加紧实度，降低土壤渗透率，增加径流而引起侵蚀。

7. 对动物植被的影响。

旅游活动所引起的野生动物资源破坏主要表现在游客无意识的干扰危害和有意识的渔猎活动两个方面。旅游者的进入会对野生动物的正常生活造成干扰，使野生动物的习性发生变化，影响繁殖，造成种群结构的改变，或者造成动物迁移等不良影响。个别游客在旅游区内私自捕猎以及游客对山珍海味和各类野生动物制品的偏爱，经营者出于利益的驱动，非法捕杀野生动物，使益鸟、益兽减少，而病虫害增加，使动物的种类和数量发生变化，破坏生态平衡。

　　旅游区生态环境脆弱,旅游活动容易引起地表植被的破坏,造成水土流失,使森林发生逆向演替,破坏森林生态系统。在喜马拉雅山,旅游导致森林砍伐、固体废弃物的堆积,不仅影响观瞻,还污染了环境。那些打着"生态旅游"旗号去尼泊尔的西方探险者,平均每人每天消耗 6 公斤的树木取暖,而用于搭建临时住所所需的木材,每年就消耗 1 公顷的原始森林,对森林植被造成了严重的破坏。

第三节　旅游环境效应

　　旅游系统与环境系统是一种共轭体,相互之间"一荣俱荣,一损俱损",表现为正共轭效应和负共轭效应两种效应。其中正共轭效应包含促进效应和保护效应,负共轭效应包含抑制效应和破坏效应。

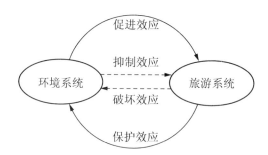

图 1.5　旅游与环境相互作用的效应

一、正共轭效应

（一）环境系统促进效应

　　环境系统促进效应指旅游与环境之间的相互作用有利于旅游的存在与发展,旅游系统结构越来越复杂,功能越来越强大。旅游地旅游规模(如游客人数、旅游用地、旅游设施等)由小到大,旅游功能由弱到强,旅游业日益兴旺发达的过程,正是这种效应的突出体现。

（二）旅游系统保护效应

　　旅游系统保护效应指旅游系统与环境之间的相互作用有利于环境的发展和变

化。由于旅游业的发展使得经济实力增强，就有一定的资金来源，可以反哺于旅游环境保护，加强旅游环境的投资和清洁技术的使用，从而改善环境，减少污染，促进环境系统向良性方向发展。

二、负共轭效应

（一）环境系统抑制效应

环境系统抑制效应是指由于环境保护的需要（如自然保护区）、环境质量恶化、环境破坏等环境因素抑制旅游系统的存在和发展，导致旅游业衰落，旅游系统结构越来越简单、功能越来越缩小。

（二）旅游系统破坏效应

旅游系统破坏效应是指旅游系统与环境之间的相互作用不利于环境的发展和变化。旅游开发中过分注重眼前效益，而不顾长远利益，不断从环境中索取，不注重保护工作，从而导致资源损耗、环境质量下降、环境破坏、文化传统变质或消亡，损害旅游业可持续发展的基础。

第四节　旅游环境问题

旅游活动开展而造成资源消耗、环境污染和环境破坏等负面作用和消极影响，统称为旅游环境问题。旅游环境的污染和破坏，必然导致旅游资源的损害和浪费，甚至使一些旅游资源枯竭或消失，影响可更新旅游资源增值，最终影响旅游发展；旅游发展受到影响和限制，必然减弱保护和改善环境的能力，造成旅游环境质量进一步恶化，导致恶性循环。

一、旅游环境问题的形成原因

旅游对环境的影响是在特定的自然环境资源开发与利用、社会环境氛围营造与变迁的不同条件下，管理者、经营者、旅游者等利益主体综合作用的结果。不同利益主体之间的相互关系以及对旅游环境保护的意识与行为，都会随着旅游发展的进程而调整，进而使旅游对环境的影响呈非线性的发展态势。

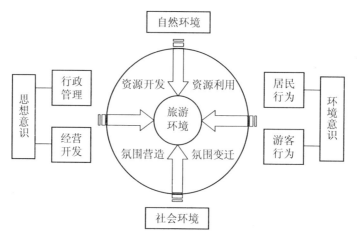

图 1.6 旅游环境问题的形成原因

(一)思想意识方面的原因

1."无烟产业"的误导。

在我国旅游界一直流行着一种观点,认为旅游业是"无烟产业",即旅游业不像其他产业那样,会对环境造成污染。这种观点至今仍在很大程度上主导着各地的旅游规划、开发和建设。事实上,旅游业是一个"环境产业",它对一个地区的生活环境、投资环境和发展环境非常敏感,特别对旅游区的生态环境具有极强的依赖性。

旅游业会消耗各种资源并产生各种"废物",如一家普通星级酒店一年的耗电量可以让 100 户三口之家用上 20 年;一家中档酒店每日经营所需的能耗和废气排放量,与同等规模的工矿企业相当,豪华酒店甚至要高于同规模的工矿企业。并且,旅游开发和活动所产生的废物可能因其特殊的地理条件限制而处理困难,导致生态环境恶化、风景质量变劣甚至毁坏,对旅游地的可持续发展构成严重威胁。

2."低投入、高产出"的误导。

这种观点过于强调"旅游业是一项投资少、见效快、产出高的劳动密集型产业",没有把旅游资源(特别是生态环境资源)的消耗纳入成本,低估了旅游业的社会成本和生态环境成本,虚增了旅游新创造价值部分,从而造成投资浪费,开发性破坏或污染,带来不良的生态影响。此外,对旅游人力资源的重要性缺乏认识,忽视了"未来的竞争是人才的竞争"这个硬道理。

如果把旅游地的环境评估、环境监测、管理体系的建立计入旅游开发成本,把对生态环境的治理和补偿、旅游人力资源开发计入旅游经营成本,建立旅游资源和生态环境的有偿使用制度,那么旅游业就不再是"低投入"的产业,而是环境密集型或资源(包括旅游资源和人力资源)密集型产业。

3. "非耗竭性消费"的误导。

这种观点认为,"旅游资源主要是由可再生性资源所组成,旅游消费基本上是感官(精神)消费过程,因此旅游资源不存在耗竭的问题"。这是人们对资源可再生性的肤浅理解或认识,或者说理解旅游资源特性时套用了一般资源可再生性的衡量标准,没有考虑到自然资源的再生周期和人文旅游资源不可逆转的演进规律。

对旅游资源来说,旅游开发或旅游活动可能导致旅游区的各种自然和人为的灾害,会消耗、破坏甚至毁灭旅游资源和环境资源,其生态环境可能永远不能恢复到原生的状态;另一方面,重建的名胜古迹、人工开发的风土民情虽然也能构成旅游资源,但只是原文化的空壳,其价值难以和原始状态的旅游资源相提并论。因此,旅游资源并非是绝对可再生资源,一旦普通资源作为旅游资源,其自然环境状态和原始性才是其根本属性,旅游资源的可再生性是建立在人们适度开发利用和保护旅游资源、环境质量在允许的承载负荷以内。

(二)行政管理方面的原因

1. 主观决策失误。

旅游行业兴起并迅猛发展,使各级政府、各行业、各部门都投身于旅游开发之中,在很大程度上促进了旅游业的发展,如果未经科学论证和规划、未经市场调研和预测,项目决策时拍脑袋决定,建设时拍胸脯保证,发现失策后拍大腿懊悔,失败后拍屁股走人,影响旅游业的可持续发展。

2. 缺乏合理规划。

旅游区科学合理的规划是进行旅游开发的前提,是有效减轻旅游环境破坏的重要保证。一些景点急于上马,事先没有进行深入调查和科学论证,宏观上没有采用保护性开发方式,微观上又缺乏有力的机制加以引导,导致盲目地进行粗放式开发,特色上没有充分挖掘,趋同性强,旅游资源的开发利用不合理,甚至造成开发性污染或破坏,损害旅游区的自然整体美,破坏了淳朴的民风和特有的民俗文化。

3. 管理体制不顺。

旅游的管理体制、管理目标、管理政策、管理模式等直接影响旅游环境的变迁。旅游区的管理在业务和经营上分别受到专业行业、各级政府及旅游等多个部门的管辖，如旅游区的旅游管理隶属于旅游部门，生产大多隶属于农林业部门，环境管理属于环保部门，多头管理造成条块分割，无法统一规划和管理。在地方、部门、单位、个人等利益的驱动下，在旅游开发中往往不注意保护和环境培育，造成旅游开发人人争抢，环境保育无人过问的现象。另外，有法不依、执法不严、貌似建设、实则破坏，名为保护、实为垄断的现象极为常见，加上环境保护投入不足，不利于旅游区的可持续发展。

理顺旅游资源和环境保护的管理体制，由专门管理机构负责对旅游资源和旅游环境的保护工作，做好与林业、水利、公安、建设、交通、环保等相关部门的协调工作，各相关部门积极履行法律赋予的职责，分级管理、明确责任、密切协作，共同完成旅游业环境保护目标。

（三）自然因素方面的原因

自然因素对旅游环境的破坏，大多数是人类无法改变的，包括渐变与骤变。渐变是自然状况下的寒暑变化、日晒、雨淋水蚀及生物作用而引起的变化，主要改变景观形态、颜色和结构，导致其质量降低或破坏；骤变指地震、火山爆发、暴雨、台风、洪水、崩塌、滑坡、泥石流、海啸、火灾等自然灾害，对旅游环境的影响较大，会瞬间改变一个地区的自然面貌，有些会对旅游区造成致命打击，毁掉部分或全部旅游资源与环境，如南京市栖霞山公园在 1995 年发生地面塌陷，面积达 200 平方米，深达 7—8 米，严重威胁明镜湖和栖霞寺等景观。

（四）社会因素方面的原因

社会因素对环境造成的危害表现为直接危害和间接危害。直接危害如侵占旅游用地或毁坏旅游资源，盲目围湖造田、开山炸石等造成旅游资源和环境破坏；战争及社会不稳定，也会对旅游资源或环境造成破坏，如战火毁坏森林、山体、水体等。间接危害主要是旅游区外围的工农业生产区及居民生活区的污染物质在一定程度上会影响或破坏旅游环境，如在北京周口店猿人遗址附近建设的灰窑、煤窑。

1. 当地居民行为。

旅游地居民"靠山吃山，靠水吃水"，他们的生产经营和日常生活都会对区域环境造成影响。为了满足部分旅游者的需求并获取利益，可能会捕杀珍禽异兽、乱挖草药等，造成生态结构失调与生物多样性衰减；受旅游者消费行为的示范影响，当地居民的生活习惯、消费行为模式会发生改变，影响区域社会文化的原生性。

旅游地居民在旅游业的发展过程中，既是旅游业带来的经济繁荣和社区进步的受益者,同时又是旅游业带来的各种负面效应的承担者。当地居民对旅游业理解、支持、参与程度的高低,是旅游地能否成功开发、经营和管理的一个重要因素,影响旅游地社会文化环境变迁的方向和程度。

2. 经济结构水平。

区域经济结构类型、生产力布局方式、经济发展水平、城市发展方向与旅游业正常、持续的发展对环境条件的要求不相适应,会导致旅游环境污染或破坏。区域经济对旅游业的依赖程度越高,旅游资源开发越充分,旅游发展促使旅游地产业和就业结构的改变越大,主客交往越频繁,对旅游环境的影响就越大。区域经济发展水平越高,基础设施与服务设施越完善,在此基础上发展旅游业,旅游对环境的影响相对较小。

3. 社会文化态势。

任何社会文化都以一定的状态存在,并对社会产生相应的影响。这种状态包含文化发展历史积淀的结果和文化的现实作用和影响力。旅游地社会文化生态位的态势,一般与地方文化历史发展与积淀、物质文化发展水平、制度文化的先进程度、文化区人口数量、文化区范围以及文化交流等有关。旅游地社会文化生态位的态势越高,则旅游发展的社会环境影响越小,反之,旅游发展的社会环境影响越大。

(五)旅游经营开发方面的原因

1. 盲目开发。

由于管理上的疏忽,在加强旅游投资建设方面规范不力,旅游经营者在经济利益的诱惑下盲目开发,任意经营,发生"三无"(无规划、无计划、无设计)和"三乱"(乱分地、乱选址、乱建造)的盲目开发建设现象。建设过程中开辟道路,修建各类旅游基础设施与服务设施造成环境破坏,经营过程中旅游设施排放的"三废"没有进行适当处理,不仅使旅游形象受损,还导致旅游资源与环境的破坏。如云南香格里拉县的下给温泉,是近代热泉形成的典型地质景观,极具观赏性和科考价值,景区内的地热喷气孔尤为罕见。但在旅游开发过程中,在不了解喷气孔的地质构造及规律的情况下,开发者盲目地将地热喷气孔变为"桑拿浴"场所,结果严重破坏了稀有的旅游地质景观。

2. 过度开发。

在经济利益驱动下,"发展旅游一阵风、投资主体一起疯、项目建设一窝蜂",一些旅游区大兴土木，大量建设宾馆、商业街等设施，不顾生态和环境的过度开发，对旅游资源和环境造成了极其严重的破坏。如滨海旅游的过度开发是海防林断带的一个重要原因。我国首批列入世界自然遗产名录的张家界，曾因在主要景区内商业建筑泛滥成灾，自然景观遭到了严重的人为破坏，被世界自然遗产保护组织亮了黄牌。

过度开发会造成资源和资金的双重浪费。如海南岛的动物景区有 13 家之多，这 13 家动物景区内容大同小异，同类产品过度开发，造成了景观资源及资金的严重浪费。而海南 800 多万人口，城市人口不足 20%，大量动物景区必须靠岛外客源支撑。僧多粥少的结果，催生了价格战的不断升级，造成了旅游正常秩序的混乱。

3. 无序经营。

旅游企业通过经营活动，为旅游者提供各种旅游服务。由于旅游业迅速发展，而旅游管理不到位，旅游经营者在经济利益的诱惑下，致使旅游环境超载；经营人员缺乏环保意识，脏乱差现象严重，经营中产生的废气、废水、固体废弃物没有经过及时处理，造成环境污染；为了争取经济利益，在景区内乱设摊点，对旅游区环境与资源造成破坏，破坏旅游氛围，影响旅游业的可持续发展。

（六）旅游者行为方面的原因

旅游者的活动是造成旅游环境问题的重要因素，旅游者行为对大气、水、土壤、生物等环境造成影响，造成景物损耗、意境衰退甚至破坏，使整个旅游区生命周期缩短。

1. 旅游消费行为。

旅游消费水平、消费模式等直接影响旅游环境变化的方向与程度。旅游者是旅游活动的主体，在旅游活动过程中，旅游者的流动和暂时停留，直接影响着旅游产品的生产与消费规模，带来超出以往的生产、生活资料的消耗和能源的使用。为了满足旅游活动需求，会消耗相应的资源并产生各类废弃物，需要环境提供与吸纳，从而对环境产生影响。

2. 旅游游览行为。

旅游者的自身素质与环境保护意识和行为对旅游自然环境与社会环境都会产生直接与间接的影响。旅游者在旅游地游览、逗留的过程中，有意或无意的破坏性行为都会对环境造成污染和破坏，如大量客流带来的大气污染、噪声污染、视觉污染,部分游客随地乱扔垃圾、乱刻乱划、攀折花木、践踏草地等行为也会对环境造成损坏。

3. 主客交往行为。

旅游者对旅游地居民的心理与需求有"示范效应",主客交往的结果会使旅游地固有的社会文化模式产生变化,影响旅游地社会环境的变迁。一般而言,旅游者数量越多,在旅游地停留时间越长,旅游者经济和文化水平与当地居民的差异越大,主客交往越广泛越直接,对旅游环境的影响越大。

二、旅游环境问题的类型

(一) 旅游环境问题的来源类型

旅游环境问题按其来源可分为本底环境问题、转移环境问题和新增环境问题,旅游目的地的环境问题为三类因素之和。

本底环境问题是指由自然演变和非旅游因素作用所引起的旅游环境问题,主要是因为旅游目的地自身所存在的旅游环境问题,包括因自然灾害引起的旅游资源和环境破坏、旅游目的地的工农业生产等引起的旅游资源和环境质量的劣变。转移环境问题是由于旅游者本身的日常消耗过程所产生的废弃物,由于旅游活动的开展,从旅游客源地转移到了旅游目的地,从而引起旅游资源和环境的污染、破坏和价值降低等问题。新增环境问题是由于旅游活动的开展,从而导致旅游者产生比日常生活更多的资源消耗和废弃物产生量,以及因旅游活动发展的旅游业所产生的旅游环境问题。

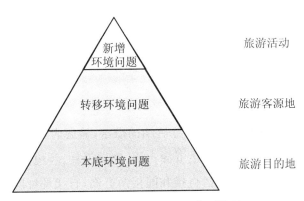

图 1.7　旅游环境问题的来源类型

（二）旅游环境问题的性质类型

1. 旅游环境干扰。

旅游环境干扰指由于旅游活动对环境造成了扰动，对环境产生了一定影响，但没有超过环境承载能力，环境质量并未降低，对旅游和环境的可持续发展没有构成威胁。比如旅游者的进入或多或少会对生物环境造成干扰，但游客没有不良行为，不会影响生物的生长繁衍。

2. 旅游环境污染。

旅游环境污染指旅游业直接或间接地向环境排放超过其自净能力的物质或能量，从而使环境质量降低，对旅游业的生存与发展、自然生态系统的平衡和旅游的观光游览条件造成不利影响的现象。

旅游环境污染会给自然生态系统造成直接的破坏和影响，导致环境质量下降，如水污染使水环境质量恶化，降低水体景观效果。旅游环境污染也会给生态系统和人类社会造成间接危害，影响游客身心健康，例如旅游区大气污染会威胁旅游者身体健康。

3. 旅游环境破坏。

旅游环境破坏指由于缺乏科学的规划和管理，导致旅游资源的不合理利用或损耗，从而引起环境系统退化及由此而衍生的有关环境效应的现象。旅游资源的开发和旅游经营者、活动者的环境破坏如折木损花、炸山采石，会造成水土流失；对野生动植物乱采滥捕，使野生动植物数量减少或濒于灭绝，会导致旅游生态环境退化。

旅游环境破坏造成的后果往往需要很长的时间才能恢复，有些甚至是不可逆的。自然生态旅游环境被破坏，就会损害环境资源，减弱环境的自净能力，从而会加剧自然生态旅游环境污染。

三、旅游环境问题的本质

旅游对环境的影响基于满足旅游活动的需求，旅游者的餐饮、住宿、旅行、游览、购物、娱乐等需求会对环境产生资源占用、物质消耗、环境污染与破坏等影响，满足需求所产生的环境问题包括直接和间接两方面，直接环境问题是由于旅游活动过程中消耗资源并产生废弃物，如游客在景区餐馆消耗的食物及产生的厨余垃圾；间接环境问题是为满足旅游消费所需供给而产生的资源消耗和废弃物，如旅游者携带的食物在生产、运输过程中消耗的材料、能源及产生的固体废弃物和二氧化碳排放等,这些都需要环境供给与吸纳。旅游供给包括旅游地内部供给和外部供给,主要包含了资源供给、污染消纳和破坏修复等方面。

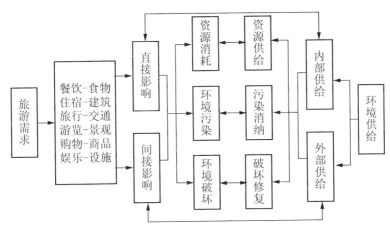

图1.8 旅游需求与环境供给的关系模型

旅游需求与环境供给都存在一定的结构与功能,这种结构与功能之间相互影响、相互作用、相互制约,推动双方之间不断磨合、完善与优化,或者脱离、恶化与退化,进而不断影响旅游环境的演替进程和演化方向,即旅游环境系统的正共轭效应或负共轭效应。一旦环境的供给满足不了旅游需求,超过了环境的供给能力,就会产生环境问题。旅游环境问题是旅游与环境非良性循环的具体表现,其本质是:旅游活动不断增长的环境需求超过了有限的环境供给能力。

解决旅游环境问题,关键是要在处理旅游需求与环境供给的关系时,合理的控制需求,改变不利于环境的旅游方式,减少废弃物的产生量,减轻环境的压力。同时,增加环境供给能力,发展新技术,增强污染的消纳能力和破坏修复水平,使旅游环境系统产生正共轭效应,实现旅游与环境的良性循环,使旅游环境系统可持续发展。

案例点评

案例一 泰国帕塔亚旅游开发的环境问题

泰国帕塔亚原为一个不知名的小渔村,后来因发展旅游,很快变成了一个年接待游客达 300 万的旅游中心。1988 年在那里过夜的游客达 172 万人，当天往返的游客达 100 万人以上，因此被泰国誉为"东南亚海滨游览地皇后"。但是好景不长，随着大量游客的涌入，帕塔亚的环境污染问题日渐突出，结果在进入 20 世纪 90 年代后，其旅游接待规模直线下降。

帕塔亚的环境问题主要有四个方面：第一，帕塔亚海滩的筛状细菌数已超过 1 600 个/毫升，大大超过了 1 000 个/毫升的上限游泳安全系数；第二，由于水库设计不当，饮用水和沐浴用水不足；第三，盲目兴建旅游住宿设施，使客房由 1990 年的 17 914 间，急增至 1991 年的 24 394 间，10 个月内猛增了 36%，到了旅游淡季客房入住率不足 30%；第四，景区管理混乱，吸毒、嫖娼、谋杀等活动猖獗，游客失去安全感。

资料来源：《呼吁政府拯救帕塔亚》，《中国旅游报》，1992 年 3 月 26 日。

点评：

旅游开发中如不注重环境保护，就会产生各种环境问题，影响旅游业可持续发展。

案例二　黄山旅游发展推动环境保护

1990 年以前，旅游垃圾曾对黄山水体、局部地段的空气、旅游景观等造成不良影响。1991 年以来，黄山加强了环境管理，从环境管理机构、人员配置、规章制度、卫生设施等方面进行完善，坚持"保护第一，科学规划，合理开发，永续利用"的方针，先后投资 6 亿多元，改善景区的交通、通讯、供电、供水条件；采取"山上游、山下住""山上做减法、山下做加法"等措施，进行能源结构改造，建设垃圾处理和污水处理环保工程，实行净菜净物上山、垃圾洗涤下山等减少污染量；给路旁的松树穿上竹衣，禁售影响生态及植物生长的日常消费品，采取"分区游览"与"景点轮休"办法，让山上植被更好地生长。

从 1995 年起，黄山的垃圾收集、清运开始实行袋装化，日产日清；对废弃电池进行定点回收。沿登山道路设置简易垃圾池 600 多个，在岗环卫工 150 多人，年处理垃圾 5 600 多吨。建设生态厕所，监测水质、大气、噪声、地震、滑坡、泥石流、森林病虫害、森林防火等，保护生态环境。2006 年，黄山风景区管委会将环保"一票否决"纳入景区各部门、各单位的年度综合考核。景区还建设了若干个"生态环境"项目,为附近村民提供了就业机会,还增加了居民收入,较好地调整了风景区与群众的关系,有效地保护了生态环境。

点评:

如果在思想意识上提高环境保护的重要性和责任心,利用旅游开发的部分收入保护旅游环境、加强旅游环境管理,就能促进旅游环境系统良性发展。

练习思考

一、填空题

1. _____是围绕人类旅游活动形成,具有社会属性、经济属性,融合自然与文化因素,具有特定时空意义的动态有机体。

2. 环境是指环绕某一_____的周围事物。

3. 从_____的角度,旅游环境是使旅游活动得以存在、进行和发展的各种旅游目的地与依托地的自然、社会、人文等外部条件的总和。

4. 旅游收入的_____可使相关部门增加对环境的投入,成为旅游环境保护资金的重要来源。

5. 旅游可以为_____的保护提供一条有效途径。

6. 旅游环境问题按其来源可分为本底环境问题、_____和新增环境问题三类。

二、单项选择题

1. 游客在景区进行"森林浴"所支付的相关费用,可认为是旅游环境具有(   )。

A. 地域性　　　　B. 休憩性　　　　C. 优越性　　　　D. 稀缺性

2. 以下选项中,旅游发展思想认识正确的是(   )。

A. 旅游业是无烟产业　　　　　　B. 旅游业低投入、高产出

C. 旅游会产生环境污染和破坏　　D. 旅游消费是一种非耗竭性消费

3. 旅游业直接或间接地向环境排放超过其自净能力的物质或能量,从而使环境质量降低,是由于(   )造成的。

A. 旅游环境干扰　　　　　　　　B. 旅游环境污染

C. 本底环境问题　　　　　　　　D. 转移环境问题

三、简答题

1. 旅游对环境的依赖性及对环境的积极影响有哪些？

2. 旅游对环境的消极影响主要有哪些？

3. 简述旅游环境问题的主要形成原因。

4. 为什么说旅游业是"无烟产业"的观点是错误的？

5. 旅游环境的保护措施主要有哪些？

四、列举题

请列举旅游环境的特征。

第二章

旅游环境基础理论

学习要点

了解生态系统、环境科学、环境经济学、景观生态学、环境工程学的相关知识；了解可持续发展的内涵；熟悉可持续旅游的相关知识。

基本概念

生态系统、市场失灵、政策失效、斑块、廊道、基质、可持续旅游

第一节　生态系统理论

一、生态系统的概念

生态系统指由生物群落与无机环境构成的统一整体。在生态系统中，生物与生物、生物与环境、各个环境因子之间相互联系、相互影响、相互制约，通过能量流动、物质流动和信息流动与循环等联结成一个完整的、动态平衡的、开放的综合系统。

生态系统的范围可大可小，相互交错，大至生物圈、海洋陆地，小至森林、草原、湖泊和小池塘。在一个成熟的生态系统中，生物的数量及其生长速率和"生活方

式"取决于能量和关键化学元素的可获取性和利用性。生态系统是分阶段发展(生态演替)的,这些阶段随纬度、气候、地势、动植物混杂情况,构成广泛的多样性。

表 2.1　生态系统的层次

层次	名　　称	定　　义
1	生物体(organism)	单个生物,包括动物、植物或微生物个体
2	物种(species)	具有一定形态和生理特征以及一定自然分布区的生物类群
3	种群(population)	由任何一个生物物种的个体组成的群体
4	群落(community)	一定区域内不同物种种群的总和
5	生态系统(ecosystem)	一定区域内的群落及其生存环境的总和
6	生物圈(ecosphere)	地球上所有生态系统的总和

二、生态系统的结构

生态系统的结构是指系统内的生物群落和无机环境成分的组成及其相互作用关系。决定生态系统结构的主要因素是非生物性因素和生物性因素。

（一）非生物性因素

非生物性因素包括各种环境要素的总和:温度、光照、大气、水、土壤、气候、各种非生物成分的无机物质和有机物质,即由所有非生命物质和能量两部分构成。非生物性因素为各种生物提供必要的营养元素和生存环境,是一个生态系统的基础,其条件的好坏直接决定生态系统的复杂程度和其中生物群落的丰富度。生物体、种群和群落对每种限制因素有一个耐受范围,这个范围从能使生物处于最优条件并维持最适数量到勉强维持最少量生物的存活。水生生物如蜉蝣、扁虫类、鲫鱼等对溶解氧(DO)的容忍范围较窄,当河流和湖泊中溶解氧浓度低时,这些物种消失,而孑孓、污泥蠕虫和鲤鱼等却能存活和繁殖。

（二）生物性因素

生物群落反作用于无机环境,生物群落在生态系统中,既在适应环境,也在改变着周边环境的面貌,如水獭在溪流上作坝,建立适合于自己生存的湿地生态系统,从而形成新的生态系统和群落结构。生态系统的结构也会受到捕食者和被捕食者之间互相作用的影响。当前,改变生态系统结构能力最强的因素是人。人类将自然生态系统改造成人工生态系统,大规模、过度地利用资源,会导致生态系统结构剧烈的变动甚至退化。

三、生态系统的功能

能量流动、物质循环和信息传递是生态系统的三项主要功能。食物链(网)和营养级是实现这些功能的保证。

(一)能量流动

能量流动指生态系统中能量输入、传递、转化和丧失的过程。能量流动是生态系统的基本功能之一,在生态系统中,生物与环境、生物与生物间的密切联系通过能量流动来实现。

1. 能量流动过程。

生态系统的能量主要来自太阳能,被生产者固定的能量只占太阳能的 0.8%。然而,仅仅 0.8% 的能量也有惊人的数目:3.8×10^{25} 焦/秒。在生产者将太阳能固定后,能量就以化学能的形式在生态系统中传递。

表 2.2 太阳能的主要流向

项 目	反射	吸收	水循环	风、潮汐	光合作用
所占比例	30%	46%	23%	0.2%	0.8%

能量在生态系统中的传递是不可逆的,而且逐级递减,递减率为 10%—20%。绿色植物将光能转变为化学能的效率一般为 0.5%—1.0% 左右,捕食动物能保存摄取能量的 5%—20%。能量传递的主要途径是食物链与食物网,这构成了营养关系,在流动过程中能量的去向为:未利用(废物排泄)、代谢消耗(呼吸作用)、被下一营养级利用(最高营养级除外)。

2. 营养关系。

在生态系统中,生产者、消费者与分解者通过捕食、被食、寄生等关系构成的相互联系被称作食物链,食物链的各个环节叫营养级,其中,生产者(绿色植物)为第一营养级、初级消费者(草食动物)为第二营养级、次级消费者(肉食动物)为第三营养级,以此类推。由于能量有限,一条食物链的营养级一般不超过 5 个。

(二)物质循环

生态系统的能量流动推动各种物质在生物群落与无机环境之间循环。组成生物体的碳、氮、氧、氢、磷、硫等元素,都不断进行着从无机环境到生物群落,又从生物群落到无机环境的过程,这就是生态系统的物质循环。物质循环是全球性的,生物群落和无机环境之间的物质可以反复利用,周而复始地循环,从而保证生态系统的稳定性。

$$无机环境 \xleftrightarrow[\text{反复循环,全球性}]{\text{C、H、O、N、P、S等基本元素}} 生物群落$$

（三）信息传递

生态系统中的信息是指各种环境因素。在沟通生物和环境之间,生物种群内部及各生物群落之间的关系方面,生态系统的信息传递和联系方式使生态系统结合成为一个有机的统一整体。生态系统的信息传递往往是双向可逆的,这是指既存在输入到输出的信息传递,也有从输出向输入的信息反馈。信息形式主要有营养信息、行为信息、化学信息和物理信息。

四、生态系统的价值

生态系统的价值是区别于劳动价值的一种价值,指的是空气、水、土地、生物等具有的价值,生态价值是自然物质生产过程创造的。它是"自然—社会"系统的共同财富。无机环境的价值是显而易见的,它是人类生存和发展的基础;生态系统保存着丰富的物种及其基因,生物多样性蕴藏着巨大的无形价值。

生物多样性指的是一定范围内动物、植物、微生物有规律地结合所构成的稳定的生态综合体。多样性包括基因多样性、物种多样性和生态系统多样性。丰富多彩的基因、物种和生态系统给予我们食物、木材、纤维、工业原料、药材和能源,每年输入人类经济系统巨额的财富。

五、生态系统稳定性

生态系统的稳定性是指生态系统所具有的保持或恢复自身结构和功能相对稳定的能力,生态系统稳定性的内在原因是生态系统的自我调节。

在旅游环境的管理、保护和利用中,不能任意改变生态系统各种生物个体的比例关系,要详细调查研究自然界诸事物之间的相互关系,考虑开发活动对生态系统造成的影响,从而作出全面、科学、合理的安排,避免影响生态系统的稳定性,破坏生态平衡。

第二节 环境科学理论

环境学是研究人类赖以生存的环境各要素及其相互关系，包括人类在认识和改造自然中人和环境之间相互关系的科学。

一、环境科学的研究对象

环境科学以"人类—环境"系统为其特定的研究对象。实质上，环境科学是现代科学技术为了研究和解决日益严重的环境问题向纵深发展的产物，也是人类认识自然和改造自然能力进一步深化的体现。

环境科学的目的是考察以人类为主体的生态系统，研究人类与环境的对立统一关系的发生与发展，掌握它们之间的客观规律，调节与控制这个系统中的物质和能量的交换过程，合理利用与改造环境，使之处于最佳运行状态，从而形成系统的良性循环。

二、环境科学的分科

环境科学的领域很广，内容极为丰富，既涉及自然因素，也涉及社会因素，是一门与自然科学、社会科学、技术科学相互交叉、渗透的综合性学科。若将环境科学按其性质和作用分类，一般可以划分为基础环境学和应用环境学两大类。

图 2.1　环境科学的分类

三、环境科学的研究内容

环境科学的研究对象是人类环境的质量结构与演变。因此，环境科学的任务在于揭示人类活动、社会进步、经济增长与环境保护之间的关系,掌握环境变化的内在规律,以达到保护环境、改造环境、美化环境的目的,促进人类的健康和经济的发展。

(一)探索环境演化的规律

地球环境的各组成因素如岩石、大气、水、生物、能量等在相互作用中不断地演化,环境变异也可能随时随地发生。必须了解环境变化的原因及过程,包括环境的基本特性、环境结构组成形式和演化机理等,以使环境向有利于人类社会进步的方向发展。

(二)揭示人与环境的关系

探索人类与环境的相互依存、相互作用的关系,是影响人类生存与发展的关键问题;考察环境系统结构的组成和相互关系,以及人类活动中物质和能量的迁移和转化过程对环境的影响;研究人类的生产活动和消费行为对环境系统的影响;研究环境保护的战略对策。

(三)研究污染对生物的影响

研究有害物质在环境中的物理和化学的变化过程,在环境系统中的积累、迁移、转化的机理以及对生命体的损害作用,尤其是进入人体后发生的各种有害作用。研究污染物造成的物质循环变化与环境退化之间的关系,包括环境自净研究。研究结果可作为保护人类生态环境而制定的各项环境标准、法规和控制污染物排放指标的依据。

(四)寻找环境污染防治途径

环境污染的防治措施和途径要考虑社会管理措施、经济发展规律以及工程技术手段等各方面,利用系统分析及系统工程的方法,寻求解决环境问题的最佳方案。

四、旅游环境研究

旅游环境学是研究旅游活动与旅游环境之间的相互影响、旅游系统与环境系统的对立统一关系以及探讨旅游可持续发展规律的科学。其目的在于探讨在人类旅游活动影响下,旅游环境质量的变化规律,通过对旅游环境影响、监测、评价、管理等方面研究,为保护和改善旅游环境提供科学依据。

旅游环境的研究应以旅游系统与环境系统的相互关系为主线,探讨旅游环境的功能、作用机理与要素结构,判定环境对旅游的制约及旅游对环境的影响等,其主要内容有:环境对旅游的积极影响与负面影响研究;旅游对环境质量的要求及其对环境质量影响的源研究和受影响的环境研究;旅游环境污染的成因、危害及环境保护的措施研究;旅游环境容量和旅游环境质量评价研究;旅游环境教育、规划与环境管理研究;旅游可持续发展研究等。

第三节　环境经济学

环境经济学是运用经济科学与环境科学的原理和方法,解决经济发展与环境保护的矛盾,用最小的劳动消耗为人类创造清洁、舒适、优美的生活和工作环境的一门学科,是在 20 世纪 60 年代由经济学和环境科学这两大类科学交叉形成的一门新兴学科。

一、环境经济学的研究对象

环境经济学研究资源利用、环境保护和经济发展之间的对立统一关系,研究对象是客观存在的环境经济系统。环境经济系统是由环境系统和经济系统复合而成的,环境系统与经济系统之间存在着复杂的联系,在环境与经济共同发展的过程中通过物质、能量和信息的双向流通和相互作用,两者逐步耦合成为一个整体,即环境经济系统。

环境经济学研究的核心是自然资源与环境资源的有效配置和利用,采用经济理论和方法调节人类经济活动和环境之间的物质交换过程,主张适度的污染和有效地利用自然资源,建立一种既能充分利用环境自净和纳污能力,又能综合利用资源和环境的系统,使经济再生产过程与自然再生产过程协调进行,减缓乃至消除资源与环境问题,实现资源利用、环境保护与经济发展之间的协调。

二、环境经济学的研究内容

（一）基本理论

环境经济学的基本理论包括社会制度、经济发展、科学技术进步同环境保护的关系,以及环境计量的理论和方法。具体的主要有物质平衡理论、可持续发展理论、资源环境配置效率理论、资源环境产权理论、资源环境公共经济学理论、自然资源的可持续利用理论等。

（二）社会生产力的组织规划

社会生产力的合理组织和规划，自然资源的合理开发和利用是保护资源环境最根本有效的措施，为此必须把环境质量的改善作为经济发展成就的重要内容之一。把环境保护纳入经济发展计划，保证基本生产部门和污染消除部门按比例协调发展；研究生产布局和环境保护的关系，依据各地区稀释、扩散、净化能力的差异，合理部署生产力，确定区域的产业结构、规模；制定自然资源开发利用方案，提高资源综合利用水平，提高环境效益与经济效益。

（三）环境保护的经济效果

环境保护的经济效果研究包括环境污染、生态失调的经济损失估价，生产生活废弃物最优治理和利用途径，区域环境污染综合防治优化方案，污染物排放标准确定的经济准则，环境经济数学模型的建立等，经济效果评价方法主要有资源环境影响的费用效益分析、环境经济投入产出分析等。

（四）环境管理的经济手段

由于环境资源的公共物品特性，决定环境保护工作要依靠政府的管理和控制。经济手段在环境管理中与行政手段、法律手段和教育手段是相互配合使用的。它通过税收、财政、信贷等经济杠杆，调节经济活动与环境保护之间的关系、污染者与受污染者之间的关系，促使和诱导经济单位和个人的生产和消费活动符合环境保护和维护生态平衡的要求。

环境经济学应科学地论证环境管理的各种经济手段的内在机制，阐明各种经济手段的区别和联系，探讨如何运用环境税费政策、资源环境交易政策、资源环境价格政策、环境保护投融资政策、环境财政金融政策等各种经济管理手段，对环境保护的工作进行有效的管理。

三、在旅游环境管理上的应用

旅游环境问题伴随着旅游业的发展而日益严重。从环境经济学的角度来分析，旅游环境问题的主要根源在于市场失灵和政策失效。

（一）市场失灵

市场失灵是指市场无法有效率地分配商品和劳务的情况。导致市场失灵的因素主要为旅游活动的外部性和旅游环境的公共物品属性。

由于旅游消费或生产活动会对其他消费或生产活动（如林业）产生不反映在市场价格中的直接效应，存在外部不经济性。由于外部性的存在，导致旅游实际价格不同于最优价格，在旅游生产和消费活动中就存在着资源浪费和环境破坏的问题。

由于大多数旅游资源表现出公共物品属性，诸如气候资源、景观资源等，难以把旅游资源尤其是自然旅游资源的产权明确地赋予个人或企业，从而导致旅游环境资源供求扭曲。旅游者可以按不同的支付意愿价格购买同一环境资源，而且旅游者的支付意愿往往与企业的销售意愿存在很大差距，微薄的利润导致旅游企业无力也无心进行生态环境的保护。

（二）政策失效

政策失效指政府制定的政策不但不能纠正市场失灵，反而进一步扭曲了市场。导致政策失效的因素主要表现在市场机制和管理体制两方面。

由于缺乏自然资源核算体系，没有把耗费的自然和环境资源的价值及其机会成本纳入企业成本，导致旅游产品的价格偏离实际价值，造成旅游资源因价格低估而被大量消耗和过度使用。同时由于旅游资源管理体制混乱，旅游资源的产权归属模糊，一些地方政府出于经济发展的需要，侧重于环境污染的"末端处理"和"污染控制"，没有鼓励企业自觉地投资保护环境，从而导致环境污染和环境保护不力。

第四节　景观生态学

景观生态学是研究景观结构、功能和变化以及景观规划管理的科学。20世纪30年代，德国生物地理学家特罗尔提出景观生态的概念，将景观与生态系统联系在一起。该学科最初出现在中欧，以后逐渐发展成欧洲和北美两大分支。20世纪60年代以来，现代生态学原理与地理学理论互相渗透，促进了景观生态学的产生和发展。进入20世纪80年代，景观生态的理论和应用研究迅速发展。经过半个多世纪的发展，景观生态学的研究内容日益丰富，逐步奠定了它在环境科学中一种新兴和交叉学科的地位。

一、景观的结构要素

景观是由形状、功能存在差异且相互作用的斑块、廊道和基质等景观要素构成的,具有高度空间异质性的区域。

(一)斑块

斑块是内部具有相对匀质性,外部具有相对异质性的非线性景观要素,按其起源或形成机制,可分为干扰斑块、残余斑块、环境资源斑块和引入斑块。在旅游区中,游客的各种活动场所形成不同的旅游功能斑块,如休憩点、娱乐区、宿营地、餐饮点等,可满足游客的休闲、观光、住宿、饮食等需求。

(二)廊道

廊道是指与两侧景观要素显著不同的线状或带状的景观要素,如旅游线路、河流、篱笆、空中索道等,是联系斑块的桥梁和纽带。廊道一方面将景观不同部分隔开,成为斑块间物种迁移的屏障;另一方面又将景观另外某些不同部分连接起来,是游客通行的通道。

(三)基质

基质是斑块镶嵌内的背景生态系统或土地利用形式,是景观中范围最广、连接性最好的景观要素类型,如森林基质、草原基质。基质在景观中起背景作用,其他斑块类型以镶嵌的形式存在于其中,在整体上对景观动态有很大影响,往往决定景观的基本性质。

二、景观生态学的研究内容

景观生态学是研究景观空间结构与形态特征对生物活动与人类活动影响的科学,它研究不同尺度上景观的空间变化,以及景观异质性的发生机制(生物、地理和社会的原因),是连接自然科学和人文科学的一门交叉学科。

(一)生态系统的空间关系

生态系统在空间的分布可用斑块—廊道—基质的模式来表达,异质性是景观系统的基本特点和研究的出发点,空间异质性是指生态学过程和格局在空间上的不均匀性与复杂性。景观的异质性、空间关系以及格局与过程的关联性是景观生态研究的基本问题之一。

（二）人类活动对景观的生态影响

以人类活动对于景观的生态影响作为研究重点,强调人类尺度(人类世代的时间尺度与人类视觉的空间尺度)的作用。景观演化的动力机制有自然干扰与人为影响两个方面,由于当今世界上人类活动影响的普遍性和深刻性,所以对景观演化起主导作用的是人类活动。

（三）生态景观与视觉景观研究

景观生态学同时研究生态景观与视觉景观两个方面,注重协调形态与内容、结构与功能的统一。它以人类对于景观的感知作为评价的出发点,追求景观多重价值(经济、生态与美学)的实现。视觉景观的资源性,着重表现在对风景旅游地的认识和开发,以及对人类居住地的设计和改造。

（四）景观管理、景观规划和设计

通过景观规划、景观管理与景观生态建设来进行空间重组与生态过程的调控,实现建立宜人景观与保护自然景观的目标。在此过程中,要注意不同的人类文化传统对于景观的利用和改造的影响。

第五节　环境工程学

环境工程学是环境科学的一个分支,这门学科主要运用相关学科的基本原理和工程技术方法,研究保护和合理利用自然资源,防治环境污染,改善环境质量和保护人类健康。

一、发展概况

环境工程学是人类为了保护和改善生存环境,在同环境污染的长期斗争过程中逐步形成的。在中国,公元前 2 000 多年前,陶土管修建的地下排水道形成了中国排水工程的雏形,明朝以前开始采用明矾净水。在英国,19 世纪初开始用砂滤法净化自来水,19 世纪中叶开始建立污水处理厂,20 世纪开始采用活性污泥法(生化法)处理污水。随后,给排水工程、污水处理工程、卫生工程等逐步发展起来,形成了一门防治水污染的技术科学。

为了控制大气及其对人体健康造成的危害，美国在 1885 年发明了离心除尘器以消除工业生产造成的粉尘污染，当除尘、工业气体净化、空气调节、燃烧装置改造等工程技术逐渐发展后，形成防治大气污染的技术科学。在固体废物处理方面，约在公元前 3000—前 1000 年，古希腊即开始对城市垃圾采用填埋处置方法，在 20 世纪出现了利用工业废渣制造建筑材料等工程技术。在噪声控制方面，一些国家的古建筑中，从隔声方面考虑对门窗和墙体的位置进行了合理的安排，20 世纪 50 年代，在对噪声控制问题广泛研究的基础上形成了环境声学。

在传统学科，如化学、物理学、生物学、地学、医学等基础理论之上，运用卫生工程、给排水工程、化学工程、机械工程等技术原理和手段，在各自领域内逐步解决许多环境污染问题，单项污染的治理技术日趋成熟。此后，研究工作从单项治理措施逐渐向综合防治措施过渡，同时对防治环境污染的措施进行综合的技术经济分析，使得环境系统工程和环境污染综合防治的研究工作迅速发展起来，最终形成了一门新的环境工程学科。

二、研究内容

（一）水污染防治

研究采用物理处理、化学处理、生物处理和物理化学处理等方法对废水进行综合治理，并充分利用环境自净能力，以防止、减轻直至消除水体污染，改善和保持水环境质量。并且要合理地利用水资源，加强水资源的管理工作，制定废水排放标准。

（二）大气污染防治

研究应用化学和物理的基本原理，采用各种工程技术方法去除工业废气的颗粒物，治理排放的有害气体，制定不同类型的废气排放标准，保持进入大气的有害物质在大气的自净能力范围之内。

（三）固废利用和处置

固体废物的处理原则是减量化、资源化和无害化。按照这个要求，从工程技术角度解决固体废物的填埋、焚化等方案的具体实施，以及工业固体废物的资源化处理方法，使某些固体废物成为有用产品的原料，得到有效利用。

（四）噪声控制

控制噪声最根本的办法就是设法从声源上控制它，如用无声的或低噪声的工艺和设备代替高噪声的工艺和设备。另外，环境工程需要在技术上控制噪声的传播途径,如采取吸声、消声、隔声、隔振、阻尼等噪声控制技术,还要根据不同时间、不同地区和人的不同行为状态来制定环境噪声标准。

(五)环境系统工程

环境问题往往具有区域性特点。利用系统工程的原理和方法,对区域性的环境问题和防治技术措施进行整体的系统分析,以求取得最优化方案,是环境系统工程的主要任务。控制环境污染必须根据当地的自然条件,弄清污染物产生、迁移和转化的规律,对环境问题进行系统分析,采取经济手段、管理手段和工程技术手段相结合的综合防治措施,以便取得环境污染防治的最佳效果。

第六节　可持续发展理论

朴素的可持续发展思想源远流长。我国早在春秋战国时代就有保护正在怀孕或产卵期鸟兽鱼鳖的"永续利用"思想,如《吕氏春秋·义尝》中的"竭泽而渔,岂不获得?而明年无鱼。焚薮而田,岂不获得?而明年无兽"体现了可持续发展的思想。

现代可持续发展思想源于环境问题,是 20 世纪 80 年代末人类全面认真总结自己的发展历程,深刻反思自己的经济社会行为而提出的一种全新的发展思想和模式。可持续发展强调环境与自然资源的长期承载力,在生态持续能力、社会公正和人们积极参与决策的基础上,促进经济健康发展,做到人尽其才、物尽其用、地尽其利,追求环境与经济的和谐发展。

一、可持续发展的内涵

可持续发展是满足当代人的需求,又不损害后代人满足其需求能力的发展;既实现经济发展的目的,又要保护人类赖以生存的自然资源和环境,使子孙后代能安居乐业,永续发展。

(一)公平性内涵

一是同代公平性。可持续发展要满足同代人们的基本需求(指充足的食物、水、住房、衣物等)和高层需求(指提高生活水平、安全感、更多假期等),给人们以公平的分配和公平的发展权,特定区域的发展不能危害或削弱其他区域发展的能力,区域之间的发展也不能长期处于不平衡状态。

二是代际公平性。人类世世代代有公平利用自然资源和生态环境的权利,可持续发展既要考虑当前发展的需要,又要考虑未来发展的需要,当前的发展要有限度,不能为了满足当代人的利益,而以耗竭自然资源、污染环境、破坏生态的方式剥夺或破坏后代人应当合理享有的同等发展与消费的权利。

三是人与自然,与其他生物之间的公平性,从而促进人类与自然之间的和谐。这是与传统发展的根本区别之一。

（二）持续性内涵

持续性是指生态系统受到某种干扰时能保持其生产率的能力。不可更新资源、可更新资源和自然环境承载力都是有限的,持续性发展要求人类的经济和社会发展不能超越资源与环境的承载能力,自然资源的耗竭速度要低于资源的再生速度或替代品的开发速度。

可持续性包含自然资源和生态环境的可持续性、经济的可持续性和社会的可持续性三方面,其中以自然资源的可持续利用和良好的生态环境为基础,以经济可持续发展为前提,以谋求全面的社会进步为目标。

（三）共同性内涵

可持续发展作为全球发展的总目标,所体现的公平性和持续性原则是共同的。并且,实现这一总目标,必须采取全球共同的联合行动。《我们共同的未来》中写道:"进一步发展的共同的认识和共同的责任感,这是这个分裂的世界十分需要的。"

二、可持续旅游

可持续旅游是指在自然资源与环境的承载能力之内,满足人们公平享用旅游资源的前提下,促进自然资源和环境的持续利用,达到旅游与经济、社会、生态的协调发展。

（一）可持续旅游目标

旅游可持续发展是一个多层次的多元构成的目标体系,主要包括生态环境可持续性、社会可持续性、文化可持续性和经济可持续性。各目标对立而统一,生态可持续性是经济可持续性的基础,没有生态环境的可持续性,就没有经济的可持续性;没有经济的可持续性,生态环境的可持续性便失去了经济目的和动力;而经济和生态环境可持续性是为了满足社会和文化可持续性的需要,社会和文化可持续性的实现有赖于生态环境和经济可持续性的实现。

（二）可持续旅游模式

在传统的旅游开发中,旅游经营者、旅游开发投资者、游客分别实现了经济利益和自身需求,而旅游区居民的利益则被考虑得很少,旅游环境的破坏更是无人顾及。要实现旅游业的可持续发展,需要所有与旅游业利益相关者的共同努力,建立人与环境、当地居民和外来旅游者、旅游地和周边地区之间和谐相处、利益共享、责任(环境)共负的发展模式。

可持续旅游模式是贯彻可持续发展的关键一环,是旅游者、旅游地和旅游社区三位一体的共同发展。旅游地社区居民受到旅游业所带来的所有正、负面影响,当地居民以其文化和旅游服务吸引旅游者,是旅游产品的一部分,当地人靠旅游获得的收入高于发展其他产业的获益,会成为保护自然资源的主要决定因素。

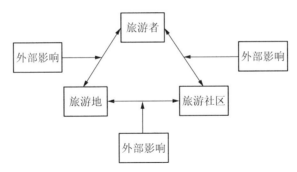

图 2.2　可持续旅游模式(Murphy, 1995)

南非的圣卢西亚湿地有珊瑚礁、海龟滩、绿化程度较高的沙地、淡水沼泽、草场和港湾,其地下也埋藏有丰富的矿藏资源。当地居民由支持矿业反对旅游业,发展到打破这个地区"无论过去还是将来都必须发展采矿业"的观念,转而支持旅游业,就是反映出当地人们通过发展旅游业得到了经济实惠,而又由于当地居民的支持,旅游业得以持续发展。他们意识到:通过保护野生动物、原始景观来发展旅游业,是个人或国家经济增长的一种更有效方式。

（三）可持续旅游战略

1. 确立可持续理念。

确立可持续经营旅游的理念是旅游可持续发展成功的保证。按照《关于旅游业的21世纪议程》要求"保证最高层管理人员对可持续观念的承诺"，通过强化宣传，使可持续发展的观念与措施在旅游业管理的各个层面上得到体现，并将可持续经营纲领及其目标告之全体职工。通过具体化措施从理念转变为自己的言行并引导游客的行为，这是可持续发展的基础。

2. 建设可持续体系。

首先，着力建立可持续旅游产品体系，努力加强生态旅游区、生态旅游点的建设；其次，培育可持续旅游市场体系，建立产销结合的机制，并引导和培养一批新型旅游者，使他们在旅游过程中，积极主动地参与环保工作；再次，抓好可持续旅游管理体系的建设，制定符合可持续发展要求的各项产品标准、服务标准和管理标准，使旅游业在促进环境优化方面的功能得以更好地发挥，推动旅游可持续发展不断向深度和广度进军。

3. 实行可持续开发。

在旅游区规划和具体旅游项目设计中，根据旅游资源特点和环境保护要求进行合理分区；在开发建设过程中强化生态保护意识，杜绝旅游资源破坏性开发和旅游项目低水平建设。

4. 生产可持续产品。

各地区都要实行产品创新，积极推出生态旅游、农业旅游、森林旅游、草原旅游、冰雪旅游、海洋旅游、观鸟旅游、沙漠旅游、探险旅游等可持续旅游产品，旅行社要积极促销可持续旅游产品，使可持续旅游产品成为市场热点和主流旅游产品。

5. 推广可持续经营。

创建绿色景区、绿色饭店、绿色交通，推广可持续、低碳的消费活动，在旅游经营管理中，要始终贯彻可持续发展原则，努力保护好旅游资源与生态环境。

6. 形成可持续氛围。

通过各个方面的建设，形成文明旅游、卫生旅游的社会环境氛围，使可持续旅游思想贯彻到旅游业的各个层次，从而实现可持续发展的目标。

案例点评

案例一　低碳旅游悄悄兴起

低碳旅游就是在旅游过程中，采用各种环境保护措施，尽量降低二氧化碳排放量。"低碳旅游"概念的正式提出,最早见于 2009 年 5 月世界经济论坛《走向低碳的旅行及旅游业》的报告。报告显示,旅游业(包括与旅游业相关的运输业)碳排放占世界总量的 5%,其中运输业占 2%,纯旅游业占 3%。低碳旅游要从旅游的各个环节做好减碳工作。

食:尽量食用当地应季果蔬,不浪费食物,不用一次性餐具,自备水具等。

住:床单、被单一客一洗,节约用水、用电,自备日用品,不使用酒店的一次性用品。

行:选择公共交通和混合动力、电动交通工具,倡导步行和单车等低碳出行方式。

游:安排低碳旅游路线,不乱丢固废垃圾。

购:选用当地绿色产品、季节产品及包装简单的商品。

娱:不参与高能耗的娱乐项目,如不夜天、内陆海洋馆、盛夏冰雪展等。

点评:

通过低碳旅游,可以减少旅游活动对气候和生态环境的副作用,以每个旅游者的实际行动来推动旅游业的可持续发展。

案例二　旅行社之间的搭便车现象

由于公共物品的非排他性,不为公共物品做出贡献的人也可以获得公共物品,搭便车心理的存在可能导致公共物品短缺,从而无便车可搭,这就是所谓的"搭便车的困境"(余永定等,1999)。旅行社之间的搭便车现象是指由于旅游线路开发存在横向外部性,"横向外部性造成了一个公共物品问题"(泰勒尔,1997),旅行社可以自己不开发而使用其他旅行社开发的旅游线路(即所谓搭便车),因此导致"旅游线路开发"这一公共物品供给不足(无便车可搭)。

孙建超等(2002)运用微观经济学的外部性理论对上述问题做了分析,并根据奥利弗·威廉姆森的纵向一体化理论,提出在旅行社内部形成开发、批发和零售的垂直分工体系,以此解决旅行社之间的搭便车问题。旅行社的纵向一体化可以通过内部的协调来替代市场交易,从而节省部分市场费用。也就是说,这种纵向一体化可以消除旅游开发批发商和旅游零售商之间的纵向外部性。但是这种纵向一体化并不能消除旅行社之间的横向外部性,而横向外部性是旅游线路开发外部性最主要的表现形态,正是这种横向外部性造成旅行社之间的搭便车问题。

如果说这种纵向一体化对于解决搭便车问题有作用的话,也是一种间接影响。旅行社通过纵向一体化扩大了企业规模。而如果旅行社规模很大,占有市场份额较高,则该旅行社从自己的开发行为中可以最大受益,因此倾向于自己进行开发以获得报酬,而不是坐等"搭便车",从而消除旅游线路外部性带来的消极后果。如果旅行社搭便车一定要用一体化方式解决的话,应该是横向一体化,即旅游开发商之间的兼并,形成旅游开发商市场的垄断格局。由于这种兼并在法律和经济上存在很多困难,形成完全垄断不太可能,但可能形成寡头垄断局面。国外很多国家的旅游开发在很大程度上就为几家旅游开发商所垄断,这时的博弈结果是复杂的,一般搭便车问题就不会太严重。

资料来源:中文百科在线,www.zwbk.org。

点评:

"三个和尚没水喝"的故事,就是因为部分人的搭便车,导致团队整体的无效运作。旅游资源与环境是公共物品,在开发利用中要杜绝搭便车现象的产生,从而维护旅游业的持续高效发展。

案例三　香格里拉生态立州实现可持续发展

从1998年起,迪庆(州府所在地为香格里拉县)在全州实施了天然林保护、退耕还林、退牧还草、公益林建设等一批重点生态建设工程,直接投入林业建设的资金达到4亿元,退耕还林31.4万亩,公益林建设185.2万亩,退牧还草400万亩,实际完成天然林保护面积172.2万公顷。2006年,全州森林覆盖率达到73.9%,高居全省首位,在不到10年的时间里,全州的森林覆盖率提高了8.5个百分点。

全州建立了白茫雪山国家级自然保护区和碧塔海、纳帕海、哈巴雪山等3个省级自然保护区,总面积达32万公顷,占全州总面积的13.4%。2007年,全州已建成沼气池2万多口,推广太阳能热水器2万多平方米,每年节约薪柴10万立方米。在全国率先实施禁止使用塑料袋的"禁白"工程,关停了一批污染企业,在项目建设中坚持环境评价一票否决制。引导和鼓励当地社区参与旅游的保护与开发建设,让当地的农牧民有侧重地保留传统生活方式,在发展旅游业的同时,让自然系统和人文生态系统得到保留。"十五"期间,全州经济总量连续登上10亿元、20亿元两个新台阶,年均增长 21.5％,实现了又好又快的发展。

资料来源:杜文斌:《香格里拉生态立州实现可持续发展》,云南电视台,2007 年 9 月 14 日。

点评:

  迪庆州牢固树立在发展经济中环保先行的观念,坚定不移地走"生态立州"的可持续发展道路,让美丽的香格里拉在保护中实现可持续发展。

练习思考

一、填空题

  1. 能量流动、_____和信息传递是生态系统的三项主要功能。

  2. 从经济学的角度来分析,旅游环境问题的主要根源在于_____和政策失效。

  3. 景观是由形状、功能存在差异且相互作用的斑块、_____和基质等景观要素构成的。

二、单项选择题

  旅游可持续发展是要保证经济的良好发展、社会负面影响的有效控制和( )。

  A. 提高经济效益   B. 加强管理

  C. 加强科学研究   D. 生态环境保护

三、简答题

  1. 生态系统的基本功能有哪些?如何应用生态平衡理论保护旅游环境?

  2. 景观生态学的研究内容有哪些?它对旅游环境的开发与保护有何意义?

  3. 什么是环境工程学,环境工程学的研究内容有哪些?

  4. 什么是可持续旅游?如何促进旅游业的可持续发展?

第三章

旅游社会环境

学习要点

熟悉旅游社会环境的影响效应;掌握社会环境评价的方法和保护对策;了解旅游对经济环境的影响;掌握旅游经济环境评价方法和保护对策;了解旅游对文化环境的积极与消极影响;掌握文物古迹与非物质文化的保护措施。

基本概念

旅游社会环境、孤岛效应、旅游经济乘数

旅游社会环境是一定地域范围内以人为中心,围绕旅游活动而形成的各种社会、经济和文化因素及其相互作用关系的综合。旅游社会环境主要由社会、经济、文化三大子系统构成,社会、文化环境是旅游社会环境的背景和基础,直接反映了旅游目的地的吸引力,经济环境是旅游地社会环境的支撑要素,维系着社会环境的动态平衡,控制着旅游地社会环境变迁与区域社会环境的总体特征。

第一节　旅游社会环境影响

旅游地在旅游介入以前,其社会环境没有或很少有其他外力作用,是一个以自循环、自流通、较稳定的地域空间系统。随着旅游地的开发,旅游者的不断进入,旅游地社会环境系统在外界各种人流、物流、信息流的注入下改变了过去的平衡状态,系统出现了波动和紊乱。

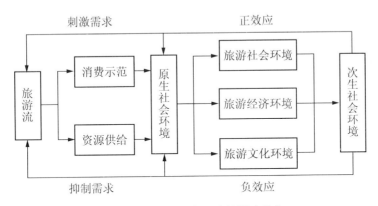

图 3.1 旅游对社会环境的影响效应

旅游通过消费示范和资源供给,对社会环境产生正效应或负效应。正效应是打破封闭落后的社会文化环境,改善旅游地的社会文化风貌和居民的社会心态、文化观念,复兴旅游地传统文化,增强当地居民文化自豪感,调整当地经济结构与增加经济收入,推进旅游地社会发展;负效应是旅游发展引起旅游地传统文化丧失、变异、贬低、扭曲与伪文化形态的充斥、社会伦理失范、经济脆弱性加剧、经济孤岛效应凸显,影响旅游业的可持续发展。

一、消费示范对非物质形态的影响

旅游者在旅行过程中,食、住、行、游、购、娱等方面的需求和消费总是比日常的消费要高,使旅游者在整个旅游过程中表现出一定的优越感,主客交往的结果往往使旅游地居民羡慕和向往旅游者以及其所在的社会,这种情绪可能变为促进社会进步的动力,但也可能产生不良的社会影响。示范效应会使旅游地居民对旅游者的言行举止、穿着打扮、生活方式等进行迎合、追求或模仿,对本地社会文化传统产生变革促进或者怀疑背弃,旅游地固有的社会文化模式出现变化,旅游地社会环境开始出现变迁,变迁的后果及其性质是"进化"还是"退化",取决于旅游地原有社会环境的本底特征。

二、资源供给对物质形态的影响

旅游者的衣、食、住、行必须通过旅游地环境系统来维持和保证，这种基于满足旅游者需求的旅游地行为，无疑将改变旅游地社会环境的物态格局。同时，旅游者的主动意识也使他们在进入旅游目的地后，开始对当地的社会文化环境造成干扰。旅游者的消费方式潜移默化地影响着旅游地的生活方式，旅游者对异域文化和生活方式等表现出的浓厚兴趣，促使旅游地有意识地挖掘和开发重整相关的社会文化旅游资源，使旅游地文物古迹得到修复，传统文艺得到复兴和保护，同时也会使包括旅游地的建筑式样、聚落格局、遗迹遗址、旅游商品在内的社会文化的物质景观等发生改变。

第二节　旅游社会环境

一、社会环境对旅游的影响

（一）旅游政策

旅游政策是国家和旅游行政管理部门为实现一定时期内的旅游发展目标，根据旅游发展的现状水平和社会经济条件制定的行动准则。它指导并服务于旅游业发展的全过程，同时也是衡量旅游事业成效的尺度。

（二）社会安全

没有安全就没有旅游，旅游目的地的社会安全环境是否良好，是游客选择旅游目的地的重要考量因素。旅游业易受政治、经济、社会中一些不稳定因素的影响而发生波动，社会上的赌博、酗酒、吸毒、偷窃、抢劫和传染病等不安全因素，使外来游客的生命财产安全受到威胁或损失，从而缺少安全感，使游客望而生畏，造成客流量减少。

（三）社会道德

随着旅游业的发展，因经济利益的驱使，使一些旅游业经营者社会道德丧失，不断出现一些损害游客利益的新情况、新问题，例如"七黑"现象（黑旅行社、黑导游、黑车、黑马、黑船、黑店、黑摄像等),以及旅游业中个别人竞相压价、强买强卖、向游客推销假冒伪劣旅游产品、服务态度恶劣、刁难游客、无故改变旅游行程等现象,都损害了游客的合法权益,丑化了该区域旅游业的形象,从而制约了当地旅游业的发展。

二、旅游对社会环境的影响

(一)社区环境"过度商业化"

社区环境中最具旅游吸引力之一的是处于表层的商业环境,社区旅游开发也最容易关注商业开发,而"过度商业化"则成为旅游环境的主要问题之一。一些景区里遍布小商店、小吃摊,大肆向游客推销各种商品,熙熙攘攘,秩序混乱,烹调烧烤、油烟缭绕,垃圾随地丢弃、污水乱泼,既影响环境风貌和卫生状况,又大煞游客兴致。

过度商业化,丧失了街区的历史真实性;土生土长居民的逐步外迁,使当地的人文环境发生变化;在强大的商品流通市场的压力下,本土的文化商品市场所占比例越来越小;假冒伪劣商品的大量涌现,危害了消费者的利益,造成了不良的社会影响。

(二)对正常社会环境的冲击

随着旅游人数的不断增加,对地方资源和设施形成压力,导致用水日益紧张,商店、娱乐场所等公共设施拥挤不堪;交通运输紧张,特别是在道路的出入口、核心区域、停车场等;环境卫生恶化,旅游者可能带来某些疾病和病菌,遗弃的垃圾等易滋生细菌,可能导致旅游区域疾病流行,对旅游目的地正常的社会环境造成冲击。

(三)对当地居民生活的影响

在一定的时期,旅游业的发展会导致本地居民某些方面的生活质量下降。旅游业的发展势必会与当地居民争夺有限的生活空间,从土地、水源、能源、道路到食品、日用物资,会引起生活费用增加、交通拥挤和能源紧张,一些居民会被迫改变他们的职业和工作,个别的还要迁居,给当地居民的正常生活带来了诸多不便,影响了当地居民的生活质量。

(四)对当地道德观念的影响

在旅游活动过程中,旅游者和当地居民的社会观、道德观、价值观、宗教观和政治观等经过无形的传播和渗透,会发生撞击和变化,在旅游者"示范效应"的影响下，旅游目的地社会或多或少发生了一些变化。

1. 传统道德观念削弱。

来自各地的旅游者，具有不同的道德观念，有的可能表现出良好的道德品质和友好的态度，但有的则会带来消极的颓废意识和生活方式，对接待地的社会道德和风尚产生影响。当旅游接待地的社会同旅游者所处的社会差异越大，其影响越明显。一些当地居民通过对旅游者行为的观察，逐渐在思想和行为上发生消极变化，原来热情好客、勤劳简朴、平等无私的传统道德观念削弱了，不利于原社会形态的可持续发展。所以在有些国家或地区，有意识地采取措施以减少旅游者同当地人的接触，如前东欧集团国家曾严格限定旅游者的活动范围和方式。

R. V. 史密斯于1997年在研究了爱斯基摩人社区旅游发展后指出，在社区中不同的居民对游客表现出不同的反应：老人倾向于维护传统生活方式与习俗，并乐意展示给游客，年轻人则希望获得如同游客似的高标准生活水平而放弃原有的工作，接受西方社会价值观而逐步摈弃自身原有的思维模式。

2. 不良社会现象增多。

少数旅游者在其常住地，受环境的约束和为了维护其名声，尚能克制自己的行为，但到了旅游地之后，周边都是陌生人，加以某些接待地又提供了一定条件，往往变得放纵起来，个别游客甚至追求低级庸俗的项目，不良的旅游影响可能诱发唯利是图的拜金主义欲望，金钱的诱惑会使少数人从事违反道德规范的活动，使赌博、色情、吸毒、诈骗、走私贩私等犯罪和不良社会现象滋生、蔓延，败坏了社会风气，影响社会秩序的安定。

（五）旅游活动诱发主客矛盾

随着旅游区的逐步开发和旅游者涌入，当地居民和旅游者之间的关系循着旅游开发产生的环境影响大小而演化，主客关系可表现为五类情形：喜悦期、冷漠期、冲突期、调整期和共赢期。

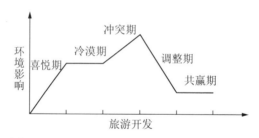

图3.2　旅游开发的环境影响与主客关系情形图

主客关系的不同情形有着不同的状况表现，如下表。

表 3.1　主客关系的不同情形与表现状况

情　形	表　现　状　况
喜悦期	旅游对当地社会环境影响较小，旅游者受欢迎，当地人欢欣鼓舞
冷漠期	旅游对当地社会环境影响不大，当地人对旅游者习以为常
冲突期	旅游对当地社会环境影响较大且不断增强，引起当地人的反感与对立
调整期	通过管理，使旅游者调整旅游活动行为，降低旅游活动的社会影响，直至达到当地人可接受或更低的影响水平
共赢期	旅游对当地的社会环境影响维持在低水平，旅游与当地社区共同发展

在旅游开发的过程中，伴随着旅游者与当地居民接触的日益频繁，旅游活动对当地社会环境的影响可能更大，如果沟通与管理不善，就容易诱发主客矛盾，引起当地人排斥旅游者的现象，如有的地区采取了不适当的"旅游者（主要是外国旅游者）优先"的措施，从而引发不愉快事件；旅游者的某些正当行为，由于道德观念和生活方式的差异，会造成主客矛盾；游客过度拥挤、行为失当或者对当地居民的日常生活造成影响时，居民就会产生抱怨的情绪，常会听到的抱怨有：个人隐私曝光、当地物价上涨、垃圾增加、环境变脏、拥挤、噪音、停车场不足、塞车、小偷增多等。

三、社会环境评价

由拟开发的旅游项目或政策建议所可能引起的一个地区的社会组成、社会结构、人地关系、地区关系、文化教育、娱乐活动、服务设施等的变化，都属于社会环境评价范围。

（一）社会影响因子

旅游社会环境涉及旅游者所接触的社会状况，如旅游区所在地政府的旅游政策、物资供应、社会治安、当地居民对游客的态度等。社会环境评价的因子主要包括影响区目标人口、科技文化、医疗卫生、公共设施、社会安全、社会福利等要素，要根据具体情况作适当调整与修改，识别主要影响因子。

社会环境影响因子的识别方法有核查表和矩阵法。对于不同类型和性质的开发行动所产生的各种不同的社会影响，可以采用现成的各种核查表和矩阵表，或者在必要时自行设计专用的表格。

（二）社会影响评价

旅游对接待地社会影响包含各个方面，当地居民最了解旅游对当地社会所产生的影响，所以，通过对当地居民的问卷调查和访谈，利用社会影响感知指数将旅游社会影响的结果进行定量处理,从而评定旅游的社会影响程度。

$$SPI = \sqrt{\sum_{i=1}^{n} W_i V_i \times \sum_{j=1}^{m} W_j P_j}$$

$$\sum W_i = \sum W_j = 1$$

式中,SPI 为社会影响感知指数;n,m 为评价尺度的阶级,一般采用 5 阶赋值法;W_i 是某阶感知所占的比重;V_i 是居民对旅游开发导致某个社会因子变化程度的感知赋值;W_j 是某阶偏好所占的比重;P_j 是居民对该社会因子偏好程度的赋值。

表 3.2　旅游社会影响赋值表

赋　　值	1	2	3	4	5
社会影响感知(V)	极不利	不利	无变化	有利	极有利
社会因子偏好(P)	很反感	反感	无所谓	喜欢	很喜欢

计算得到的 SPI 值在 1—5 内,高于 3 分为正效应,低于 3 分为负效应,根据评价值的高低,可把旅游对社会环境影响指数分为 5 个等级,其值越大,说明旅游活动对社会的影响越有利,其值越小,则旅游对社会环境的影响越不利。

表 3.3　旅游社会影响感知指数分级表

SPI	<2	2—2.75	2.75—3.25	3.25—4	$\geqslant 4$
等　　级	I	II	III	IV	V
社会影响	极不利影响	不利影响	无影响	有利影响	极有利影响

例如,对某旅游社区的居民进行问卷调查,调查的项目包括就业机会、居民生活费用、娱乐活动、居民旅游收益、社会安全等社会影响因子,调查结果见下表,以居民旅游收益为例,计算其旅游社会影响感知指数。

表 3.4　某旅游社区的社会调查统计结果

社会调查项目	极不利/很反感	不利/反感	无变化/无所谓	有利/喜欢	极有利/很喜欢
就业机会	1/0	25/16	38/56	26/20	10/8
居民生活费用	15/18	35/34	42/42	8/5	0/1
娱乐活动	0/0	6/4	31/30	45/46	18/20
居民旅游收益	0/0	12/10	56/50	24/28	8/12
社会安全	16/17	36/37	29/27	16/15	3/4

解：从调查问卷的统计结果看，有效问卷数为 100，因此，各阶感知的比重分别为：0、0.12、0.56、0.24、0.08；各阶偏好的比重分别为：0、0.10、0.50、0.28、0.12。

$$SPI = \sqrt{(0 \times 1 + 0.12 \times 2 + 0.56 \times 3 + 0.24 \times 4 + 0.08 \times 5) \times (0 \times 1 + 0.10 \times 2 + 0.50 \times 3 + 0.28 \times 4 + 0.12 \times 5)}$$

$$= \sqrt{3.28 \times 3.42} \approx 3.35$$

因此，旅游对居民旅游收益的影响感知指数为 3.35，等级为 IV 级，为有利影响。

四、旅游社会环境的保护对策

(一) 提高社会环境质量

旅游社会环境质量高低的首要影响因素是旅游区的社会政治局势是否和平，在和平的环境条件中，游客才有人身安全感，才谈得上旅游。因此，任何国家或地区，若想发展旅游业，必须保持社会安定，才能提高旅游社会环境质量。

实施社会环境综合治理和专项整治，是提高社会环境质量行之有效的一种措施。比如，有关部门和单位，齐抓共管，重点打击旅游区(点)的盗窃、抢劫、敲诈勒索、欺行霸市等违法犯罪活动；旅游客运经营单位协助公安部门打击车匪路霸，确保游客旅途安全。

(二) 创造优良人际关系

在旅游区，游客和游客之间、游客与旅游服务人员之间、游客与当地居民之间的社会关系，若管理不当，均会成为当地恶性社会事件爆发的潜在因素。因此，在旅游管理中，应尽量在满足各类人员需求的同时，创造优良的人际社会环境，减少相互之间的恶性摩擦，以减少恶性社会事件的发生，使游客身心健康、愉快地进行旅游活动。

(三) 提高居民文化素养

旅游区当地居民对旅游业的认识，直接反映在对待游客的态度上。当地居民的文明礼仪和好客行为会给游客留下良好的印象，增加他们的游兴，反之则会使游客扫兴而归。为此，旅游地应开展广泛的、长期的宣传教育，并辅之以必要的培训，提高当地居民的文化素养，改善居民的好客态度，使好客意识深入人心，营造出文明礼仪和良好的旅游社会环境。

(四) 加强影响事后监测

为了检验拟议行动预期的社会影响及消除负面影响措施的有效性，还必须在该行动实施过程中监测其实际影响，为环境管理单位和评价单位提供反馈信息，以便及时发现问题，从而采取必要的补偿措施，减少实际的不良影响。社会影响的监测不同于自然环境要素的监测，社会因子的监测一般无法用仪器测取，而需要通过社会调查获取，因而监测调查中的公众参与非常重要。

第三节　旅游经济环境

一、经济对旅游环境的影响

在经济结构、生产力布局、城市发展规划中，忽视旅游资源的存在，使得区域经济结构类型、生产力布局方式、城市发展方向与旅游业正常、持续发展对环境条件的要求不相适应，如在云南石林旅游区附近建设水泥厂，会破坏旅游环境。

当地经济发展状况对旅游环境的保护工作有较大影响，经济发展状况两极分化越大，环境破坏和恶化趋势越严重。研究表明，最富裕和最贫困的旅游地区会对环境造成比居中间地带的旅游区更大的环境损害，经济发达地区多会将资本不断投入新的领域，因而，它为了获取最大的收益，常常不顾环境的承受力；经济不发达地区，为谋求发展则滥用旅游资源和环境要素，经常忽视旅游环境的保护，而且所得收入很少投入到环保工作中去，不少旅游区在"先开发、后保护"的主导思想下造成了难以挽回的破坏。

二、旅游对经济环境的影响

（一）对经济环境的积极影响

旅游业在为国民经济的发展与繁荣、国民生活素质的提高等诸多方面都有其重要的积极作用，这种积极影响程度取决于旅游接待国或地区的经济结构及其供给能力。

1. 增加社会就业机会。

旅游业属于劳动密集型产业，就业层次广、就业机会多。旅游业不仅提供大量直接的就业机会，而且由于与其相关行业的发展，还提供了大量间接的就业机会。

据世界旅游组织的统计资料显示，旅游部门每增加 1 个就业机会，社会就能增加 5 个就业机会，对于减少失业、提高居民生活水平、维护社会稳定等都有积极的意义。

发展旅游业，扩大就业途径，解决劳动就业问题，是许多国家的成功经验。加拿大政府考虑到旅游业对增加就业机会大有助益，曾拨款在国家公园、历史观光点和各娱乐场所创造条件，直接增加了近万个工作机会，同时还使 3 万多名从业人员得到培训。我国人口众多，劳动力来源充足，就业问题突出，发展旅游业是解决我国就业问题的重要途径之一。

2. 提高居民收入水平。

随着旅游者的流动，大量货币从客源地流向接待地，提高了地区的国民生产总值，直接增加了当地旅游从业人员的收入，财政收入的增加和再分配，有助于开发和带动地区的经济发展，间接增加居民收入水平，提高居民生活质量。居民经济条件的改善，在某种程度上对家庭成员之间的关系有积极作用。

夏威夷在大众旅游时代是世界上旅游业发展最为迅速的地区之一。旅游业的发展给夏威夷带来了不少的好处，最典型的就是居民收入的增加。1959 年，夏威夷的人均收入比美国大陆要低 20%，而到 1990 年，夏威夷人均国民收入达到了 20 254 美元，超过全美 18 585 美元的平均水平，这主要归功于旅游业。

3. 扩大社会生产能力。

旅游设施和配套设施的修建，以及旅游环境条件的改善，为社会生产的扩大，增添了新的领域和机会。为满足旅游者的消费需要，向社会提出了扩大生产、保障供给的要求，而且在品种档次和质量上也提出了更高的要求，旅游消费的日益扩大，使得一部分社会产品的价值和使用价值得以实现。

4. 调整区域产业结构。

经济发展的过程表明，产业结构合理的变化方向是第三产业在国民经济总产值中的比例大幅度上升，而第一产业和第二产业的比例逐年下降。旅游业的发展能够促进旅游目的地区域经济产业结构调整，改善国民经济结构。

5. 促进地区经济繁荣。

旅游业是第三产业的龙头产业，同旅游业有较大关联度的经济部门达 30—40 个之多，在第三产业中最具先导性和带动性。旅游业发展所带来的收入大部分会重新进入流通领域，从而形成了下一轮经济活动，刺激和推动建筑业、交通运输业、电讯业、园林、轻工业、商贸、服务业、金融业等相关产业的不断深化和发展。因此，随着旅游业的发展,不仅为旅游业带来直接的经济效益,还会产生广泛增长的连锁效应,促进区域经济繁荣。

6. 优化区域投资环境。

旅游业的发展可以从多方面改善投资环境,加深区域间经济交流与合作。发展旅游业必定加快道路、交通、供水、供电、通讯等基础设施建设,促进宾馆、饭店、会议中心、展览中心、娱乐游览等旅游设施数量上的增加和档次上的提高,推动建筑、园林、商贸、金融等各项事业的发展,从而创造良好的区域投资环境。

（二）对经济环境的消极影响

旅游发展超过了区域经济的承受能力,就会对当地的经济系统造成不良影响,影响的性质和程度与区域经济强弱、经济结构差异、生产能力和产品质量、经济政策、旅游发展阶段、游客种类等因素息息相关。

1. 影响经济稳定。

旅游经济具有脆弱性,它不仅受到旅游业自身激烈竞争的影响,而且极易受到多种外在因素的影响,如全球经济危机、战争、自然灾害以及旅游目的地政治、经济、社会形势变化等,都会使客源受到影响。如果一个国家或地区完全依赖旅游业发展自身经济,会导致社会经济结构单一,一旦非本国所能控制因素发生突变,致使旅游需求大幅度下降,旅游业及其相关产业就会一蹶不振。如中东战争几乎完全毁掉了中东的旅游业。

一些地区,由于旅游业从业人员的收入高于当地居民的平均收入水平,导致过量的人员从事旅游业,影响旅游业本身的健康发展,而旅游的季节性会造成劳动力的季节性失业,同时还可能对其他行业造成冲击,影响区域基础经济的发展。

2. 改变产业结构。

旅游业的发展必然改变旅游接待地的产业结构,尤其是因占用许多土地,将使部分当地人放弃他们原来的职业,去从事他们所陌生的职业,会在心理上和生活上造成很大压力。旅游开发还会促使地价上涨,使其他产业受到影响,特别是一些传统的产业。20 世纪 90 年代初,印尼爪哇决定在南海岸帕兰古皮特地区建造更多的旅游别墅,引起当地农民抗议,因为他们不愿改变传统的农业生活方式。

3. 造成通货膨胀。

旅游者的到来,特别是旅游旺季过量的客流,会造成旅游目的地物资供应紧张,交通及其他公共场所拥挤,日常用品和其他消费品物价上涨,造成供不应求,甚至通货膨胀,损害当地居民的利益。例如,20世纪70年代,加勒比地区游客突然增多,导致物价上涨,当地居民的生活费用成倍增长,但收入却不能按比例增加,影响了当地居民的生活。

4. 造成资源浪费。

一些旅游目的地在旅游资源开发、设施配套建设方面盲目贪大求全、比数量、比等级,并且廉价出让土地,免征地方土地税和环保税,优先安排原材料、配套资金、发放贷款等,致使酒店、宾馆、游乐设施等重复建设,加上旅游季节性使大量设备在淡季时闲置,造成社会资源的浪费。

5. 形成经济孤岛。

旅游经济发展的孤岛效应是指旅游地与其周边地区之间缺乏应有的经济联系与相互作用,独自发展形成孤立封闭经济体的现象。封闭的经济环境使旅游业向旅游目的地投入的物质、能量、信息在极有限的空间上循环和富积,形成了相对繁荣的旅游点,这种在环境与有限开发约束下的旅游中心区,像沙漠中的绿洲,通过外来资源的输入和循环,虽能维系自身的繁荣,但不具有通过以点带面促进整个区域旅游及经济社会发展的功能。

三、旅游经济环境评价

通过分析旅游开发对经济带来的各种影响,提出防止或减少在旅游业发展获取效益时可能出现的各种不利经济环境影响的途径或补偿措施,使旅游区开发建设的可行性论证更加充分可靠,规划、设计和实施更加完善。

(一)旅游经济影响因子

旅游对区域经济的影响因子主要包括旅游对区域经济收益状况、就业与失业、居民收入水平、需求水平、收入分配等要素。

(二)旅游经济评价

1. 旅游经济贡献指数。

旅游对经济的贡献包括对经济总量的贡献、对财政的贡献、对外汇的贡献等,以旅游经济贡献值和各经济量相比来表示。

$$R = Ti/Ei$$

式中,R 为旅游经济贡献指数;Ti 为某一地区旅游经济的贡献值;Ei 为经济量,其值要根据旅游经济的贡献值而定,如果旅游经济的贡献值是旅游经济总量,则 Ei 为该地区的国内生产总值,如果贡献值为旅游纳税值,则 Ei 为该地区的财税总值,以此类推。

2. 旅游需求收入弹性。

旅游需求收入弹性是指旅游需求变化率与人均国民收入变化率之比。旅游需求与国民收入之间存在着同方向变化的规律,如果人们的收入增加,旅游需求就会相应增加,反之亦然。需求收入弹性越大,表明同样的居民收入增加情况下,创造出更多的旅游消费需求,旅游产业就能够从社会获得更大的发展动力,为国民经济发展创造更大的贡献。

$$E = \frac{(Q_2 - Q_1)/Q_1}{(I_2 - I_1)/I_1}$$

式中,E 为旅游需求收入弹性;Q_1 为旅游产品原需求量;Q_2 为变化后的旅游产品需求量;I_1 为原先人均国民收入;I_2 为旅游需求变化后的人均国民收入。

3. 就业弹性。

旅游经济增长的就业弹性就是在其他因素不变的情况下,每一单位旅游经济增长引起就业增长的比率。

$$X = (\Delta P/P)/(\Delta N/N)$$

式中,$\Delta P/P$ 为综合就业人数增长率,$\Delta N/N$ 为旅游经济收入增长率。

4. 旅游经济乘数。

旅游经济活动包括旅游者与旅游企业之间、各旅游企业之间、旅游企业与有关企业之间的全部经济活动。旅游的经济影响不仅包含直接的旅游经济收入,新增加的收入可以导致新的投入和就业机会的多倍增加,包含广泛的间接经济效益。

$$M = \frac{1}{1 - MPC}$$

式中,M 为旅游经济乘数;MPC 为边际消费倾向,即所增加收入中被重新花费的比例。各国、各地和年代不同,M 值也不同,一般在 5—7,即旅游业每收入 1 元,其综合经济效益达 5—7 元。

四、旅游经济环境保护

消除旅游经济孤岛效应,不断提高旅游发展的乘数效应,是实现旅游业发展的带动、辐射作用的关键。

（一）理顺管理体制

由于我国旅游管理的特殊性，即层层代理制、横向管理与纵向管理的相互交叉，导致条块分割，对旅游区的经营与管理而言，容易引发各种矛盾和多种利益主体的冲突，制约旅游辐射带动效应的发挥。首先，应理顺旅游区管委会、地方政府、各级政府的关系。由于旅游区往往是经济、行政的"高地"或独立发展的经济、行政单元，其对地方的财税贡献小，易引发地方政府与管委会的矛盾；而各级政府从旅游区中获得的利益回报转移为地方政府的既得利益，造成上、下级政府间的利益之争。

其次，要理顺横向管理各部门之间的关系。由于我国旅游资源存在"多头"管理的现实，建设、林业、文化、宗教、水利、环保等各自为政，可能在利益上竞争，在责任上推诿，影响管理效率，割裂旅游区与周边地区的经济联系，导致弱势群体利益受到损害，或牺牲弱势群体利益来平衡各部门的矛盾。因此，建立和完善管理体制，健全旅游区与周边地区的对话机制与渠道，是保证旅游经济健康发展的关键和制度保障。

（二）更新开发理念

旅游经济有其脆弱的一面，一个国家或地区，应该摆正旅游业的地位，控制其合理的发展规模，规避各种不利因素的影响，使旅游经济健康发展。夏威夷有计划地削减其种植业，而将旅游业作为经济支柱，圣马利诺几乎全靠旅游业收入，这有其自身的特殊性，对于其他国家或地区未必可行。

在旅游区的开发中，秉持可持续旅游的开发理念，不但注重旅游区的经济效益，还注重其社会效益、环境效益，在开发的同时要做好旅游环境的保护工作。在旅游区开发与管理中，经济富裕地区要重点评价其旅游环境承受力指标，经济贫困地区要重点评价其旅游资源和劳务利用水平，克服贫富差别所带来的旅游弱持续性影响，减少开发对旅游环境的不利影响。

（三）合理配置资源

以旅游市场为导向，合理配套旅游服务设施。旅游经济的衡量指标主要为旅游接待设施规模及其接待量，过多的资源投入，会导致建设过量的旅游设施，造成旅游设施的闲置浪费，使社会资源得不到有效的配置和利用，造成经济上的损失；反之，超量的接待会对旅游设施造成威胁和破坏，进而影响旅游经济的可持续发展。

（四）加大输血力度

加强外援性资源的注入，通过"输血"，启动"造血"功能与机制。外援性资源不限于资金方面，对旅游乘数效应的发挥而言，信息、管理、经营、人力资源培训等方面的外援，也是极其重要的。旅游管理部门、发展或援助机构、旅游研究和教学机构、旅游企业为旅游目的地社区居民培训旅游人才、传送市场信息、派遣讲师团、包区蹲点指导旅游开发等形式，都属于外援性力量的输入。所以，"输血"的主体涉及立法者和决策者、非政府组织、旅游开发商、社会其他扶助力量、旅游研究者，甚至包括部分旅游者。

（五）完善造血功能

只有社区居民的参与能力不断提高，在参与机会面前才能有效把握，才不会被旅游经济的发展边缘化。居民提高参与能力，一要加强学习，不断提高服务水平，因为旅游服务人员水平不高，服务质量档次不够，会导致旅游经济环境中软硬件不相配套，使旅游设施得不到有效利用，造成旅游资源的浪费；二要争取贷款，努力创新、创业；三要从非正式部门起步，逐步向正式部门过渡，非正式部门的经营活动是社区居民主要的参与方式和获利方式；四要善于拾遗补阙，抓住发展机遇。

第四节　旅游文化环境

文化环境是在自然环境的基础上，人类实践活动中有意识地利用自然所创造的有形文化资源和蕴涵在文化景观中的无形氛围。旅游业是带有文化性质的高度综合的服务性行业，其有形的文化资源如历史文化古迹、古建筑、食物、传统制造加工活动（如烹调、编织、雕刻等）、实物（如衣服、家具、民间工艺品等）、圣庙、礼拜堂、礼仪活动及与民族文化相联系的历史文献等；无形的文化资源如时代传承的家庭生活、神话、民俗、民歌、民间舞蹈、口头传说以及信仰、观念和价值等意识形态，以及与之相适应的制度和组织形式，如法制、政府、教育、宗教、艺术等。

旅游使来自不同地理环境、社会地位、文化背景和经济状况的人们有条件进行接触，在此过程中可能对旅游地的文化系统结构、功能、模式和风格产生影响，如价值体系、居民行为、家庭关系、生活方式、道德标准、社会治安、文化生态等,其影响程度主要取决于旅游业经营管理水平、主客交往的强度、频度以及主客各自社会文化的态势对比。

一、旅游对文化环境的积极影响

(一)有助于保护民族传统文化

旅游活动和旅游业的发展,会促进优秀民族文化的挖掘、开发和弘扬,促使人们加深本民族文化的了解,提高保护本民族文化的自觉性,也促使政府重视民族文化的发展和保护,如动员社会各界力量维护、修复文化遗址,重现地方特色的音乐、舞蹈,资助传统艺术团体恢复活力,修建博物馆、科学宫,举办艺术节、音乐节,建造主题公园等。

(二)有助于提高精神文明素养

旅游业对外展示本国、本民族优秀的自然遗产和历史文化遗产,人们通过旅游,了解各地建筑、历史文化、风土人情、社会人文等,从而增长知识、开阔视野,提高精神文化修养。旅游者的喜爱会激发民族自豪感,使人们更珍视本民族的文化遗产,强化精神文明建设,努力创造文明的社会环境,加强对文物古迹的保护,促进民族手工艺等的继承和开拓,为旅游的发展创造良好的社会氛围。

在发展旅游业的过程中,旅游收入成为实现文化环境保护的经济来源。敦煌文物保护和多项基础设施建设的经费即出自旅游业收入。新加坡社会状况之良好举世闻名,基本动力之一即是为了树立良好的旅游形象。在思想意识方面,与外界交往的扩大,可以有效地克服民族主义、地方主义,扩大人们的视野和开阔心胸。

(三)有助于促进地区文化交流

旅游活动是一种社会文化交流活动,它促使人们在不同文化背景、不同自然条件、不同生活习俗的地域之间流动,使不同地区间的人们打破原有的地域和文化隔阂,相互了解、互通有无,客观上促进了不同地区间的文化交流。

人们在旅游中体验到了异地文化,了解了异地生活、文化和知识,丰富了自身的文化素养;而旅游推动了接待地的开放程度,推动了接待地居民对客源地文化和知识的学习,如对其他民族语言的学习,使客源地的各种文化得到传播,促进了不同地区间的文化交融。

二、旅游对文化环境的消极影响

(一)旅游对物质文化的消极影响

1. 旅游开发破坏文物古迹。

对文物古迹旅游资源的盲目开发和掠夺性索取,会损害文物古迹资源,甚至会对文物古迹造成无法挽救的破坏,比如史前遗址、古文化遗址,旅游开发不当或者管理不善,可能会导致遗址受到磨损,甚至会造成古文物的破坏。

一些旅游开发只重形制,忽视旅游区的整体氛围及其所蕴涵的内涵,在旅游区内大兴土木,各种各样的旅游设施包括餐厅、宾馆、招待所、疗养院和五花八门的游乐场纷纷建成,改变或破坏了旅游区应当保留的历史、文化氛围,导致旅游区生态环境失衡、历史原生态与风貌完整性消失。如一些建筑历史街区以保护建筑街区为名,要求当地的居民迁出他们世代居住的家园,使原本可以有生活内容的历史建筑失去活力。

2. 踩踏触摸损害文物古迹。

旅游者的踩踏与触摸会损害文物古迹、历史建筑,增加对文物古迹进行保护的费用和工作量。成千上万旅游者的脚步,几乎将意大利佛罗伦萨和威尼斯等历史名城的博物馆内珍贵的镶嵌画地板磨平;长期以来,由于大量游客的攀登,埃及大金字塔很多地方已经受到严重损害;我国的万里长城长期以来由于大量游客攀登,造成挤踏破坏,很多地方已受到严重损害;北京的故宫也因游客量太大,造成地面青砖不断受到严重磨损,有人估算,故宫铺地的"金砖",每年磨损达10—20毫米。

部分旅游者在文物古迹上乱刻乱画、坐卧在文物古迹上拍照等不文明行为,会造成文物古迹不同程度的损耗和破坏。如著名的敦煌石窟,因受照相机闪光灯及游客的汗水、呼吸(二氧化碳)和指印的破坏和腐蚀,许多壁画的逼真细节已失去光泽,变得暗淡模糊,红色和肉色逐渐变为黑色。

3. 不良行为破坏文物古迹。

由于文物古迹较为脆弱,人类正常活动都可能对其造成破坏,如果是有意识的破坏活动,则可能给古迹遗址带来灭顶之灾。如疑为千古之谜北宋官窑遗址的河南汝州张公巷窑址遭到疯狂破坏;许多佛教、道教圣地的雕像,如十八罗汉像等,掉头断臂,破坏严重;偃师商城是我国现存的唯一保存较完好的商代早期都城遗址,具有不可替代的学术价值和文化意义,也遭到很大程度的毁坏。

在欧洲,汹涌如潮的旅游者对文物古迹的破坏也相当严重。有数千年历史的古罗马广场周围,一些大理石装饰被凿得面目全非;佛罗伦萨米开朗琪罗的雕塑复制品大卫,被人用油漆将脚趾漆得血红;雅典帕特农神庙墙上的许多小块石料被游客顺手牵羊拿走。

4. 风化加速侵蚀文物古迹。

旅游活动的开展加速了文物古迹的风化,导致文物的侵蚀和损坏。古代丰富多彩的文物古迹,如石刻雕塑、壁画等重要的旅游资源,在自然条件下会经历风化作用而衰竭,但其过程缓慢,旅游活动开展加速了自然风化的速度,导致文物古迹的侵蚀破坏。

成都永陵路的五代十国时期前蜀国皇帝王建的永陵地宫石刻,自 1979 年地宫开放接待游客后,仅十多年时间,地宫内棺床四周浮雕的"蜀宫二十四乐伎"等珍贵石刻(这是唯一完整反映我国唐代及前蜀宫廷乐队组合的文物,在我国音乐史上占有重要地位)因地宫顶部渗水和冷凝水的影响,游客带入的各种藻类、微生物在潮湿的地宫内大量繁殖,以及粉尘的污染,造成地宫石刻严重的风化剥蚀。经国家文物局批准,永陵博物馆先后对地宫顶部进行防渗水和疏排水保护工程、改变地宫内部光源抑制微生物生长、采用化学药剂杀灭微生物、安装除湿机改善地宫潮湿环境、加强对粉尘积淀的清扫等保护措施,运用高科技硅化学保护剂"永凝液"对石刻作抗风化、清污抗污、防水、抗酸碱处理,取得了明显的保护效果。

(二)旅游对非物质文化的消极影响

旅游活动对目的地社会的价值观和表意体系(如语言、服饰、民间艺术、宗教等)以及社会生活品质(如家庭结构、性别角色、社会结构等)产生了不同程度的影响,影响有时具有隐蔽性,在短期内不易觉察,但却潜移默化地改变着人们的思维观念、价值取向等,导致民俗文化的同化、庸俗化、商品化和趋同化,甚至传统文化习俗的消失。

1. 民俗文化的同化。

随着外来游客的进入,外来文化被带入,受旅游者文化口味及现代化生活的影响,传统艺术、建筑风格、风俗习惯、语言、服饰等会发生不同程度的改变,地方文化的特色有可能被磨损或同化。社区居民盲目追风建造"洋房"或追求室内装修的奢华,传统民居被砖木结构的平房和钢筋水泥结构的楼房所代替,严重破坏了珍贵的"古""旧"原生景观,导致传统建筑景观与文化多样性的丧失。一些古村落、古城镇居民的穿着为传统服饰或本地一般服饰,但随着旅游开发的影响,当地人(特别是青年男女)穿起了现代流行服饰,如西装、T恤、牛仔服等,使居民原先的服饰文化遭到同化。

表3.5   不同类型欧美旅游者对发展中国家旅游目的地社会文化的适应和影响

旅游者类型	旅游者数量	对地方文化的适应情况	影响程度
探险者	极为有限	完全接受	无影响
精英分子	很少见	完全适应	基本无影响
不因循守旧者	并不普遍,但能见到	很适应	基本无影响
偶尔到访的散客	偶然可见	有时适应	影响较小
新出现的游客群体	形成批量	寻求西方模式	影响较大
大众旅游者	持续的批量到达	期待西方模式	影响非常大
包机旅游者	大量到达	寻求西方模式	影响非常大

2. 民俗文化的庸俗化。

为迎合旅游业发展的需求,传统的民间习俗、节庆活动、宗教活动等,不按照传统的时间、地点、内容和方式,在特定的意义下进行,而可能被随意改头换面,随时都会被搬上"舞台",甚至为迎合旅游者的观看兴趣而在传统艺术中加入了众多非传统的成分,在很大程度上失去了传统上的意义和价值。如傣族的泼水节被搬到昆明"郊野公园"作旅游文化活动项目开发时,却成了"倒水节":游客各自拿着水桶、水盆,将水从对方的头上浇到脚底,或是将人推到水池中,一圈人围着"泼",完全失去了"柳枝洒水"以示祝福的文化意境。

在现实中,存在着杜撰民俗文化的表演现象,即"伪民俗"。通过那些杜撰的表象,旅游开发者去牟利,而损害的是当地人的社会形象和当地社会群体的利益。这种伪民俗发生在一些旅游地或旅游景点,开发的伪民俗项目是对非本质文化的强调,使得旅游者产生了误解或认识偏差,歪曲了当地的民间习俗。

3. 民俗文化的商品化。

文化旅游景点过多融进商品因素,使民间文艺舞台化、手工艺品市场化、民俗文化商品化。由于文化消费需求的扩大,一些并不具备艺术修养的人为了赚钱而粗制滥造手工艺品,而部分传统艺人为了获得更多的经济效益,转而追求产品的数量,放弃了对艺术精益求精的传统,导致艺术水平降低、地方风格削弱。美国北卡罗来纳州东部地区的柴拉基机族男人,每每在旅游旺季装扮成首领模样,站在旅游商店门口招徕顾客,他们的"职业"就是让人照相,成了一种文化旅游商品,但这种"首领"的形象低级庸俗,是对地方特色的一种破坏。

4. 民俗文化的趋同化。

旅游发展容易使一些地方出现文化趋同现象。越来越多的游客喜欢拜访原始部落,如前往非洲、拉丁美洲或者文明古国访问,使这些地区的传统文化因旅游活动受到冲击,各地原本独特的文化逐渐消失,造成各地文化趋同现象。在四川岷江上游羌族地区,随着旅游的发展,原本"十里不同羌"的羌族,由于盲目仿效色彩艳丽的其他地方的羌族服装,使不同地区的羌寨在服装服饰上日益趋同。

5. 传统文化习俗的消失。

在旅游者带来的外来文化的长期冲击下,许多民众的价值观因此改变,维持社区原始风貌的压力越来越大,有特色的传统文化习俗会因为后继无人及外来文化的影响而逐渐淡化、衰落和消失,民间手工艺品因传承的断层及廉价工业品的介入而面临消亡,一些地方语言如少数民族语言因无文字(口头传播)且掌握人群过少,在旅游业的冲击下,经过较长时期的演变,而可能从此消失。

纳西族的东巴文化,吸引着无数中外学者和游客到丽江探奇访胜,但现在,熟谙东巴经典和古风民俗的老东巴所剩无几,向老东巴学习民族传统文化知识的青年人亦寥寥可数,作为纳西族民俗重要组成部分的东巴教活动,在民间也已不多见了,没有活生生的东巴民俗活动及其传承者,丽江这一重要的文化遗产正面临着消亡的危机。在"女儿国"泸沽湖畔云南一侧,随着大批游客的进入,当地一些居民的传统观念发生了巨大的变化,传统上以情爱为基础的母系社会走婚习俗面临消失。

三、文化环境评价

文化环境评价是对文化价值和质量所做的评定,可以通过计分方法来评价。

表3.6 文化环境质量记分及分级

项　　目	70—100	40—70	0—40
文化类型	丰富	一般	很少
文化质量	价值高	一般	价值低
文化品位	雅俗共赏	一般	粗俗无趣
稀缺程度	很独特	一般	很普遍
接受程度	易接受	一般	难接受

$$CI = \sum_{i=1}^{n} q_i C_i \qquad \sum q_i = 1$$

式中，CI 为文化环境质量指数；C_i 为各文化质量分指数的评分分值，可根据实际情况选用和添加；q_i 为各文化质量分指数的权系数。

表 3.7   文化环境质量等级

CI	$\geqslant 90$	75—90	60—75	40—60	<40
质量等级	很好	好	一般	差	很差

依据 CI 值得分，可确定文化环境质量的好坏。该方法主要用于文化环境现状评价，如果将拟建旅游项目作为可能对文化环境造成影响的因子，根据其影响程度及所采取的环保措施减分或加分，通过 CI 值的前后比较，可用于文化环境质量预测。

四、文物古迹的保护措施

文物古迹是不可再生的文化资源，是人类智慧的结晶和重要的历史见证物。文化资源与环境的不可复制性和多样性，决定了其保护的特殊性和重要性，在保护中必须坚持"保护为主、抢救第一"的方针，贯彻"有效保护、合理利用、加强管理"的原则，加强文物保护，使之世代传承、永续利用。

（一）管理措施

1. 建立文物保护管理机构。

建立文物保护管理专门机构，是文物保护工作中重要的一项工作。只有把具体的保护和管理责任落实到具体的单位和个人，制定一套完善的规章制度并严格实施，才能达到预期的目的。在我国，文保管理机构有文物保护管理所、博物馆、文物考古研究所等，具体负责文物古迹的保养维护、档案资料收集整理、防止人为和自然破坏、环境清洁整治、传播文物知识、宣传文物保护政策和法律、接待游客参观等保护和管理工作。

2. 完善文物资源管理。

在保护的前提下充分利用现有文物资源发展旅游，发挥文物的文化教育、知识教育、精神教育等功能，把文物旅游获得的收入用于文物的保护与进一步开发。文物古迹的热点景区可采取单独售票或提高门票价格的方式，限制游客数量，减轻文物资源保护的外在压力。编制文物资源保护规划,增加文物资源保护的可操作性和严肃性。

3. 加强文物市场管理。

加强和改善文物市场管理,加强调控和监督,保障文物市场的健康发展。从事文物收购、销售业务的经营单位,必须按照国家有关规定严格履行审批手续并在核准的范围内经营,未经批准的任何单位和个人都不得经营文物,取缔非法经营文物的活动。

通过法律规范文物市场的交易活动。联合监管,加强文物拍卖标的鉴定和许可审批,凡法律法规禁止买卖的文物不准作为拍卖标的进入拍卖市场。在社会中流转的具有特别重要历史、科学、艺术价值的文物,只能在一定范围内定向拍卖。海关要加强对文物出入境的监管工作,防止珍贵文物流失。

4. 提高文物保护业务水平。

加强专业技术人才培养,采取馆校结合、师承制等方式,缓解文物保护技术、文物鉴定、文物修复、古建筑维修等人才短缺的情况。加强对文物保护传统技艺的整理、挖掘,注重发挥文物和博物馆界老专家、老技工的作用,有计划地增加对外技术交流,选派优秀中青年科技人员到国外学习先进的文物保护科学技术。注重培养兼通行政管理、经营管理、现代科技等知识的复合型人才,逐步提高文物部门专业人员的比例,促进管理工作的科学化、规范化。

5. 加强文物保护技术研究。

高科技、高效率的文保技术是文物保护的重要手段,没有先进的文物保护技术,文物保护就无从谈起。全国的文物保护科研机构从新中国成立初期的一家,发展到现在的多家,一些博物馆也相继建立了文物保护实验室。国家文物局陆续颁布了一系列法规性文件,规范文物保护科学技术工作。

6. 打击文物犯罪活动。

要在广泛、深入、持久地宣传有关文物保护的法律法规的同时,强化执法力度,着力抓好对法人违法案件的处理,追究当事人和责任人的行政或法律责任。公安、工商、海关、文物等有关部门要加强协作,形成合力,严厉打击盗掘、盗窃和走私文物等犯罪活动。公安机关应在重点文物收藏单位和文物犯罪多发地区加强防范,必要时可设立专门的公安派出机构。文物部门要建立健全文物保护责任制,配合公安机关打击文物犯罪活动。

（二）保护措施

文物古迹具有不可再生性，保护的关键是维持其历史的真实性、风貌的原生性。

1. 就地保护。

当文物古迹与新的建设项目产生矛盾，而文物古迹又十分重要且不能搬迁时，可以采取适当的技术、管理措施，对文物古迹及周边环境就地保护，或者让新建项目另行选址。在三峡建设中，位于重庆涪陵区的白鹤梁题刻是库区四大国宝级文物之一，石梁全长约 1 600 米，宽约 25 米，上面清晰地镌刻着历代文人墨客留下的 3 万多字真迹题刻，自唐代开始雕刻的"石鱼出水兆丰年"的 20 尾石鱼雕刻，记录了 1 200多年来 72 个枯水年份的长江水位资料，堪称保存完好的"世界第一古代水文站"。政府启动了保护工程：采用一座椭圆形壳体将白鹤梁罩于其内，游客通过一条水下通道透过玻璃罩式的承压窗口观看石刻，整个工程包括地面陈列馆、交通及参观廊道、水下保护体三部分，是三峡库区唯一一个水下原址就地保护文物。

2. 异地保护。

建设项目十分重要而又必须在某一文物古迹上面建造或通过，所涉及的文物古迹在原址的意义并非特别重要时，可对文物古迹进行搬迁。如重庆市云阳县的张飞庙搬迁至云阳新县城对岸的磐石镇；湖北秭归县的屈原祠和新滩民居群整体搬迁至秭归新县城的凤凰山；湖北郧县境内的大成殿是唯一保存下来的一座府学宫，南水北调中线工程实施后，它将处在水位线下，文物部门将它整体搬迁至郧县城关镇沿江大道旁的耿家垭进行保护。

3. 测绘记录。

当建设项目十分重要而又必须在某一文物古迹上建造或通过时，如文物价值一般，可以先实地测绘，记录文字、照片、录像等资料，然后将其拆除。如果还有价值，可异地仿原貌复建。如北京街道上的东四、西四牌楼以及东交民巷牌楼，近代改为混凝土结构，价值已经远不如前，为了交通建设的需要，在作了详细的测绘和记录后拆除。

4. 田野考古。

田野考古是以科学方法进行实地考察，获取实物资料，能起到保护文物古迹的作用。田野考古的保护对象主要包括：重要标本的永久性存放和对重要遗迹的就地或易地保护、单个遗址的保护、遗址群的保护等。较著名的田野考古如长沙马王堆汉墓发掘、秦陵兵马俑坑发掘、北京明定陵发掘、四川广汉三星堆古蜀遗址发掘等，对文物古迹起到了保护作用，以考古现场及考古发掘文物为基础修建的博物馆都成了著名的旅游景点。

5.抢救发掘。

当建设项目需要在某地进行施工，而该地地下埋藏有文物或遗址时，需要对该地的地下文物或遗址进行抢救性发掘。

（三）修复措施

维护和修复工作是文物古迹保护的一项重要工作，在修复中要坚持"修旧如故，以存其真"的总原则，尽力复原其历史原貌和真实的历史信息。西安的小雁塔曾因地震而毁掉了顶部，塔身也中裂，修复时并未推倒重建，而是在塔身加上了铁箍，保持了其原本面貌。

1.物理方法。

（1）纸质文物保护。

害虫是威胁纸质等有机质地文物安全的主要因素之一。害虫对文物的危害通常是渐进的、隐蔽的，较为简便易行的方法是加装紫外光灯，对纸质文物进行定期照射，可有效杀灭害虫及微生物等。

现在国内采用的新技术是充氮降氧密封保存法，它是将文物放在密闭空间内，通过充氮置换，除去空间内的氧气及腐蚀性气体，它不仅具有防虫的功效，而且还能防止霉菌、氧化等问题的发生，对纸质等有机质文物的质地、颜色和字迹无任何影响。此方法适用于提用率很低的文物保存，对于使用流通率较高的文物，除非有复制品可以替代，否则一般不提倡采用这种保存方法。有资料介绍，美国的《独立宣言》就密封于氮气环境中永久保护；北京房山云居寺"99石经回藏"应用充氮降氧密封技术进行保护。

（2）铜器保护。

铜器文物一般都存在不同程度的裂隙、断裂或缺损，传统的修复方式多用化学材料黏结、烙铁锡焊、榫卯插接等方法，或用普通的铜气焊法，但操作困难，修复质量难以保证，尤其对薄壁的、形状图案复杂的青铜器更难奏效。当前新兴的技术有激光焊接青铜器技术，即将激光聚焦为很细的高能量密度光束直接照射至青铜器断裂处，与青铜材料相互作用，使材料局部加热、熔化，实现焊接，在焊接过程中施以氩气侧吹，保护被焊接部位免受氧化。陕西省汉中市城固县文化馆藏有一只汉代青铜耳杯,从边沿至底部开裂超过10厘米,耳杯壁薄仅0.8毫米,采用激光焊接,并做抛光作旧等处理,残损断裂的青铜耳杯完整如初,肉眼难辨其裂痕。

2. 化学方法。

(1) 铜器保护。

青铜器出土后会和空气发生化学反应,在青铜器表面形成一个个具有极强腐蚀性的白点——粉状锈,其基本成分为碱式氯化铜。粉状锈同恶性肿瘤一样极具迁移性,会扩散渗透到青铜器内部,将青铜器变成粉末,粉状锈还会通过飞沫扩散,使库房的其他青铜器受到感染。一件青铜器在地下可以保存数千年,而出土后遭粉状锈侵蚀不到30年就会面目全非。

解决措施为过氧化氢纸浆糊敷与注射点滴相结合的工艺,即将经过特殊处理的纸浆糊敷于粉状锈部位进行氧化除氯反应,待纸浆团干燥后,将连接点滴瓶的注射针头插于纸团中间,调节注射速度几乎为零状态,利用纸浆自身的吸水性来注入双氧水,彻底清除粉状锈。此方法成本低廉、安全快捷、操作简单,不仅能根除粉状锈,而且能大大缩短治疗时间。

(2) 壁画保护。

壁画文物经常出现起甲(壁画的颜色层和白粉层结合力不强,或某种颜料的用胶量不均而造成的龟裂、泛起小鳞片的现象)、酥碱(在支撑结构的崖体中,山体水分较多时,由于水的渗透将岩砾中的盐溶解后,通过地层岩石中的孔隙传送而集结于壁画的颜料层,腐蚀壁画内的胶结材料,盐分通过吸水膨胀又使壁画酥松,造成酥碱)等现象。

在壁画文物的起甲、酥碱治理及修复中,采用天然高分子材料如胶矾水、动物胶、植物胶和合成高分子材料如环氧树脂、聚乙烯醇、聚醋酸乙烯树脂、聚丙烯树脂等对壁画进行修理与保护。敦煌莫高窟采用合成高分子材料进行壁画保护;辽宁省博物馆对某些壁画揭取中用含50%的三甲树脂用丙酮稀释至9%—10%后贴布,再用环氧树脂和其他合成树脂固定;陕西省博物馆多年来一直采用桃胶揭取壁画,再用丙烯酸树脂和聚醋酸乙烯树脂固定。

3. 生物方法。

(1) 木质文物保护。

通常使用煤气或氮气等气体使蠹虫窒息来治理虫害,但这种方法对人体有害、成本高、不能全部杀死蠹虫。用马蜂消灭蠹虫是一种很好的方法,马蜂通常将蠹虫的蛹麻醉,然后将自己的卵产在其中,它们的幼虫拿蠹虫的蛹作为食物,从而消灭害虫。

爱尔福特的大教堂有一个名叫克拉纳赫的神坛,著名画家鲁卡斯·克拉纳赫于公元 1520 年左右在屏风上绘制了圣卡塔琳娜秘密订婚的油画,后来,人们发现这个由椴木制成的屏风受到木蠹虫的侵袭。人们用塑料布将屏风遮住,在其中营造出适宜马蜂繁殖的温度(20 摄氏度)和湿度(55%—60%之间),在蠹虫虫穴放进马蜂,结果取得了很好的效果。

(2)丝绸文物保护。

丝绸文物的保护方法主要为"无强度丝绸的微生物加固方法",这种微生物保护技术的原理,是将生物菌渗透到木头、丝绸内部,修复文物本身受损纤维素,或生成纤维素填充本已疏松的文物内部,从而起到加固定型作用。湖北江陵出土的战国丝绸采用微生物材料进行加固保护,不仅色泽不变,而且拉力强度由处理前的零增至 52 克/平方厘米,可以折叠、卷曲,随意拿取而没有任何损伤,使这些丝绸文物能够精美如初地展现在世人面前。

4. 工程方法。

历史建筑、大型雕塑等文物古迹,因自然风化或人为破坏而损坏,可以在保持原貌的准则下,采用砌筑围墙阻挡,隔离人类对文物古迹的接触,采取使用原材料、原构件进行必要的修复加固,甚至在必要的时候用现代构件进行加固,或者将裸露在自然环境下的文物用各种防护盖(如在文物上加罩或加盖建筑物等)防止阳光、雨水等对文物古迹的侵蚀和破坏,如为保护世界第八大奇迹秦陵兵马俑而在发掘现场修建博物馆对其进行保护;为保护西安华清池温泉而在温泉上建了一座唐式建筑物。

乐山大佛建在强度不高的红砂岩上,佛脚基座受三条江水的长期冲刷,水下部分淘蚀严重,为了加固佛脚平台,施工人员用钢铆桩对佛脚岩体进行加铆并注入凝固剂,加固有裂缝的岩体,同时修建了防水墙,有效保护大佛基座,防御江水对岩体的长期淘蚀和冲刷;为了防治流沙对敦煌莫高窟的影响,治沙专家在窟顶筑起三道屏障:一条长 800 米、宽 10 米的沙生植物带,一道总长 3 200 米的尼龙沙障,一条固定窟顶浮沙的化学药剂带;由于渗水侵蚀、溶蚀风化等原因,杭州飞来峰石窟造像损害严重,杭州市有关部门启动了石窟造像保护工程,采用"佛像近景摄影测量"等信息技术手段,运用植被结构调整、地表防渗等方法延缓造像风化速度,最大限度地保存文物及环境的原貌，取得了较好的效果。

五、非物质文化的保护措施

非物质文化遗产与物质文化遗产同为人类文明的结晶和共同财富，是人类社会得以延续的文化命脉。非物质文化遗产蕴涵着传统文化根源，包含难以言传的意义和不可估量的价值，它与我们的生活和整个社会息息相关，在某些方面往往比有形的物质文化遗产更重要。因此，对非物质文化遗产的保护就显得尤为重要。

（一）完善法制建设，建立职能机构

完善法制建设，将非物质文化遗产的保护、振兴纳入制度化的轨道，使旅游目的地非物质文化的保护、相关问题的解决有法可依。建立相关的执行和协调机构，统管非物质文化遗产的保护和振兴，解决旅游目的地非物质文化保护和提升中的一系列具体问题，促进目的地非物质文化的发展。

（二）引导社区居民，推动公众参与

引导当地社区居民参与旅游，让他们切实从旅游开发和发展中受益，让其感到旅游业与其生活生计密切相关，从而支持旅游业发展。引导旅游社区居民对当地特色文化的认同和自豪感，通过适当的教育使当地居民认识到其文化中也会含有需要剔除的糟粕成分，在保护过程中使当地文化得到提升，推动公众参与，使社区居民主动保护当地文化。

（三）制定整体规划，建立长效机制

非物质文化遗产门类繁多，挖掘抢救是一项庞大的文化系统工程，既要有针对性地做好阶段性和突出性的挖掘抢救工作，更重要的是采取长期有效的措施，常抓不懈。

（四）开发旅游项目，促进开放保护

开放保护强调在开放中发展和保护，保护与开发相结合，其结合点为开发旅游。在旅游开发中，对传统文化中正在趋同的物质文化特征要进行保留，如保护传统的民族服饰、生产生活用具、建筑形式、饮食等；对传统文化中的礼俗和宗教仪式等进行分离，使出售给游客的文化产品与真正存在于本地居民中的文化内容相区别，以防止传统文化形式的内在价值受到扭曲或削弱；文化传承要保证文化的稳定性和连续性，物质传承和行为传承以及精神文化中的民族心理的传承较易实现，而体现民族精神文化的神话传说、哲学、原始宗教、文学、艺术等方面的传承则需人为地促进;文化保护必须尊重当地人在新的经济环境下作出的选择,要通过多种形式积极提倡传统文化中合理优秀的部分,培养当地居民良好的个人品质、社会公德和民族自豪感,减少旅游业带来的消极影响。

（五）保护优秀艺人,蓄养传承源头

民间文化大都是由民间艺人口头传授而得以流传扩散的,往往是不立文字、即兴创作的产物。因此,在很大程度上讲,民间艺人就是民间文化传承的活水源头。抢救民间文化资源的重中之重,就是要保护优秀的民间艺人。从2003年起,新疆米泉市市政府每年都从财政中拨出部分专款,每月给有贡献的民间老艺人补助生活费,帮助解决实际困难,同时加强对后继人才的培养,通过老艺人带、请民间艺人授课、举办专题培训班等形式,逐步形成了一支老、中、青、少结合的回族民间文化艺术人才队伍。

（六）加强申遗工作,强化宣传教育

联合国教科文组织于2003年通过的《保护非物质文化遗产国际公约》,对口头文学、表演艺术、手工技艺、民间习俗、节庆活动以及对自然和宇宙的传统认识与实践等非物质文化遗产的保护作出了规定。要积极向联合国教科文组织、我国文化部申报非物质文化遗产,促进非物质文化遗产保护工作的深入进行。唤起全社会对非物质文化遗产保护工作的关注和重视,使非物质文化遗产保护工作拥有广泛的社会基础和群众基础。

案例点评

案例一　华莱士行动——非营利组织对社区经济发展的积极作用

"华莱士行动"（Operation Wallacea）是一个以英国人为主的非营利组织,1995年他们开始对华莱士地区的生物进行研究。当他们意识到该区域生态价值的重要性后,极力游说印度尼西亚政府成立海滨国家公园,在其雅加达的合作伙伴——华莱士发展协会的共同努力下,终于说服印度尼西亚政府,于1996年成立了哇卡托比海滨国家公园。公园有50多名巡逻员参与保护区的保护工作和管理规划执行工作,减少了公园内的非法捕鱼活动,大大降低了公园内的破坏程度。

该项目设立的初衷是为了使旅游对当地社区经济产生积极影响。大约60个家庭的全部或者大部分收入来源于当地就业或者物资供应。总的来看,所有志愿者支付的钱约有 50% 花在当地社区,大约每个志愿者支持了 5 个当地人的生活。该项目还建立了一个教育中心,该教育中心每年为 1 000 名儿童提供关于珊瑚礁生物学的课程学习,为了保证当地社区经济的可持续发展,项目还为社区投资提供一些就业机会。

资料来源:颜文洪、张朝枝:《旅游环境学》,科学出版社 2005 年版。

点评:

"华莱士行动"成功地使基层的百姓受益于旅游发展,通过给当地居民提供一种新的收入来源而赋予居民更大的发展权力,它使当地居民看到了保护资源的利益,而不再对雨林、珊瑚礁等资源进行掠夺性利用。

案例二　修复不当对文物的破坏

武当山金殿(全用铜铸)曾有"雷火炼殿"奇观。当电闪雷鸣时,金殿常遭雷击,火球滚动,但在殿内的人却安然无恙。待雨过天晴之后,因电火将铜锈剥离,故此金殿能永葆熠熠光辉。后来像对其他古建筑一样安装了避雷针,"雷火炼殿"的奇观消失了,金殿也因生锈变黑了。此时人们才有所觉悟,重新拆除了避雷针。

五台山菩萨顶有座佛殿,俗称"滴水殿",因为雨后很长时间檐瓦仍会滴水不止,天长日久,檐下的石条、雕刻的石阶竟被小小的水滴凿成了密密麻麻的坑,因而令人称奇,给这座佛殿披上了一层神秘的色彩。其中的奥秘在于屋瓦上有小洞,瓦下铺有厚厚的一层可蓄水的物质,当降雨时,水通过瓦上的小孔被积蓄起来,受重力作用再缓慢地滴落。但翻修此殿时,忽略了其特殊结构而按照通常的方法重修,结果这一奇观不再出现。

点评:

不尊重历史的修缮,有时会严重影响文物及建筑原有的最有价值的特征。

案例三　庐山的文化保护与挖掘

1996 年 12 月,联合国教科文组织世界遗产委员会批准庐山以"世界文化景观"列入《世界遗产名录》。2004 年 2 月,庐山又被列入全球首批世界地质公园。

庐山是世界文化景观遗产，庐山的人文和自然高度融合，形成了世界上独一无二的景观。为了从根本上保护好庐山的历史文化，庐山管理局对旅游功能布局进行调整，将部分居民、管理局行政主体及其他与旅游不直接相关的人和单位下迁；按照修旧如旧的原则，对别墅村宾馆、美庐山庄、庐山疗养院等100多处别墅进行了改造。

庐山管理局深入挖掘庐山独特的文化资源。从东晋至民国时期，有2000多位文人墨客登临庐山，留下了1.6万首诗词歌赋，庐山整理编撰了《庐山历代诗词全集》，整理了《庐山历史上的今天》台历，把在庐山发生的有纪念意义的历史事件进行客观的反映；庐山多年来精心策划一系列文化交流活动，举办首届世界名山大会、白鹿洞书院讲坛（江西进士榜、中国状元柱）、中国庐山国际作家写作营、庐山诗会系列活动等，请来国内外国学领域的名家进行讲学，创新和丰富庐山文化内涵。

资料来源：天山网，www.tianshannet.com.cn。

点评：

庐山对文化资源进行保护和发掘，有利于旅游经济的可持续发展。

练习思考

一、填空题

1. 旅游通过_____和资源供给，对社会环境产生正效应或负效应。

2. 社会环境影响因子的识别方法有_____和矩阵法。

3. 旅游活动会导致民俗文化的同化、_____、_____和趋同化，甚至传统文化习俗的消失。

二、单项选择题

1. 纳西族的"以黑为美，以胖为贵"，反映了社会环境的（　　　）。

A. 独特性　　　B. 区域性　　　C. 变动性　　　D. 价值性

2. 旅游对当地社会环境影响不大，当地人对旅游者习以为常时，表明主客关系处于（　　　）。

A. 喜悦期　　　B. 冷漠期　　　C. 冲突期　　　D. 调整期

三、简答题

1. 简述旅游社会环境的影响效应。

2. 简述旅游经济环境的保护措施。

3. 在旅游开发中应如何保护文物古迹?

4. 对旅游区的非物质文化应如何进行保护?

四、列举题

1. 列举旅游对非物质文化的消极影响。

2. 列举文物古迹的保护措施。

第四章

旅游景观环境

学习要点

了解旅游景观的特征、功能和影响效应；了解旅游对地质地貌景观的影响；熟悉人文建筑景观破坏的影响因素；掌握景观环境评价的方法和景观环境保护措施。

基本概念

旅游环境美学、景观相融性、景观多样性

景观是指构成视觉图案的地貌和土地覆盖物，土地覆盖物由水体、植被和人工开发的景物（包括城市外表）等组成。景观类型主要有自然景观、人工景观和人文景观（如壮观优美的建筑、主题公园、城市雕塑、文化古迹）等。

景观环境作为客观物质系统，是一个关于评价对象的整体概念，其本身的色彩、线条、形态和性质等呈现出美的特质，并要与周围环境相协调，形成一种整体美，满足人类追求美的客观意义。

第一节　旅游景观环境概述

一、旅游景观特征

（一）景观异质性较高

景观异质性是指景观内各景观要素间或者景观要素内的差异性,一般用沿景观剖面要素变化特征表示。旅游景观单元由斑块、廊道和基质等不同异质成分组成,差异性大,如我国南方古典园林景观,其斑块种类多、景观异质性高、结构和功能变化大。

（二）景观多样性丰富

景观多样性是指景观单元在结构、功能方面的多样性,它反映了景观的复杂程度。旅游区景观在数量、形状、类型方面,具有无比丰富的多样性。如泰山景区,地质演化历史漫长,各类景观丰富多样,地质景观如拱北石、仙人桥、飞来石、万笏朝天等,水景观如黑龙潭瀑布、三潭叠瀑、天烛瀑等,植被景观如对松山、后石坞古松园、迎客松、姊妹松等。

（三）景观服务功能强

由于旅游景观多样性丰富,稳定性和持续性好,生态上更协调,因而更近似于自然生态系统,对环境的保护功能强。如生态环境治理区域通过模拟自然顶级群落,山顶、陡坡建造林草旅游区,不但可以服务于旅游,还可对水土流失起到遏制的作用。

（四）景观生态干扰大

旅游活动的干扰,对景观的影响一般是高频度、小范围,往往在景观中形成相对不稳定的嵌块。干扰往往导致景观单元发生变化,使生态系统的结构和功能发生位移,对生态系统有破坏作用,同时也是维持和促进景观多样性和群落中物种多样性的必要前提。

干扰对景观的影响取决于景观的性质和干扰的强度。对干扰敏感的景观结构,在受到干扰时,受到的影响较大,而对干扰不敏感的景观结构受到的影响就小;

低强度的干扰可以增加景观的异质性,而中高强度的干扰则会降低景观的异质性。如旅游区小规模森林火灾,可形成一些新的小斑块,增加山地景观的异质性;而火灾较大时,可能将大片林地变为均质的荒凉景观。

二、旅游景观功能

(一)旅游资源功能

旅游景观是旅游资源体系中的重要组成部分之一。不同的旅游景观具有自身独有的特色和美学特征,能为旅游者提供多种美感享受,满足他们求美、求奇、求异的旅游动机和深层次的情感需求,为游客提供观光、休闲、娱乐的良好场所,是旅游业发展的资源基础。

(二)生态教育功能

景观是自然—人文—生态复合形成的复杂地域生态综合体。旅游自然景观可满足旅游者回归自然、返璞归真的心理需求,使游客获得与其他产品形式不同但本质相同的满足感。同时,旅游活动强调对生态环境、自然和文化遗产、生物多样性的保护,使游客在旅游过程中潜移默化地增强环境保护意识。

(三)社会经济功能

旅游景观是人们解脱生活、工作压力的一种途径,是人们减缓、避免"城市社会病"的"缓冲区",旅游景观在实现生态效益的基础上提高了经济效益,实现了经济、生态、社会效益的同步协调发展。

三、旅游景观影响

(一)开发建设的影响

1. 有利影响。

合理的旅游开发与布景,可将不利影响降低到最小,并增强视觉舒适的感觉,增加景区的景观美景度。安徽九华山的自然景观具有"雄"、"奇"、"险"、"秀"、"幽"、"旷"等特征,其建筑景观十分注重与自然景观的协调,从而进一步彰显自然景观的特征,建筑在山顶之上的百岁宫、天台寺,进一步强化了山之雄伟;建筑在大鹏听经石下的古拜经台,临悬崖、依峭壁,进一步突出了山之险峻;坐落在神光岭上的肉身宝殿,与周围环境融为一体,幽景天成;化成寺粉墙黛瓦,与青山、蓝天、白云相映成趣。

2. 不利影响。

旅游设施项目开发建设不当,在开发中忽视项目建设同周围景观环境的协调,如建筑物过高遮挡视线、新建筑与旅游区不协调、游道建设打破了旅游区景观的连续性等,会导致当地原有景观环境遭到破坏。山东泰山、北京西山、中岳嵩山等,索道悬空,电线杆插天,严重破坏了山岳风景区原有的神态;黄果树瀑布下游 7 公里处的天星景区,修建了一处体积过大、黄色琉璃瓦屋顶的茶室,与景区的一个天然喀斯特盆景公园特色很不协调,破坏了自然景观美。

（二）游客行为的影响

有的旅游者在旅游过程中除了眼看、耳闻、鼻嗅之外,还有在古树、碑刻、石头上刻字画画的不良习惯。刻字留念可以说是最常见的游客恶习,不仅会破坏景观,还会降低旅游资源的价值。比如,我国许多风景名胜区的岩壁上,本可欣赏大自然鬼斧神工的雕刻技巧,却常可见到"××到此一游"、或"××爱××"的心型图案,给人大煞风景的感觉;很多旅游区都有同心锁的项目,情侣买来同心锁挂在树木旁的铁链上,可怜的巨树身上围绕成串的金属,古木参天的天然意境也完全被破坏了。

（三）其他活动的影响

某些影视剧组选择自然景区作为外景拍摄地,对风景区和自然保护区的破坏主要有丢弃垃圾、破坏植被、背景环境破坏、乱搭乱建等,拍摄演出过程中人员走动、车辆运输、灯光、烟火等,都会在短时间内对自然环境造成严重破坏,影响旅游区的生态景观。

四、旅游景观影响效应

（一）景观单元破碎化

随着旅游项目的开发及旅游活动强度的加剧,景观单元破碎化程度相应增加,降低了景观多样性。重度干扰和中度干扰比轻度干扰下的景观具有明显更高的斑块密度指数和破碎化指数,中度干扰使景观破碎度值较高,而规模和强度大的干扰,则可能导致景观的均质化。

（二）景观结构脆弱化

旅游开发中修建的亭、台、楼、阁,往往处于自然景观的变化交替地带,如山顶、水域边缘或特殊生境处,这些地区多为景观中的生态脆弱地带,人工建筑的进入极易对生态环境造成强烈而且扩散性的干扰与破坏。旅游线路等线状人工景观要素的建设,形成较道路本身宽得多的干扰廊道,分割了旅游区内的自然生物群落和种群,降低了自然景观的连通性,促进了局部生境的退化和干扰斑块的扩大,使景观结构变得脆弱。

（三）视觉污染扩大化

视觉污染是环境对人们的视觉所造成的直接或间接损害,以及由此产生的精神和心理的不良影响。由于不协调的形状、颜色、物体和材料对旅游环境的侵入,对旅游区形象造成了扭曲,影响旅游区的整体景观美感。

视觉污染是最能侵蚀和摧毁旅游景观的污染形式之一。设计拙劣的饭店、宾馆等无法与自然环境融为一体,旅游区内无规划架设的电线、电话线、电缆线等,乱贴的"牛皮癣广告",飘挂的塑料袋,竖立的与环境不协调的广告标牌等,这些视觉污染形成的碍眼感觉十分强烈,给游客带来视觉上的不良刺激。

（四）景观原生性丧失

旅游区景观的原生性,包括自然景观原生性和人文景观原生性。自然景观原生性的丧失主要是由过度开发建设所引起的,如在索道建设中,沿索道线的地面,要砍伐宽约 20 米的森林植被带,占用大片土地做站场,使大量原生植被遭到毁坏。

人文景观原生性的丧失主要是指背离本地原生文化而导致的旅游景观问题,主要表现为引入外来文化旅游景观和输出本地文化旅游景观两方面。引入外来文化旅游景观的如云南丽江古城 1 600 家店铺和客栈中,有 70％以上都是外来人口在经营,外来文化的侵入使古城文化主体面临转移和失落。输出本地文化旅游景观的如各地建设云南傣族风情园、俄罗斯风情园等众多的少数民族风情园,对当地的原生性旅游景观造成破坏,还影响了文化原生地的旅游景观形象。

第二节　地质地貌景观环境

地质地貌环境是地球上地质体和各种地表形态的总称,地质地貌是构成区域风景总特征的基本条件,每一类风景总是与特定的地貌形态联系在一起,是旅游活动的对象和重要的环境背景。

一、地质地貌景观的旅游意义

地质地貌与旅游的关系十分密切,自然景观中的山峰、峡谷、河流、湖泊、溶洞、泉水与瀑布,都是在特定的地质地貌条件下形成的;人文景观中的古建筑、古遗址等,也往往直接或间接地与地质地貌条件联系在一起。

(一)旅游景观的基础

地质环境控制着自然景观演化的进程,是自然景观形成的基础和前提。地貌是旅游自然环境最重要的组成部分,优良的地质地貌景观为旅游开发提供了良好的基础条件,某一区域旅游景观的总特征、总格局是由该地区的地质地貌总骨架构成的,是其他各类自然景观和人文景观形成的环境基础。

(二)自然景观的本底

地质地貌是形成自然风景的本底,南方多中小山地、丘陵、平原、盆地与众多江湖交替的纤巧秀丽的地貌背景,北方则多大山脉、大高原和大平原的雄浑博大的地貌本底。山地、平原、丘陵等显现出的不同景观特色,取决于构成它们的地质地貌骨架,离开了地貌基础,任何自然景观都无从谈起。地貌决定了风景的构成、意境和气势等主要特征,如山地景观的全景和侧景是山地地质地貌的总体反映,挺拔的山峰具有雄伟、险峻、奇险的风景特征,高原则给人以旷美的感受。

(三)旅游观光的资源

地质地貌成因各异、形态不同,一些地貌形态独具特色,具有极高的观赏价值,是引人入胜的旅游资源。如湖南武陵源以独特的砂岩峰林风景地貌闻名于世;九寨沟、黄龙则因罕见的地表喀斯特边石堤风景地貌享誉世界。

风景地貌的规模可大可小,大型的风景地貌指山脉的总外貌。中型的风景地貌指孤立的山峰形态,如桂林的"老人山"、"骆驼山"、"军舰山"、"象鼻山"等喀斯特峰林和峰丛。小型的风景地貌指具有各种造型的石柱,如黄山的"猴子观海"、"仙人指路"等;云南石林的"石林胜景"、"千钧一发"、"凤凰梳翅"、"阿诗玛"等众多惟妙惟肖的造型风景地貌。

(四)孕育景观的沃土

在地质引力的作用下,自然界无时无刻不在发生变化,许多旅游景观都是地质地貌演化过程中孕育出的产物。例如,构造节理强烈发育的花岗岩及其地貌发育出风景名山的怪石和温泉,地壳变动的断块隆起形成雄伟奇险的山地景观,地壳变动的构造断陷产生诸多断陷湖泊旅游景观。

地质地貌既可以影响景观的总特征,又可以影响地表水,改变旅游区的水景分布格局,地形地势变化形成局部地方气候,为动植物生长发育提供了不同的生态环境,形成了独特的气象气候景观和生物景观。新疆位于我国内陆的干旱地区,沙漠和戈壁是这里的基本景观,然而横亘南疆、北疆大沙漠之间的天山山脉却出现了草原、森林和皑皑白雪的自然景观,这是地貌通过影响生物气候而间接控制自然风景的结果。

地质地貌环境还影响与制约着人文旅游景观的发生发展及其地域分布规律。人文旅游景观都植根于一定的地貌基础,其形成和分布不仅受历史、民族和意识形态等因素的制约,还与其依存的地域条件有关。例如古建筑中凡是高台、楼阁、宫殿、庙宇、园林等的选址,均考虑到地质地貌条件。黄土高原的窑洞、草原上的帐篷、东北林区的"木格楞"、南方湿热地区的高脚屋,无不显示出不同地貌环境的影响。

（五）影响项目的格局

地质地貌作为旅游活动的基本场所,在很大程度上决定了旅游开发项目的性质和布局,对旅游活动的开展有着深刻的影响。不同的地貌条件为旅游提供了不同形式的地域空间,因而,适宜开展的旅游项目也有所不同。平原、丘陵地区地形低平坦荡,交通便利,适宜开发观光游览型旅游产品,适合建造园林景观、田园景观以及现代娱乐场所等;山地空气清新,森林葱郁,可以进行森林旅游、疗养旅游,不同高度、形态或坡度的山地,也是人们登山、探险、攀岩、滑雪以及科学考察旅游和科普旅游的最佳地域;高原地势高平坦荡,辅以特殊的气候、民族生活习惯以及神秘的宗教气氛,适合开展民族风情游和宗教旅游;岩溶洞穴温度适宜,湿度较高,空气中的尘埃微粒和有害微生物极少,可开发保健项目。

（六）科考旅游的对象

随着人们科学文化素养的提高,游客已经不光满足于单纯的观赏与游览活动,而以修学、求知与科学考察等为目的的旅游活动日益增多,大量的地质地貌现象因具有旅游观赏和科学研究的双重价值而吸引了众多游客,为旅游业提供了种类繁多的旅游资源。如地质环境中典型的地质构造、标准地层剖面、古生物化石等;一些地质现象,如地震、滑坡、崩塌、塌陷、泥石流及火山喷发等,其形迹或壮观景象,也是一种科考和修学旅游活动项目。

二、旅游对地质地貌景观的影响

地震、火山爆发、塌陷、洪水等自然灾害会对旅游区的宏观地质地貌造成破坏性影响,而旅游活动对宏观地质地貌的影响很小,其影响主要是微观的,并具有累积性。

(一)旅游开发影响地质地貌

1. 地质地貌改变。

旅游区在开发建造时,要开山炸石、挖池垒山,修建道路、房屋,布施管道、线缆,敷设草坪、沙地,可能造成地表的建设性破坏,直接改变原有的地质地貌形态,甚至使其部分或全部地失去原有的美学观赏价值,如西岳华山,当年为建一条进山的路,毁千年绝壁,埋溪流泉水,把 6 000 米长山道上的树木连同千年古树一起砍光,严重毁坏了地质地貌景观,造成了不可估量的损失。

开发建设还会影响生态平衡,破坏植被景观,造成水土流失,导致溪流泉水枯竭,影响水体景观效果,从而改变地质地貌景观。被誉为"欧洲乐园"的阿尔卑斯山,横亘法国、瑞士、德国、意大利、奥地利和斯洛文尼亚,由于发展旅游业有利可图,各国纷纷在这里开辟旅游景点,由此造成数百平方公里的森林被砍伐,代之以滑冰场、缆车、路标塔、建筑物、过道等,使得地表难以保存和吸收水分,发生水土流失、洪水、山崩、雪灾等自然灾害的可能性加大,破坏了地貌景观。

2. 地质地貌侵蚀。

旅游开发建设可能会导致地貌侵蚀加剧,特别是对海岸沙滩景观的影响和侵蚀。在海滩上修建度假村、饭店、游道,导致海滨植被被铲除,珊瑚礁被炸毁填平,破坏了海滩的天然地貌形态,影响海沙的自然移动,导致海岸被侵蚀,如旅游设施的兴建使地中海沿岸 3/4 的沙滩消失;三亚市曾经为了修建旅游道路,大规模清除原有的基岩、沙岸、珊瑚礁、红树林、野菠萝、海草等海岸植被,导致三亚湾海岸侵蚀加剧、海岸线后退。

(二)旅游设施影响地貌景观

1. 景观不协调。

在旅游开发建设过程中,忽视旅游区的整体协调及其内涵,导致修建的旅游设施与旅游区整体环境不协调,破坏了旅游区景观环境,如湖南张家界国家森林公园天子山景区修建的垂直观光电梯,直接破坏了景区的地质环境与整体自然景观的美感,被世界遗产组织亮黄牌警告。有的景区景点在有特色的造型地貌旁修建人工建筑物,从而破坏了原有景观的意境和观赏价值,如承德的双塔山旁建了一座旋转铁梯,破坏了双塔山原有的地貌景观特色。

2. 城市化倾向。

一些旅游区由于规划不合理,盲目兴建人造景观和各种旅游服务设施,以城市化、商业化的景观取代了原有的自然地貌景观,破坏了旅游区地貌景观的整体性、协调性,导致景区出现人工化、商业化、城市化倾向,如江西庐山世界地质公园内兴建了过多的休养所、疗养院、宾馆、接待中心等旅游设施,造成了地貌景观的城市化倾向;法国、西班牙、意大利等地,由于旅游业的飞速发展,沿海的许多地区失去了原来由大海、阳光、沙滩、绿树和村落构成的自然地貌景观,而被拥挤的建筑、人群造成的城市化所取代。

(三)旅游活动破坏地质地貌

1. 旅游活动破坏地貌景观。

旅游活动可能造成地质地貌景观破坏,导致自然景观受损,地貌形态侵蚀加剧。吉林省长白山自然保护区山顶冻原地带是我国仅有的冻原地带,具有极高的科研价值,由于游客数量猛增,并且缺少必要的保护措施,使这一珍贵的冻原地貌景观遭到严重破坏。旅游交通工具的使用可能导致某些地貌形态的改变;游客的登踏会影响岩石结构,造成土、石的携带移动,使山峰高度降低,影响原先的地质地貌景观;旅游者的一些不文明行为也会对地貌景观资源造成一定程度的破坏,如乱采乱挖、敲凿和拾捡岩石等。

2. 旅游活动破坏洞穴景观。

一些地区一发现好的岩溶洞穴,就匆忙施工开发,更有甚者,将洞中宝贵的岩石打掉,以扩大洞内体积;有些把洞口开得过大、过长,加快了洞内外空气对流,导致沉积物氧化加速,沉积物中的低价铁氧化成高价铁,颜色变黄,光泽变暗,影响景观效果。由于部分岩溶洞穴的岩石具有较高的观赏价值,如钟乳石和石笋,往往成为游客在景点购买的纪念品,经济利益的驱动,使得不法之徒对岩溶洞穴中的钟乳石和石笋进行野蛮的、掠夺式盗采,使岩溶洞穴的优美景观遭到毁灭性破坏。

旅游活动对岩溶洞穴环境及景观的破坏十分明显。洞穴属于半封闭空间,如果游客过量聚集,游客呼出的二氧化碳、有害气体和水分,以及散发出的体热等都会造成洞内环境变化,形成不利于游客健康的空间环境,也会影响洞穴环境的原有生态平衡,损坏岩溶洞穴景观或改变某些景观的生长速度,如一种特别的石景——卷曲石,它生长于非常湿润的封闭环境中,这种条件一旦被破坏,卷曲石就会停止生长。

第三节　人文建筑景观环境

一、人文建筑景观的主要特征

(一)空间范围的有限性

人文建筑景观主要以建筑为主,以其他资源为辅,建筑的空间不可能无限扩大,其空间上有一定的局限性。紫禁城是我国现存规模最大的木结构建筑群,也是世界上现存规模最大、最完整的宫殿建筑群,占地面积72万多平方米。现代建筑中的体育馆、博物馆等建筑在空间布局上更为集中。所以,与自然景观相比,人文建筑景观的空间范围有限,游览时容易形成游客进得去、散不开的局面,造成异常拥挤的情况,因此对其管理和保护都有很高的要求。

(二)外部环境的依附性

建筑是人类生存和活动的重要载体,其始终存在于一定的自然环境中,并与之不可分割。人文建筑景观是依附于外部自然环境条件而存在的,水文、气候等要素影响建筑的功能形式,山岳、湖海、植被等则对建筑形式产生更加深刻的影响。人文建筑景观对于自然环境的适应性及融入性,就是要顺应自然、与外部环境相协调、体现环境的整体感。

人文建筑景观体现了区域和时代的形象,其形成与发展受到社会文化环境的各种影响,是依附于社会环境而存在的。如历史文化名城历史悠久,人文建筑景观受到文化的影响,形成明显的历史特色和风格;少数民族聚居的地区和宗教发达的地区,建筑风格带有明显的地域或宗教特征。因此,保护人文建筑景观,必须继承和维护建筑与社会环境的和谐统一。

(三)社会文化的承载性

建筑体现着文明传承、地方特点、时代特征和民族特色。在文化本质上,建筑是人类创造的物质文明和精神文明展现于大地上的一种空间文化形态,承载着区域的历史积淀、文化内涵和社会记载,它以其特殊的"语汇"表达一定的人生观、宇宙观、环境观、审美心理和感受,具有实用、认知、审美的特点,有时兼具崇拜等多种社会功能,是时代特征的综合反映,也是民族文化品格的集中体现。

二、人文建筑景观破坏的影响因素

(一)规划设计

人文建筑景观的选址不当、不合理规划设计,会导致旅游区内的建设风格、规模与周边自然环境不协调,以致造成遮景、败景、煞景或主、副、衬景不协调,如在古迹遗址周围建高楼,与旅游区本底不协调,破坏了特定的氛围。设计人文建筑景观时,没有考虑到其所在区域的自然、文化和生态环境,导致人文建筑景观与本地特征不协调,损害了原生景观,破坏了建筑与自然景观的和谐统一,造成视觉污染,如乡村建筑景观设计得过于现代化,就会破坏原先树篱灌木、通幽小径、植被遍布的乡村景观。

(二)开发建设

1. 建设拆除。

人文建筑景观的旅游价值主要表现在其蕴涵的独特的历史、文化、民族风格,在片面经济利益的驱动下,有的建筑景观遭到拆除、迁移或改样,有的改变了传统历史建筑街区的格局和风貌,造成"千城一面",生动丰富的地方特色和市井文化也随之流失。山东莱州是一座千年古邑,城内曾有一条拥有六十多个历代牌坊的古街,可现在的市区竟然没有留下一点痕迹,牌坊、鼓楼、城墙、庙宇、祠堂荡然无存,仅有的几座古建筑也在"旧城改造"中化为烟尘。

2. 开发不当。

开发不当会对人文建筑景观造成严重破坏。一些旅游区在开发建设中拆除真文物,兴建假古迹或现代景观设施,如云南大理,在旅游开发中曾一度由于片面考虑古城的石板地面不利于旅游车辆行驶,将其改为柏油路,造成石板地面景观的破坏;有些在标志性古建筑周边新建的建筑,其体量、造型、风格同历史建筑的整体风貌不协调,使建筑景观、生态环境和古老的空间特色遭到破坏甚至不复存在,如泰山南天门景区内修建的"南天门娱乐城",与岱顶古朴、超脱的氛围极为不符。

一些旅游区凭借民间传说和神话故事,采用现代的表现手法修建一些雕塑或建筑,但制作粗糙,文化品位不高,与自然景观极不协调。有的景区兴建仿古建筑,或新开景点,修建亭台楼榭,但因为建筑密度过大,建筑物体形、体量、色调与风景不协调,结果改变了特定的风景氛围。

3. 过度开发。

一些旅游区目光短浅,过于注重眼前利益,急功近利,把旅游区当作发展经济的"摇钱树"、"聚宝盆",大兴土木,过度开发,使旅游区成为大型游乐场,建筑景观风貌受到严重损害。例如,一些昔日"见屋皆寺庵,逢人尽僧尼"的佛教名山,旅游开发后是山上山下,摊店林立,现代化娱乐设施遍布全山,洋楼与寺殿争高,摇滚与梵音共鸣,此情此景,与佛教圣地相去甚远。

(三) 旅游活动

高密度的客流和一些游客的不文明行为对人文建筑景观造成的破坏比较普遍。众多游客的踩踏使旅游区地面磨损,失去原有的特色,如颐和园蜿蜒700多米长廊的地砖,每隔几年就要更换一次;埃及金字塔由于长期大量游客的攀登,受到严重损害。游客的不文明行为,如在建筑上乱刻乱画等,也会破坏建筑景观的完整性。

(四) 景观修复

中国先民对待老建筑的态度一向是追求"整旧如新"而不是"整旧如故",每一次整修都不是局部修缮而是整体重建,不少古建筑,不论其始建朝代如何迥异,最后往往都会变成明清建筑式样。所以,古建筑景观的修复不同于一般的建筑,如果古迹复原处理不当,会改变和破坏旅游区原有的且应当保留的历史、文化、民族风格和气氛。

建筑修缮施工技术合理与否,对建筑的技术价值和安全价值都至关重要,修缮施工上的任何一点疏漏都会给文物建筑带来不可挽回的损失。古佛身上漆油上金,古建筑装空调、贴瓷砖,古迹拆了重建翻新,在名山上恣意建楼台亭榭,都是旅游发展中修旧的误区,使许多古建筑景观遭到不可挽回的损失。河南省济渎庙中的北海祠,在近几年的数次修葺中,铺设了加工精细的石板、石栏杆,宋代龙亭和明代灵渊阁也都作了较大改动,原来古朴的褐色瓦被换成绿琉璃瓦,导致整个北海祠看上去更像是一座现代休闲广场。

(五) 自然因素

自然变化和一些自然现象,会对建筑物产生影响,使之产生衰朽。自然状况下的季节变换、风吹日晒等物理、生物、化学作用等都会对建筑造成风化性的破坏,如敦煌、龙门、云冈等石窟均受到自然风化的破坏。自然界中的突发现象如各类灾害,会直接改变一个地区的面貌,毁掉部分或全部建筑物,如大地震可能使人文建筑景观荡然无存。

第四节 旅游景观环境评价

景观评价是根据特定的程序,对景观的状况及可能利用的方案、生态功能进行的综合评定。通过景观评价,可以全面了解景观状况、景观系统不同局部的敏感性、干扰水平及其干扰状况等级、抗性阈值及其等级分布、生产力水平格局等,使旅游区景观规划有据可依、有法可循,同时也是旅游区科学管理的必要基础。

目前景观评价主要侧重于视觉或美学特征上的评价。景观及视觉评价在国外一些发达国家(如日本、美国、英国等)早已受到重视,并开展了较多研究工作,欧共体明确规定,在评价拟建项目时,必须进行景观的直接和间接潜在影响评价。

一、景观评价概述

(一)评价的原则

根据景观科学的理论体系、应用价值和研究方法,综合考虑景观的复杂性、价值的多重性和景观的特殊性,评价中主要遵循的原则有:景观生态原则、景观美学原则、景观资源化原则、景观价值原则(包括效用价值、功能价值、美学价值、娱乐价值、生态价值等)、自然与文化遗产原则等。

(二)景观现状调查

景观现状调查是对调查区内视觉景物的记录统计,研究整个景观特性及视觉景象是否容易受到环境的影响,以及在面对环境转变时的适应能力。在调查时,要把调查区看作一个整体,查明各景观要素的格局以及区域景观的特性,包括景观视觉构成的各个要素,例如土壤、地形、水域、林木、大气等自然景物,道路、桥梁、史迹、文物遗迹以及其他人工建筑物,还应调查景观整体的美学特征和环境氛围。调查的方法主要有现有资料分析法、制作景观调查表法、摄影录像法、计算机图像分析法、观测评分法等。

现状调查应编制现状景观目录,就是可能受开发活动影响的现状景观特征的记录或描述。这些记录可以是地形图、航空相片、普通照片、摄像带、景观特征草图等。现状景观目录编制有路线目录和区域目录两种形式,路线目录即沿着公路、水路、河谷等编制有关景观的图像和记录，区域目录是对大片宽阔区域从不同侧面进行景观目录编制。在景观目录编制过程中，选择观察点的数量及位置十分重要，其直接影响景观目录是否真实反映现状景观特征。观察点的位置和数量应能保证反映整个区域的景观主貌，特别是区域的主要景观。

（三）景观影响预测

景观影响预测是通过掌握引起景观变化的建设项目开发的行为和要素，并根据现状调查的结果，运用适当的方法和手段，对建设项目所导致的景观变化的内容、性质、程度及其区域进行识别和预测。在预测视觉影响时，应把所有可能的视点都纳入研究范围内，这些视点应分布在主要路线上，位置应设在邻近地区最具代表性的地方。

景观预测的主要内容包括：对某些景观要素产生的直接影响；对某些构成景观特色和具有区域独特景观的景物产生的潜在影响；对被认为具有特殊价值的地点、具有高度景观价值的地方或具有特殊景观价值的地形所产生的影响。常见的景观预测技术有语言描述、透视图法、叠图法（合成照片法或集成照片法）、静态三维立体实物模型、计算机显像法等。

（四）景观评价方法

在分析拟建项目可能产生的景观与视觉影响之前，首先需要确定评价范围，除项目所在区域外，对借景、障景、风景轮廓线所涉及的区域，均应评价；然后对现有的景观因子进行筛选，以确定拟建项目视野内有哪些景观要予以保护和改善，哪些可筛出，筛选和评价现有景观资源的方法，有目视评分法和核查表法。

景观评价通常从景观的独特性、多样性、功效性、宜人性及美学价值等方面着手，评价的方法很多，总体上可以分为计值评价和优先序评价。计值评价是用某种明显（或不明显）的评价标准与参数指标，对某一具体景观的质量作判断，如计分评价法、平均信息量法、回归分析法、模糊集值统计法等。优先序评价是邀请受影响的代表根据提供的模拟资料（照片、透视图、实物模型等）判断、比较和评价开发前后的景观变化，如视觉美感文字描述法、视觉印象评价法、视觉心理测量评价法等。

二、旅游环境美学评价

旅游环境美学评价是根据旅游区的特点，从环境美学质量要素方面进行的综合评定。自然景观美是环境美感的基础，它是由山、水、植被、花鸟、云雾等组成的；

建筑艺术美、园林艺术美和人文景观美是历史学家、艺术家、文学家和匠人通过对自然的改造和精心的艺术加工形成的,是人类历史、文化艺术和自然三位一体的综合美;环境气氛美是与大气、水、声等环境相关的构成环境审美的基本要素;社会服务质量美是人类审美的必要条件和保证。

（一）评价参数

旅游区环境美学评价时应根据旅游区的特征和实际情况,选择最有代表性和最相关的环境美学因子作为评价参数。

表 4.1 环境美学质量要素的主要因子

质量要素	环 境 美 学 因 子
自然 景观美	自然景区总体景观、山景、奇峰异洞、水景(江、河、湖、海、溪流)、海滩浴场、潮、瀑布、森林、草原、古树花卉、云雾天空、四季景致、夜景、村廓田野、自然保护区原始景观、野生动物群落
建筑 艺术美	建筑总布局(包括竖向布局)、建筑群体构景、衬景借景、主体建筑造型与立面效果、建筑内外空间构图、建筑色彩、建筑细部装修、民族形式、古建筑保护、意境与效果
园林 艺术美	园林布局、构思与构图、园林与建筑、假山奇石、园林水景、花墙洞门、小桥、林木花草、绿化种植技巧、盆景艺术、园林历史、绿化色泽与声影
人文 景观美	历史古迹:碑石、摩崖雕刻、壁画、塑像、古墓、古战场、古城遗址、考古发掘 人文:故居、革命文物、文稿手迹、书画题记、古物珍宝、风土人情、神话传说
环境 气氛美	整洁卫生、大气质量(降尘量、飘尘、能见度、空气负离子含量、有毒有害成分)、水体质量(清洁、透明度、能否允许人体接触)、温湿度、环境安宁(无噪声干扰)、大自然声影效果
社会服务 质量美	交通道路、旅游服务(食、宿、导游)、景区容纳最佳人数、商业服务、文化艺术服务、安全、文明礼貌

（二）评价方法

美作为物质的一种属性,是通过人的视觉、听觉、嗅觉等在大脑中引起的良好感受,美感会由于不同国家、民族、宗教、信仰、风俗以及个人文化修养、专业和情趣的差异而产生不同的评价。在人类的审美活动中,对于任何一个景观实体的评价都具有随机性,因此,环境美学评价通常采取征询评分统计加权法。

1. 确定评分标准。

有监测数据为依据和可进行数学统计的参数,可依据某种分级将其转换成无量纲的计算分值,评分采用 0—100 分,100 分表示美学质量最好,0 分则代表最差。

例如,可将环境气氛中的安静状况,依噪声监测数据计算分值;旅游人数的统计按下式计算出景区容纳最佳人数比,然后计算分值:

$$景区容纳最佳人数比 = 高峰游览人数 / 允许容纳游人数$$

表 4.2　噪声水平和景区容纳最佳人数比的相应计算分值

安静状况	≤35 分贝	35—45 分贝	45—50 分贝	50—55 分贝	55—70 分贝	>70 分贝
评分标准	100	100—90	90—75	75—60	60—30	30—0
容纳最佳人数比	≤96%	96%—102%	102%—115%	115%—130%	130%—150%	>150%
评分标准	100	100—90	90—75	75—60	60—40	40—0

对于很难进行定量统计的美学参数,需要将定性分析转换成计算分值。例如,同样采用 0—100 分制,根据制定的相应评分标准,对相关的美学因子进行征询调查评分。

表 4.3　征询调查评分表

美学质量评价要素	美学因子	评分值 C_i	权系数 q_i	评分标准	分　值
自然景观美	云雾景观			变化奇幻、感染力强、构成好景 有变化、有吸引力、能构成景 变化不多、比较平淡、只成配景 偶有云雾、难成景色 无云雾景观	100—90 90—75 75—60 60—40 40 以下
	四季景致			四季景色皆绝、有魅力 四季有好景、可供观赏 景观有季节性、不能连续观赏 有景时间短、景色平淡 四季无景	100—90 90—75 75—60 60—40 40 以下
建筑艺术美	建筑总平面布局			布局很好、构思绝妙、景观优美 布局合理、有特色、景观好 布局一般、比较平淡、景观还好 布局不合理、景观呆板 布局紊乱、不成景观	100—90 90—75 75—60 60—40 40 以下
	主体建筑造型与立面设计			艺术性强、和谐优美、耐人寻味 有艺术性、美感强、有感染力 艺术性一般、比较美 艺术性差、美感很弱 毫无美感、比例失调	100—90 90—75 75—60 60—40 40 以下
被征询人姓名		年龄		文化程度	职业 爱好

权系数 q_i 用 1—10,最重要参数的权系数用 10 表示,重要性最差的权系数用 1 表示。计算分为两步,首先根据调查对象提出的权系数值,通过统计学的处理,求出算术平均值;然后由参加美学评价的专业人员经过讨论提出各参数的权系数值,再取二者的平均值,整理成最后的权系数 q_i,并使 $\sum q_i = 1$。

2. 征询资料整理。

确定了所有参数的评分标准之后,向有关美学家、诗人、画家、建筑师、地理学家、景区管理人员、旅游者和当地居民征询评分,征询范围可以广泛一些,征询人数视实际情况而定。整理时可依照下式计算评分分值。

$$C_i = \sqrt{\frac{C_{i\,\max}^2 + \bar{C}^2}{2}}$$

式中,C_i 为各美学参数的评分分值。

征询评分时,要特别注意专业人员的不同意见。例如,对某件碑刻古迹,考古和文物人员给的分值很高,而其他人员给的分值较低时,则可直接选定一个恰当的分值。

3. 美学质量综合评价。

$$M = \sum_{i=1}^{n} C_i q_i$$

式中,M 为环境美学质量的综合评分值;C_i 为各美学参数的评分分值;q_i 为各美学参数的权系数。环境美学质量按综合评分值可分成 5 个等级,其值越大,表示景观质量越佳。

表 4.4　环境美学质量评价分级

环境美学质量	绝佳	良好	一般	较差	很差
M	≥90	75—90	60—75	40—60	<40

三、旅游区景观环境评价

(一)景观相融性

景观影响可以用建设项目与风景资源背景之间的景观相融性来衡量,景观相融性指标包括形态、线形、色彩和质感,评价可采用计分法。

表 4.5　景观相融性指标记分及分级

相融性评价指标	最高记分	指标分解	记分及等级
形　态	40	体量:25;体态:15	≥90　A(很协调)
线　形	30	近景:15;中景:10;远景:5	75—90　B(协调)
色　彩	20	色相:10;明度:10	60—75　C(基本协调)
质　感	10		<60　D(不协调)

其中开发建设项目建筑物的几何要素本身的形状、相互间组合关系及所处的位置为形态指标;不同角度和距离对建筑物在风景中的和谐性要求为线形指标;建筑物色彩的基本相貌和明暗程度为色彩指标;建筑物表面粗细、匀滑、光泽等特征引起的视觉反应为质感指标。不同区域景观质量的要求有所不同。

表 4.6　不同区域景观质量要求

区　域	景　观　要　求
特级保护区	建设项目至少要与风景资源背景之间相协调,增景最好
一级保护区	建设项目与风景资源背景之间相融性基本协调即可考虑,如能协调更好
二级保护区	建设项目与风景资源背景之间相融性基本协调即可,如能协调更好
基础保护区	建设项目与风景资源背景之间不协调也可考虑,基本协调以上就更好

黄山风景区温泉片原有的污水处理站于 1997 年建成,其设计处理生活污水能力为 960 立方米/天,主要处理温泉南片的污水。受历史条件限制,当时配套的排污管是水泥管,由于破损、渗漏严重,加上部分污水处理设备损坏锈蚀和老化,不能正常使用,污水站停止运转,导致温泉片污水直接排入附近溪流,污染地表水体,必须对原污水处理站进行改扩建。

污水站在原址上改扩建,建设地点位于温泉景区的边缘,标高 585 米,周边植被茂密,以毛竹、松树为主,间有灌木丛和草本,隐蔽性较好,附近除水景逍遥溪外,无重要景点。原污水站全部拆除,按照"宜低不宜高,宜藏不宜露,宜素不宜艳,宜衬景不宜败景"的设计原则,污水处理设施构筑物的高度控制在 5 米之内,在污水处理设施上方建设相配套的机房及污泥房,高度在 3 米之内,机房采用轻型彩钢保温材料,并与基底构物、周边景观环境相协调。

表4.7 污水处理站景观相融性评价记分表

评价指标	形 态	线 形	色 彩	质 感
评价	占地面积不大,建筑物体量较小,记22分;人工建筑与周围自然景观较难统一,记8分	近景观感一般,记8分;中景不可见,记10分;远景全部被山体及植被遮挡,记5分	采用永久性建筑,色彩较为淡雅,与周围山体、植被色彩协调,视觉感受融洽性尚好,记15分	采用徽派建筑风格,人工建筑材料建设,使用当地产块石,与山体质感协调性一般,记7分
记分	30	23	15	7

因此,污水处理站景观相融性计分值为75分,等级为B级,与原有景观协调。

（二）景观多样性

景观多样性评价是对自然景观属性和多样性丰度的评定,可以应用计分方法来评价,如下表的景观多样性记分及分级表。

表4.8 景观多样性记分及分级

景观类型	A级(70—100) 丰富的"多样性"	B级(40—70) 一般的"多样性"	C级(0—40) 很少"多样性"
地 貌	有60%是斜坡,且是被切割的、不平的、险陡的山脊或大而高耸的地形	有30%—60%是斜坡,且是中度被切割或起伏的	有0—30%是斜坡,很少变化。没有切割和高耸地形
岩 貌	在地形上很突出,有不寻常或突出的崩塌斜道、碎石坡、岩石露头等,尺寸大小、形状和地点都不一般	岩貌很显著但不突出,有常见的、突出的崩塌斜道、碎石坡、圆砾和岩石露头	小的和不明显的岩貌,无崩塌斜道、碎石坡、圆砾和岩石露头
植 被	高质量的植被类型,大量古树名木,不寻常或突出的植物种类多样性	具有类型交替的连续植被覆盖,成年的但非古生长的林木,植物种类多样性一般	没有或很少固定类别的连续植被;没有地面下的、地面的或地上的覆盖
湖 泊	S(面积)≥20公顷,应具有以下一点或多点特色:①不寻常或突出的岸线形廓;②能反映重要特色的形貌;③岛屿;④有A级的岸线植被或岩貌	20公顷＞S≥2公顷,部分岸线不规则,没有大的特色,岸线植被为B级	S＜2公顷,无不规则岸线或反映特色的形貌
河 流	河水的流态、形状多变,有瀑布、急流、滞水区、大范围的曲流	水流具有一般的曲流和流态	间歇流或小的常流河,有小的或无波动流量的瀑布,小的弯曲流

（三）景观灵敏度

景观灵敏度是反映观察主体(当地居民、旅游者、学者、专家)对某一景观关心(注意)的程度,是以其可视性(即是否能被许多人看到)、其使用的重要性或强度、或者人们对所研究的景观的实际感受所做的解释来表达的。人们注意力越集中的景观,其景观价值越高,敏感性程度就越高,在该点的任何变化就越能影响人们审美态度的改变。

表4.9　景观灵敏度记分及分级

等　级	关心程度	评分值
A 级	至少有 1/2 的观察者非常关心景观质量	90—100
B 级	1/3—1/2 的观察者非常关心景观质量	80—90
C 级	1/4—1/3 的观察者非常关心景观质量	60—80
D 级	1/8—1/4 的观察者非常关心景观质量	30—60
E 级	少于 1/8 的观察者非常关心景观质量	0—30

（四）景观质量综合指数

$$I = \sum_{i=1}^{n} q_i C_i$$

式中,I 为景观质量综合指数;C_i 为各景观分指数的评分分值,可选用的分指数如环境美学、景观相融性、景观多样性和景观灵敏度等;q_i 为各景观分指数的权系数,$\sum q_i = 1$。

景观综合指数值可分成 5 个等级,指数值越大表示景观质量越佳。

表4.10　景观质量综合指数评价分级

景观质量	绝佳	良好	一般	较差	很差
I	≥90	75—90	60—75	40—60	<40

（五）景观影响评价

景观影响评价是从景观美学角度出发,结合区域特征和旅游区规划,通过对开发前后同一地区景观的比较,评价景观变化的显著性和强度。评价内容包括开发活动对原有自然、人文景观的影响,新造景观的美学效果及与周围环境的协调性等。通过景观影响评价,以便采取相应的减缓措施,避免破坏高价值的自然与人文景观,并为创造新的景观提供参考意见。景观影响评价可以用景观质量的变化率来表示。

$$R = (I_b - I_a)/I_a$$

式中，R 为景观质量变化率；I_a 为规划实施前的景观质量综合指数；I_b 为规划实施后的景观质量综合指数。若 $R < 0$，说明规划建设对景观的影响是不利的，反之则是有益的；在 $R > 0$ 的前提下，可根据 R 值的大小来评判影响的显著程度，R 越大，有益的影响就越大。

四、影响评价结果的决策

旅游开发拟建项目或行动往往有多个预选方案，要对一个方案作出"视觉影响是否重大"、"是否可被接受"的结论，并对方案作出决策，可以采用决策框架，对拟用方案进行决策。如果两个备选方案都是可以接受的，则需进一步征求专家或当地公众的意见。

表 4.11　景观影响评价的决策框架

现有景观资源	影响分类	消减影响的可能性	推荐决策
好	存在重大影响 可能有重大影响 无重大影响	是/否 是/否 是/否	作完整的研究/放弃拟议项目 作完整的研究/修改拟议项目 作有选择的研究/修改拟议项目
中等	存在重大影响 可能有重大影响 无重大影响	是/否 是/否 是/否	作完整的研究/修改拟议项目 作有选择的研究/修改拟议项目 研究后可实施/作有选择的研究
差	存在重大影响 可能有重大影响 无重大影响	是/否 是/否 是/否	研究后可实施/作有选择的研究 可实施/研究后可实施 可实施/研究后可实施

第五节　旅游景观环境保护

地质地貌和人文建筑景观，尤其是奇特的地质地貌旅游资源，一般具有不可再生性，因此，从旅游设计开发到旅游业经营的全过程都应特别注意对其加以保护。

一、加强景观生态设计

旅游景观生态设计是指在遵循异质性、多样性、边缘效应、尺度性等原则下,通过对景观结构和功能单元的生态化设计,在旅游生态环境建设和保护的同时,使旅游资源景观化。

(一)斑块设计

斑块的生态设计主要表现为属性选择、实体设计和空间布局三个方面。旅游景观有"一步多景,移步异景"的集锦性特点,斑块是重要的旅游景观要素,其形状、孔隙率、边界形状影响旅游景观的吸引力,在设计时要充分考虑其生态特性和景观效果,设计具有典型生态特征和旅游意义的区块,并辅以巧妙的空间布局和生态形象设计。

在具体的设计中,要因地制宜,配置不同属性、不同面积的斑块,丰富生物多样性。如大的植被斑块在景观中可以发挥涵养水源、维护物种安全等多种生态功能,小斑块则可以提高基质的异质性,在大的游乐设施、饭店及住宿等粗粒斑块中,插入小的植被斑块,为一些生物提供"踏脚石"。突尼斯旅游地的景观设计,要求新建饭店的高度不得超过周围地区棕榈树的一般高度,在加那利群岛的兰萨罗特岛上,旅游局不仅规定建筑风格,还规定门窗油漆的颜色只能是白色、蓝色和绿色等。

(二)廊道设计

廊道的数量、构成、宽度、质量及连续性决定了斑块之间物质、能量流的运送效率,其设计是实现游览通道保护生物多样性的关键。在设计时,应当在力求保护自然生态的同时,通过人工绿雕等方式增添其自然情趣,为自然、人工斑块间的生物交流提供良好的通道。

1. 区间廊。

区间廊是指旅游地与客源地及四周邻区的各种交通方式、路线与通道,其设计应尽量选择有利于环境保护的路线、线位,保证沿线景观与自然景观相协调,并使道路所通过的客流量与区内环境的承载能力一致。

2. 区内廊。

区内廊是指旅游地内部的通道体系,其设计要充分利用现存的通道,避开生态脆弱带,选择生态恢复功能较强的区域进行。连接各景点的廊道长短要适宜,过长会影响景观的精彩程度,过短则影响景观生态系统的正常运行。

3. 斑内廊。

斑内廊是指斑块之间的联络线,如景点的参观路线,其设计要以林间小路、河岸、滑雪道等为廊道,并注意合理组合,互相交叉形成网络,强化其在输送功能之外的旅游功能设计,以便延长游客的观赏时间。

（三）基质设计

为凸显旅游景观斑块,基质应具有淡化的背景意义,设计时应认真调查研究周围的山川形势、地理特点、气候条件、林木植被等,使旅游景观斑块的布局、形式、色调等与周围的基质相适应,以"出自自然、宛若天成"的手法构成旅游"斑"与基质互为借景的丰富而有趣的视觉效果,使它们互相成为其中不可分割的一部分。

二、杜绝开发建设破坏

为保证景观环境的质量,确立以保护为主的开发和利用方式,在旅游景观的空间组合、设施布局、城市风貌、园林绿化的定位上,应考虑地形地貌、历史传统、民族特色、建筑风格、污染处理等,从整体和谐出发,围绕各方面的关系实现旅游景观形象的最优化。

在满足线形指标和地质条件下,道路、设施的修建应当"适应地形",避免大填大挖;应保护好自然风貌,避免将长满翠林的山地景观削平来建宾馆、酒店等服务设施,避免将充满野味的山坡改造成砌岸整齐、充斥大量人工建筑的景区;应控制建筑高度以坚持景观的主体特点,建筑物与景观中心（如海滨、山峰等）应保持适当的间隔,以保持景观的美感。

要树立可持续发展意识,杜绝开发建设破坏,保护旅游区景观的风貌完整性、历史真实性和生活延续性。为保护旅游区的视觉景观,在西班牙兰萨罗特岛的开发规划中,对建筑密度、高度、建筑风格、建筑材料、与海岸线的距离等都有明确的标准,限定岛上90%的地方禁修建筑物,楼房不得超过3层,并减少开发密度,要求旅游设施与海滨拉开一定的距离,建成伸展式梯级型后退形式。

三、采取科学减缓措施

减缓措施指的是可以降低拟建活动对景观的干扰和负面影响的各种方法。缓解方案不应只着眼于减轻破坏程度,亦应考虑如何美化环境和改善视觉景象。在允许的情况下,应尽量采纳可以美化环境和改善景观的设计。

（一）修复措施

旅游区的修建,要尽量减少对生态环境的破坏,对已被破坏的景观和地段,要采取措施予以修复,对人文建筑景观,要坚持"修旧如故"的原则进行修复;对地貌景观,要按照自然生态的法则予以恢复,设施修建和各类活动所产生的景观破损,可采取拆除、迁移、改造等措施,修复旅游区景观环境,还原其自然风貌。

北京先农坛是明清两代封建帝王祭祖农神的地方,解放后先农坛文物管理区内长期散居着 140 多家住户,并先后出现 8 家工厂,严重影响了先农坛的文物景观。政府部门采取措施,于 2000 年内将居民和工厂全部迁出,同时出资将先农坛内历史遗留的违章建筑和破旧房屋全部拆除,恢复其历史原貌。北京西山风景旅游区有许多非法墓葬,与美丽的西山风景区很不协调。而且每年清明节时大量坟主上坟烧纸,给整个西山绿化带造成很大的火灾隐患。1998 年就发生过由于市民上坟烧纸引发的山林局部火灾。为此,政府部门下定决心彻底整治,在两年内投入大量人力、物力、财力,平毁和迁移墓葬 17 000 余座,对清理后的土地进行绿化,还西山风景区本来的面貌。

（二）弥补措施

常用的弥补措施,是通过色彩设计和物料选择对影响景观的设施进行美化处理。如结合外形特点,选择设施合适的外观颜色或适当的建筑材料贴面,以及运用建筑学方法使设施与背景景观的反差度降低,使设施与景观在视觉上协调;对设施做建筑特写处理,使之与现有的建筑物和景观在透视上协调;在设施或构筑物的混凝土上染色,使之在色调上与现有建筑物、构筑物和景观相协调。

对干扰视觉的设施,难以美化处理的,要用遮掩的手段减弱其影响。如建造别致的景观或遮掩物来掩盖影响景观的设施;栽种植物作为屏障,在植物搭配时要考虑其颜色、高度和密度在生长初期和成熟期时的景致变化及其所需时间等。

四、加强景观保护管理

景观保护管理要从旅游经营者、规划人员、管理者和旅游者的环境教育入手,提高其旅游景观保护的意识,增强其景观保护的积极性。要采取一定的景观保护管理手段,如明确景观管理主体、增强景观管理的专业性和技术性、设置景观管理的绩效考核等,建立起严格、规范、透明的景观保护管理机制,实现旅游景观结构上的合理和功能上的协调,保证旅游区景观生态系统内的互利共生和良性循环。

案例点评

案例一 满身乱涂乱画——杭州安乐塔不安乐

杭州市余杭镇安乐山上有一座古塔,名曰安乐塔。塔始建于五代十国(公元907—947年间),重建于明代,此后屡有修复,最近一次是1984年。

进入塔内,拾级而上,从一层到七层,凡是有点空白处,全部密密麻麻写满了字,甚至连七层离地约4米的顶壁上也有字。涂画的类型有到此一游型、情感倾诉型、角色扮演型、直抒胸臆型、文人骚客型、找生意型、以毒攻毒型等。

资料来源:王晨郁:《满身乱涂乱画,杭州安乐塔一点也不安乐》,《都市快报》,2003年7月3日。

点评:

安乐塔一直以来是免费开放的,由于经费等原因,管理和保护工作很难跟上,出现了乱涂乱画的现象,对文物的景观价值造成不利影响。

案例二 城市化对景区景观环境的破坏

广州芙蓉嶂风景区的发展曾走过一段不堪回首的弯路。在20世纪90年代初,随着风景区内山水资源的不断开发,导致景区的城市化、商业化、人工化问题非常严重。区内环水库地段遍布大体量建筑,到处都是培训中心、疗养院、招待所、酒店、商店等度假服务设施,以及水上世界、阳光滑草场、小型高尔夫球场、网球场、足球场、温泉区、烧烤区、垂钓区、果园等休闲娱乐场所,活脱脱一个繁荣的小城镇。风景区内还有不少"烂尾楼",有些"烂尾楼"甚至位于水库中的湖心岛上,占据了非常优越的位置,且体量大,给整个风景区的景观带来了非常恶劣的负面影响。到90年代中后期,由于旅游区开发过度,环境恶化,逐步走向了下坡路,直至2000年后随着花都成为广州的一个区,才逐步复苏。

资料来源:广州旅游规划研究中心:《广州市花都区旅游业发展总体规划(2002—2010)》,2002年。

点评:

芙蓉嶂风景区过量的设施建设破坏了自然地貌景观,同时对环境造成污染,对旅游的持续发展造成障碍,应该积极采取措施,避免"城市化"的蔓延。

案例三　洞穴景观的保护

　　风景溶洞是一种不可再生资源,一旦损坏,就不可再生,所以,对天然洞穴的开放要持谨慎态度,开设洞穴旅游线路要作详细考察论证;严格控制洞内的人工建筑和设施,减少洞内爆破修建;对重点洞段、重点景观要加强保护,防止游客触摸、损坏;合理配置灯光,避免热光源和光照损害景观;加强管理,避免超载,防止过量二氧化碳加快沉积物风化;通风开口应科学论证、合理布局,既保证游客安全,又不致造成过分的氧化环境。

　　北京石花洞2001年对新洞层进行深入开发时,特地在洞内修建了长216米的全封闭玻璃通道,既让游客能够近距离观赏景观,又对景观起到了很好的保护作用。浙江金华双龙洞风景区的洞内大瀑布是具有全国性旅游意义的景观,为保护这一获吉尼斯纪录的景观,景区管理人员加强同有关部门协作,逐步开展保护山体以保全裂隙、保护植被以涵养水源的工作。

　　资料来源:王凡凡、禹志明:《专家呼吁:加强风景溶洞保护刻不容缓》,新华社,2001年11月20日。

点评:

　　洞穴是重要的地质地貌景观,洞穴的保护在风景溶洞的开发利用中非常重要。溶洞属于半封闭空间,环境容量十分有限,开发时就应该采取有效措施保护其原生性。

案例四　瘦西湖打造"没有视觉污染的景区"

　　为保护景区不受视觉污染,瘦西湖与当地规划部门建立了良好的工作协调和相互通报机制。景区采用"放气球"确定景区周边建筑物合理高度的方法,从而让瘦西湖实现景区二十年天际线不变,被同济大学知名教授阮仪三称为目前"国内唯一没有视觉污染的景区"。为此,张锦秋院士感慨:"行走在一座城市公园,看不到一幢高楼,这在现代城市里简直是个奇迹。"

　　扬州缘水而兴,瘦西湖因水而名,水是瘦西湖的魂。扬州先后投入2.4亿元,实施"活水工程",从邵伯湖、大运河引水,使瘦西湖"死水变活、活水变清",再现了瘦西湖的灵气和生机。景区拓展了水系周边环境的景观功能、休闲功能,建设了水上廊桥、观景廊架、亲水平台、河滨散步道、河滨自行车道、护岸、栈桥、微型泊船码头等,实现了人与水、自然与文化的和谐,形成了具有个性魅力的瘦西湖水系新景观。对景区周边村庄进行了统一搬迁,对原住居民的村落建筑进行局部改造,使其疏密得当、错落有致,并运用植物自然形态对空间进行划分,改变了原有建筑的天际线形状,营造了山水田园的优美环境。

资料来源:中国新闻网,www.chinanews.com.cn/sh/news/2008/09-04/1371190.shtm/。

点评:

    江苏扬州瘦西湖把历史遗存、自然遗存和非物质文化遗存高度融合到了一起,充分体现文化的张力和生态环境的影响力,营造了优美的景观环境。

练习思考

一、填空题

1. 每一类风景总是与特定的_____形态联系在一起,是旅游活动的重要环境背景。

2. 美学评价通常采取_____。

3. 景观相融性评价通常采用_____。

二、单项选择题

1. 以下方法中,属于景观影响预测技术的是(   )。

A. 现有资料分析法   B. 观测评分法

C. 摄影录像法   D. 透视图法

2. 以下不属于景观相融性指标的是(   )。

A. 质感   B. 线形   C. 色彩   D. 形状

三、简答题

1. 简述地质地貌景观的旅游意义。

2. 破坏人文建筑景观的影响因素有哪些?

3. 在旅游景观环境保护中,常用的减缓措施有哪些?

四、列举题

1. 列举旅游景观的特征。

2. 列举旅游景观的影响效应。

第五章

旅游设施环境

学习要点

了解旅游活动对交通环境的影响;掌握创建旅游绿色交通的相关知识;了解食宿设施的环境问题;掌握食宿设施的环境管理方法;了解公共、专用设施的环境问题;掌握公共、专用设施的环境管理方法。

基本概念

旅游绿色交通、绿色客房、绿色餐厅、清洁化生产

旅游地接待游客过程中所涉及的设施,包括吃、住、行、游、购、娱等六大要素,一个旅游区的旅游设施状况是影响旅游者出游的一个重要因素,而旅游活动会对旅游设施及其所依赖的环境造成损耗或破坏。因此,必须重视旅游设施的环境问题,以生态的要求和标准来设计旅游设施,以生态的管理方式来利用旅游设施。

第一节　旅游交通环境

旅游交通是指旅游者利用某种手段和途径,在旅行过程中从一个地点到达另

一个地点的空间转移过程,包括到达目的地的交通工具和在旅游区内活动所使用的交通工具两个方面。旅游交通是整个旅游活动中重要的一环,游客在旅游活动中对交通的要求主要是:安全、快速、舒适、便捷、经济并具有观赏性。

旅游对交通设施的要求远比一般运输设施要高得多。以现代旅游交通运输中最盛行、最便捷的公路交通为例:旅游汽车交通对道路的要求相当严格,要求路面质量高、宽敞、质硬,能通行数辆大型旅游车,并能全天候使用;路面坡度适中,排水优良,符合我国或国际安全标准;路旁要有辅助设施,如加油站、餐饮店、汽车旅馆、停车场,以及卫生设施较好的休憩公园、风景坡道、易辨识的标志,应有简明扼要的景点名胜介绍,沿途还要有游乐设施和汽车修理厂等。修车厂的数量及间距视具体情况而定,间隔一般在 50—60 公里或 1—2 小时路程为佳。

一、交通环境对旅游活动的影响

(一)交通环境对旅游的正面影响

1. 发展旅游业的前提。

旅游交通是国家或地区客运交通系统的一部分,是发展旅游业的先决条件之一,只有发达的旅游交通,才能使游客顺利地进行旅游活动。交通的基本功能是向旅游者提供从居住地到旅游地的空间位移和转移,是构成现代旅游业的三个基本要素之一。没有交通工具的不断改进和完善,没有交通线路的开辟和延伸,旅游业就难以生存和发展。

2. 充当旅游资源功能。

在旅游业高度发达的今天,旅游交通除了具有为旅游者提供空间移位的基本功能外,在某种程度上还具有满足旅游者旅行、游览需要和娱乐参与等多重功能。越来越多的旅游交通工具和设施如豪华游轮、旅游列车、游览马车等,逐渐发展成为既能满足旅游者的物质享受,又能实现精神文化观赏价值的旅游吸引物,具有某些旅游资源的特征。

3. 提高旅行的舒适度。

交通环境的质量和容量直接影响游客的旅游感受,旅游交通运输工具的改善和多样化,丰富了旅游活动的内容,提高了旅行的舒适性、娱乐性和观赏性。

4. 促进旅游景区繁荣。

旅游交通对旅游活动的发展与繁荣有十分重大的影响。旅游交通的发展能够促进旅游区的繁荣,不仅使新开发和建设的旅游地具备了可进入性,沟通了旅游网络,增加了旅游活动的空间覆盖面,而且使旅游区逐渐兴旺发达,促进了旅游区各项事业的繁荣。可以说,现代旅游活动之所以会发展到今天这样的规模,其活动范围之所以会扩展到世界的每一个角落,一个重要的原因就是旅游交通的发展。

(二)交通环境对旅游的负面影响

交通环境对旅游的负面影响主要表现在交通事故、交通拥挤、不准时抵离以及对旅游区生态环境的污染等,这些情况都会影响游客的游兴。

1. 交通状况干扰旅游活动。

交通拥挤使游客感到劳累、不适,失去旅游兴趣,严重者甚至会损害游客身心健康。交通事故会造成游客伤亡,造成生命财产的损失,导致旅游行程终止。交通工具不按时抵离,会使游客不能按计划享受旅游服务,而长时间等待交通工具,会浪费游客大量的时间,并且有可能减少旅游活动项目,招致游客不满。

2. 交通污染影响旅游环境。

在整个旅游区内,如果旅游交通工具质量不高,在交通运输过程中产生大量尾气和噪声,则会对旅游区的大气、水体及声环境等形成污染,导致旅游区环境质量恶化,对人体健康造成不良影响,从而降低旅游区的吸引力。

表5.1   不同交通工具的二氧化碳排放系数参考值

(单位:克/公里·人)

交通工具	飞机	火车	轮船	地铁	客车	轿车	电瓶车	机动脚踏车
排放系数	140—280	9	10	14	30—60	160—340	16	10

3. 交通发展破坏景观环境。

交通发展不当会对景观和资源造成破坏。交通道路和停车场(飞机场)的建设对旅游景观会产生阻隔效应,往往会把连续的景观分割成碎片,破坏景观的整体性,割裂当地原有的传统联系,造成严重的视觉污染。景区内索道的修建会破坏自然景观原貌。

二、旅游活动对交通环境的影响

(一)旅游影响交通布局

旅游活动和旅游地分布对旅游交通布局有明显的影响,旅游地分布是旅游交通布局的依据。首先,旅游交通是旅游活动过程中产生的一种需要,因为游客从客源地到达旅游目的地的空间位置移动是靠旅游交通实现的。其次,旅游地的分布决定了旅游交通线路的走向,旅游地的规模和对游客的吸引力决定了旅游交通的方式和规模。

(二)旅游促进交通发展

旅游业的发展,对旅游交通的发展起着巨大的促进作用。随着旅游活动的发展,游客流量的增长,旅游活动中产生的人流、物流和信息流为旅游交通运输生产提供了必需的劳动对象,并形成了旅游交通运输的地域组合特征,给交通运输业带来了大量的经济利益,从而促进了交通环境的迅速发展,同时也促进了区域交通的发展和交通网络的完善。

(三)旅游造成交通压力

旅游客流高峰期,会对交通运输造成很大压力。交通工具的饱和与超载,轻则拥挤不堪,导致服务质量下降,物资供应短缺,甚至造成交通设施设备的损坏,超载严重时则可能造成交通事故,许多在旅游高峰期发生的翻车、翻船事故就是因超载造成的。

三、旅游绿色交通

旅游绿色交通是指构建污染少、维护费用低、适合旅游区环境的交通运输系统。旅游绿色交通为物质运输、物质迁移和动物取食提供保障,形成优美的风景,有助于维持生物多样性,并为野生动植物的迁移提供保障。它协调了旅游区环境保护和旅游经济发展的关系。绿色交通不仅保护了自然,而且是合理利用和保护资源、实现旅游可持续发展的基础。

(一)旅游绿色交通要求

传统旅游业中旅游交通的特性可归纳为游览性、舒适性、季节性、区域性、无形性、流动性、不可贮存性以及供给与消费同步性等,而旅游绿色交通还需要环保性、生态性、观赏性和地方性等特性要求。

1. 环保性。

旅游可持续发展要求旅游交通必须以环保为前提,绿色交通的建设必须与控制和治理环境污染相结合,采用符合环保要求的新型交通工具,减少能源(尤其是不可再生能源)的耗用和浪费,控制进入旅游区的机动交通工具数量,采用无铅汽油、用电力作动力等解决方法,减少机动交通工具尾气对旅游区环境的污染。

2. 生态性。

旅游交通的生态性是指交通建设必须以尊重旅游自然生态环境为基础,构建绿色交通系统,提高道路的生态功能,采用生态的交通工具,提倡畜力、人力、自然能(风能、太阳能)交通工具或徒步旅行,以减少对自然生态的污染。

3. 观赏性。

旅游交通是旅游景观的一部分,要从旅游区的整体布局出发,与当地的环境相融合、相协调,交通工具的色调与风格应与旅游区的自然文化环境相协调,交通道路要在保证通道功能的同时,通过美化、绿化等手段体现游憩观赏性,满足旅游区居民以及外来旅游者的游憩观赏要求,形成旅游区优美的路线景观。

4. 地方性。

旅游交通工具应具有地方性,符合旅游区及其社区的气候条件、地形地貌等自然特点和传统习俗、风土人情等文化特色。比如,草原骑马作为一种交通方式,不仅使旅游者得到了享受,而且体现了草原的地方特色。

(二)旅游绿色交通道路

旅游区道路是景观中的廊道,具有通道、屏障或过滤、生境、源和汇五个基本功能,应规划和建设具有环境保护功能的绿色交通道路。

1. 徒步道路。

徒步道路是与机动车道分离的林荫休闲道路,主要供散步、运动、自行车等休闲游憩之用。这种道路廊道的设计形式往往是从游憩的功能出发,通过将高大的乔木和低矮的灌木、花草地结合起来,形成视线通透、赏心悦目的景观效果。

2. 绿化道路。

绿化道路主要是通过道路绿化带的构建,改善机动车道的环境状态。道路绿化带的修建应为动植物的迁移提供有效通道,保护环境和生物多样性,使旅游区内廊道与廊道、廊道与斑块、斑块与斑块之间相互联系,成为一个整体。

3. 绿色通道。

绿色通道是为旅游高峰期开辟的无障碍旅游道路及通道。如在旅游黄金周期间,各地的旅游交通非常紧张,连接旅游区的道路上堵车现象非常普遍,为了缓解这种现象,有关部门可以开辟绿色通道,为旅游区的车辆提供方便。

(三)旅游绿色交通方式

旅游外部交通受外部因素的制约与影响,旅游区无法决定游客的外部交通方式,只能采取措施构建绿色的内部交通系统。而作为游客,应尽量采用公共交通方式,减少私家车的出行,以减少污染物和二氧化碳的排放。

1. 陆路交通工具。

陆路交通工具有自行车、推车、三轮车、轿子、人抬藤椅等人力交通工具,马(车)、大象、驴(车)、骆驼、牛(车)等畜力交通工具,流动旅馆汽车、宿营车、太阳能车、电力游览车等机动交通工具,还有徒步等。应禁止使用有害环境和干扰生物栖息的交通工具,尽量使用太阳能、电能或不污染和不破坏环境的交通工具。

2010年9月18日,杭州首次推出专门为自行车骑行的游客和市民设计的"杭州骑游地图"。此后每年9月第三周的周日被确定为"杭州骑行日",游客可在全市各旅游咨询点免费索取"杭州骑游地图"。

2. 水上交通工具。

水上交通工具有风景河段上的电瓶船、太阳能船、游艇、赛艇、独木舟、乌篷船、潜水装备,漂流河段上的漂流筏、竹筏、羊皮筏等。岸上设施在材料上应选择安全性高、对环境污染小的材料。

3. 空中交通工具。

空中交通工具有热气球、观光飞艇、降落伞、滑翔伞等,以及空中登高的缆车、索道等。

(四)旅游绿色交通建设

旅游绿色交通的建设,应遵循生态化、绿色化的原则,把环境保护放在首要位置,从旅游区的具体情况出发,因地制宜,在路线设计、运输工具、交通设施及站点建设等方面都应达到环保要求,并综合考虑休闲游憩需要。

1. 游步道。

旅游区的游步道是进入、环绕和穿越旅游区的主要路径。为了适应局部小环境,并与旅游区整体环境相协调,根据具体情况,可选择不同功能的生态旅游道路,如游步道、磴道、石梯、汀步、汀步桥、平板陆桥等;对游步道穿越的地区要仔细进行勘察,对景观、自然特征和人文特点进行分门别类的调查,列出脆弱的特征并估计游客的环境影响。布线要考虑水土流失和拟采取的控制措施,要有利于风景欣赏,尽可能地沿用原有小径。选材要考虑基岩、地形、坡度和游客兴趣特点等因素,最好能就地取材,符合当地的自然生态状况,如板石、人造石或水泥板铺设。

游步道应保证让人舒适行走的宽度和平坦度,坡度在15—17度范围内(在这一坡度内修路时，挖掘量、水土冲刷量均最小，地质稳固、排水容易），小径的排水不应沿着游步道流，避免陡坡、泥泞和有形障碍物；要清除障碍物，悬吊的树枝要砍至2米高，但不可砍大树、不应让土壤裸露；应尽可能使小径有弯道，尽量避免游客走回头路，避免看得见的小转弯和环路（以免游客走捷径或踩出很多小路来）；游步道要干净、维修良好，小径上的杂物要定期清理，休息处要有简易木凳，可搭建简易遮阳木质草棚，栏杆要结实和经得起日晒。

2. 车行道。

车行道的选线不应显眼突出，建设要满足环保要求。旅游区内车行道应与地形、地貌一致，尽可能地使用原有的斜坡、树木、小山等自然地形特征；利用原有道路加以维修、改建和扩建；利用接近自然的无污染材质；道路要避开生态脆弱区，将对动植物的损害减至最小；应保护地质稳定性，提高休闲功用，同时尊重当地人的文化。

应根据当地气候、地理条件及旅游区的自然特征、地形变化、地表组成和植被现状等特征进行道路两侧绿化建设。植物配置应以乡土树种、地带性植被类型为主，配置适应性强、抗病性好、生态价值高、乔灌草结合、景色优美的群落组合。在污染区域，应针对污染源的类别，配置相应的抗污性强、具有净化功能的植物，努力提高旅游区的生态质量及生态容量。

3. 停车场。

绿色停车场必须满足两个条件：一是停车场是绿色生态的，二是所用的材料是环保的。要使停车场达到绿色生态的要求，停车地面应尽可能地铺草皮，车道可以是混凝土，也可以是草地，但应尽可能地增大绿地面积；根据车位分列种植树冠较大的乔木，利用乔木遮挡阳光，一方面可以减少阳光的辐射热，另一方面可以保护汽车免受日晒。

在主要景区和旅游区建造生态停车场，可以减轻混凝土地面给旅游区带来的"热污染"，减轻汽车尾气过多对景区生态环境的影响。停车场地面可铺设生态植草砖，以利于下渗降雨、涵养水源，停车位周边以大乔木作为绿化骨干，辅以树木绿化，可解决酷暑季节旅游车辆的遮阳问题，还具有调节旅游区生态环境的功能，绿化植被可吸收汽车尾气，增加供氧量。同时，停车场周围树木下设置休闲坐凳，方便游客候车时休息。

第二节　旅游食宿环境

旅游食宿设施是向旅游者提供住宿、餐饮服务所凭借的物质条件的总和,是旅游接待设施的主体。旅游食宿设施包括度假村、饭店、宾馆、农家乐等形式,它们在规模、档次、功能上各有不同,可以满足旅游者的多层次需求。

一、食宿设施的环境问题

(一)食宿设施消耗资源

旅游食宿设施在为游客提供良好环境和优质服务的同时,也会消耗大量资源,特别是能源。不同食宿设施的资源使用类型和使用量差别很大,一家建筑面积在8 000—10 000平方米的星级饭店,全年消耗1.3万—1.8万吨标准煤,一家三星级以上的饭店,平均每个客人每天的耗水量约为0.5—1.1吨。

表5.2　食宿设施的资源消耗与二氧化碳排放

食宿设施类型	建成地面积 (平方米/床)	能量 (兆焦耳/床·天)	二氧化碳排放系数 (公斤/床·天)
五星级酒店	500	110	24.0
三星、四星级酒店	300	70	15.3
一星、二星级酒店	100	40	8.7
度假村	300	90	19.6
公共旅馆	100	40	8.7
私人旅馆	50	30	6.5
露营地	150	50	10.9
游　轮	15	40	8.7

注:二氧化碳排放系数以电能消耗标准折算。

(二)食宿设施污染环境

1. 污染外部环境。

旅游食宿设施对环境的污染主要有大气污染、水污染、声光污染、固废污染等。

食宿设施使用洗涤剂和清洁剂,没有完备的污水和废气处理设施,导致污水和废气排放不能达到国家标准,如一座星级饭店一年要排放污水近10万吨,这些污水中除了生活污水外,还包括含油量很高的厨房污水、含多种有机物的洗衣房污水等,会对环境造成不同程度的影响。

表5.3　食宿设施的主要环境污染因素

污染类型	污　染　因　素
大气污染	1. 锅炉的排烟,厨房的油烟 2. 洗涤剂、杀虫剂、干洗剂等化学物质的挥发 3. 各类设备(制冷设备、灭火器、电脑、打印机等)中的有害气体排放 4. 废弃物焚烧排放污染物
水污染	1. 洗浴、洗涤、清洁过程中的污水排放 2. 餐饮的含油废水排放
声光污染	1. 各类设备运行时产生的噪声污染 2. 不合理配置的室内外灯光、幕墙等产生的光污染
固废污染	1. 食宿设施运行中产生的固废垃圾,如废旧灯管、装修装饰垃圾等 2. 游客消费过程中产生的固废垃圾,如厨余垃圾、废弃的一次性用品等

2. 污染室内环境。

旅游食宿设施在建设装修、使用装饰过程中,各种建筑材料和装饰装修材料所释放的污染物,杀虫剂、除臭剂、芳香剂等化学制剂产生的污染物,以及人员吸烟和餐饮烹饪等过程中产生的污染物无法完全排出室外,导致室内污染物在通常情况下大大高于室外同类污染物的浓度,对游客身心健康造成不良影响。

(三)食宿设施破坏景观

旅游区住宿、餐饮设施是旅游区的一部分,这些设施的基本功能是满足旅游者住宿、餐饮、休憩、健身等要求,同时具有观赏功能。但有些旅游区食宿设施的建材、体量、形式、颜色和密度等不合理,或一味贪大求新,或别出心裁,与周边景观反差极大,破坏了旅游区的整体视觉景观,导致景观质量下降,甚至造成视觉污染,如在休假型岛屿上大建庙宇、在古朴的乡村景区大建楼堂馆所,给旅游区的整体景观造成破坏性影响。

二、食宿设施的环保要求

(一)降低消耗

食宿设施应采取措施降低水、电、煤、客房用品等日常消耗,如安装太阳能照明灯、采用变频空调系统一般可节电 30%—50% 等,减少资源浪费和废物排放,降低环境占用,把对环境的影响降到最低,从而利用较少的资源创造较多的价值,降低食宿设施的运营成本,也使旅游区更具竞争力。深圳东华假日酒店通过采用空调余热回收技术、电梯红外感应技术、炉灶火焰控制等环保节能技术,一年节水、节电、节油达 120 万元(2007 年)。

(二)保持卫生

食宿设施接待八方游客,流动性大,设施设备使用频繁,故保持清洁卫生非常重要。

1. 公共卫生。

清洁卫生不仅是游客生理上的需要,也是心理上的需要。食宿设施应有健全的卫生制度,合理布局,店容、店貌和周围的环境应整洁、美观,公共环境的地面应无果皮、痰迹和垃圾。饭店内附设的理发店、娱乐场所、浴室等应执行相应的卫生标准。客人丢弃的衣物应进行登记,统一销毁。

公共卫生间(盥洗间和厕所)应选择耐水易洗刷的材料,距地坪 1.2 米高的墙裙宜采用瓷砖或磨石子,卫生间应有自然通风管井或机械通风装置,公共卫生间应每日清扫、消毒,做到保持无积水、无积粪、无蚊蝇、无异味。

2. 客房卫生。

客房与饭店的其他公共设施(厨房、餐厅、小商品部等)要分开,并保持适当距离。客房的内部装饰及保温材料不得对人体有潜在危害,空调装置的新鲜空气进风口应设在室外,远离污染源,空调的过滤材料应定期清洗或更换。应有防蚊、蝇、蟑螂和防鼠害的设施,尽力杀灭各类害虫,防止其进入客房,要经常检查各类设施的使用情况,发现问题就及时改进。

3. 餐厅卫生。

要有健全的卫生制度,餐厅内外应保持清洁、整齐、美观、无异味,地面无果皮、痰迹和垃圾,清扫时应采用湿式作业。餐厅内使用的装饰材料不得对人体有潜在危害,座位套应定期清洗。严格执行全国爱国卫生委员会除四害的考核规定,餐厅防虫、防蝇、防蟑螂和防鼠害的措施应完备有效,严禁使用有害游客健康的喷雾杀虫剂。餐厅内供顾客使用的饮(餐)具应符合消毒判定标准,呼吸道传染病流行季节必须加强室内机械通风换气和空气消毒。

(三)有益健康

旅游食宿设施是为游客提供生活、休憩、娱乐的场所,其内部环境质量直接关系到人们的健康。食宿设施在建设、经营、管理、服务的全过程中,采取有效措施节约资源、减少环境污染;开设绿色客房、无烟餐厅;使用无污染物品或再生物品作为某些物品的替代物,如使用纸质餐具替代塑料餐具;提供绿色食品,倡导绿色消费,为宾客提供符合环保要求的环境与服务,有益于消费者的身心健康。

三、食宿设施的环境管理

要认真审视食宿设施的建设生产、服务方式、经营管理,对于未对环境和服务质量的提高有实质性贡献,但却不利于节省资源和保护环境的项目或内容,要及时修正。

(一) 建设生态化

食宿设施的建设要把握食宿设施的特点,倡导健康环保理念,建设前要经过科学的论证、合理的规划设计,建设过程和运营中要合理充分利用资源,减少人为的影响和破坏,将对周围环境质量的损失降到最低点。

1. 建设绿色客房。

绿色客房是指室内环境符合人体健康要求的客房。客房内的物品、用具应尽量包含"绿色"要素,符合环保要求,如床单毛巾应是纯天然的棉织品或亚麻织品,肥皂宜选用纯植物油脂皂。应减少一次性用品(主要指客房"六小件",即一次性牙刷、牙膏、香皂、浴液、拖鞋、梳子)的投放和使用;设立废旧电池收集箱,在客房外围摆放分类垃圾箱;应在客房内摆设有益植物,使客房有生气、有春意;应引导入住客人成为资源的节约者、环境的保护者。

2. 创办绿色餐厅。

绿色餐厅是指餐厅环境和餐饮食品及其制作过程均要达到环境质量要求。在餐厅环境方面,厅内应设无烟区和无烟标志,有良好的通风系统,无油烟味;卫生间内用品应齐全并符合环保要求;厅内应放置对人体有益的绿色植物。

使用无污染、安全、优质的蔬菜、肉类和其他食品,为确保"绿色"蔬菜的供应,可以设立专门的生产基地;不食用珍稀野生动植物及益鸟、益兽。传统菜肴中使用珍稀动植物的,应研究其替代品;应制定绿色服务规范,倡导绿色消费,不使用一次性甚至是有毒性的(如发泡塑料餐盒等)餐具。

(二) 生产清洁化

清洁化生产是对生产过程与产品采取整体预防性的环境策略,以减少其对人体及环境可能的危害。

1. 清洁能源。

应合理利用常规能源,如煤、石油等化石能源;结合实际情况,充分利用风能、水能、太阳能等可再生能源,如太阳能热水系统、太阳能发电系统、风能发电系统等。

2. 清洁生产。

食宿设施中所需的物品与食品采用清洁生产工艺,不用有污染、有毒的原材料与中间产品,实现无废少废,减少生产过程中的高风险性因素,如高温、高压、易燃、易爆、噪声等,所使用的原材料与中间产品应能回收利用。

表5.4　客房的清洁生产

污染源	污染产生原因	清洁生产方案
客人洗浴	1. 水温调节不合适,过多放水 2. 普通淋浴蓬头耗水过高	1. 使用灵敏度较高的冷热水调节板 2. 控制热水温度不要过高,尤其是夏季 3. 在不降低淋浴舒适度的前提下,改换节水蓬头
客人洗衣	1. 耗水,且洗涤剂有污染 2. 一次性洗衣袋的废弃	1. 增加说明,提示客人送衣服到洗衣房 2. 一次性塑料洗衣袋应换成可重复使用的布袋
耗能耗电	1. 空调无效调温,过度耗电 2. 灯具无效照明 3. 电器过度使用	1. 采用钥匙卡取电,客人离房时电器自动关闭 2. 增加窗户密封性,提高空调效率 3. 合理开关窗户,调节室内温度 4. 使用节能电器,合理配置室内照度,减少电耗
坐便器	冲水量过大	1. 采用小冲水量的坐便器 2. 采用可调节冲水量的坐便器
一次性低值易耗品	1. 一次性使用 2. 过度包装	1. 采用大瓶固定挤压式洗发液、浴液 2. 简化包装,回收利用 3. 不放六小件,若需要时请客人向服务员索要
浴室清洁和消毒	含有毒有害物质	选择对环境影响小的清洁剂和消毒剂
浴间清洗	洗脸池长时间流水	加强对服务员节水意识教育,严格操作规程
床单被套、布巾更换	须洗涤、烘干和消毒	给顾客提供选择更换时间的机会

表 5.5　餐饮的清洁生产

污染源	污染产生原因	清洁生产方案
食品人工分检	含有残渣	尽量采购净菜,残渣集中做有机肥
食品洗涤	1. 含有杂质 2. 用水过量	1. 用容器洗涤,避免长时间流水 2. 控制洗涤时间,洗净即可
食品制作	1. 洗锅废水 2. 油烟、燃烧废气排放 3. 抽油烟机耗能	1. 避免长时间流水 2. 使用清洁燃料 3. 油烟机功率适度,定期检修 4. 储存废水用于沏水或集中处理
就餐	1. 一次性塑料桌布的废弃 2. 桌面台布的洗涤 3. 剩饭剩菜的废弃	1. 不使用一次性塑料桌布 2. 尽量减少使用台布 3. 善意提醒顾客按需点菜、适量点菜
餐具洗涤	1. 脏、净未分,增加了水和洗涤剂用量 2. 洗涤剂、消毒剂污染 3. 过度蒸汽消毒,耗能	1. 将脏、净餐具分类收拾,分类洗涤 2. 使用环境影响小的洗涤剂、消毒剂 3. 严格控制蒸汽消毒时间,避免过度无效消毒 4. 凝结水回收,循环使用

3. 节约资源。

提高资源利用效率,采用节能、节水技术,选用节能、节水设施设备;通过产品体积小型化、重量轻型化、包装简朴化等做法,既降低成本,又减少垃圾,实现既定的经济效益和环境效益目标。在物品完成其使用功能之后,要进行回收,把它重新变成可利用的资源。

4. 绿色产品。

绿色产品是指生产过程及其本身节能、节水、低污染、低毒、可再生、可回收的一类产品。产品使用废弃后,不危害人体健康和生态环境;少用贵重或稀有原料,以免加速该资源的消耗,如不用珍稀濒危物种做菜;生活用品强调使用寿命,如一次性牙刷、一次性筷子消耗了大量的原材料,要倡导顾客减少使用或不使用。

（三）服务人性化

人性化服务是指以保护自然资源、生态环境和人类健康为宗旨,为顾客提供绿色产品、绿色服务,以及生态、健康、清新、舒适的服务环境,使顾客在食宿过程中享受自然,并经历自觉保护环境的过程。

1. 服务产品人性化。

食宿设施的服务产品包括客房和餐饮。客房的人性化要求其从设计到建成全过程都符合人性化要求,房间的涂料、填料、密封剂、黏合剂、覆盖物和家具都应采用无污染的绿色材料。

餐饮的人性化是推出绿色食品。绿色食品是指无公害、无污染、安全、优质,绝对可以放心食用的食品,生产此类食品行之有效的办法是与当地农村社区挂钩,以"有机农业"的栽植方式生产各种食品。饭店应该利用自己在食、住、行、游、购、娱中独特的地位,以及买方市场较多的选择机会,促使物品供应商增强环保意识,要求他们提供绿色产品。

2. 服务过程人性化。

一次性消耗用品的过度使用会导致浪费和污染,在确保不降低设施和服务标准的前提下,物品应尽可能反复使用,对没有使用完的用品,可不再添加;应根据顾客的意见更换棉织品,如瑞士饭店协会要求其成员鼓励游客重复使用客房的毛巾等用品。

饭店在客人就餐时,为减少浪费、实现资源利用的最大化,可引导消费者适量点菜、注意节约,向游客推荐绿色食品和饮料,力求做到经济实惠,营养配置合理。就餐后,必须根据环保要求对快餐容器等进行有效处理,主动为客人提供剩菜打包、剩酒寄存服务。

（四）管理标准化

通过标准化管理体系,实施全面详尽的环境管理,将食宿设施的建设和运行过程对环境的影响和破坏降到最小,使环境管理持续有效地运转。在旅游行业,常用的环境管理标准是 ISO14001 环境管理系列标准。现在,有越来越多的饭店已经获得了 ISO14001 认证,更多的饭店正在积极导入该标准,按照标准建立管理体系,实施环境管理,创建绿色饭店。

第三节　公共、专用设施环境

公共设施是为旅游区及其所在地居民生产和生活需要而提供的,具有最基本的服务功能,如旅游区的供电、给排水系统、垃圾处理系统、安全系统、通信网络等;游乐、娱乐及购物等设施为专用设施,是为游客提供专项服务的设施。旅游区的公共、专用设施直接影响旅游区的接待能力和服务质量，并与当地的人文、社会和环境相联系。

一、公共、专用设施的环境问题

（一）缺乏废物处理设施

有运行、达标的废物处理设施，就不会对环境造成污染和破坏。但由于旅游经营者对污染不重视，更有一些经营者认为设置废物处理设施会提高成本，因此采取不安装或安装了却不运行的"对策"，各类公共、专用设施在运行中直接排放污染物，造成旅游区的环境污染。

（二）公共环境卫生不良

1. 公共卫生。

旅游区的公共设施及专用设施的公共环境卫生是旅游者关心的问题。因为旅游者在旅游过程中不仅要游览，还要休憩、如厕、娱乐或购物，可能会多次触摸墙体、扶手、护栏、电梯、索道等公共设施，如果这些公共设施的卫生状况很差，就极易造成病菌散布、病原传播。

旅游区公共卫生的好坏直接影响到景观的质量，直接关系到旅游区的名声，从一定的角度而言，"干净"就是景观。有不少中外游客正是因为一些旅游区公共卫生状况不好而放弃了观赏，而游客的口碑效应会降低人们对该旅游区的信任度，影响人们对旅游地的选择，影响旅游区所在地的社会效益和经济收益。

2. 厕所问题。

在旅游活动的整个过程中，厕所是任何一个环节都不可缺少的公共设施之一。旅游厕所的建设档次、分布格局、方便程度和卫生水平，是直接影响旅行全过程感受和旅游服务质量高低的重要因素。在我国旅游业发展的初期阶段，旅游厕所没有得到应有的重视，导致旅游厕所存在"脏、乱、差、少"的问题，甚至成为制约旅游业发展的"顽症"，也是海外旅游者投诉最多、涉及地区最广的问题。

由于管理混乱、资金不够，旅游厕所年久失修，外观破旧、内部破损，有的屋顶渗漏、厕门损坏，有的内墙剥离、污垢满墙，有的污水横流、臭气熏天，成了垃圾死角和蚊蝇孳生地，厕内蛛网吊灰多、地面污迹多，甚至少数旅游厕所让游客无处立足，影响游客的旅游情趣，再好的旅游产品也会使游客望而生畏。

3. 垃圾问题。

游客产生的垃圾量往往是当地居民的许多倍。旅游区为了保持环境清洁,应雇员拣拾游客所丢弃的垃圾,如黄山有三百余人在专门从事这项工作。旅游区垃圾箱布局的不合理则助长了一些素养不高、生态意识差的游客随意丢弃垃圾的行为,破坏了旅游区的环境卫生。

（三）设施产生视觉污染

在旅游区开发利用过程中,修建的公共、专用设施可能与旅游区整体环境不协调,区内空间杂乱无章,造成旅游区的视觉污染。

二、公共、专用设施的环境管理

（一）基础设施的管理

1. 重视空间布局。

旅游公共设施是一个地区旅游业发展的承载物,必须精心策划、合理布局,不但方便游客使用,同时便于管理。

在设施选址上,不应设在脆弱敏感的生态区域,要选择合适的地点布排设施,有利于废气、烟尘、污水和废渣的排放,建筑物的布局应依景就势、因地制宜,并加强建设区的绿化,形成高低搭配、错落有致的建筑群。设施的体量和面积应合理,建筑物的占地面积一般不得大于所在旅游区的 2%—5%,过多的设施会导致资源浪费,而较少的设施容易导致旅游区超量接待,降低各种设施的使用性能,更容易形成各类环境问题。

2. 使用环保材料。

旅游设施的建设材料应以不危害旅游者健康和环境保护要求为准则,选择生态环保型建材;尽量就地取材,充分利用本土材料,即环保又有利于融入当地氛围,保证与当地的人文和建筑风格相协调,同时还可以降低成本,减少材料运输过程的碳排放,促进环境保护。

3. 加强污染防治。

旅游区要以保护生态、节省能源、方便游客、有益健康为宗旨,建立在生态环境承受能力的基础之上,通过游客与员工的环境教育、社区参与等方式,开展废弃物回收、节水、节能等活动,并应用和推广各类污染处理技术,加强旅游区大气、水、垃圾等污染物的防治,从而保护环境、节约资源,使旅游活动与环境保护相和谐。

4. 加强卫生管理。

卫生设施的设置应本着方便实用、美观协调的原则,合理布点和安排数量。并建立起科学、严格、持久有效的卫生管理制度和卫生保洁制度,达到无污物、无蚊蝇、无异味等要求。

5. 避免视觉污染。

基础设施在设计时应考虑生态性、环保性和美观性要求,精心规划设计,使建筑风格融入自然,与总体景色相协调,建筑物宜小不宜大、宜低不宜高、宜藏不宜露、宜衬景不宜败景,如各类管线要尽量埋于地下,掩于树丛中,避免视觉污染,并突出地方特色,力求取得"虽由人做,宛自天开"的艺术效果。

(二)专用设施的管理

旅游专用设施是为游客提供专项服务的重要场所,是展示旅游区生态风貌的宣传窗口,在接待游客过程中,要体现"环境清新洁净、景观美观协调、产品生态环保、项目健康人性"。

1. 游乐设施生态化。

游乐设施生态化是指旅游区中各项游乐设施的建设与完善应遵从生态性原则,严格控制设施的规模、数量、色彩、用料、造型和风格,在不破坏当地环境的前提下,使游乐设施能够全面、充分地发挥其效能,满足旅游者的需求。旅游区应避免建设过多的游乐设施,设施格调和材料应力求本土化,对废弃材料进行适当处理,游乐设施的布置与建设要体现生态、环保、人性化与景观环境相得益彰的理念。

2. 引导设施生态化。

旅游引导设施包括指示牌、标识牌、解说中心等,按内容可分为指示性、规定性、说明性、解释性、宣传性等五类。无论哪种类型的引导设施,都应采用国际化和标准化的公共设施标识;在设施选址上,要在旅游区的关键环节(如道路转弯、分叉处、特色景点处等)建造,要与周围环境相协调;在设计形式上,可以考虑用一些特殊植物(如藤蔓植物)来装饰标识牌,也可巧用当地石头、建筑小品等作为标识的载体,使这些标识系统本身就成为旅游区的美丽景观;在材料选择上,要考虑生态环保性,以就地取材为主。

3. 安全设施生态化。

旅游安全设施包括护栏、扶手、铁链等保障游客人身安全的防护设施,陡险路段的警示牌以及医疗急救设施等。凡是可能导致游客有跌坠危险而又无法避绕的地方,都应该设立护栏、扶手等设施,安全设施形貌不应该破坏原有景观,整体造型应与周围景观不相悖,材质应源于自然,成为环境的一部分。

4. 管理设施生态化。

旅游管理设施包括景区大门、售票点、风景区管理处等。旅游区大门除作为进出口和安全保卫功能以外,还是游客进入旅游区的第一个展示点和第一印象点,其他管理设施也是游客与旅游区的重要接触点,管理设施要俭朴、实用、方便,不能为了贪图华丽而盲目模仿城市公园的设计风格,而应与原生景色相协调,与自然环境相融合。

5. 内部设施生态化。

旅游内部设施主要包括办公设施、员工宿舍、员工食堂、进出通道、仓库、员工娱乐设施等,这些设施一般在旅游区外围靠近入口处,方便员工及管理,同时也能控制员工与外部社会联系可能带来的管理漏洞,确保旅游区的正常运营。旅游区内部设施要与周边的环境相协调,与社区的基础设施相衔接,一些设施还要有共享性。

（三）厕所建设与管理

随着旅游业的不断发展,旅游者对旅游厕所的要求也越来越高,以厕所卫生、厕所文化、用厕文明、卫生洁具革新等为主要内容的"厕所革命"已成为国家推进文明进步的一个切入点。旅游厕所的建设与管理水平,也成为旅游区(点)总体旅游环境的重要标志。

1. 重视规划设计。

设计旅游厕所时,造型上要新颖美观、格调上要别出心裁、使用上要舒适便捷,如设置醒目的引导标识,体现对特殊人群(妇女、儿童、残疾人)的人文关怀,并在建筑造型、符号使用、墙面装饰中适当增加文化内涵。

2. 合理空间布局。

旅游厕所要作好空间布局,在旅游区及其相关的空间均应进行合理布局,游览点、购物点、娱乐场所和旅游线路上的厕所要规划好,旅游区之间的旅游者集散点、汽车加油站的厕所也要规划好。在选址时,应注重与周围环境的协调,实现数量与质量、适用与美观的统一。

3. 体现环保技术。

在建设过程中,要体现环保意识,提高厕所的科技含量。旅游区厕所应尽量建在能使污物自然化解、不造成环境污染的合适地点,采取自然通风措施,并采用"免水冲"、"循环水冲"、"智能信息"等先进技术,建设绿色、生态、环保的厕所。

表5.6　各类厕所的特点比较

厕所类型		新鲜水资源	臭味	下水道	对周边环境污染	清掏运输	粪尿异地处理
旱　厕		不需要	重	无	有污染	需要	需要
传统水冲厕所		需要	重	有	有污染	需要	需要
免水冲生态厕所	打包型	不需要	轻	无	无污染	需要	需要
	生物处理型	不需要	轻	无	无污染	需要	不需要
循环水冲生态厕所	好氧处理型	不需要	轻	无	无污染	不需要	不需要
	厌氧处理型	需要	轻	无	无污染	不需要	不需要
	膜分离型	不需要	轻	有	无污染	需要	需要
	菌剂处理型	不需要	轻	无	无污染	不需要	不需要

　　绿色生态旅游厕所是旅游厕所建设的新技术,该类厕所设有智能全自动免水冲坐便器,厕所内没有任何需操作的开关、按钮,全部自动化。游客"方便"后只要一站起,秽物就被降解袋所包裹并输入封闭的储便桶,实现密封排污,无异味散发。降解袋覆于座便圈上,一次性使用后自动换新,避免了交叉接触传染,"厕具统一管理箱"可以将几个或几十个厕所纳入一个地方集中管理监视,厕所管理员只需在厕具统一管理箱前,就可以方便地管理和了解各个厕所的运行情况。

　　4. 发挥有效管理。

　　加强政府职能部门的宏观管理,及时发现和解决旅游地厕所存在的问题,正确引导厕所的设计、建设、管理向良性循环方向发展。建立严格、科学、持久有效的管理制度和卫生保洁制度,制定厕所管理人员的服务规范,提高素质水平,随时保持厕所外观整洁美观、内部清洁卫生,使厕所便池洁净、无污垢、无异味、无堵塞、无滴漏。

案例点评

案例一　百慕大群岛旅游开发的交通限制

　　自汽车文明出现之后,百慕大一直禁止在群岛上使用汽车,竭力想使岛屿成为旅游者的"极静世界"。直到1946年,地方政府才勉强从俗,允许有限制地在岛上使用汽车。根据法律规定,只有岛上永久性居民才能拥有私人汽车;汽车的发动机大小和功率都有一定的限制;汽车的行驶速度控制在每小时32公里之内;出租车总数不得超过500辆,由于汽车受到限制,具有中世纪特色的马车得到发展,在大街小巷到处都可以见到四轮马车与汽车并行。

资料来源:杨美霞:《旅游环境规划》,湖南大学出版社2007年版。

点评:

百慕大通过对汽车使用和数量的限制,维护旅游区的生态环境,减轻环境压力。同时,无形中发展了独具特色的"四轮马车"绿色交通方式。

案例二　澄迈县的低碳旅游区建设

澄迈县是海南省北部的一个古县,是海南西部旅游走廊中的第一站。澄迈县从旅游项目规划开始就注入低碳、生态理念,在景区景点建设中推行节能环保建筑材料,景区灯光、亮化、建筑尽量使用新能源产品。如在盈滨半岛及周边创建国家4A级旅游景区的工作中,在景区内规划了6公里长的电瓶车道,建造景区生态停车场,地面采用可吸收太阳辐射的透水、透气材料,车位两旁种植草坪和树木,达到"树下停车、车旁有树",从而降低车内温度。

同时,大力倡导建设低碳宾馆饭店,引导住宿和餐饮业实行低碳绿色经营方式,坚持清洁生产,在餐饮、住宿、沐浴等接待服务中推广太阳能、生物质气能等新型能源,倡导绿色消费,游客步行进入澄迈各景区核心区域。污染处理设施建设与旅游开发同步进行,做到同时设计、同时施工、同时投入运行,实现污染物达标排放和科学处置。

资料来源:史晓晖,《低碳成为澄迈旅游发展内在动力》,《南国都市报》,2010年9月19日。

点评:

澄迈县通过生态停车场、绿色酒店等低碳旅游设施的规划与建设,尽量利用可再生资源,减少资源消耗和环境破坏,促使旅游业的可持续健康发展。

案例三　威尼斯对游客征收厕所使用税

意大利的威尼斯城素有"亚得里亚海明珠"之称,是世界上唯一的水上城市,每年慕名而来的观光游客达上千万之多。1999 年 9 月,威尼斯市政府决定,欲行方便者一律要缴纳"厕所使用税"。征收"厕所使用税"的理由:与庞大的游客群相比,当地居民人口微乎其微(当地居民总计不过 5 万人),游客每年却有 1 000 多万,每年维修公共卫生设施的费用相当可观,但政府又不可能把其他方面的税收用于这个方面。于是,为减轻财政负担,政府在充分调查论证的基础上,便开征被人戏称为"撒尿税"的厕所使用税,以此来筹集维修资金,达到"以厕养厕"。

从此,任何游客进一次厕所除要像过去那样支付使用费外,还要额外缴纳 0.5 欧元的使用税。而当地居民可凭有效证件从管理部门购买一张有效期为 3 年的"厕所使用通行证",凭此证可享受缴纳半税的优惠。从实施几年的实际情况来看,更多的威尼斯居民对征收"厕所使用税"持赞同态度,越来越多的外国游客也深表理解。

资料来源:袁文良:《居民少游客多,威尼斯开征"厕所税"》,《人民日报》,2003 年 10 月 31 日。

点评:

威尼斯通过征收厕所使用税来筹集卫生设施维修资金,是污染者付费的一种体现,也体现了环境自身所拥有的价值。

练习思考

一、填空题

1. 旅游区道路是景观中的廊道,具有_____、屏障或_____、生境、源和汇五个基本功能。

2. 绿色停车场必需满足两个条件:一是停车场是绿色生态的,二是所用的_____是环保的。

3. _____是对生产过程与产品采取整体预防性的环境策略,以减少其对人体及环境可能的危害。

二、单项选择题

1. 旅游绿色交通区别于传统旅游交通的特性是(　　)。

A. 游览性　　　　B. 舒适性　　　　C. 流动性　　　　D. 生态性

2. 以下交通工具中,二氧化碳排放系数最小的是(　　)。

A. 飞机　　　　　B. 轿车　　　　　C. 客车　　　　　D. 火车

三、简答题

    1. 什么是绿色交通？建设生态停车场有哪些要求？

    2. 食宿设施对环境产生哪些影响？如何避免这些影响？

    3. 我国旅游区的公共设施存在哪些环境问题？

    4. 如何对不同类型的旅游设施进行生态化建设？

四、列举题

    1. 列举旅游绿色交通的要求。

    2. 列举食宿设施清洁化生产的内容。

第六章

旅游大气环境

学习要点

了解大气环境的旅游意义及对旅游活动的影响;了解旅游活动的大气影响效应;掌握大气环境评价的主要方法;掌握大气污染防治的手段。

基本概念

大气污染、体感温度、气候舒适指数、空气负离子、空气质量指数

大气由气体、固体杂质和液体微粒三部分组成。其中不含水汽、液体和固体杂质的空气为干洁空气,主要成分有氮(78.09%)、氧(20.95%)、氩、二氧化碳、臭氧等;固体杂质包括烟尘、盐粒、灰尘、细菌、微生物、植物孢子、花粉等;液体微粒包括水滴、冰晶等。

大气环境是生物赖以生存的空气的物理、化学和生物学特性。大气环境与人们的生产活动和社会活动紧密相关,与旅游活动也有不可分割的联系。在人类与大气环境不断的物质、能量交换过程中,影响着大气环境的物理、化学和生物学特性,大气环境质量下降影响人类生产、生活的适宜性,也影响人们的旅游活动质量。

第一节 大气环境的旅游意义

一、开展旅游活动的基础

气象要素和气候条件与旅游的关系十分密切,对旅游活动和旅游经营活动有着广泛的影响,是开展旅游活动的基础和必要条件。气象气候环境影响旅游业的各个方面,会直接影响旅游者的旅游活动,对游客的出游时间、路线、目的地和旅游活动内容的选择有直接影响;气象气候还影响游客的旅游心理,影响旅游感受质量;此外,气象气候还影响旅游项目的设计与调整、旅游商品的组织与供应等方面。

二、作为旅游景观的背景

风景气象、舒适的气候一般无相对稳定的实体,难以形成主景,作为固定的旅游产品向旅游者销售,在一般情况下需要与其他景观结合,起到配景、借景、背景的作用。山水风光、树木花草等优美的环境条件,配以有利于休息、疗养的舒适气候而修建度假村、疗养院等旅游设施,是开展旅游活动的良好方式,许多旅游胜地正是以其宜人的气候吸引游客的,如地中海沿岸气候温和、阳光充足,并且有优良的海滩、海水,为寒冷、潮湿、少阳光的北欧、西欧地区的人们提供了避寒、娱乐佳境。

三、孕育旅游资源的要素

气象气候是自然界最活跃的因素之一,影响着地貌、水体、生物等自然环境要素,如影响冰川地貌、黄土地貌、风沙地貌、喀斯特地貌的发育,形成河流、湖泊、瀑布、冰川等各种水体形态,影响动植物的种类及其分布等,从而孕育形成各类自然景观;气象气候同样影响着各种人文旅游景观的特征,如气候条件影响我国南、北方园林建筑和民居住宅的设计建造,从而形成不同的建筑风格,南方炎热多雨,各类建筑都着眼于通风、防潮、避雨、遮阳,而华北地区的封闭式院落,外墙厚实,北向门窗少而小,以避冬季西北寒风的侵袭。

四、造就风景气象的景观

大气环境具有直接造景的功能，大气物理状态的千变万化，形成优美、奇特的气象要素和良好的气候条件，是重要的旅游资源，主要有大气降水形成的雨景、云雾景、雾凇、雨凇、冰雪景等，以及霞景、日出落景、极光、佛光、蜃景等天象奇观。雨景如蓬莱的"露天银雨"、重庆的"巴山夜雨"；云雾景如"黄山云海""庐山云海""峨眉云海"和"衡山云海"；雾凇如吉林雾凇，吉林雾凇是与桂林山水、三峡风光、云南石林并称中国四大自然奇观；冰雪景如北京的"西山晴雪"、杭州的"断桥残雪"、台湾地区的"玉山积雪"，这些都是大气环境所造就的气象景观，均具有很好的景观功能。

五、形成景观的季节变化

气候在一年中有着规律的季节变化，影响其他景观也相应地发生季节变化，从而使同一风景区在不同的季节呈现出不同的景观特色。气温、气压、风等气象要素的周期变化，影响着植物景观的形态和特征，形成"春花、夏荣、秋萧、冬枯"的季节变化，如杭州西湖春戏桃柳（苏堤春晓）、夏赏风荷（曲院风荷）、秋看丹桂（满陇桂雨）、冬咏寒梅（孤山梅影）。气象气候的季节性变化，造成云、雾、雨、雪的季节变化，如著名的黄山云海，主要出现在秋季至春季，太白山平安寺云海主要出现在夏季、秋季。气象气候的季节性变化，以及产生的自然景观变化，会影响旅游活动的效果，对旅游活动造成季节性变化的影响，会对旅游流产生导向作用。

六、促进游客的身心健康

大气质量的优劣，对整个生态系统和人体健康有直接的影响。一般来讲，人们外出旅游，需要一种康乐型的气候条件。旅游地大多具有良好的生态植被环境，对旅游者的身心都具有良好的康疗作用。自然旅游区的空气负离子往往比日常环境中高许多，同时，空气中散发着有益的植物精气，能改善人体植物神经功能、促进新陈代谢、降低血压、消除疲劳等；旅游者在生理健康得到锻炼和巩固的同时，由于离开了紧张的工作空间，接触到新鲜而质朴的自然环境，精神、情绪得到放松和调节，能量得到释放，往往能够达到恢复精力、调动情绪的目的。

第二节　大气环境对旅游的影响

气象与气候的全部要素并非都能对旅游产生积极的影响和作用,优良的大气环境为开展旅游活动提供了便利条件,但是,不良的大气状况会干扰和限制游客的旅游活动。

一、气象因素对旅游的影响

(一)影响客流时空分布

气候的季节性变化,对旅游流在时间分布上的不均衡性产生影响,导致旅游业淡季、平季和旺季更替的变化节律。气候温和、宜人的季节是旅游的良好季节,而炎热或寒冷的天气会降低人们外出旅游的欲望。在气候学上一般采用候平均气温来划分四季,候均温在 10—22 摄氏度之间的时期为春季或秋季,候均温小于 10 摄氏度为冬季,候均温 22 摄氏度以上为夏季。据测定,气温在 15—18 摄氏度时,能使人心情舒畅、精力充沛,因而春秋季宜于旅游。

气候条件及变化对客流空间分布也存在影响。气候条件优越且持续时间长的地区成为旅游热点地区,如亚热带和温带适宜于多数人的一般旅游,因此,在一年内,去亚热带、温带旅游的人,比去寒带、热带旅游的人要多。天气炎热时节,气候相对凉爽宜人的海滨、湖滨和山区,成为旅游热点地区;气候严寒季节,低纬度地区成为居住在北方的游客向往的地方。因此,气候条件影响旅游流的空间分布。

(二)影响旅游功能发挥

气象气候条件关系到旅游地的功能和最佳旅游季节的长短,一些旅游区旅游功能能否得到充分发挥,与气象、气候条件有密切关系。以休养、疗养为功能的旅游区,要求有适宜的气候条件相配合,以提高疗养效果和质量;以健身为功能的旅游区,如游泳、划船、登山等,要有适宜的天气条件配合,游泳要有充足的阳光、水温适度,划船要风浪小、水面平稳,登山要求高空风速小、无降水、日照长、气温不过低等条件。如果天气条件不能很好配合,旅游者就会感到不舒服,旅游功能就会受到影响。

气象气候条件对旅游项目的性质、内容有影响。以户外为主的旅游项目,在遇到不利的天气条件时，可调整为室内娱乐或参观项目，或者改为洞穴旅游；以健身为主的旅游项目，可根据不同的天气条件，变换活动内容，使旅游活动内容尽可能适应气象和气候条件。

（三）影响旅游活动开展

气象现象是影响旅游活动的外部环境条件，天气的优劣和变化有时会对旅游产生负面影响，表现在影响旅游计划执行和降低旅游景观效果。天气变化对旅游活动产生限制作用，影响既定计划的顺利执行。旅游路线及时间安排确定以后，如遇不利的天气变化（暴雨、强风、沙尘暴等），原计划安排就难以圆满完成，如观日出遭遇阴天下雨，观日出的旅游活动就难以进行；欣赏佛光风景，要有云雾配合，如没有合适的云雾天气，佛光景观就难以形成。

天气变化对每次特定目的的游览观赏效果也会产生直接影响。如观日出、观日落、观彩霞、观极光、观高山宝光、观海市蜃楼等特定观赏项目，就要求有瞬间的良好天气条件相配合。如观日出、日落时无云无雾，则能见度最佳；观极光要夜空晴朗；观高山宝光要有薄雾和适度的水汽条件；观海市要西天有云，水汽浓重等。总之，只有具备相应的天气条件，这些项目的观赏效果才会得到保障。

（四）影响游客身心健康

良好的温湿环境条件，会为游客的旅游活动创造优良的条件，而不利的温湿度会对游客的健康造成影响。人体适宜的温度在 18—25 摄氏度，气温过高会使人感到疲倦、乏力、心情郁闷，高温高湿会使游客患上结缔组织病、类风湿性关节炎、系统性红斑狼疮和硬皮病等结缔组织疾病，并易患胃肠炎及痢疾等疾病；气温过低会使人感到寒冷，身心难以舒展。

一般人在 45%—65% 的相对湿度下感觉最舒适。湿度过高会影响人调节体温的排汗功能，当湿度达到 80% 以上时，人会无精打采、萎靡不振，易中暑，而且工作事故发生概率会增加 30%，湿度在 85% 且气温在 30 摄氏度时，人们易患头痛、溃疡及皮疹等疾病。湿度过低使人体水分蒸发加快，会使皮肤干燥，对鼻腔黏膜产生刺激作用。湿度过大或过小时，都有利于一些细菌和病毒的繁殖和传播，科学测定，当空气湿度高于 65% 或低于 38% 时，病菌繁殖滋生较快，从而易造成食物霉变、变质，对游客健康造成威胁。

（五）影响景区安全生产

恶劣的气象气候条件，如暴雨、酷热、严寒、大风、雷击、冰雹及沙尘暴等，不但阻碍旅游活动的顺利进行,还会对游客的生命财产安全造成威胁,同时可能使旅游景观和某些旅游设备设施损坏。如暴风雪天气对滑雪、自驾车旅游安全产生影响;大风和强降水天气使公路变得湿滑,导致交通事故比晴天状态下的事故量增加约30％以上。因此,雨季不要安排去有泥石流和暴洪危险的旅游区;去干旱地区旅游,要避开气温最高的季节。同时,旅游业经营部门应密切关注天气变化,排除各类安全隐患。

二、大气污染对旅游的影响

大气污染通常是指在一定范围的大气中,由于人类活动和自然过程引起有害气体和悬浮物质微粒进入洁净大气中,当这些污染物呈现出足够的浓度、达到足够的时间时,便会危害人体的舒适、健康和福利,或危害环境的现象。大气污染对旅游活动的影响是:一方面直接对游客的身体健康构成危害;另一方面对旅游景观和旅游环境中的其他要素,如动植物、水体、文物古迹等造成不利影响,间接地影响游客的旅游感受质量。

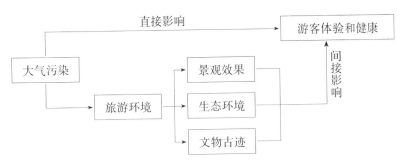

图6.1 大气污染对旅游的影响

(一)危害旅游者的舒适健康

大气污染使旅游者在游览区呼吸着污浊的空气,影响游客身体健康。大气污染物对人体健康的危害有直接和间接两个途径。污染物通过表面接触和呼吸进入人体造成直接危害,通过呼吸造成人体危害的污染物质主要有飘尘、二氧化硫、光化学烟雾和一氧化碳等;污染物溶于水体或降落在土壤中,通过生态系统食物链进入人体,从而造成间接危害。

大气污染对人体舒适和健康的影响,可分为急性和慢性危害两大类。当突然出现高浓度污染物时,可造成急性危害,急性危害一般是以某种毒物急性中毒形式表现出来的。慢性危害主要是低浓度的污染物对人体健康的影响,可引起人们慢性中毒,导致慢性支气管炎、肺气肿、支气管哮喘、肺癌等疾病。研究表明,成人哮喘病的发病率在污染严重日会增加 4%—5%,心血管疾病的发病率也与污染的严重程度正相关。

（二）降低旅游区的景观效果

大气环境污染使大气中气溶胶的含量增加,会削弱光照强度,使晴朗日子里的大气能见度下降,破坏旅游者的休憩和兴致,造成疲劳、厌烦情绪,达不到旅游的最佳效果。大气污染物还会改变大气中光的折射和反射,改变大气中光影景观的形成和效果,影响旅游风景的观赏效果。

（三）影响旅游区的生态环境

生态环境是大气污染最直接、也是最大的受害者,大气污染会对旅游区内水体、土壤、动植物等生态环境要素产生危害,从而影响旅游景观、旅游环境质量和各类生物的生存环境。大气污染随污染物的性质、浓度和接触时间、动植物品种和生长期、气象条件等不同而各异,对旅游区植物生长危害较大的大气污染物,主要是二氧化硫、氟化物和光化学烟雾等。

大气污染物随雨雪降落,会转变为水体污染和土壤污染,其中以酸沉降污染面积大且严重。酸雨可以直接影响旅游区中植物的正常生长,又可以通过渗入土壤和进入水体引起土壤和水体酸化,间接或潜在地对生态环境造成破坏,树木经过酸雨的腐蚀而枯萎、死亡,酸雨落入湖中,使湖水酸化,鱼类品种和数量减少。

（四）损害旅游区的文物古迹

大气污染影响具有广泛性,对文物古迹中的金属制品、油漆涂料、皮革制品、纸制品、纺织衣料和建筑物等造成损害,这种损害包含玷污性损害和化学性损害两个方面。玷污性损害是大气污染物造成各种器物表面污染且清除困难,如粉尘污染对露天文物造成不良影响。河北邯郸南北响堂石窟,周围有石灰厂、化工厂,粉尘严重超标,导致石雕造像身上常年是厚厚的"盔甲",降低了游览观赏价值。

化学性损害是由于污染物对各种器物的化学作用,使器物腐蚀变质。大气中的二氧化硫、二氧化氮等酸性污染物腐蚀力强,使金属腐蚀、壁画剥落、涂料变质变色、石刻风化加快,使纸制品、纺织品及皮革制品腐化变脆,对自然景观和文物古迹等人文景观造成大面积的缓慢破坏,缩短了文物古迹的寿命。北京国子监街孔庙的"进士题名碑林"、故宫汉白玉栏杆和石刻、卢沟桥的石狮、南京的六朝石刻、扬州瘦西湖的石桥、四川乐山大佛等受到酸雨腐蚀,数十年的风化程度有的超过以往数百年,加速了文物古迹历史面貌的丧失。

印度泰姬陵以高大洁白的大理石建筑闻名于世,然而,由于大气污染和酸雨的腐蚀,这座白色的建筑丰碑目前正在逐渐"变色",大理石失去了本应有的白色光泽,乳白色逐渐泛黄,有的变成了锈色。美国纽约港自由女神像,钢筋混凝土外包的薄铜片因酸雨而变得疏松,一触即掉(1932年检查时还是完好的)。意大利威尼斯圣玛丽教堂正面上部阳台上的四匹青铜马,因酸雨损坏严重无法修复完好,只得移入室内,在原处用复制品代替。

三、室内污染对健康的影响

室内环境是指为满足人们生产、生活需要而构建的与外界大环境相对分隔的空间。旅游相关的室内环境主要有游客居住的旅馆、宾馆房间;进餐的大、中、小饭馆的房间和餐厅;娱乐场所的影院、舞厅、KTV、健身房;外出旅游乘坐的各种交通工具,如火车、汽车、飞机、轮船等车厢、机舱和船舱以及候车、船、机室等。

室内空气污染是指进入室内的空气污染物质改变了室内空气的正常构成,从而造成室内空气质量下降,影响室内空气环境正常职能发挥的现象。室内空气中可检出300多种污染物,有约68%的人体疾病与室内污染有关。室内空气污染物不仅有化学性污染,还有物理性、生物性和放射性污染。

表6.1 室内空气主要污染物及其危害

室内空气污染物	来源	对健康的危害
甲醛及其他醛类	建筑材料、装饰装修材料(人造板、夹心板、胶合剂、防水材料、油漆、涂料等板材类、胶黏剂类材料)和生活用品(化妆品、清洁剂、防腐剂、油墨、纺织纤维等)	甲醛是高度活性的气体。可引起人的嗅觉异常,对皮肤和黏膜有强烈的刺激作用。会导致肺功能、肝功能、免疫功能异常。国际癌症研究中心已将甲醛列为可疑致癌物质。
氨	建筑防冻剂、制冷剂、家具涂饰的添加剂和增白剂、理发的中和剂	碱性物质,常附着在皮肤黏膜和眼结膜上,从而产生刺激和腐蚀,减弱人体对疾病的抵抗力。破坏运氧功能。
苯系物	溶剂、油漆、染色剂、黏合剂、烟草烟雾、墙纸、地毯、合成纤维和清洁剂等	能引起麻醉和刺激呼吸道,还能在体内神经组织及骨髓中蓄积。破坏造血功能,长期接触会引发血液病。

（续表）

室内空气污染物	来　源	对健康的危害
挥发性有机物	燃料燃烧产物、吸烟、采暖和烹调等的烟雾,建筑和装饰材料、家具、家用电器、清洁剂和人体本身的排放等	刺激眼睛和呼吸道,使皮肤过敏,伤害人的肝脏、肾脏、大脑和神经系统,其中还包含了很多致癌物质。
氡气	地基析出、建筑材料中析出（石材、砖沙、水泥及石膏等）、户外含氡空气进入室内	放射性气体,造成血细胞的变化,神经系统与氡结合产生痛觉缺失,诱发肿瘤。
可吸入性微粒	室外进入、油烟、吸烟、人体及宠物活动	易引发过敏反应,如眼、鼻、喉等不适,咳嗽、打喷嚏及呼吸困难,可导致各种慢性疾病及诱发情绪紊乱。

第三节　旅游对大气环境的影响

一、大气污染及污染源

按照国际标准化组织(ISO)的定义,大气污染通常是指由于人类活动或自然过程引起某些物质进入大气中,呈现出足够的浓度,达到足够的时间,并因此危害了人体的舒适、健康和福利或环境的现象。

（一）大气污染源

大气污染源是指产生并排放大气污染物质的设备、装置及场所。旅游大气环境的污染源包括自然污染源和人为污染源,其中人为污染源包括旅游设施污染源、旅游活动污染源、生活污染源、生产污染源等。

1. 旅游设施污染源。

旅游对大气的污染主要是因为旅游设施向大气中排放废气而造成的。旅游区内的旅游餐馆、饭店及小吃摊的锅炉炉灶燃烧煤、煤气和天然气而产生的二氧化硫、二氧化氮、一氧化碳和烟尘等大气污染物,对旅游区的大气质量影响很大。旅游区内或附近的汽车、飞机、火车和游船等交通工具在运行时,排放的尾气也会造成大气污染。

2. 旅游活动污染源。

旅游活动会对旅游区的大气环境造成污染,包括有组织的活动和无组织的活动两方面。有组织的活动如节庆、庆典、大型活动中燃放的烟花爆竹会产生大气污染物,包括一氧化碳、二氧化氮、二氧化硫,以及一些颗粒物,如钾、镁、钛、碳、钙、铝、锶、钒、锌、锰等。无组织的主要是旅游者的个体活动产生的污染物,如游客在寺庙里焚烧香烛,造成烟雾缭绕、灰尘满天,个别游客在旅游区内随地乱扔垃圾等废弃物,这些垃圾和废弃物未经及时处理,尤其在高温高湿条件下,会发生腐败,散发恶臭,影响大气质量。

3. 生活污染源。

居住于旅游区周边的居民,由于生活上的需要,燃烧煤炭,向大气排放煤烟,或排放其他生活废弃物造成大气污染。尤其是当旅游区毗邻居民区,或旅游区被居民区所包围,或旅游区处于居民区的下风下水方向时,旅游区所受到的大气污染会更为严重,如位于城镇附近的旅游区,受城镇大环境的影响,大气环境质量会有所下降。

4. 生产污染源。

生产污染源主要分为工业污染源、矿业污染源和农业污染源等类型。生产过程中排放的烟尘及各类大气污染物,以及排放的废水、废渣等也会逐渐向大气中散发有毒、有害气体,造成大气污染。当旅游区的位置处于工厂、矿山的下风方向时,厂区排放的污染气体会随风飘向旅游区,造成旅游区大气环境质量下降。

5. 自然污染源。

自然界中某些向环境排放有害物质或造成有害影响的场所和自然现象,是大气污染物的一个很重要的来源。虽然与人为源相比,由自然现象所产生的大气污染物种类少、浓度低,但从全球角度看,自然源还是很重要的,如有人曾对全球的氮氧化物和硫氧化物的排放作了估计,认为全球氮氧化物排放中的 93%、硫氧化物排放中的 60% 来自自然源。

(二)大气污染物

凡是能使空气质量变坏的物质都是大气污染物,主要的大气污染物有 100 多种。影响大气污染范围和强度的因素有污染物的性质(物理的和化学的)、污染源的性质(源强、源高、源内温度、排气速率等)、气象条件(风向、风速、温度层结等)、地表性质(地形起伏、粗糙度、地面覆盖物等)。

大气污染物按存在状态可分为气溶胶状态污染物和气体状态污染物。气溶胶状态污染物主要有粉尘、烟液滴、雾、降尘、飘尘、悬浮物等;气体状态污染物主要有以二氧化硫为主的硫氧化合物,以二氧化氮为主的氮氧化合物,以二氧化碳为主的碳氧化合物以及碳、氢结合的碳氢化合物等。大气中不仅含无机污染物,而且含有机污染物,随着人类不断开发新的物质,大气污染物的种类和数量也在不断变化。

二、旅游活动的大气影响效应

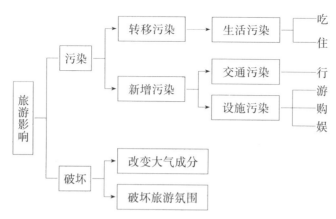

图 6.2　旅游活动的大气影响效应

（一）游客吃住转移生活污染

旅游者吃住等日常生活必需的活动会产生大气污染物,由于旅游活动的开展,污染物从旅游客源地转移到了旅游目的地,从而引起旅游大气环境的污染。旅游区内的宾馆、饭店等就是这类转移污染的外在表现形式,大气污染源主要是供水、供热、供能的锅炉、煤灶的排气,餐厅、酒吧、大排档、小吃摊等的排气。旅游的住宿、交通运输及其他相关活动等造成的二氧化碳排放占全球总排放量的 4%—6%。

（二）旅游出行增加交通污染

由于旅游活动的出行需要,导致旅游者产生比日常生活更多的交通需求,增加了大气污染物的产生量。旅游交通对大气的影响,以汽车污染最严重,而自驾车旅游的污染更大,研究表明:每位游客使用私人交通工具比利用公共交通工具,多排放 8—10 倍的大气污染物。交通工具运行过程中会排放一氧化碳、氮氧化合物、碳氢化合物、尘埃和铅化合物等有毒有害物质,会影响视线、降低能见度、造成游客困顿,有毒物质还会威胁游客的身体健康。

国际旅游因民用航空的普及而蓬勃发展,由于旅游业的发展,每年都会耗费大量的航空燃料,导致数亿吨温室气体的排放和产生数亿吨污水、数百万吨氮氧化合物。在雅典,出于发展旅游业而扩大的交通流量导致出现了酸雾,它侵蚀了雅典卫城的帕特农神庙以及其他珍贵的建筑和雕塑。每年到瑞士观光的游客乘坐的汽车尾气形成的酸雨,已经威胁到该国60%的森林。随着旅游业的推进,世界上很多精美如画的风景和优美的环境遭到破坏。

(三)旅游经营增加设施污染

游客游、购、娱等需求会增加旅游设施经营的大气污染物排放。旅游设施经营中释放出的主要是燃烧煤、煤气和液化气等产生的二氧化硫、二氧化氮、一氧化碳和烟尘等,总量虽较工业废气少,但这些排放源分散、高度低、位于景区内部,且大多没有除硫、除氮、除尘等设施,尤其是在一些山区或谷地的旅游区,因为污染物不易扩散,对旅游地大气质量的影响更严重。

(四)休憩活动改变大气成分

游客在游览过程中,呼出的水汽、二氧化碳、携带的细菌病毒和其他人体代谢产物,使用电子设备释放出的正离子,旅游设施装修释放的有害物质,取暖散发出来的一氧化碳、二氧化硫、烟尘等会改变封闭环境中的大气成分,特别是对石窟、洞穴和建筑物内部的旅游资源造成破坏性影响。

环境监测表明,6个人的呼吸就足以使金字塔内的空气温度提高5个百分点。游客排出的水汽会造成空气湿度增加,酸性气体二氧化碳的增加会加快壁画和雕像等文物的腐蚀速度,如法国曹丝克利斯的洞穴壁画,1948年起开始对外开放参观,仅几年时间,这些壁画的色彩就变得黯淡了。研究表明,原因是洞穴原本湿度就很高,加上游客带入的有机物质如花粉、微生物、菌体等造成藻类等微生物在洞内大量滋生,使得这些珍贵的壁画受损。

第四节　旅游大气环境评价

旅游大气环境评价是指描述和反映旅游区大气环境状况,可以从化学的角度,也可以从生物学、物理学和卫生学的角度来评价,它们都从某一方面说明了大气环境质量的好坏。在一定的气候条件下，通过评价，可以分析出空气质量优越的区域，更好地保障旅游活动的质量和效果。

一、气象气候评价

气象气候条件是影响旅游活动的重要因素，人们外出旅游，首先要考虑的是旅游目的地的天气状况，选择适当的季节和气候条件出游。因而，气候条件是旅游开发中极为重要的条件之一，又是旅游者出行的重要参考依据，也是旅游季节长短的决定条件，如山地生态旅游、河川漂流、滑雪旅游等，常受到气候季节变化的影响。

气候是否宜人，是根据一定气压条件下皮肤的温度、出汗量、热感和人体热量调节系统所承受的负担来确定的，影响因素主要有空气温度、相对湿度、空气流速、平均辐射温度、人体新陈代谢率、服装热阻等，其中空气温度、相对湿度、空气流速、辐射温度为环境物理变量，人体新陈代谢率和服装热阻为个人变量。当新陈代谢率和服装热阻一定时，适当的环境物理变量组合可以营造出一个适宜的舒适环境。

（一）体感温度

人体对外界冷热的舒适感是多种气象要素综合作用的结果，影响人体体感温度的气象要素主要包括温度、湿度、风以及太阳辐射。

人体对温度变化是最敏感的，如果温度高于人体皮肤温度（约 32 摄氏度），人会产生热感，当气温过低时，热量散发速度超过了人体正常散热速度，又会感到寒冷；湿度通过决定空气蒸发量而影响出汗的冷却效能，随着湿度水平的提高，蒸发的冷却效应会降低，相对湿度上限值为 80%，下限值为 30%，适宜相对湿度为 45%—65%；风通过对流和影响出汗的冷却效应来决定人体与环境的热交换，一般风速达到 0.5 米/秒起开始影响人的体温调节和主观感觉，风速每增加 1 米/秒，会使人感到气温下降了 2—3 摄氏度；辐射会升高体温，人体每平方厘米皮肤中约有 10 个冷感受器和 1 个热感受器，能够感受引起皮肤温度 0.003 摄氏度变化的辐射热，辐射来源主要有太阳辐射和地面辐射。

$$Tb = Ta + \alpha(RH - RH_0) + \beta(V - V_0) + \gamma(R - R_0) + \delta(P - P_0)$$

式中，Tb 为体感温度；Ta 为气温；α 为相对湿度与体温的关系参数，当气温适宜时（18 摄氏度—25 摄氏度）或相对湿度较低时（<70%），相对湿度对体感温度影响不大，其值可设为 0，当高温或低温时，可通过实地测量计算；RH 为相对湿度；β

为风速与气温的关系参数,一般为-0.5——3.0;V为风速;γ为辐射与体温的关系参数,可以通过实地测量求得;R为辐射;δ为个人变量与体温的关系参数,可以通过实地测量求得,如果只计算环境变量,其值设为0;P为个人变量;RH_0、V_0、R_0、P_0为各相关变量临界值。

人体对"冷耐受"的下限温度为11摄氏度,"热耐受"的上限温度为32摄氏度,适宜温度为18—25摄氏度,依此可把体感温度分成冷、凉、舒适、暖、热5个等级。

表6.2 体感温度分级表

温度(摄氏度)	$\leqslant 11$	$11 < T < 18$	$18 \leqslant T \leqslant 25$	$25 < T < 32$	$\geqslant 32$
人体感觉	冷	凉	舒适	暖	热

(二)气候舒适指数

气候舒适度是指气象气候条件对人类活动的适宜程度。人体感觉舒适与否,与生理和心理的多种因素有关,而在各种气候要素中,以气温、相对湿度、风速、辐射等要素对人体的生理及心理影响最为敏感,游客可以通过遮阳伞、遮阳帽等工具避免太阳的直接辐射,并且辐射本身会影响气温状况,因此,可综合气温、相对湿度、风速来计算气候舒适指数,从而评判旅游气候环境。

$$CCI = |T - 21.5| + 0.04 \times |RH - 55| + 0.5 \times |V - 2|$$

式中,CCI为气候舒适指数;T为气温(摄氏度);RH为相对湿度(%);V为风速(米/秒)。气温临界值21.5摄氏度为人体适宜温度的中值;0.04为相对湿度关系参数,依据人体适宜相对湿度和耐受上限值求得;相对湿度临界值55%为人体适宜相对湿度的中值;0.5为风速关系参数,依据7级风(16米/秒)和9级风(23米/秒)时户外旅游可行性和安全性角度求得;风速临界值2米/秒为人体最适宜的风速值,各临界值和关系参数可按照实际情况做适当调整。气候舒适指数划分为五个级别。

表6.3 气候舒适指数分级表

气候舒适指数	< 5.0	5.0—8.0	8.0—10.5	10.5—13.5	$\geqslant 13.5$
人体感觉	很舒适	较舒适	不舒适	很不舒适	极不舒适

指数分级中阶差值参考人体适宜温度、冷热耐受温度、相对湿度耐受值、风速

求得。评价方程和标准考虑了气候因素之间以及对人体感觉的非线性变化，使最终结果以线性方式表达，可为气候舒适度的数学分析和空间信息分析等方面提供依据和解决方案。

（三）不利气象条件分析

对旅游活动不利影响的气象条件主要有降水、高温、严寒、大风、雷击、大雾、冰雹、沙尘暴等，不但阻碍旅游活动的顺利进行，还会对游客的生命财产安全造成威胁。其中对旅游影响最普通、影响时间最长、影响范围最广的为降水，其次为高温。不利气象条件会对旅游活动的开展造成影响，为了减少这些负面影响，旅游区应做好天气预报，合理安排旅游项目，加强旅游安全教育，同时要善于趋利避害，使旅游者获得最佳的旅游效果。

（四）宜人气候与旅游

宜人气候是指人们可以用来避暑或者避寒，并能够满足身心需要，使心情愉悦、体魄健康的气候资源。优美的自然环境、宜人的气候条件，是休闲度假疗养的重要条件。欧洲北部居民到地中海沿岸度假，我国北方居民冬季到海南度假，很大程度上与相对适宜的气候有关。

1. 宜人气候的分布规律。

在水平地带中，宜人气候主要分布在中、低纬度的湿润气候区和半湿润气候区内，以海滨、岛屿地区最佳，其次是山地。在垂直分布上，宜人气候分布的上、下限因地而异，但主要取决于气温、气压的垂直变化状态，中纬度地区以中、低山地（中山1 000—2 000米，低山1 000米）为主，低纬度地区可达到中山以上。

局部地区受特殊因素的影响，可形成宜人的小气候和微气候。在山谷口、海边等，常形成山谷风、海陆风，夏夜凉风习习，可供人们避暑、纳凉，云南下关地区就是如此。范围更小的特殊气候称为微气候，例如洞穴、温室内的气候。溶洞或熔岩流形成的洞穴，不仅可以观赏，而且多具有冬暖夏凉、湿度较大的微气候特点，宜于疗养。

2. 避暑气候。

避暑旅游是指旅游者在夏季到特定旅游目的地消夏纳凉、度假休闲、健身疗养的一种旅游形式，利用避暑旅游资源（山地、森林、水体、湿地、草原等）及环境小气候（气候凉爽、空气清新、水体洁净），使旅游者身心得到放松，起到康体保健的作用。

世界上的避暑城市和避暑旅游区,可分为山地高原型、海滨型、高纬度型三种类型。由于气温随海拔高度增加而递降,山地气温一般低于同纬度平原地区,因此许多高山和高原成为避暑胜地。

表6.4　世界著名山地避暑城市

名　　称	所属国家	海拔（米）	年均气温（摄氏度）	特　　　　点	纬度约数
基　　多	厄瓜多尔	2 819	13	是世界海拔第二的首都,气候温和	0°
万　　隆	印　尼	610	20	比雅加达气温低7摄氏度,为避暑胜地	7°S
碧　　瑶	菲律宾	1 600	20	比马尼拉气温低6.7摄氏度,市街在云海中	16°N
拉巴斯	玻利维亚	3 819	11	气温比平地低20摄氏度左右,常年如春	16°S
哈拉雷	津巴布韦	1 472	18	被称为"不安空调设备的热带首都"	18°S

我国许多避暑胜地都在中山以上,那里气温比山下平地要低得多,一些名山也正因为适宜的气候条件而成为重要的避暑旅游目的地。

表6.5　我国著名的山地避暑旅游区

山　　名	海拔高度（米）	年均气温（摄氏度）	山下城市	海拔高度（米）	年均气温（摄氏度）
黄山顶	1 840	7.7	屯溪	147	16.3
泰山顶	1 534	5.3	泰安	129	12.8
庐山顶	1 543	11.4	九江	32	17.0
华山顶	2 065	5.9	西安	397	13.3

由于受海洋的影响,海滨地带夏季温和湿润,气温比内陆低,旅游者可以利用舒适的气候、适宜的水温、洁净的水质、柔软的海滩和舒适的浴场消夏避暑,如中国的大连、青岛、烟台、北戴河等海滨城市。由于气温从赤道向两极递减,高纬地区气温低,许多夏季避暑胜地位于中高纬度地区,如挪威的哈默菲特,位于北纬74度,面向巴伦支海,夏季气候宜人,是欧洲的避暑胜地之一。局部地区微气候形成避暑环境的如西安翠华山,因山崩巨石堆积形成了堆石间的子洞,其中较大者因冷空气聚集,夏季特别凉爽,故有冰洞之称,每到夏季都吸引许多游客前去乘凉。

3. 避寒气候。

低纬度海洋地区温度相对较高,因此成为冬季避寒的上佳旅游目的地,很多热带、亚热带沿海城市成为著名的避寒胜地,如美洲西印度群岛的巴巴多斯、非洲佛得角群岛、中美洲的尼加拉瓜、亚洲的巴基斯坦、马来西亚、新加坡、泰国、中国海南,澳大利亚的悉尼海滨,美国的夏威夷群岛等。

局部地区的微气候也可能形成温暖环境,如北京的樱桃沟受地形影响,有利于集聚太阳辐射所产生的热量,春季增温快,气候偏暖,花时较早,故有"早春花园"之称,吸引了许多游客前去观赏。

4. 阳光充足型气候。

阳光是重要的气候旅游资源,地中海沿岸各国,利用副热带地中海气候,即日照时间长、阳光和煦的特点,修建海滨浴场旅游区,成为世界上著名的旅游胜地。极圈"白夜"也是一种阳光旅游资源,北欧诸国每年夏季都要接待成千上万的旅游者,其中不少人的旅游目的,就是为了体验"白夜"生活。

二、空气负离子评价

在外界某种条件的作用下,呈电中性的空气气体分子外层电子脱离原子核的束缚从轨道中逸出使部分气体带正电荷,这些正电荷和逸出的电子与某些中性分子或原子结合成为阳离子或阴离子。空气的正、负离子,按其迁移率大小,可分为大、中、小离子,离子迁移率大于 0.14 平方厘米/伏特·秒为小离子,而只有小离子或小离子团才能进入生物体。由于氧分子亲电性强,空气负离子主要由负氧离子所组成,吸入人体的也以负氧离子团的水合物和碳酸根氧离子团的结合物为主。

(一)空气负离子的作用

空气负离子被誉为"空气维生素和生长素",具有很强的杀菌、降尘、清洁空气的作用,对人体健康十分有益。医学研究表明,当空气负离子含量达到 700 个/立方厘米以上时,对人体具有保健作用;当达到 10 000 个/立方厘米以上时,具有治疗效果。在保健上,能调节人体的生理机能,有镇静、消除疲劳、改善睡眠的作用,使肾、肝、脑等组织氧化过程增强,使肺部吸氧、排出二氧化碳功能增加,预防感冒和呼吸道疾病,促进新陈代谢,提高人体免疫能力。在医疗上,对早期高血压、闭锁性和痉挛性血管病变、神经衰弱、慢性胃炎、上呼吸道炎症、气管哮喘、萎缩性鼻炎、烧伤、阿夫他口腔炎等,均有疗效。

空气负离子是旅游区的宝贵资源,随着生态旅游的兴起及人们保健意识的增强,空气负离子所具有的医疗保健和杀菌功能被越来越多的人所认识,以林业和旅游行业为基础的森林生态旅游、森林浴等活动相继兴起。

（二）空气负离子的分布特征

自然界中空气正、负离子是在紫外线、宇宙射线、放射性物质、雷电、风暴、瀑布、海浪冲击下产生的，既不断产生，又不断消失，保持某一动态平衡状态。

空气负离子的浓度随着海拔高度的上升而增加。地面对于大气电离层形成的静电场为负极，使空气负离子受排斥，正离子则受吸引，所以，在一般情况下，地表的正离子多于负离子。宇宙射线能促使空气电离，海拔越高，紫外线、宇宙射线的强度越大，空气中的凝结核（灰尘、微粒）越少。凝结核是影响负离子寿命和浓度的主要因子，在清洁的空气里，负离子的寿命约 1 分钟左右，在污浊的空气里，负离子的寿命仅为清洁地区的 1/3，因此，海拔越高，空气越清洁，负离子寿命越长，其浓度就越高。

山林、树冠、叶端的尖端放电以及传导地面负电，有利于负离子保存，因此森林地区一般负离子较多。在雷暴雨和水流（山溪、瀑布、喷泉、海浪等）的打击下可产生喷筒电效应，水体与岩石间的撞击，雨滴和水滴高度破碎，当改变水滴的表面积时，被击碎的水滴带上正电，而周围的气体则带上负电，从而增强了空气离子化过程，形成较高浓度的空气负离子。

表 6.6　不同区域的空气负离子水平

空气环境	空气负离子浓度（个/立方厘米）	空气环境	空气负离子浓度（个/立方厘米）
瀑　布	50 000—100 000	宾　馆	200—300
海　滨	700—20 000	餐　厅	80—200
森　林	1 000—20 000	候车室	60—170
高　山	650—1 200	影剧院	150—170
公　园	400—1 000	商　店	150—200
喷　泉	250—70 000	地下商场	60—170

（三）空气负离子的评价方法

空气负离子的评价指数用于衡量空气的洁净状况，是旅游环境评价中衡量空气质量的一个重要参数。评价的指数主要有：空气离子浓度、空气离子相对密度、单极系数、空气离子有效指数等。一般以空气负离子浓度为基本观测指数，以单极系数和空气离子有效指数作为主要评价指标。

1. 空气离子浓度。

空气离子浓度指每立方厘米空气容积中所含有的空气离子个数，用个/立方厘米表示。一般用小负离子(n^-)浓度作为卫生评价指标或卫生标准(正负大小离子分别用N^+、n^+、N^-、n^-表示)。目前,世界各国还没有统一的空气离子卫生标准。美国建议住宅中负离子浓度不低于1 000个/立方厘米;前苏联提出不低于2 000个/立方厘米;日本根据人一昼夜应吸入1—3个空气离子生物学单位,提出应保持环境中空气负离子浓度为1 000—3 000个/立方厘米,但由于临界迁移率不统一,各国提出的负离子浓度可比性不强。

2. 空气离子相对密度。

空气离子相对密度指空气正负大离子总数与正负小离子总数的比值。

$$Rd = \frac{\sum(N^+ + N^-)}{\sum(n^+ + n^-)}$$

空气污染时大离子数量猛增,小离子大大减少,卫生学要求空气离子相对密度不得超过50,即$Rd \leqslant 50$。

3. 单极系数。

空气小正离子与小负离子的比值,称为单极系数(q)。大气离子具有单极性质,通常在大气低层(接近地面)q为1—1.2,空气正离子具有较大的扩散能力,其迁移率一般比负离子大约40%;在绿地、森林、瀑布、喷泉和海滨等地区,q值多小于1。当$q \leqslant 1$时,人体感觉舒适;当空气污染增加,q增至3以上,人们就会感到烦躁不安。

$$q = n^+ / n^-$$

式中,q为单极系数;n^+为空气小正离子数(个/立方厘米);n^-为空气小负离子数(个/立方厘米)。

4. 空气离子有效指数。

空气离子的寿命很短,从几秒钟到几分钟不等,这是由于正、负离子互相碰撞,或与地面碰撞发生中和反应而失去电性,还有部分离子与大气中的气溶胶碰撞后,降至地面而消失。因此,负离子对于人体的作用同时受到正离子数量的影响,正离子数量越多,对负离子的破坏就越大,真正对人体健康产生促进作用的,是有效的负离子数量,其可以用空气离子的有效指数来衡量。

$$AEI = \frac{e \times (n^- - n^+)}{1\,000}$$

式中，AEI 为空气离子有效指数；e 为有效系数；$n^- - n^+$ 为绝对负离子数；$1\,000$ 为满足人体生物学效应最低需求的空气负离子含量（个/立方厘米）。

有效系数的计算公式如下：

$$e = \frac{\max(n^-, n^+)}{\dfrac{n^- + n^+}{2}}$$

有效系数的大小与空气洁净度的大小呈相关性，当 $n^- \geqslant n^+$ 时，系数越大，空气洁净度越高，空气负离子的保健功能越强；而 $n^- < n^+$ 时，系数越大，空气中正离子越多，空气质量越差。空气质量划分为 5 个等级。

表 6.7　空气质量分级标准

AEI	等级	空气洁净状况	对健康的影响
$\geqslant 1.50$	I	优	对健康有促进作用
$1.00—1.50$	II	良	
$0.50—1.00$	III	一般	满足健康基本需要
$0—0.50$	IV	轻污染	对健康不利
<0	V	重污染	引发健康问题

注：分级标准的临界值 1.50、1.00、0.50 根据 n^- 分别为 1 500 个/立方厘米、1 000 个/立方厘米、500 个/立方厘米和 $n^-/n^+ = 3$ 时计算得到；$n^-/n^+ = 1$ 时，AEI 为 0；$n^-/n^+ < 1$ 时，AEI 为负。各临界值可按照实际情况做适当调整。

例如，对某森林公园内一处瀑布进行了空气离子监测，测得正、负离子平均值分别为 25 650 个/立方厘米和 34 680 个/立方厘米，计算该测点的单极系数、有效系数、有效指数和等级。

解：
$$q = n^+/n^- = 25\,650/34\,680 \approx 0.74$$

$$e = \frac{34\,680}{\dfrac{34\,680 + 25\,650}{2}} = \frac{34\,680}{30\,165} \approx 1.15$$

$$AEI = \frac{1.15 \times (34\,680 - 25\,650)}{1\,000} \approx 10.38$$

因此，该测点的单极系数为 0.74，有效系数为 1.15，有效指数为 10.38，等级为 I 级。

三、大气质量评价

大气质量评价可以从化学、生物学、物理学及卫生学的角度进行评定。目前,我国大气质量评价的方法多数采用大气质量指数法。大气质量指数是评价大气质量的一种数量尺度,其形式主要有单项指数、空气质量指数、污染物标准指数、均值大气质量指数、上海大气质量指数、美国橡树岭大气质量指数、格林大气污染综合指数等。

(一)评价因子的选取

大气污染因子包括 4 类:尘(TSP、PM_{10}、$PM_{2.5}$)、有害气体(SO_2、NO_x、CO等)、有害元素(氟、铅、汞、镉、砷等)和有机物(苯并[a]芘、总烃等),均可作为大气环境的评价因子。

在对具体区域进行大气质量评价时,应根据旅游区的环境特征、污染状况及评价目的选择等标排放量大、污染面广、对旅游区大气污染有决定性影响的污染物作为主要评价因子,同时应考虑已造成评价区内严重污染的污染物。评价因子一般选择 3—5 个,对排放污染物种类较多的区域,可适当增加评价因子。例如,旅游区中以交通为主要大气污染源的,可选 TSP、SO_2 和 NO_x 等作为评价因子,确定了评价因子后,就可安排监测。

(二)评价标准的选择

评价标准应依据《环境空气质量标准》($GB3095$)来确定,该标准规定了环境空气功能区分类、标准分级、污染物项目、平均时间及浓度限值、监测方法、数据统计的有效性规定及实施与监督等内容,适用于环境空气质量评价与管理。

根据《环境空气质量标准》,环境空气功能区分为两类:一类区为自然保护区、风景名胜区和其他需要特殊保护的区域;二类区为居住区、商业交通居民混合区、文化区、工业区和农村地区。环境空气质量标准分为两级:一类区适用一级浓度限值;二类区适用二级浓度限值。

旅游区空气质量评价标准应根据旅游区总体规划、环境区划、建设项目的污染特征以及相关的环境标准等来确定。一般情况下,旅游区为一类区,应采用一级浓度限值进行评价,有时也可选用本地区的本底值、对照值、背景值作为评价对比的依据。

(三)大气环境的监测

1. 布点采样。

监测布点要遵循下述原则:设置对照点;监测点的设置要考虑大气污染的分布

和地形、气象条件,在污染源密集区及其下风向要适当增加监测点;布点必须保证能代表评价区域范围内的环境特征,要保持一定的数量和密度;要有大气监测布点图。监测布点的方法主要有网格法、放射状布点法、功能分区布点法和扇形布点法等。

2. 监测频率。

一年四季以 1 月、4 月、7 月、10 月代表冬、春、夏、秋季。每季采样 7 天,一日数次。以一日内的平均值代表日平均值,以 7 天的平均值代表季日平均值。

3. 同步气象观测。

大气污染程度和气象气候条件密切相关,要准确分析、比较大气污染监测结果,必须结合气象条件来说明。

（四）大气环境影响预测

大气环境影响预测可分为经验法和数学法两大类。经验法是在统计、分析历史资料的基础上,结合未来的发展规划进行预测;数学法是利用数学模型和必要的模拟试验,计算或估计评价项目的污染因子在评价区域内对大气环境质量的影响。

预测的内容、方法和要求是与评价级别相联系的。具体预测中应根据拟建工程的排污条件,评价区的气象和地形条件,以及在评价区大气扩散规律研究中获得的大气扩散参数及大气扩散模式等,模拟计算工程投产后将造成的长期和短期的环境浓度分布,得到影响浓度值,将本底浓度值与影响浓度值相叠加,得到大气污染物的浓度分布预测值。

（五）大气质量评价

大气质量评价就是对监测数据进行统计、分析,并选用适当的模型计算大气质量指数。根据大气质量指数及其对应的环境生态效应进行污染分级,绘制大气质量分布图,从而探讨各项大气污染物和环境质量随时空的变化,指出造成本地区大气质量恶化的主要污染源和主要污染物,研究大气污染对人群和生态的影响。

1. 单项指数

$$I_i = C_i / S_i$$

式中,C_i 为标准状态大气污染物 i 的监测浓度;S_i 为标准状态大气污染物 i 的环境质量标准限值。

2. 空气质量指数。

空气质量指数（Air Quality Index，简称 AQI）是将《环境空气质量标准》中规定的 6 项污染物（SO_2、NO_2、CO、O_3、PM_{10}、$PM_{2.5}$）的浓度依据适当的分级浓度限值计算得到的简单的无量纲指数，可以直观、简明、定量地描述环境空气质量状况。通过监测获得各污染物实测值后，将各污染物的实测值分别代入空气质量分指数公式进行计算，所得数值便是各污染物的空气质量分指数，计算结果只保留整数。

表 6.8　空气质量分指数及对应的污染物项目浓度限值

空气质量分指数（IAQI）	污染物项目浓度限值					
	二氧化硫（SO_2）	二氧化氮（NO_2）	一氧化碳（CO）	臭氧（O_3）	可吸入颗粒物（PM_{10}）	细颗粒物（$PM_{2.5}$）
0	0	0	0	0	0	0
50	50	40	2	100	50	35
100	150	80	4	160	150	75
150	475	180	14	215	250	115
200	800	280	24	265	350	150
300	1 600	565	36	800	420	250
400	2 100	750	48	/	500	350
500	2 620	940	60	/	600	500

注：二氧化碳、二氧化氮、臭氧、可吸入颗粒物、细颗粒物浓度单位为微克/立方米，一氧化碳浓度单位为毫克/立方米。二氧化碳、二氧化氮、一氧化碳、可吸入颗粒物、细颗粒物监测值为 24 小时平均值，臭氧监测值为 8 小时平均值，臭氧 8 小时平均浓度值高于 800 微克/立方米的，不再进行其空气质量分指数计算。

污染物项目 P 的空气质量分指数计算公式为：

$$IAQI_P = \frac{IAQI_{Hi} - IAQI_{Lo}}{BP_{Hi} - BP_{Lo}}(C_P - BP_{Lo}) + IAQI_{Lo}$$

式中，$IAQI_P$ 为污染物项目 P 的空气质量分指数；C_P 为污染物项目 P 的质量浓度值；BP_{Hi} 为浓度限值表中与 C_P 相近的污染物浓度限值的高位值；BP_{Lo} 为浓度限值表中与 C_P 相近的污染物浓度限值的低位值；$IAQI_{Hi}$ 为浓度限值表中与 BP_{Hi} 对应的空气质量分指数；$IAQI_{Lo}$ 为浓度限值表中与 BP_{Lo} 对应的空气质量分指数。

各污染物的空气质量分指数都计算出来以后，取分指数中最大者代表该区域的空气质量指数。

$$AQI = \max(IAQI_1, IAQI_2, IAQI_3, \cdots, IAQI_n)$$

式中，AQI 为空气质量指数；$IAQI$ 为空气质量分指数；n 为污染物项目。

首要污染物及超标污染物的确定方法：AQI 大于 50 时，$IAQI$ 最大的污染物为首要污染物；若 $IAQI$ 最大的污染物为两项或两项以上时，并列为首要污染物；$IAQI$ 大于 100 的污染物为超标污染物。

表 6.9　空气质量指数及相关信息

AQI	级别	空气质量	表示颜色	对健康影响情况	建议采取的措施
0—50	一级	优	绿色	空气质量令人满意，基本无空气污染	各类人群可正常活动
51—100	二级	良	黄色	空气质量可接受，但某些污染物可能对极少数异常敏感人群健康有较弱影响	极少数异常敏感人群应减少户外活动
101—150	三级	轻度污染	橙色	易感人群症状有轻度加剧，健康人群出现刺激症状	敏感人群应减少长时间、高强度的户外锻炼
151—200	四级	中度污染	红色	进一步加剧易感人群症状，可能对健康人群心脏、呼吸系统有影响	敏感人群避免长时间、高强度的户外锻炼，一般人群适量减少户外行动
201—300	五级	重度污染	紫色	心脏病和肺病患者症状显著加剧，运动耐受力降低，健康人群普遍出现症状	儿童、老年人和心脏病、肺病患者应停留在室内，停止户外运动，一般人群减少户外运动
>300	六级	严重污染	褐红色	健康人群运动耐受力降低，有明显强烈症状，提前出现某些疾病	儿童、老年人和病人应当留在室内，避免体力消耗，一般人群应避免户外活动

注：敏感人群指儿童、老年人及心脏病、呼吸系统疾病患者。

例：测得某风景区的可吸入颗粒物日均值为 76 微克/立方米，二氧化硫日均值为 12 微克/立方米，二氧化氮日均值为 38 微克/立方米，一氧化碳日均值为 2 毫克/立方米、臭氧 8 小时平均值为 29 微克/立方米，细颗粒物日均值为 32 微克/立方米。请计算该景区的空气质量指数。

解：按照空气质量分指数及对应的污染物项目浓度限值，可吸入颗粒物实测浓度 76 微克/立方米介于 50 微克/立方米和 150 微克/立方米之间，按照此浓度范围内质量指数与污染物的线性关系进行计算，即此处浓度限值 $BP_{Lo}=50$ 微克/立方米、$BP_{Hi}=150$ 微克/立方米，而相应的分指数值 $IAQI_{Lo}=50$、$IAQI_{Hi}=100$，则可吸入颗粒物的空气质量分指数为：

$$IAQI_{PM_{10}}=[(100-50)/(150-50)]\times(76-50)+50=63$$

这样，可吸入颗粒物的空气质量分指数 $IAQI_{PM_{10}}=63$；其他污染物的空气质量分指数分别为 $IAQI_{SO_2}=12$、$IAQI_{NO_2}=48$、$IAQI_{CO}=50$、$IAQI_{O_3}=15$、$IAQI_{PM_{2.5}}=46$。

$$AQI=\max(63,12,48,50,15,46)=63$$

因此，该风景区的空气质量指数为 63，首要污染物为可吸入颗粒物（PM_{10}）。

四、大气环境生物学评价

（一）生物学评价的机理

大气环境生物学评价是从生物学的角度来评价大气质量的好坏。生物的生理功能与形态特征，常受大气污染作用而发生改变。大气受到污染时，敏感的生物开始出现污染症状，生长发育受到影响，生理代谢过程发生变化，污染物在生物体内积累。从生物受伤害的症状，可以鉴别有害气体的种类及含量，而变化的程度和大气污染的状况有关，这是大气环境生物学评价的机理所在。

进行大气环境生物学评价的步骤是：①选择对大气污染敏感的适当生物种类；②调查污染现场，考察生物受害症状，采集生物样品；③样品分析；④分析调查和测量结果，划分污染等级，确定污染的范围和程度。

（二）大气污染的植物评价

植物是空气污染程度及某种污染物在空气中浓度的良好指示。根据不同植物对大气污染物的抗性及伤害症状的不同，调查分析植物外部形态、生理生化和生长发育状态上的变化，从而评价大气中的污染物组成，以及大气污染程度。

大气污染的植物评价有以下办法：(1)利用指示植物的伤害症状对大气污染作出定性、定量评价；(2)通过测定植物体内污染物的含量来评价大气质量；(3)监测植物的生理生化反应，如酶系统的变化、发芽率的变化等，对大气污染的长期效应作出评价;(4)测定树木的生长量和年轮,评价大气污染的现状;(5)利用某些敏感植物,如地衣、苔藓等评价大气质量。

1. 植物症状评价。

利用特征敏感植物的外观特性和可见伤害症状鉴别大气污染物的性质;利用不同浓度作用下伤害症状的差异,鉴别评价大气污染的程度,评价环境质量和区划污染范围。

在轻微污染区,可以观察植物出现的叶部症状;在中度污染区,敏感植物出现明显的中毒症状,抗性中等的植物也可能出现部分症状,抗性较强的植物一般不出现症状;在严重污染区,自然分布的敏感植物可能绝迹,而人工栽培的敏感植物,可能出现严重的受害症状,甚至死亡。

表 6.10 对主要污染物敏感的植物及其反应浓度

污染物	反 应 浓 度	敏 感 植 物
二氧化硫	$< (0.25-0.3) \times 10^{-6}$(体积比)不引起急性中毒,$(0.1-0.3) \times 10^{-6}$(体积比)长期暴露可引起慢性中毒	紫花苜蓿、大麦、棉花、小麦、三叶草、甜菜、莴苣、大豆、向日葵等
臭氧	在$(0.02-0.05) \times 10^{-6}$(体积比)时最敏感的植物可产生急性或慢性中毒	烟草、番茄、矮牵牛、菠菜、土豆、燕麦、丁香、秋海棠、女贞、梓树等
过氧乙酰硝酸酯	在$(0.01-0.05) \times 10^{-6}$(体积比)时最敏感的植物产生危害,也可引起早衰	矮牵牛、早熟禾、长叶莴苣、番茄、芥菜等
氟化氢	最敏感的植物在0.1×10^{-9}(体积比)即有反应,在叶子中浓度达$(50-200) \times 10^{-6}$(体积比)时敏感植物出现坏死斑	唐菖蒲(浅色的比深色的敏感)、郁金香、金芥麦、玉米、玉簪、杏、葡萄、雪松等

2. 敏感植物评价。

低等植物对污染物一般抗性差,十分敏感。随着污染物浓度的增加,低等植物的种属组成往往会发生有规律的变化。可以根据低等敏感植物的种群结构来进行大气污染的评价,在这方面可建立定量化方法,如用地衣作为生物监测器。

地衣是一种特殊类型的植物,它是藻类和真菌的共生体。当大气污染物作用于地衣时,藻类和真菌的协调遭到破坏,就会影响地衣的生长甚至致其死亡。应用地衣进行评价的一般方法是调查地衣"种"的数量变化、频度、盖度以及外部和内部受害症状。在污染严重区,一般很少有地衣,或完全绝迹,称为"地衣沙漠";随着污染程度的减轻,可以观察到地衣的属和种增加,并且在树干上分布的高度也升高;

在湿润的非污染区,地衣一直可以着生到树梢。

3. 生态综合评价。

根据植物种类和生长情况选择一些综合性的指标作为评价因子,然后仔细观察记录这些评价因子的特征,以此划分大气污染等级。如根据树木生长和叶片症状划分大气污染等级。

表 6.11 大气污染生物学分级依据

污染水平	主 要 表 现
清 洁	树木生长正常,叶片污染物含量接近清洁对照区指标
轻污染	树木生长正常,但所选指标明显高于清洁对照区
中污染	树木生长正常,但可见典型受害症状
重污染	树木受到明显伤害,秃尖,受害叶面积可达 50%

第五节　旅游大气污染防治

大气质量下降和大气污染主要过程由污染源排放、大气传播、人与物受害这三个环节所构成。因此,为了使人与物免受影响,可以通过控制污染源、规范排放途径、减少污染物排放、降低污染物浓度,从而防治和控制旅游区的大气污染,提高旅游区的大气环境质量。

一、合理布局产业,减少传播范围

(一)加强大气质量管理

大气环境质量的好坏直接与人们的健康及自然生态的保持紧密相关,故需加强大气环境质量管理。其内容主要包括两个方面:一是根据国家的相关法律、法规以及国家标准,对污染物实行排放浓度和总量控制;二是在旅游区实施空气质量的日报和预报。

(二)合理布局工业产业

全面规划,通过合理布局减少大气传播影响。在旅游区附近地区,应尽量不布置或少布置工、矿业部门,尤其是那些耗能高、污染大的工业部门,要尽量远离旅游区,要设法迁出旅游区内现有的污染企业,降低旅游区的大气污染物浓度,从而避免旅游区内的污染受体——旅游业相关的人员与物质受到损害。

如果必须在旅游区附近地区布局必不可少的工业部门时,应将工业生产部门合理分散布设,要充分考虑当地的地形及气象等条件,厂址一般布置在该地盛行风的下风区域,工厂与旅游区之间应保持合理的间距,将绿化造林作为隔离带,使污染物在自然环境中易于稀释扩散和净化吸收,降低污染物浓度,减轻对旅游区的不良影响。

（三）合理布设旅游设施

旅游区的服务设施应根据用地环境条件,布设上可按上风到下风方向进行排列。在上风方位,应首先考虑游览区、娱乐设施、野营地、交通道路,然后是餐馆、停车场,最后是污水处理厂、垃圾集中处理场、厕所等,各部分之间要保持一定的距离。相关设施设备还应配置除尘除污设备,以减少废气和灰尘对大气环境的污染。

二、控制污染来源,规范污染排放

防治污染的根本方法就是从控制污染源头着手,治标治本,通过削减污染物的排放量,减少甚至消除产生污染的根源,从而保证大气质量。

（一）控制汽车废气

对旅游区大气环境造成污染的一个重要污染源是汽车,汽车排放的尾气成分非常复杂,大约有一百多种化合物,其中主要有一氧化碳、碳氢化合物、氮氧化合物、黑烟、油雾、甲醛、丙烯醛、二氧化碳,使用含铅汽油的铅化物等。

加强汽车尾气综合防治,首先应加强立法和管理,建立健全机动车污染防治的法规体系并严格执行;其次,革新燃料和设备是减少汽车尾气污染的有效措施,在燃料革新方面,主要是清洁油品,在汽车设备革新方面,一是改进内燃机的燃烧设计,另外可在排气系统安装尾气催化净化装置;最后,推广和使用污染程度小的交通工具,研制、发展无公害汽车和高效交通系统,在旅游城市和旅游区(点)大力发展公共交通系统,鼓励使用电瓶车、畜力车和人力车等污染少的交通工具,同时控制进入旅游区的汽车数量。

（二）减少扬尘污染

扬尘是指沉降于地面后由于各种原因(如刮风、车辆行驶)重新被扬起于空气中的灰尘,或是由于进行各种施工而散布于空气中的粉尘。扬尘高度一般均在人的呼吸带高度范围内,因此影响面大,对游客的健康影响大。

对旅游设施、游道及其他工程的施工现场应加强扬尘防护,如及时清运渣土(最好是在夜间清运)、在作业现场喷水降尘等。植树种草、固土保湿,尽量减少土地的裸露,对那些不能绿化的地方如游道和大小广场等处,则应敷设地面饰砖,减少扬尘。加强环卫工作,对道路、广场等加强卫生保洁及洒水,以减少扬尘。

（三）清除室内污染

室内公共场所的空气污染源主要是装饰装修材料和人本身。宾馆、酒店的房间、餐厅、娱乐场所和商场、影剧院、展览馆等场所的装饰装修中带入了大量的材料,如板材、涂料、地毯、地板、家具等,这些材料不断地释放出各类空气污染物,因此要严格选用环保安全型材料,避免过多过量甚至使用污染物排放超标的材料,室内污染物超标时要及时进行治理和控制。

公共场所人群聚集,人体本身所释放的代谢产物以及不良的习惯如吸烟等,是室内空气污浊的一个重要原因。所以室内应避免人群过量集中,加强通风,禁止在公共场所吸烟,从而减少室内污染物。

三、调整燃料结构,改善燃烧过程

（一）调整燃料结构

对旅游区内旅游设施所用燃料进行选择和处理,改变燃料结构,控制煤烟型污染,是旅游区大气污染综合防治的一项有效措施。不同燃料的灰分含量差别很大,煤的灰分量为5%—20%,石油为0.2%,天然气中灰分量更少。所以应尽量选用灰分量少、清洁的气体和液体燃料来代替燃煤。

在旅游区应大力提倡使用清洁能源和可再生能源,如太阳能、水能、风能、生物能、地热能,不但节约成本、减少污染,还可成为一种含有科技理念的新景观。如采用生物锅炉,靠燃烧生物质产生能量,这个方法比燃烧矿物燃料要清洁得多,由于植物生长时吸收的二氧化碳和燃烧时释放的一样多,因此二氧化碳的循环保持持平。

（二）改善燃烧过程

旅游区内部的设施设备应进行技术革新,改进燃烧方式,尽可能提高燃烧效率,尽可能减少或回收利用燃烧中产生的污染物质,减少污染物排放量,使大气中的降尘、飘尘量显著降低。如增加空气的通入量,可增加燃烧过程中氧的含量,使燃料充分燃烧,达到减少污染物排放量的目的。

(三)区域采暖和集中供热

在旅游区内及其周边地区,采取区域采暖、集中供热可以提高锅炉设备的热效率,降低燃料的消耗量,一般可将锅炉的热效率从50%—60%提高到80%—90%,节约30%—35%的燃料,便于提高除尘效率和采取脱硫、脱氮措施,减少粉尘、二氧化硫、氮氧化合物等污染物的排放量。据测算,同样1吨煤,分散使用比集中使用所产生的烟尘多142倍,飘尘多3—4倍。

烟尘排放方式不同,其扩散效果也不一样。区域采暖和集中供热就可以利用高烟囱和集合式烟囱排放,利用高烟囱将烟尘排入大气,可以强化污染物在大气中的扩散能力,能使烟气得到充分稀释,使污染源近地面的污染物浓度降低。

四、增设净化设施,处理污染物质

(一)烟气脱硫脱氮除尘

硫氧化物和氮氧化物的排放是形成酸雨的主要原因,它们对人类健康和自然界的生态平衡造成极大的危害。据估计,全球每年排入大气的硫氧化物约2亿吨,氮氧化物约5 000万吨。为了达到清洁生产的目标,旅游设施排放的大气污染物应通过脱硫、脱氮、除尘等烟气净化装置进行处理。

脱硫的方法,世界上普遍使用的商业化技术是以石灰石为基础的钙法,此外还有以氧化镁为基础的镁法、以亚硫酸钠为基础的钠法、以氨为基础的氨法、以有机碱为基础的有机碱法等;脱氮方法可分为湿法和干法两大类,湿法通常采用吸收的方法,干法有吸附法、氧化法、还原法和分解法等;除尘装置主要有机械除尘器、过滤式除尘器、湿式除尘器、静电除尘器等;其他污染物可以通过分离法和转化法进行处理,主要有化学(物理)吸收法、物理吸附、冷凝及膜分离、催化法、燃烧法(直接燃烧、热力燃烧和催化燃烧)等。

(二)室内空气净化

选用适用有效的室内空气净化设施,可根据客房、餐厅、室内公共活动空间等不同场所的主要污染物,选用具有不同功能的空气净化装置,如空气净化器(光触媒法、负离子净化法、活性炭吸附法)、油烟净化器、臭氧净化器等,消除室内空气污染物。

五、配置绿化植物,净化大气环境

绿化造林是防治大气污染的一个简单有效且经济的措施。植物可吸收各种有毒有害气体,净化空气;叶片表面粗糙不平、多绒毛,有的植物还能分泌黏液和油脂,可以吸附和过滤大气中的颗粒物;同时,植物还可以降低噪音,调节温度、湿度和小气候等。

旅游地应保持合理的绿地面积,并有计划、有选择地扩大绿地面积,栽植植物净化空气和缓冲大气污染。尤其在一些含有较多有害气体的场所,如垃圾处理场、厕所、停车场等设施内部或周边,要多植树、种草、种花,既能吸味、吸音,又能除臭、杀菌,起到美化、绿化和净化环境的作用。

六、加强通风换气,提高空气品质

(一)加强通风换气

室内空气污染物有时是特定的某些种类,有时是多种并存;各种污染物的释放特性也不一样,有的容易排除,有的释放缓慢,难以排除(如氡及其子体);污染物的存在状态也不尽相同,有的呈游离状态,有的存在于固定的污染源中(如墙体、地板、家具、洁具等)。针对室内污染的复杂性,加强通风换气,用室外新鲜空气来稀释室内空气污染物,是最方便快捷地降低室内污染物浓度的方法。

加强通风换气,室内的污染物就会很快排到室外,从而减轻室内污染,提高室内的舒适度。室内风速为6米—7米/秒时,室内的空气约1小时就可被全部置换;风速为2米—3米/秒时,室内空气1小时可置换40%。以空气中的微生物为例,在空气不流通的室内,有的病毒和细菌飞沫可在空气中飘浮30—40小时,而每换气一次,可去除空气中微生物的60%左右,换气5次,可去除99%,开窗后,阳光中的紫外线还会杀死部分细菌。

表6.12　换气量和人体不舒服比例

换气量(立方米/小时·人)	8.5	20	30	40	54
二氧化碳浓度(%)	0.25	0.13	0.1	0.084	0.073
人体气味强度	3.2	2.0	1.3	1.1	1.0
不舒服比例(%)	100	75	30	25	15

在进行通风时,可以采取以下策略:选择合适的最小通风量,以节约能耗,一般认为 7.5 升/秒·人是通风量的一个合理的最小值;整个建筑物内保持正压;选择合适的送风速度和气流组织形式,以提高通风效率;选择合适的系统对空气进行加湿或去湿。

（二）控制温湿环境

研究表明,感知的空气品质会受到人体吸入空气时的温度和湿度的影响。人们喜欢较为干燥和凉爽的空气,喜欢每次呼吸空气时呼吸道有一种冷却的感觉,如果没有适当的冷却,便会感到空气不新鲜、闷热而不能接受。

旅游区室内环境空气温度和湿度的良好控制,可以为客人提供更好的舒适感受。一般来说,合适的室内温湿度:冬天温度为 18—25 摄氏度,湿度为 30%—80%;夏天温度为 23—28 摄氏度,湿度为 30%—60%,在这样的范围内,有 95% 以上的人感到舒适,旅游管理部门可以利用各种设备创造理想的室内温湿环境。

案例点评

案例一　鼎湖山——负离子全新包装显活力

鼎湖山是岭南四大名山之首,距肇庆城区东北 18 公里。面积 1 133 公顷,最高处的鸡笼山高 1 000.3 米,从山麓到山顶依次分布着沟谷雨林、常绿阔叶林、亚热带季风常绿阔叶林等森林类型。因地球上北回归线穿过的地方大都是沙漠或干草原,所以植被繁茂的鼎湖山被中外学者誉为"北回归线上的绿宝石"。1956 年,鼎湖山成为我国第一个自然保护区。1979 年,又成为我国第一批加入联合国教科文组织"人与生物圈"计划的保护区。

1994 年前后,肇庆鼎湖山进入旅游地生命周期的衰落期。旅游人数在 1990—1993 年年均 72 万人次,下降到 1994—1998 年连续 4 年年均 54 万人次。

1998 年 12 月,中南林学院森林旅游研究中心测定,在 47 个监测点中,空气负离子浓度普遍在 1 000 个/立方厘米以上,避暑山庄至飞水潭的天溪流段普遍在 10 000 个/立方厘米以上,在飞水潭右边 3 米处,还测得当时国内测定的最高值 105 600 个/立方厘米;空气中细菌含量在 10 个取样点中有 7 个取样点的测定结果均为无细菌存在，这样大面积无细菌区域的发现，在国内还是首次。在对鼎湖山大气环境质量监测的基础上，鼎湖山抓住了"99中国生态环境旅游年"的契机，打造鼎湖山"人类最佳生存环境"的生态旅游地主题形象，开发空气负离子呼吸区、静养场、森林小木屋、康健步道等大众化生态旅游产品，推出"品氧谷"旅游热线，召开新闻发布会，举办生态旅游研讨会，配套以相应的旅游促销，使鼎湖山和肇庆市的旅游业重获生机。

　　资料来源：禹贡、欧阳洪昭：《旅游景区景点经营案例解析》，旅游教育出版社2007年版。

点评：

　　鼎湖山通过优越的大气环境资源，充分挖掘并利用，取得良好效果。

案例二　百年之后，敦煌安在？

　　敦煌莫高窟目前每年要接待60万以上的游客，旅游旺季蜂拥而至的游客使得石窟中弥漫着大量的二氧化碳和人体散发的湿热气，使壁画上起着鸡蛋皮一样的东西。这东西从里面往外鼓，一摸就碎成粉末，被称为壁画的"癌症"。有专家做过试验，让40个人在洞窟中待37分钟，空气中的温度、湿度及二氧化碳含量就将超过正常含量的6倍！敦煌壁画正在以比古代快100倍的速度走向死亡。唐代第156窟里的墨书《莫高窟记》，20世纪60年代还清晰可见，现在已经模糊不清了。人们不禁担忧：百年之后，敦煌安在？

　　资料来源：沙林：《百年敦煌话沧桑》，《青年文学》2000年第12期。

点评：

　　洞穴类旅游区空间有限、环境容量小，非常容易遭受大气污染物的破坏。因此，洞穴类旅游区的大气环境保护尤为重要，且十分迫切。

案例三　张家界的大气环境保护

　　张家界国家森林公园本着"保护第一，开发建设第二"的原则发展旅游业，开展了蓝天、碧水、宁静三大工程建设，恢复原来的蓝天、碧水和宁静的环境。

　　因宾馆酒店等大量使用燃煤，张家界市的二氧化硫等空气污染曾经相当严重，由此形成酸雨的概率高达87.3%，景区琵琶溪宾馆、水绕四门招待所等还因使用燃煤锅炉导致周边林木大片枯萎。为此,政府相关部门作出禁止使用燃煤锅炉和大灶的决定。从 2000 年到 2002 年,武陵源景区和市区 369 台燃煤锅炉、572 台燃煤大灶全部被取缔关闭,对所有煤、柴锅炉或灶台进行技术改造,一律改用油、气、电等清洁能源;近年来先后否决了对环境有较大破坏污染的投资建设项目 50 多个,对城市周边和景区周边的 70 多座石灰窑、砖瓦窑进行取缔,关闭和搬迁了影响环境质量的张家界水泥厂、茂源化工厂等企业;景区客运车辆全部改为环保车辆,还组建了专门的旅游环保客运公司;重视森林保护和植树造林,张家界市的森林覆盖率已由建市之初的 40.8% 上升到 2010 年的 67.2%,其中景区森林覆盖率已经达到 97% 以上,全市为恢复植被而退耕还林的面积超过 3.3 万公顷。

通过整治,张家界空气质量根本性好转,二氧化硫污染大幅度下降,武陵源景区连续 3 年未出现酸雨(2006 年),景区空气质量全年始终保持优级状态,市区空气质量优良率已达 89%。

资料来源:张家界旅游网,www.zjjok.com。

点评:

通过各类大气环境保护措施的推行,切实有效地保护和提高了张家界国家森林公园的大气环境质量。

练习思考

一、填空题

1. 一般来讲,人们外出旅游,需要_____的气候条件。

2. 大气污染对文物古迹中的金属制品、油漆涂料、皮革制品、纸制品、纺织衣料和建筑物等损害严重,这种损害包含_____和化学性损害两个方面。

3. _____是指气象气候条件对人类活动的适宜程度。

4. 造成室内空气污染的五种主要污染物为_____、氨、苯、总挥发性有机物和氡。

二、单项选择题

1. 环境空气质量标准分为( )级。

A. 二   B. 三   C. 四   D. 五

2. 紫花苜蓿、三叶草、向日葵等对下列哪类大气污染物敏感(　　)。

A. 氟化物　　　　　B. 臭氧　　　　　C. 二氧化硫　　　　D. 氯气

三、简答题

1. 简述大气环境的旅游意义。

2. 简述大气环境对旅游活动的影响。

3. 简述旅游活动的主要大气影响效应。

4. 简述大气环境评价的主要数学方法。

5. 在解决旅游大气污染方面可以采取哪些技术和措施?

第七章

旅游水体环境

学习要点

了解水环境的旅游意义及其对旅游活动的影响;了解旅游活动的水体影响效应;掌握水环境评价的主要方法;掌握防治水污染的手段。

基本概念

水污染、常规水质参数、水质感观适宜性

水环境是指自然界中水的形成、分布和转化所处空间的环境。水环境包括地球表面上的各种水体,如海洋、河流、湖泊(水库、池塘)、湿地以及存在于土壤、岩石空隙中的地下水。水体或水域是水汇集的场所。自古以来,人类与水的关系就非常密切,人们傍水而居、得水之利,水是地球上一切生命不可缺少的基本物质,是人类社会赖以生存和发展的宝贵自然资源。水也是构成旅游资源的重要物质基础,是旅游活动重要的环境要素。

第一节   水环境的旅游意义

一、旅游资源功能

水环境与旅游的关系极其密切。首先,水资源是旅游业用水的基础性资源;同时,水是旅游地重要的构景资源,是旅游中的点睛要素;水是大地的血脉,旅游地因水而活;水体既是旅游者进行旅游活动的观赏对象和环境背景,又是开展水上旅游活动的载体,河、湖、海域还担负着水上旅游交通的功能。

地球上的水体以不同形状的地理实体表现,形成了海洋、湖泊、河流、瀑布、涌泉、冰川等不同形态的旅游资源。其水面大小、形态、水量和水的色彩、光影、声音、气味、奇趣、运动状态等方面的美学特征和造景功能,都可以作为吸引旅游者的宝贵资源。

二、景观观赏功能

水是天然景观的基本构景条件,水随地形地势呈现千姿百态的形状,如急流险滩、高峡平湖、跌水瀑布、峡谷曲流、河岸景致及潺潺流水等,展现形象美、影像美、色彩美、声音美等,为人们带来了视觉及精神上的享受与满足。

水的不同形态组合差异构成不同的审美风格,与山体、生物、气候、建筑物等相互结合、交融渗透,形成了许多奇妙、雅致的美景,为游客提供了种类繁多、富有生气的旅游环境。水作为流动的形体,大大增加了旅游区的活力,许多以水体为主的风景游览区,成为绚丽多彩的旅游胜地,如"九寨归来不看水"的九寨沟。

三、休闲娱乐功能

水体是最能满足游客参与要求的旅游资源,可提供多种多样的休闲娱乐活动项目,主要可分为两类:一类是依靠水体的休闲娱乐活动,在海滨、湖泊和河流的适宜地区,游客可以进行多项水上、水下运动,如划船、帆船、游泳、潜水、冲浪、滑水、渔猎和漂流等参与性、体验性的旅游活动;另一类是依赖水体进行的休闲娱乐活动,如露营、野餐、垂钓和摄影等。这些活动都是以不同形式利用水体资源,既有强身健体的功能,又能使人休闲放松、愉悦身心、陶冶性情,是人类娱乐生活的重要组成部分。

四、品茗酿造功能

我国幅员辽阔,有数以千计、千姿百态的碧水清泉,经过砂石过滤的泉水,水质清净晶莹,含氯、铁等化合物极少,用这种泉水泡茶,能使茶的色香味形得到最大发挥。正如唐代陆羽的《茶经》中指出的:"其水,用山水(即泉水)上,江水中,井水下"。在茶与水的结合体中,水是茶的色、香、味的载体,水的作用往往会超过茶,如明代许次纾《茶疏》中所说:"精茗蕴香,借水而发,无水不可与论茶也"。著名的龙井茶用虎跑水浸泡,清香四溢,味美无穷,被称为"龙虎斗",是一种上等饮品,誉为"西湖双绝",驰名中外。

水是酿酒的重要原料之一,水质与酿酒成色关系极大。我国自古就有佳泉出美酒的说法,唐人说:"甘泉佳酿",宋人说:"泉冽而酒香"。酒城泸州,山环水绕,竹树葱翠,酒厂处或井水澄碧,或清泉涓涓。贵州山多泉多,众股泉水流入赤水河,当代名酒之冠的茅台酒,产于贵州仁怀市茅台镇,采用赤水河水酿成。四川古蔺县二郎滩,位于赤水河中游,这里的酒厂取清悠如镜的郎泉水酿成郎酒。江苏的名酒洋河大曲,采用洋河镇的美人泉水酿成。

茶与酒可以作为重要的旅游商品来吸引旅游者,是特殊的旅游资源,体现了水环境的功能,是设计旅游活动项目的重要素材。

五、疗养保健功能

旅游者在旅游区的活动(吃、喝、浴等)离不开水,旅游水质一方面通过饮食直接影响旅游者的健康;另一方面,通过洗浴对旅游者的健康产生影响,特别是温泉的疗养保健作用。温泉一般含有多种对人体有益的矿物质和微量元素,温泉热浴不仅可使肌肉、关节松弛,消除疲劳,还可使自律神经安定,刺激免疫系统,促进血液循环,调养身体。国内知名的温泉有黄山汤口温泉、广东从化温泉、南京汤山温泉、金华武义温泉等。

在海滨和湖滨旅游区,空气清新、尘埃少,空气中含有一定量的碘离子、较多的负离子等,对人体健康有益,同时优良的水体可以产生悠远宁静的意境,减轻人们的各种生活压力，改善人们的精神健康状况，是开展疗养旅游的好场所。

第二节　水环境对旅游的影响

一、旅游活动的水环境条件

旅游活动的水环境应具备两个方面的条件，一是水体的卫生环境质量，二是水体自身的优美程度。水体的卫生环境质量指溶解在水中的微量化学元素和生物含量在内的各种物质的总和。水体卫生环境质量对旅游活动的影响很大，特别是对于开展亲水项目的旅游区。水环境质量差，不仅会破坏旅游景观，使水体的形、色、声以及气味等退化，而且水体中的有机污染物还会滋生病原微生物、苍蝇、蚊子及其他有害水生生物，威胁游客的身心健康，影响游客的旅游兴趣。

水体自身的优美程度也会影响旅游活动的质量。水体具有形态美、色彩美、声音美、动静美等诸多美感，给游客以不同的美学感受。水量丰富、水面较小的水体，具有秀丽之美，广阔的水面则给人以浩瀚之美，不同的水环境具有不同的旅游开发利用价值。

（一）湖泊旅游环境

作为旅游资源开发的湖泊，首先要有良好的沿岸条件，如相对开阔的水面、美丽的可赏之景、适宜的气候、独特的人文底蕴等；同时需要有较好的水体条件，水体要清洁、无异味。若是开展游泳等水上活动的湖泊，则其水质要清洁、无污染，水不应过深，水下不应有水草杂物等。如匈牙利的巴拉顿湖风光秀美，湖水含有能治病的多种矿物质，该国利用这一优势，采取一系列措施，使巴拉顿湖每年都吸引上百万游客前来度假疗养。

（二）河流旅游环境

河流为旅游活动的开展提供了资源与环境，江、河、溪、涧等属线型水体，长短、宽窄、曲直变化万千，大致可分为观赏型的风景河段和体验型的漂流河段两大类型。

风景河段的旅游环境首先应当是河流及其沿岸有风景可赏；其次是水质好、无污染,水质好坏主要表现在含沙量和含有机质的多少,以及受污染的程度。总之,两岸景色越多、越奇特,水质越好、越清澈,风景河段的旅游价值也就越大。我国著名风景河段有长江三峡、漓江、富春江、九曲溪等。

开展漂流旅游的河段应流速较大、安全系数高、水温适中、水体清洁卫生、无污染。山清水秀,利于游客观光游览,滩多浪急会使游客得到惊险刺激;安全系数高指水不宜深,暗礁险滩少则有惊无险;漂流时,游客通常会直接接触水体,水流常常会打湿衣衫,甚至溅入游客口中,因而要求水体清洁卫生、水温适宜。著名漂流河段有湘西猛洞河、贵州马岭河等。

(三)海滨旅游环境

旅游活动的海滨环境应是:岸坡平缓、海滩宽广、沙滩细软,风浪小、潮水平静,水下无尖利的石块杂物;海水清洁,基本无污染;无鲨鱼侵袭等安全隐患。对于以观赏海底景观为主的旅游活动,要求海底生物景观丰富多彩,水体中的悬浮物质和浮游生物要少,海水透明度要高;对于潜水旅游活动,要求海底水流平静,不能有激烈的暗流,无凶猛鱼类出没;对于帆板和冲浪等活动,则要求沿海有一定的风速和浪高。

海滨环境的保护包括建立海洋自然保护区,划分海洋功能区,控制、引导海域的使用方向;控制陆源污染,减少陆源污染物入海量;海上船舶要装备水油分离装置,防治海上溢油、漏油污染;海滨旅游地建设,要充分考虑到台风及风暴潮等灾害影响,建立完善的海洋防灾减灾应急措施。

(四)瀑布旅游环境

瀑布的形态特征、幽秀程度是瀑布景观的重要要素。形态特征主要是由瀑布的高度、宽度和水量所决定的;幽秀程度主要取决于瀑布水质和周围植被的深秀程度,水质取决于含沙量和有机质含量的多寡,深秀程度取决于植被覆盖率的高低。

瀑布环境的保护主要包括水量保护和水质保护两个方面。要保证瀑布有充足水量,首先要严格保护瀑布上游及周围的生态环境,抓好水体上游的水源保护工作;其次是处理好生产和居民用水与旅游业的关系;最后,通过护水工程建设,保证充足的水源。水质保护主要是严禁在瀑布上游及周围开矿建厂、毁林开荒,防止废水污染和水土流失。

(五)泉水旅游环境

我国是世界上泉水最多的国家之一,清泉总数有 10 万处之多,旅游开发对于泉水的基本要求为泉水水质好、流量稳定。不同类型的泉水有其不同的要求,观赏泉要有良好的自身景观或与泉水相伴而生的奇特景致,如北京玉泉、济南趵突泉等;品茗泉要清洁卫生,含有有益于人体健康的矿物质,如无锡惠山泉、杭州虎跑泉等;沐浴泉是以健康为主题的泉水,热泉、高温热泉洗浴效果及医疗价值最好。一般要求泉眼出水口温度最低 45 摄氏度,出水量 40 吨/小时以上;无有毒有害物质,水质中含 10 种以上有益人体健康的矿物质和微量元素;自然环境良好,如能依山傍水,或附近有名山、名水、名胜则更佳,如广东从化温泉。

泉水环境的保护应加强水源涵养,抓好荒山荒地的植树绿化工作;严禁在泉水周围开山采石,保护地表水下渗的通道;对上游地区的污染源采取治理措施,防止地下水水质污染;调整地下水采水布局,控制供水水源地和泉水分布范围内的地下水用量。

二、水污染对旅游的影响

(一)破坏旅游区水体景观

水污染常常会使水的感官性状发生恶化,导致旅游水体的透明度、色度、嗅味等指标超标,影响水体的景观效果,而水体中的漂浮物、悬浮物、油迹等污染物同样会破坏水体景观,影响游客的旅游兴致,降低旅游地吸引力。如昆明滇池、无锡太湖、南京玄武湖等水污染严重,使之前优美的湖泊景观不复存在,严重影响了当地旅游业的发展。

(二)影响旅游区生态环境

水环境污染或者水资源减少,不仅使水景优美度降低,也破坏了旅游区的生态环境。旅游区最普遍的水环境问题是水体的富营养化,富营养化会大量消耗水中的溶解氧,导致水生生物窒息和死亡,影响鸟类的食物来源,使生态系统的食物链中断,破坏旅游区的生态环境。鄱阳湖曾是多种候鸟的栖息地,由于气候变化、水资源减少和水环境污染,许多地方湖水干涸,鸟类的数量大大减少,使鄱阳湖少了许多生机。

(三)危害旅游者身心健康

水污染不仅破坏旅游景观,而且水中的有机污染物还会滋生病原微生物,如原生动物种类中的隐孢子虫及梨形鞭毛虫常出现在游憩风景区的水体中。旅游娱乐、洗浴用水一般均取自旅游区附近的溪流、湖泊等水体,一旦这些水体受到污染,就会对旅游活动的开展,特别是对亲水类活动项目的开展构成直接威胁,危害游客健康,甚至成为疾病传播源。

第三节　旅游对水环境的影响

一般来说,天然水中含有三大类物质:一是溶解物质,包括钙、镁、锰、铁、硅、铝、磷等盐类或其他化合物;二是胶体物质,包括硅酸、腐殖酸胶体等;三是悬浮物质,包括粘土、微生物等。

一、水污染及污染源

水污染指水体因某种物质的介入,而导致其感官性状、物理化学性质、生物组成以及底质情况等方面的改变,从而影响水的有效利用,危害人体健康或者破坏生态环境,造成水质恶化的现象。感官性状包括色、嗅、味、透明度等;物理化学性质包括温度、氧化还原电位、电导率、放射性、有机和无机物质含量等;生物性质包括水生物的组成、数量和形态等。

(一)水体污染源

凡对水环境质量可以造成影响的物质和能量输入,统称污染源,输入的物质和能量称为污染物或污染因子。水环境的污染源主要有自然污染源和人为污染源,当前造成旅游水环境污染的主要是人为污染源,包括旅游设施污染源、旅游活动污染源、生活污染源、生产污染源等。

1. 旅游设施污染源。

任何一个旅游区(点)在经营过程中,其宾馆、酒店、游船及其他休憩设施在运营过程中,都会产生和排放出不同数量的废水、废油和垃圾等废弃物,如果这些废弃物未经科学处理进行堆积或排放,就会污染水环境。

对旅游水环境影响最大的是污水,这些污水有的未经处理就直接排入旅游区溪流中,有的只经过简单的沉淀就溢流入旅游区内的溪流、湖泊或随地浸流,都会造成旅游区水体功能逐步丧失退化。微观表现为氮、磷营养盐浓度超标;宏观表现为淤泥沉积、水体发臭、沙石变黑、藻类丛生、感观指标明显恶化,影响旅游区的旅游资源和旅游形象。

表7.1　部分旅游设施废水的污染物含量　　　　（单位:毫克/升）

项　目	饭店(带客房)	饭店(无客房)	浴　室	商　场
耗氧量	600	1 000	200	240
油　类	150	200	/	/

2. 旅游活动污染源。

游客的不文明行为如向旅游区内的水体乱扔垃圾、向鱼池中投放食物、旅游活动造成的水土流失等都会污染或破坏水环境,影响水体洁净,破坏水体景观。地中海沿岸是欧非18个国家共同开发的海滨旅游度假基地,每年夏季可接待游客1亿人次,但同时旅游业也将这一地区变成了世界上旅游污染最严重的地区之一。在欧洲地中海地区,每年7—8月的旅游旺季,蜂拥而至的游客聚集在地中海的海滩上,对地中海的水环境构成极大威胁。

3. 生活污染源。

不少湖泊紧靠大中城市,又是著名的风景游览区,如昆明滇池、杭州西湖、武汉东湖、无锡太湖、南京玄武湖等,旅游城市和旅游区内及其附近地区城镇居民所产生的生活污水,成为旅游水体的重要污染源。

4. 生产污染源。

旅游区内与外界河流相连的风景水域的水质受河流环境状况的影响很大,而这些河流的水质受到所在地区产业布局的影响。旅游区周边的农业生产施用的化肥使接受废水的旅游区溪流、湖泊遭受污染;河床中的挖沙行为会改变河道、影响河堤、使水质变差;旅游区周边地区的工矿企业打深井,使得地下水遭破坏;工厂排放的废水会污染旅游水体环境。

5. 自然污染源。

自然污染源是由于自然因素造成的,来自于地层中水溶解的矿物质、土壤的剥蚀和腐殖质等各种有机物沉积于水体,以及降雨淋洗大气和地面后挟带各种物质流入水体,都会影响该地区的水质。如高矿化度的地下水、矿床周围的矿化水对旅游区河湖水体的污染等。这些污染源具有持久性、长期作用的特征,多发生在有限的区域内。

（二）水体污染物

造成水体的水质、底质、生物质等的质量恶化或形成水体污染的各种物质或能量均可能成为水体污染物。水体中污染物种类繁多,根据污染物的物理、化学、生物学性质及其污染特性,可将水体污染物分为无机无毒、无机有毒、有机无毒和有机有毒四类。

表7.2 水体污染物的类型

分类	无机无毒物质	无机有毒物质	有机无毒物质	有机有毒物质
含义	酸、碱及一般无机盐和氮、磷等植物营养物质	密度大于5.0克/立方厘米的重金属,如汞、镉、铅等,也包括砷、硒等非金属元素	在水体中比较容易分解的有机化合物	有机且有毒,如农药、苯、硝基苯等
举例	酸雨、化肥	电池、工业废水	餐余垃圾、排泄物	农药、游船废油
特点	破坏水体自净作用,抑制微生物生长,腐蚀管道、水工建筑物和船舶,增加水中无机盐类和水的硬度	具有强烈的生物毒性和累积性,影响水中生物,并可通过食物链危害人体健康	消耗水体中的溶解氧,恶化水质,对水中生物的生存产生影响和危害	有毒性,会积累,使人类饮水安全和健康受到威胁

对于旅游区,主要的水体污染物是有机无毒物质,其常用的衡量指标是化学需氧量、生化需氧量、总有机碳等。

二、旅游的水体影响效应

旅游水环境问题包括水量与水质两个方面。用水需求的不断增长与供水能力有限导致供水短缺的矛盾;污水排放量的不断增长与污水处理能力的不足导致水质污染的矛盾。

(一)水资源过度利用

旅游经营者保护与合理使用水资源的意识不足,不切实际地开展高耗水项目,大量消耗了水资源,如一个建在热带、亚热带的高尔夫球场的耗水量,相当于当地6万个居民用水量的总和。一些旅游区没有严格的管理措施,缺少水资源保护的合理规划,未对当地水文地质进行勘测,盲目地开发、截留、超采地下水,造成水资源的过量使用,会导致水景退化甚至消失,如著名的泉城济南,曾因过量开采地下水而使诸多名泉几度干涸。

旅游业的发展带来了大量游客,不断增长的游客量导致用水量的急剧增加,从而加剧了水资源的耗竭,著名旅游地如黄山、泰山、庐山等在旅游旺季和枯水季节都存在缺水现象。旅游区水资源的锐减,反过来又会影响旅游区的持续发展,在突尼斯这个本来已是滴水如金的国度,旅游业对水的需求导致地下水资源几乎枯竭,对旅游业的持续发展形成制约。

（二）水景观遭到破坏

在旅游开发中，修建道路、索道、餐馆等旅游设施，会造成植被破坏、山体裸露，使植被涵养水土和调节径流能力下降，造成水土流失、水体浑浊和污染，破坏旅游水体景观。旅游开发中为满足旅游业的发展修建水库，拦截大气降水、地表径流，改变了区域的水文特征，导致受纳水体减少，水体环境对污染物的降解能力降低，水环境容量降低。水文特征的人为改变会破坏旅游观光景点，主要有瀑布、溪流和深潭等，如由于上游水量减少，导致一些瀑布水量过少，甚至有断流之忧。

游览船舶在旅游水域航行时激起的波浪对河湖岸线的冲刷，对水面倒影造成破坏。桂林漓江每逢旅游高峰季节，游江船只几乎是首尾相接，组成浩浩荡荡的船队，游客已经很难领略到水中倒影之美，泥岸受浪冲击，江水的清澈度也受到影响。

（三）水环境造成污染

旅游区内的宾馆、酒店等服务接待设施在运行过程中会产生污水，如果污水处理工程没有落实，污染物或多或少地进入受纳水体，就会造成水体污染。在亚龙湾七公里多长的海岸线上，有十多家酒店，污水普遍直接、间接排入大海，污染近海海域。北戴河每年接待五六百万游客，每日排出的生活污水达 5 000 吨以上，污水集中排往北戴河两岸滩涂。

休憩设施在运行过程会产生水体污染物，如为维持高尔夫球场的美观整洁，要使用大量杀虫剂、杀菌剂、除草剂等农药。中国香港的资料显示，每年喷施在高尔夫球场草坪上的农药多达 50 余种，这些农药随雨水流入河湖或渗入地下，污染附近水体。日本北海道广岛町高尔夫球场排出含农药的水毒死当地鱼塘里 9 万多条鱼的事件曾引起很大反响。

游览船舶在旅游水域中航行时，排放的废水、废油和洗刷船舶等产生的污水，会对旅游水域造成污染。由于三峡自然地理条件的限制，使其只能以游船作为主要的交通工具，游船产生的垃圾、污水、油污对长江三峡库区的水体造成污染。洱海的各类船只达 5 000 余艘之多，使洱海的水环境遭到污染。

（四）水生态受到干扰

现代的旅游休闲活动越来越注重体验性和互动性，各式各样的水上运动不断展开，结果就是越来越多的旅游者成为水体生态系统的入侵者。如水上摩托艇、划船、踩水、游泳、垂钓、跳水、潜水、帆船等，都会给水体生态环境造成干扰和冲击。如海上摩托艇项目不仅对沙滩及海岸线产生侵蚀作用，而且其产生的涡流还会影响海域生态如珊瑚礁内的浮游生物和鱼类。旅游活动产生的其他污染物,进入水体后同样会影响鱼类、藻类等水生动植物的生存环境,威胁水生生物的健康,干扰水生生态系统。

第四节　旅游水环境评价

旅游水环境评价是在水资源和水质调查的基础上,根据水资源的时空分布状况及其生态服务功能与要求,采用科学的评价标准和方法,评判水环境对于旅游开发的适宜程度。质量评价通过调查结果的统计、对比、分析和评价,说明旅游水体的水质状况对于旅游发展的适宜性;影响评价通过对评价项目所排的废水及污染物对旅游水环境可能造成的影响程度和范围进行预测和评估,判断开发项目的可行性,并提出建议。

一、评价因子的选取

根据水环境评价目的、评价水体功能、旅游水体污染源调查和水质分析结果等,选择其中与项目相关的重要污染物和对旅游水环境危害较大的或国家、地方要求控制的污染物为评价因子,评价因子的数量应能反映评价范围的水质现状。

（一）常规水质参数

可反映评价水域水质的一般状况,以《地表水环境质量标准》(GB3838)中所列的水温、pH 值、溶解氧、需氧量、总磷、总氮、汞、铅、挥发酚、粪大肠菌群等为基础,根据水域类别、评价等级及污染源状况适当增减。

（二）特征水质参数

根据评价项目排污特点、水域类别及评价等级进行选择,不同行业的特征水质参数不同。一般来说,旅游业特征水质参数主要有色、嗅、飘浮物、透明度、水温、pH 值、溶解氧、需氧量、氨氮、表面活性剂、电导率、总磷、总氮、粪大肠菌群等,根据具体情况可以适当删减。

（三）敏感水质参数

敏感水质参数是指受纳水域敏感的或曾出现过超标而要求控制的污染参数。

当纳污水域的环境质量要求较高(如自然保护区、饮用水源地、珍贵水生生物保护区、经济鱼类养殖区等),且评价等级为一、二级时,应考虑调查水生生物和底质。水生生物方面主要调查浮游动植物、藻类、底栖无脊椎动物的种类和数量、水生生物群落结构等;底质方面主要调查与项目排水水质有关的易积累的污染物。

二、评价标准的选择

水体环境质量评价的基本依据是水环境质量的各种标准、有关法规、当地环保要求及待评价项目的要求,应根据评价水域水环境功能及水域特性,选择相应的水质评价标准。地表水质量评价应采用《地表水环境质量标准》或相应的地方标准,地下水质量评价应采用《地下水环境质量标准》,海湾水质量评价应采用《海水水质标准》,有些水质参数国内尚无标准,可参照国外标准或建立临时标准。与旅游活动关系密切的水质标准主要有饮用水水质标准、地表水质量标准和景观娱乐用水水质标准。

(一)饮用水水质标准

饮用水水质标准是为维持人体正常的生理功能,对饮用水中有害元素的限量、感官性状、细菌学指标以及制水过程中投加的物质含量等所作的规定。饮用水水质相关的主要标准有《生活饮用水卫生标准》(GB5749)和《生活饮用水水源水质标准》(CJ3020)。

(二)地表水质量标准

地表水质量标准主要是为了保护地面水体免受污染而制定的,主要标准包括《地表水环境质量标准》(GB3838)和《海水水质标准》(GB3097)。

《地表水环境质量标准》规定了水环境质量应控制的项目及限值,以及水质评价、水质项目的分析方法和标准的实施与监督。依据地表水水域环境功能和保护目标,按功能高低依次划分为五类。

Ⅰ类:主要适用于源头水、国家自然保护区。

Ⅱ类:主要适用于集中式生活饮用水地表水源地一级保护区、珍稀水生生物栖息地、鱼虾类产卵场、仔稚幼鱼的索饵场等。

Ⅲ类:主要适用于集中式生活饮用水地表水源地二级保护区、鱼虾类越冬场、洄游通道、水产养殖区等渔业水域及游泳区。

Ⅳ类:主要适用于一般工业用水区及人体非直接接触的娱乐用水区。

Ⅴ类:主要适用于农业用水区及一般景观要求水域。

对应地表水上述五类水域功能,将地表水环境质量标准基本项目标准值分为五类,不同功能类别分别执行相应类别的标准值。水域功能类别高的标准值严于水域功能类别低的标准值。同一水域兼有多类使用功能的,执行最高功能类别对应的标准值。

《海水水质标准》规定了海域各类使用功能的水质要求。按照海域的不同使用功能和保护目标,可将海水水质分为四类。

（三）景观娱乐用水水质标准

旅游区内以景观、疗养、度假和娱乐为目的的江、河、湖（水库）、海等水体以《景观娱乐用水水质标准》(GB12941)作为评价标准,该标准按照水体的不同功能,分为三大类。

A类:主要适用于天然浴场或其他与人体直接接触的景观、娱乐水体。

B类:主要适用于国家重点风景游览区及那些与人体非直接接触的景观娱乐水体。

C类:主要适用于一般景观用水水体。

旅游区宾馆、酒店用水可按使用部门对水质要求的不同而分为生活用水、生产用水和生饮水等三大类。生活用水采用《生活饮用水卫生标准》,生产用水采用《低压锅炉水质标准》、《宾馆、饭店空调用水及冷却水水质标准》。对其他未作明确规定的项目,应执行《地表水环境质量标准》、《地下水环境质量标准》和《海水水质标准》等标准中的标准值及其有关规定。

三、水环境质量影响预测

（一）预测点

为全面反映评价项目对旅游水环境的影响,一般应选择以下地点为预测点:已确定的敏感点;环境现状监测点;水文条件和水质突变处的上、下游,水源地,水工建筑物及水文站附近;在河流混合过程段选择几个代表性的断面;排污口下游可能出现超标的点位附近。

（二）预测时期

地表水预测时期分为丰水期、平水期和枯水期。一般枯水期河流自净能力最小,平水期居中,丰水期自净能力最大。对一、二级评价项目应预测自净能力最小和一般时期的环境影响;三级评价或评价时间较短的二级评价只可预测自净能力最小时期的环境影响。

（三）预测阶段

一般分建设过程、生产运行和服务期满后三个阶段。所有评价项目均应预测生产运行阶段对水体的影响,并按正常排污和不正常排污(包括事故)两种情况进行预测。

（四）预测方法

水环境影响预测一般有专业判断法、类比调查法和模型计算法,三种方法可以互相配合使用。专业判断法是邀请各方面有经验的专家,对旅游区建设项目可能产生的各种水环境影响,从不同的方面提出意见和看法,然后采用一定的方法综合意见,得出定性结论。类比调查法是对比拟建项目和相似已建项目的水文地质条件、水质成分及工程性质、规模的相似性,调查已建项目的环境影响,据此推断新建项目的环境影响。模型计算法是运用物理模型、数学模型等进行定量的预测计算,是预测水环境影响时最常用的方法。

四、水环境评价

水环境评价方法有感观判断法、水质指数法、数据统计法及生物学评价法等。感观判断法是根据感观性状,即味道、嗅味、颜色、透明度、浑浊度等评价水体质量;水质指数法是评价环境质量现状的经典方法,可分为单项水质参数评价和多项水质参数综合评价;数据统计法利用概率统计各水质指标的达标率或超标率、超标倍数、平均值等结果;生物学评价法是根据生物与环境相适应的原理,通过测定水生生物的变化,间接判断水质。

（一）水质参数数值的确定

在单项水质参数评价中,一般情况下,某水质参数的数值可采用多次监测的平均值,但如果该水质参数数值变化很大,为了突出高值的影响,可采用内梅罗(Nemerow)平均值,或其他计入高值影响的平均值。

$$C = \sqrt{\frac{C_{\max}^2 + \bar{C}^2}{2}}$$

式中,C 为水质参数的监测值。

（二）单项水质参数评价

单项水质参数评价是对每个污染因子单独进行评价,简单明了,能客观地反映水体的污染程度,清晰地判断出主要污染因子、主要污染时段和水体的主要污染区域,能较完整地提供监测水域的时空污染变化,有助于直接了解水质状况与评价标准之间的关系。单项水质参数评价是目前使用最多的水质评价方法,一般采用标准指数评价法。

一般项目的标准指数为:

$$S_{ij} = \frac{C_{ij}}{C_{si}}$$

式中,S_{ij} 为水质评价参数 i 在第 j 点上的标准指数;C_{ij} 为水质评价参数 i 在第 j 点上的监测浓度;C_{si} 为水质评价参数 i 的评价标准限值。

由于 DO 和 pH 与其他水质参数的性质不同,需采用不同的指数计算形式。

DO 的标准指数为:

$$S_{DO_j} = \frac{|DO_f - DO_j|}{DO_f - DO_s} \qquad (DO_j \geqslant DO_s)$$

$$S_{DO_j} = 10 - 9\frac{DO_j}{DO_s} \qquad (DO_j < DO_s)$$

$$DO_f = 468/(31.6 + t)$$

式中,DO_f 为饱和溶解氧的浓度(毫克/升);DO_s 为溶解氧的评价标准限值(毫克/升);DO_j 为 j 点的溶解氧浓度(毫克/升);t 为水温(摄氏度)。

pH 的标准指数为:

$$S_{pH_j} = \frac{7.0 - pH_j}{7.0 - pH_{sd}} \qquad (pH_j \leqslant 7.0)$$

$$S_{pH_j} = \frac{pH_j - 7.0}{pH_{su} - 7.0} \qquad (pH_j > 7.0)$$

式中,pH_j 为河流或湖(库)、海等水体第 j 点的 pH 值;pH_{sd} 为评价标准中规定的 pH 值下限;pH_{su} 为评价标准中规定的 pH 值上限。

水质参数的标准指数>1,表明该水质参数超过了规定水质标准,已不能满足使用要求。

(三)多项水质参数综合评价

多项水质参数综合评价选择多项水质参数进行水质综合评价,能了解多个水质参数的现状与相应标准之间的综合相对关系。较常用的有加权平均法和分级型指数法。

加权平均法所求 j 点的综合评价指数可表达为：

$$S_j = \sum_{i=1}^{m} W_i S_i \qquad \sum_{i=1}^{m} W_i = 1$$

式中，W_i 为第 i 个水质参数的权重值；S_i 为第 i 个水质参数的标准指数值；m 为水质参数的数量。

分级型指数法采用评分制，以《地表水环境质量标准》以及《污染水质分级》为参考依据，选取 16 个指标作为评价因子，地表水水质分为六级。

表7.3 地表水质评价标准

（单位:毫克/升,臭和色度除外）

项　　　目	评　价　分　级					
	地表水环境质量标准			污染水质分级		
	一级（Ⅰ）	二级（Ⅱ）	三级（Ⅲ）	轻污染（Ⅳ）	中污染（Ⅴ）	重污染（Ⅵ）
	界　　限　　值					
臭(级)	无异臭	臭强度一级	臭强度二级	臭强度三级	臭强度四级	臭强度五级
色度(度)	≤10	≤15	≤25	>25	>40	>50
溶解氧	≥7.5	≥6	≥4	<4	<3	<1
五日生化需氧量	≤1	≤3	≤5	>5	>15	>30
高锰酸盐指数	≤2	≤4	≤6	>6	>20	>50
挥发酚类	≤0.001	≤0.005	≤0.01	>0.01	>0.1	>0.5
氰化物	≤0.01	≤0.05	≤0.1	>0.1	>0.5	>2.0
铜	≤0.005	≤0.01	≤0.03	>0.03	>0.2	>2.0
砷	≤0.01	≤0.04	≤0.08	>0.08	>0.3	>1.0
汞	≤0.0001	≤0.0005	≤0.001	>0.001	>0.01	>0.05
镉	≤0.001	≤0.005	≤0.01	>0.01	>0.05	>0.1
六价铬	≤0.01	≤0.02	≤0.05	>0.05	>0.2	>1.0
铅	≤0.01	≤0.05	≤0.1	>0.1	>0.3	>1.0
石油类	≤0.05	≤0.3	≤0.5	>0.5	>5.0	>20
氨氮	≤0.3	≤0.5	≤1.0	>1.0	>2.0	>4.0
大肠杆菌（个/升）	≤500	≤10000	≤50000	>50000	>300000	>500000

将评价因子实测值对照水质等级及其分值表得出各因子的相应分值,逐项相

加,即得总分值,分值越高,水质越好。缺少实测值的因子可用近期测定值代替,并加括号以示区别。

表7.4　水质等级及其分值表

级　　别	I	II	III	IV	V	VI
单因素分值	10	9	8	6	3	1
总评价分值	155—160	144—154	128—143	117—127	96—116	16—95

当所有评价因子浓度都在 I—III 级范围内时,按总分值确定水质等级,表示式为(1)式;当评价因子中有属于污染水质级别(IV—VI)时,以水质最差的污染因子所在的级别作为定级依据,并注明该因子的化学符号或中文名称,表示式为(2)式。

$$\frac{\sum a_i}{P} \tag{1}$$

$$\frac{\sum a_i}{P_{\max}(N_i)} \tag{2}$$

式中,a_i 为各评价因子相应的分值;P 为总分值($\sum a_i$)所处的水质等级;$P_{\max}$ 为水质最差的评价因子所属的水质级别;N_i 为最差级的污染因子的化学符号或名称。

当评价参数不足16项时,各级参数的分值保持不变,而评价总分值可按比例减少后取整,例如评价参数为10项时,评价总分值如下表所示。

表7.5　10项参数时的评价总分值

级　　别	I	II	III	IV	V	VI
评价总分值	97—100	90—96	80—89	73—79	60—72	10—59

（四）水质感观适宜性评价

娱乐水体的评价,除评价以生化参数为代表的水质指标以外,还应从感观性状来评判其对旅游者的适宜度。人体感受水环境适宜性的感觉器官主要为嗅觉、视觉和触觉,对应的能够真实并全面反映水体感观质量的水质参数分别为嗅、漂浮物、透明度和水温。可根据人体感官对各水质参数的感观描述或仪器测定,对各参数进行分级。

表 7.6　水质感观适宜性指数各参数的评分尺度

水质参数	评 分 值				
	10	8	6	3	0
嗅	无臭	稍微感觉到臭味	能辨认是何种臭味	感觉到明显臭味	强烈的恶臭
漂浮物（%）	无感觉 0—1	感觉但无不适 1—3	有感觉 3—5	明显感觉 5—10	强烈感觉 >10
透明度（米）	很清澈 ≥2.0	较清澈 1.5—2.0	有浑浊 1.0—1.5	较浑浊 0.5—1.0	很浑浊 <0.5
水温（摄氏度）	舒适 ≥24	凉 21—24	稍冷 18—21	冷 15—18	很冷 <15

　　注：漂浮物包括油膜、浮沫和其他漂浮物质，以漂浮物面积与水面面积的比值表示；水温分级中未设上限，因为水温越高，可以作旅游开发的用途就越广，如人体适宜的洗澡水温为 34 摄氏度—39 摄氏度，温泉温度最低一般是 45 摄氏度，因此，只设定下限。

　　按照评分尺度表对各参数进行评分，然后计算水质感观适宜性指数。

$$WSI = \frac{1}{n} \sum_{i=1}^{n} S_i$$

　　式中，WSI 为水质感观适宜性指数；n 为水质参数的数量，对于非接触使用的水体，可以不考虑水温的影响；S_i 为各水质参数的评分值。

　　水质感观适宜性指数共分成 5 个等级，数值愈大表示水质感观适宜性愈好。

表 7.7　水质感观适宜性评价分级

适宜性等级	一级	二级	三级	四级	五级
WSI 值	>8	6—8	4—6	2—4	≤2
适宜性评价	很适宜	较适宜	一般	不适宜	极不适宜

　　例如，对某漂流景区 5 月份的水体进行了感观体验，没有嗅到臭味，水面有少量浮沫，但无不良感观影响，水体较清澈，水温感觉冷，请评价其水上活动的适宜性。

　　解：从感觉体验描述的状况，可以给各参数进行评分，得到嗅、漂浮物、透明度、水温的评分值分别为 10、8、8、3，所以：

$$WSI = \frac{1}{4}(10 + 8 + 8 + 3) = 7.25$$

因此,该漂流河段的水质感观适宜性为二级,感觉较适宜。

（五）水环境质量生物学评价

水生生物与它们生存的水环境是相互依存、相互影响的统一体,水体受到污染后,必然对在其中生存的生物产生影响,生物也对此作出不同的反应和变化,其反应和变化是水环境评价的良好指标——这是水环境质量生物学评价的基本依据和原理。

在进行评价时,一般首先要对水生生物进行调查,调查的项目主要有:种类、种类总数、多度、初级和次级生产力等,评价通常采用描述对比法、指示生物法和生物指数法等。生物学评价的结果具有综合性、连续性和积累性,无需太复杂的分析仪器和设备,这些优点正是水质指数法所缺乏的,如将水环境的生物学评价法与水质指数法相结合,将得到更合理、更可靠的结论。

1. 描述对比法。

根据调查水体中水生生物的区系组成、种类、数量、分布等描述,并与未受污染的、清洁的同类水体或同类水体的历史资料进行比较分析,据此作出水体的质量评价。这是定性的方法,没有标准,可比性差。

2. 指示生物法。

指示生物法是根据对水体中特定污染物质敏感的或有较高耐量的生物种类的存在或缺失,来指示水体中有机物或某种特定污染物的多寡与污染程度。

选作指示种的生物,最好是那些生命期较长、比较固定地生活于某处的生物,一般静水中主要用底栖动物或浮游生物,流水中主要用鱼类、底栖动物或微生物。如鱼类对有机氯污染的敏感性高,而甲壳类则低,如发现水体中有鱼死亡,而虾类和水生昆虫还活着,表示水体可能被有机氯污染;有机磷污染恰恰相反,即使甲壳类全部被毒死了,而鱼类还不至于会被毒死;软体动物对缺氧的忍耐性高,当甲壳类、鱼类死亡后,软体动物仍存活,表明水体可能缺氧。

为了较精确地评价水质,最好将指示生物鉴定到种,因为同一大类中,不同种的生物对污染的敏感或耐受程度不同,因此,可用生物群落结构作为评价指标。

3. 生物指数法。

生物指数是把水质变化引起的对生物群落的生态学效应用数学形式的定量数值来表示。根据反映水体群落结构的内容不同,生物指数可以有多种形式,如生物残留量指数、生物多样性指数等,在应用时,最好用几种不同的生物指数进行综合评价。

表7.8　通过生物群落结构来评价水污染状况

生物群落结构	水环境特征	水质状况
细菌很少(100 个/毫升以下);水生藻类减少、底生藻类增多;鞭毛虫和纤毛虫类少、鞭毛虫类很少(100 个/毫升以下),动物多种多样,昆虫幼虫多	溶解氧多、有机物彻底分解、无硫化氢恶臭、生化需氧量低	轻污染
细菌少(10×10^4 个/毫升以下);硅藻、绿藻、接合藻属有多种出现;双鞭毛虫类出现,淡水海绵、水螅、贝类、小型甲壳类和昆虫多种出现,两栖动物和鱼类出现种类增多	溶解氧增多,氧化过程进行较顺利,有机质氨化作用强烈,水中脂肪酸和胺类化合物多,生化需氧量低,无恶臭	中污染
细菌较多(10×10^4 个/毫升左右);藻类大量出现,并出现绿藻、接合藻和硅藻;原生物中出现太阳虫和吸管虫类,没有双鞭毛虫,没有淡水海绵,有贝类、甲壳类和昆虫,动物以摄食细菌者为主,肉食动物增多,鲤、鲋、鲶鱼等鱼类可在此生息	有机质有较强水解,氨基酸丰富,溶解氧增多,水和底泥中出现氧化过程,生化需氧量较高,硫化氢恶臭明显	强中污染
细菌很多(100×10^4 个/毫升以上),主要是浮游球衣细菌和贝氏硫细菌等;没有硅藻、绿藻和高等植物;动物以原生动物占绝对优势,以细菌为食,以变形虫、鞭毛虫、纤毛虫类居多,没有太阳虫、双鞭毛虫和吸管虫类,也没有水螅、淡水海绵、小型甲壳类、贝氏类、鱼类	有机物丰富,蛋白质高、生化需氧量高、溶解氧为零,有机质进行厌氧分解,腐败过程明显;强烈硫化氢和硫醇恶臭	强污染

第五节　旅游水污染防治

一、水污染防治控制技术

旅游水污染防治控制就是禁止污水、垃圾等污染物进入旅游水体,即切断水体污染源、避免水质恶化,使旅游区的水质保持在良好的状态。

(一)减少污染排放量

1. 控制污染源。

旅游区要采取坚决措施,严格控制各类新污染源,抓紧治理旧污染源。在旅游区周边,应严格限制修建污染环境的企业和事业单位;对已有企业,要严格控制污水、废水向旅游区排放,对于用水量大、污染严重、排放不达标,又无有效治理措施的单位和个人,应责成其限期改造达标,不能达标的应将其迁出旅游区,如桂林市为保护漓江水质,就曾下令对漓江上游的一批污染型工业企业分别采取关、停、并、转、迁措施。

水上旅游交通是造成水体污染的一大重要污染源,应通过污染物的处理和交通燃料的管理,控制水上旅游交通污染。水上交通游览船只应利用污水箱、垃圾箱集中收集污水和垃圾,待船靠岸后再运到指定地点集中处理,未经处理的废水、垃圾不能直接排入水中;安装油水处理器或污水柜系统,实行废油回收登记制,配备必要的环保设施,杜绝各类船舶的跑、冒、滴、漏现象,逐步淘汰燃油机动船只和破旧船只,旅游区应鼓励使用无污染且噪音低的船只,如电瓶船、太阳能船等。

2. 减少排污量。

应采取各种措施减少污水排放量。旅游区应积极推行旅游企业清洁生产,坚决制止污水直接排放,如为了防止庐山水资源遭到污染,庐山旅游饭店协会发出倡议,要求景区内所有宾馆饭店的客房用品及餐具都运到山下洗涤,以更好地保护庐山的水体资源;对水上游览船只实行挂牌经营,控制船只数量,减少水上旅游交通排污量。

旅游污水主要由厕所冲洗水、厨房用水、洗涤水、浴水等组成,其中浴水占到全部污水量的60%—70%,浴水中有机物浓度极低,浴水和其他污水混合后,污水量大增,污水浓度大大降低,耗氧量仅100—150毫克/升左右。污水量大使处理设施庞大、投资大;污水浓度低使活性污泥缺乏营养,导致活性污泥浓度降低,处理设施运转困难,无法进行反消化,污染物去除率低。旅游区应采取浴水和其他污水分流排放处理的措施,每栋建筑物内浴水单独设管排放,室外单独设管收集。

3. 减少污染物。

调整旅游区周边的产业布局,节约用水,减少污染物的排放量,采取措施减少污水中各类污染物的含量,如为防止洗涤污水对水域富营养化的影响,在旅游区内的商场、饭店、洗衣房等,应严格禁止销售和使用含磷洗衣粉,从而削减水体中磷的污染物含量。

(二)加强污水处理量

旅游区(点)内的各类接待场所,如饭店、宾馆、疗养院、度假村、餐馆等,要修建污水处理设施,或者截污后集中到污水处理厂进行处理,使污水在排入旅游水体之前得到充分的处理并达标排放,如旅游胜地夏威夷,它的所有污水都要经过处理达标后,再排入1 000米深的海底。

1. 物理处理法。

污水的物理处理法是指通过物理作用来清除污水中不溶解的悬浮固体物(包括油膜、油品)的方法。这类方法在处理过程中不会改变污染物的化学性质,常用的有沉淀法、上浮法、过滤法(格筛过滤、微孔过滤、膜过滤、深层过滤等)、吸附法、分离法等。

2. 化学处理法。

污水的化学处理法是指向污水中投加某种化学药剂,与污水中溶解性的污染物质发生化学反应,使污染物质生成沉淀或转化为无害物质的方法。常用的化学处理方法有离子交换法、混凝法、中和法、氧化还原法等。

3. 生物处理法。

生物处理法是利用微生物的作用对污水中的胶体和溶解的有机物质进行净化处理。根据微生物呼吸特性的不同,分为好氧生物处理法和厌氧生物处理法两大类,常用的生物处理法有活性污泥法、生物膜法、氧化塘法等。

生物处理法主要是处理污水中的有机物,而旅游污水中的主要成分为有机污染物,生物处理法不仅可以去除有机物、病原体、有毒物质,还能去除臭味、提高废水的透明度,改善水的感官性能,而且基建投资少、处理费用低、操作简单、无二次污染,是旅游污水生态化处理的良好方式。

4. 物理化学法。

物理化学法是指综合使用物理和化学方法使旅游污水得到净化,通常是指由物理方法和化学方法所组成的污水处理系统,如浮选、吹脱、结晶、吸附、萃取、电解、电渗析、离子交换、反渗透、超过滤等。物理化学处理既可以是独立的处理系统,也可以是生物处理的后续处理措施,其工艺的选择取决于旅游污水水质、排放或回收利用的水质要求、处理费用等。

(三)促进污水资源化

在水资源短缺的旅游区,在考虑水污染防治对策的同时,与污水资源化利用相结合,在消除水污染的同时,开展污水回用技术的应用与推广,在旅游区的绿化、保洁等方面开展中水再生利用,以缓解水资源短缺的状况。

二、水污染治理修复方法

水污染治理修复是指对已经造成一定污染的水体进行治理或者修复,使水质恢复到接近其受污染以前的状态,或者采取措施改善总体水质,以恢复水体特定的用途,如观赏、游泳、钓鱼和划船等。

（一）流动类水体

1. 调水。

调水是通过水利设施（如闸门、泵站等）的调控引入上游或附近的清洁水源来改善旅游水体的水质。具体方法是把优质水直接导入旅游水体中,同时排出等体积的劣质水;或者先排放给定体积的劣质水,然后再灌入优质水。如杭州西湖从1986 年就开始从钱塘江调水,从而改善西湖水质。引入清洁水源,使水体不断更新,从而保持旅游水体的洁净,但实质上并没有减少污染物总量。

2. 底泥疏浚技术。

水体底部沉积物（底泥）和水体之间存在着一种吸附和释放的平衡,底泥疏浚的主要目的是去除底泥所含的污染物,清除水体的内源污染,减少底泥污染物向水体的释放,增大旅游水体环境容量。为控制底部沉积物释出,主要措施有覆盖法、疏浚法和充氧法等。

表 7.9　常用的底泥疏浚技术

方　法	措　　施	特　　点
覆盖法	把底部沉积物覆盖起来	可预防和延缓营养物释放
疏浚法	对淤积的底泥和垃圾进行清理	可控制潜在污染
充氧法	对底部厌氧水体进行充氧	可防止底部水的厌氧条件,降低污染

3. 植物修复技术。

植物修复技术利用培育的藻类、草本和木本等植物以及培养、接种的微生物,对水中污染物进行转移、转化及降解,从而净化旅游水体。通过种植水生植物,合理搭配种植浮水、沉水和挺水植物,以及修复水域生态系统,可以治理水体污染,改善滨水环境,增加水体的景观效果,从而保持旅游水域自然生态系统的良性发展。

（二）非流动类水体

湖泊、水库、湿地、滨海等水体大多为非流动类水体,主要通过外部处理、就地处理和植被缓冲带等方法对水体污染进行治理和修复。

1. 外部处理法。

水的外部处理法是将水抽出水体,在外部处理后再回流入水体,根据所选的处理流程,可得到任意的处理程度。外部处理法通过水泵抽取水体进行处理,处理后的优质水可通过自然坡度流回旅游水体。在水体流动过程中可设置喷泉、叠水等景观,不但可以改善旅游景观效果,还可增加水体的曝气充氧过程。

2. 就地处理法。

在水体内直接处理水也能大大改善水质,所获改善的程度取决于所采用的处理工艺。一般水体就地处理工艺有曝气法和水体过滤技术等。曝气法是人为向水体中通入氧气,利用水中微生物的净化作用,达到水体治理目的;水体过滤技术是在水体局部地段设滤水网,防止过多杂质进入水体,影响水质。

3. 植被缓冲带。

河岸湖滨植被缓冲带可以减缓水体污染。国外有关湖泊治理的实践证明:与河岸湖滨邻接的植被缓冲带,能有效降低地表径流流速和拦截悬浮状的沉积物,一个设计合理的 20 米宽的植被缓冲带可以去除 50% 的沉积物负荷。

加强水体两岸绿化和护岸工作,结合所在具体环境的地形地貌、地质条件、材料特性、种植特色以及施工方法、技术经济要求来建设植被缓冲带,采取以自然生态为主的水体驳岸,保证堤岸与水体之间的水分交换和调节,提高水体污染处理能力。

三、水环境保护管理手段

(一)加强水环境法制建设

加强环境立法,完善环境保护法、水污染防治法等相关法律法规,并在全社会大力宣传,以增强公民的环保意识,提高人们热爱大自然、保护水环境的自觉性。如英国在 19 世纪出台的"马桶法律"规定,马桶每次用水不得超过 9 升,后来改为 6升,从而大大减少了污水的产生量,对水环境的保护起到了很好的作用。

(二)完善水环境管理体制

建立健全水环境管理体制,树立系统的、长远的观点,对水体旅游资源实行保护性开发,切实做好旅游水环境的保护工作。建立流域与区域相结合的管理机制,实现水量水质统一管理;对旅游区内水环境实行总量控制、动态监测、区域联防;应用信息技术管理水环境;加大环境执法力度,既要对游客进行环保行为约束,又要对旅游区所有企事业单位的三废治理工作进行严格监督,禁止任何不合格废水排入旅游水体。

(三)编制水环境保护规划

要切实制定旅游水环境保护规划,协调好水体的各项功能,做好水景观资源的综合利用;确定水环境容量,配套建设雨水、污水分流式下水道系统,合理利用水资源;建立健全旅游水质监测网络,加强旅游区水质检测;要合理规划旅游接待区,对旅游区范围内水环境进行治理和综合利用规划,使旅游水环境保护走上开放的、可持续发展的轨道。

(四)扩大水环境保护宣传

1993 年 1 月 18 日,第 47 届联合国大会确定,自 1993 年起,将每年的 3 月 22 日定为世界水日。为了加强水环境保护,解决日益严峻的水环境问题,开展广泛的宣传教育以提高公众对开发和保护水环境的认识,是水环境保护的重要措施。

在开发旅游资源、加快旅游业发展的同时,应通过加强宣传教育,提高旅游区内各单位和旅游者保护水质的意识,树立"防重于治"的思想,做到防患于未然,避免"先污染、后治理"和"边污染、边治理"的情况,保护旅游水环境。

案例点评

案例一 水污染与佩里耶的兴衰

世界旅游业引以为鉴的一个著名例子,是法国阿尔卑斯山麓的旅游小城佩里耶(Perrier)及与其同名矿泉水之兴衰史。佩里耶生产的同名矿泉水,曾经是世界各大著名矿泉水中销量最好、品质最佳的抢手货,1989 年曾被《财富》杂志评为美国最佳的六大公司之一,佩里耶也因此从一个无名小镇一跃成为阿尔卑斯著名的旅游地。1990 年,由于旅游旺季和超载造成的一次严重污染事件,使佩里耶矿泉水声誉一落千丈,小镇的旅游业从此陷入萧条。到目前为止,尽管污染早已得到治理,矿泉水品质也已恢复原状,厂商作了大量广告推销,但佩里耶矿泉水仍远未恢复至其原来的销量,佩里耶小镇也不如以前繁华。

资料来源:《旅游活动与地理环境的协调发展》,《地理》(高二),人民教育出版社 2009 年版。

点评：

"水能载舟,亦能覆舟。"良好的水环境促进佩里耶旅游业的巨大发展,而其旅游业却因为水污染而走向衰落。

案例二　武陵源景区的水环境保护措施

谁有钱谁就可以建宾馆、开酒店,这是 20 世纪八九十年代湖南省张家界市武陵源核心景区曾经一度出现的混乱局面,过度开发使金鞭溪的水质遭到严重污染,联合国教科文组织曾经向当地政府发出警告。

为了改变这种破坏性发展的局面,张家界市经过认真反思,提出了以生态环境建设为基础,以生态经济为核心,努力实现环境保护与旅游开发的协调发展。张家界市投资两亿多元,对 20 世纪八九十年代初在武陵源核心景区兴建的宾馆酒店及其他建筑分期分批进行拆除,共拆除接待设施 131 家,拆除建筑面积 20.22 万平方米;在景区全面禁止使用含磷洗涤剂,把景区内的厕所全部改造为环保厕所;在宾馆、酒店广泛推广先进的生活污水处理技术,另外,投入近 8 000 万元,建设完成武陵源风景区锣鼓塔和索溪峪污水处理厂。

资料来源:张家界旅游网,www.zjjok.com。

点评：

水环境的保护要从减少污染源、处理污染物等各个环节去联合加强,强化管理,才能科学、有效地保护好水资源和水环境。

案例三　黄山景区污水"统管处理"

早在 1986 年,黄山就开始建设生活污水处理设施,现全山已建成 13 个污水处理站,日处理污水能力 5 000 吨。黄山景区现有的污水处理设施统一由污染治理管理站管理,对景区的生活污水治理负总责。

根据 ISO14001 的理念,黄山的污水处理逐步建立健全规章制度,规范技术操作程序;建立台账制度,加强档案管理,所有操管人员全部进行岗前培训和定期培训。景区对狮林、西海等 8 处污水处理设施进行了维修改造,对核心景区裸露管道进行全面治理,对白鹅岭、北海、西海、天海和蒲团松等 13 座旅游公厕进行全面改造,使水冲式厕所的粪水不再直排或简单依靠化粪池处理,而是全部接入污水管网,实现无害化处理。在无法建造水厕的地段,黄山又引进了5座生态厕所,采用微生物降解技术处理粪便,以其无需进水和零排放的优点,克服了水厕建设面临的瓶颈问题。环保部门水质监测结果表明,黄山风景区的污水排放已完全符合国家规定的景区生活污水处理排放Ⅰ类标准。

资料来源:王立武:《黄山景区全面实现污水统管处理达标排放》,新华网,2006年2月6日。

点评:

> 黄山的污水"统管处理",使污水处理走向规范化的道路,有利于对污水进行长期有力的控制,保护好景区的水环境。

练习思考

一、填空题

1. 旅游活动的水环境应具备两方面条件,一是水体的_____,二是水体自身的优美程度。

2. 瀑布环境的保护主要包括水量保护和_____保护两个方面。

3. 一般来说,天然水中含有三大类物质:一是_____,二是胶体物质,三是悬浮物质。

二、单项选择题

1. 在影响旅游水体质量的因子中,以下属于敏感水质参数的是(   )。

A. 需氧量   B. 铅   C. 粪大肠菌群   D. 藻类

2. 地表水质量标准分为(   )类。

A. 二   B. 三   C. 四   D. 五

3. 在水环境质量生物学评价的指示生物法中,当细菌数量少(10×10^4 个/毫升以下),双鞭毛虫类出现,硅藻、绿藻、接合藻属有多种出现时,此类水体属于(   )水体。

A. 强污染   B. 强中污染   C. 中污染   D. 轻污染

三、简答题

1. 简述旅游活动的水环境条件。

2. 简述旅游的水体影响效应。

3. 旅游污水处理的方法有哪些？

4. 简述不同类型旅游水体污染修复技术和措施。

5. 简述水环境保护的主要管理手段。

四、列举题

1. 列举主要旅游水体污染源。

2. 列举常规的水质参数。

3. 列举水环境质量的生物学评价方法。

第八章

旅游声光环境

学习要点

了解旅游声环境及其特性;掌握声环境的评价方法;掌握声环境的保护对策;了解光污染的类型和危害;熟悉光环境的评价方法;掌握光环境的保护措施。

基本概念

声环境、噪声、声景观、光污染

第一节　旅游声环境

声环境是人体周围以声音为主体的客观环境。人类听觉的频率范围为20—20 000赫兹,高于20 000赫兹的为超声,而低于20赫兹的则为次声。声音从客观上可分为自然声和社会声,主观上可分为对个体有用的声音和无用的声响,有用的为声景观,无用的则为噪声,声景观和噪声构成了人类生存的声环境。

表 8.1　旅游区的声环境

自然声	水　声	降水声、流水声、海浪声等
	风　声	风啸声、树叶摩擦声等
	动物声	禽鸣声、虫唱声、兽叫声等
	其　他	火声、雷声、山石崩塌声等
社会声	人　声	笑声、吵闹声、谈话声、哭喊声、叫卖声等
	生产声	砍伐声、打桩声、机器轰鸣声等
	交通声	汽车声、火车声、飞机声等
	其　他	乐器声、喇叭声、钟声、电器声等

一、旅游声环境及特性

（一）旅游区声环境

旅游区里的声景观主要是由自然界的大气、水和生物等要素产生的各种使人们轻松愉悦的声音，如泉水叮咚、溪流潺潺、莺啼婉转、蛙蛙和鸣、雨打蕉荷、林海松涛、浪涛澎湃、空谷足音、鼓乐钟鸣、人声天籁等。

一般来说，45—50 分贝声压级以上的声音在旅游区都可称为噪声，噪声污染和垃圾污染最容易被人感知。旅游区噪声的污染源多种多样：来往机动车辆的行驶声、停靠声、鸣笛声，游客的喧哗声、燃放鞭炮声，旅游区内摊贩的叫卖声，导游召集游客的喊叫声等。南岳衡山、中岳嵩山和东岳泰山，年消耗鞭炮总量均在 2 亿响以上，平均每分钟都有数十响鞭炮声，给宁静的旅游区造成不良影响。

（二）餐厅声环境

餐厅不仅是人们进餐的场所，也是重要的社交场所和公众汇集的地方。在餐厅中，人们不但在"吃"，同时还在"说"，在餐厅里举办宴会、总结会时，会有讲话发言、音乐演奏和歌舞表演等。因此，餐厅声环境是由讲话声、餐具碰撞声、设备噪声混合而成的持续的背景声。

餐厅的声环境不仅与以人为主的声源有关，而且与餐厅的格局、装修等建筑声学因素密切相关，科学地对餐厅进行吸声处理，可以大大降低餐厅的嘈杂程度，改善用餐的声环境。

（三）客房声环境

客房是旅客逗留、住宿和休闲的场所，除了要让游客有宾至如归的感觉，提供优质周到的服务，合理的布局、完善的设施外，还需要为游客提供良好的住宿"声环境"。客房的噪声主要来自于客房内各种设施设备所发出的声音,如淋浴时的水声、浴缸和马桶的放水声、电视空调等电器声、谈话声、床架门窗的机械声等。

表8.2　客房内的声压级与游客反应

声压级(分贝)	游　客　反　应
30—35	满意
35—40	比较满意
40—45	没有较多的抱怨
>45	有各种不同的反映,多数为不满意

旅游饭店的客房对安静的要求是旅客良好休息的前提,一个富丽堂皇但嘈杂不堪的客房,不仅影响旅客休息,也将大大降低酒店的品位和档次。为营造良好的客房声环境,建筑设计施工时就要做好客房楼板、墙壁、门窗等的隔音,选用隔音良好的材质和低噪音的电器。

（四）歌舞厅声环境

歌舞厅在营业时,内部的声压级是很高的,平均 85—90 分贝,迪斯科舞厅的声压级可达 100 分贝以上。这样高的声压级不仅使在其中娱乐和工作的人难以用语言交流,长时间停留还会对人的健康产生影响。

歌舞厅舞池上部的顶棚集中了大量技术设备,如艺术照明灯具、表演照明灯具、音视频设备等,调光设备对扩声设备的干扰产生的噪声,使歌舞厅的声学条件变得非常复杂,加之大面积光滑表面的舞池是一个强的声反射面,声音经多次反射后的声场更为复杂。

（五）室内大场所声环境

旅游区室内大场所如大堂、宴会厅、报告厅、健身房、室内游泳池等,这些场所由于大量采用大理石、金属板材、大玻璃等坚硬光滑材料,虽达到了富丽堂皇的装潢效果,但无意中破坏了室内声环境,造成人声嘈杂、听闻不清,影响人际交往,降低了使用功能。

由于室内空间大,声源在厅堂内发声时,人在距声源一定距离处听到的,既有来自声源的直达声,还有来自顶棚、墙面、地面等坚硬光滑材料的多次反射和散射而逐渐衰减的混响声,厅堂空间越大,混响声越明显。直达声、反射声和混响声的叠加增加了室内的嘈杂程度,使噪声级提高。

二、旅游声污染

从物理上来说,噪声是指声波的频率和强弱变化毫无规律、杂乱无章的声音。噪声污染是指环境噪声超过国家规定的环境噪声标准,并干扰他人正常生活、工作和学习的现象。

(一)噪声污染特征

1. 感觉公害。

噪声的判断不仅根据物理学上的定义,而且和人们所处的环境和主观感觉反应有关。噪声与排入环境的有毒、有害物质所造成的污染不同,它是人们感觉上的排斥。

2. 无污染物。

噪声污染与热、微波辐射污染类似,是一种能量污染。它没有污染物,在传播时不给环境遗留任何有害物质。

3. 无累积性。

噪声对环境的影响不会积累,具有暂时性,一旦噪声源停止发声,噪声过程即时消失。

4. 不能集中控制。

噪声源具有随机性、分散性的特点,噪声源也往往不是单一的,难以采取集中控制的方法进行处理。

(二)噪声污染源

声音是由物体振动而产生的,其中包括固体、液体和气体,这些振动的物体通常称为声源。旅游区的噪声源按产生机理,可分为机械噪声、空气动力性噪声和电磁性噪声;按辐射特性及传播距离,可分为点声源、线声源和面声源;按来源,可分为交通噪声、游乐噪声和工业噪声。

1. 交通噪声。

在大多数旅游区,交通是主要的噪声污染源。交通噪声主要来自于各类交通工具的振动、行驶和喇叭的使用,主要影响交通线两侧,距交通线越近,受影响越大。影响最广泛是公路交通,噪声强度的影响因素有路况、车速、车流量、车流组成以及喇叭的使用等。

路况主要与路面坡度及路面光滑程度有关,路面坡度在 2% 以下时,车辆上坡噪声不增加,坡度在 7% 以上时,上坡噪声增加 5 分贝;道路越光滑,噪声越低。噪声强度与车速的平方成正比。交通噪声因车流的组成而不同,重型汽车的行进噪声为88—92分贝,摩托车与之相当,小汽车的噪声较小。汽车电喇叭的噪声级为90—110分贝,气喇叭为105—110分贝。使用喇叭,可使公路两侧声级的峰值增加10分贝以上,平均声级增加7—10分贝。

2. 游乐噪声。

游乐噪声主要来自于游乐活动、设施运转和日常生活噪声等,如沙丘车、水上摩托车、汽艇等娱乐工具,在运行中会产生噪声污染;餐饮场所、歌舞厅、卡拉OK厅等场所会破坏宁静的旅游区气氛;旅游区的宣传活动、商业活动及游客聚集或兴奋时所产生的嘈杂声、景区和商业场所招徕游客的音响声等,都会影响旅游者对旅游景观美的欣赏,破坏旅游氛围。

3. 工业噪声。

在旅游城市或附近有工业企业的旅游区,工厂中的锅炉、发电机、空压机等都是噪声源。噪声的级别因噪声源和距旅游区的距离远近而不同。在旅游区新增设施建设过程中,由于使用施工机械,产生的噪音一般在75—100分贝之间,这些噪声不仅会破坏旅游区清静的环境,也会对旅游者的生理、心理、睡眠及健康造成危害。

(三)噪声对旅游的危害

1. 损坏旅游资源。

噪声会损坏旅游建筑,在强噪声的冲击下,建筑物会产生结构的振动效应和疲劳损伤,150分贝以上的强噪声会使金属结构疲劳,如一块0.6毫米厚的不锈钢板,在168分贝无规则噪声作用下,只要15分钟就会疲劳断裂,一些古建筑受飞机长期轰鸣声的影响会出现裂缝。

噪声会惊吓动物,使动物惊恐不安,妨碍动物正常的新陈代谢。嘈杂的人群会使水禽用于取食的时间减少,强噪声会使鸟类羽毛脱落、不产卵。噪声使野生动物的活动区域缩小,生存范围减小,导致动物种群变小和种群间的交流减少,使动物的生活环境岛屿化,不利于野生动物的生存、繁殖,从而破坏旅游生物资源。

2. 破坏旅游气氛。

游客外出旅游的动机不同,但都希望在适宜的旅游气氛中进行各项旅游活动。游乐设施声、人声、机动交通工具行驶中的喇叭声等会破坏旅游区宁静舒适的声环境,超过标准的噪声会引起游客心理的波动,影响游客的游兴和游览效果,留下对旅游区的不良印象,影响旅游氛围。

3. 干扰游客交流。

噪声会影响语言交流，降低交流效率。30分贝以下属于非常安静的环境；40分贝是正常的环境；50—60分贝为较吵的环境，会影响脑力活动，干扰谈话；噪声达65分贝时对话有困难；在80分贝时，则听不清楚；噪声达80—90分贝时，距离约0.15米也得提高嗓门才能进行对话；如果噪声分贝数再高，实际上不可能进行对话。

表8.3　噪声对交谈的影响

噪声（分贝）	主观反应	保证正常讲话距离（米）	通话状况
45	安静	10	很　好
55	稍吵	3.5	好
65	吵	1.2	较困难
75	很吵	0.3	困　难
85	太吵	0.1	不可能

4. 影响游客健康。

旅游设施、基础设施和旅游娱乐场所的噪声因为突发性、冲击性、不连续性等特点，会影响当地居民和旅游者的生活和健康，如干扰睡眠和休息的噪声阈值白天为50分贝，夜间为45分贝；噪声对游客的心血管系统、消化系统、神经系统和内分泌系统也会产生不良影响，如85分贝以上的噪声会对听觉系统造成损害；噪声还会影响游客的心理，使人厌烦、激动、易怒，甚至失去理智。

表8.4　噪声对人身心健康的影响

噪声（分贝）	对人的影响	造　成　的　损　害
第一噪声等级 30—65	影响程度仅限于心理	不舒适的感觉；受到干扰的感觉；厌烦的感觉；易怒；被噪声激怒；不能集中精力从事脑力劳动；课堂讲课或作报告接收的信息量降低；工作能力受损，昏昏欲睡
第二噪声等级 65—90	心理影响大于第一等级，另外还会影响植物神经的活动	唾液分泌减少；胃蠕动频率及幅度增加；心脏悸动量减少（心理压力减少的表现）；血管收缩，动脉末梢的血液阻力增大；脉冲波增加；呼吸加快（新陈代谢加快）；颅内液压增高；脑电波频谱中低频成分加大；大脑皮层功能受到抑制；大脑下皮层功能受到刺激；瞳孔扩大；内分泌系统反应
第三噪声等级 90—120	心理影响和植物神经的影响均大于第二等级，此外有造成不可恢复的听觉器官损害的危险	
第四噪声等级 ≥120	经过相当短的声冲击后，就必须考虑内耳遭受的永久性损伤	

三、旅游声环境评价

(一)噪声标准

噪声对人的影响与声源的物理特性、暴露时间和个体差异等有关。因此噪声标准的制定要考虑保护听力、对人体健康的影响、人们对噪声的主观烦恼度和目前的经济、技术条件等方面的因素。就保护听力而言,每天8小时工作在80分贝以下,听力不会损伤,而在声级分别为85分贝和90分贝的环境中工作30年,耳聋的发病率分别为8%和18%。

表8.5　环境噪声允许范围(分贝)

适用条件	最高值	理想值
体力劳动(听力保护)	90	70
脑力劳动(语言清晰度)	60	40
睡　眠	50	30

为保障声环境质量,我国制定了《声环境质量标准》(GB3096),该标准规定了五类声环境功能区的环境噪声限值及测量方法,适用于声环境质量评价与管理。按区域的使用功能特点和环境质量要求,声环境功能区分为五种类型。

0类声环境功能区:指康复疗养区等特别需要安静的区域。

1类声环境功能区:指以居民住宅、医疗卫生、文化教育、科研设计、行政办公为主要功能,需要保持安静的区域。

2类声环境功能区:指以商业金融、集市贸易为主要功能,或者居住、商业、工业混杂,需要维护住宅安静的区域。

3类声环境功能区:指以工业生产、仓储物流为主要功能,需要防止工业噪声对周围环境产生严重影响的区域。

4类声环境功能区:指交通干线两侧一定距离之内,需要防止交通噪声对周围环境产生严重影响的区域,包括4a类和4b类两种类型。4a类为高速公路、一级公路、二级公路、城市快速路、城市主干路、城市次干路、城市轨道交通(地面段)、内河航道两侧区域;4b类为铁路干线两侧区域。

表 8.6　环境噪声限值(分贝)

类　别	0 类	1 类	2 类	3 类	4 类 4a 类	4b 类
昼　间	50	55	60	65	70	70
夜　间	40	45	50	55	55	60

(二)噪声评价量

为了能用仪器直接反映人的主观响度感觉的评价量,在噪声测量仪器——声级计中设计了一种特殊的滤波器,即计权网络。通过计权网络测得的声压级,已不再是客观物理量的声压级,而是计权声压级或计权声级,简称声级,通用的有 A、B、C 和 D 计权声级。A 计权声级是模拟人耳对 55 分贝以下低强度噪声的频率特性;B 计权声级是模拟 55 分贝到 85 分贝的中等强度噪声的频率特性;C 计权声级是模拟高强度噪声的频率特性;D 计权声级是对噪声参量的模拟,专用于飞机噪声的测量。其中 A 计权声级表征人耳主观听觉较好,它几乎成为一切噪声评价的基本值,而 B 计权声级和 C 计权声级则较少应用。

A 计权声级适合于评价连续稳态噪声。对于起伏的或不连续噪声的评价,可用等效连续声级,符号"Leq"或"LAeq. T",即用一个相同时间内声能与之相等的连续稳定的 A 声级来表示该段时间内的噪声大小,反映声级不稳定的情况下人实际接受的噪声量。

(三)声环境调查

1. 测量点的布设。

贯彻"以点代线、点段结合、反馈全线"的原则,确定若干有代表性的典型噪声测量断面。测量点要覆盖整个评价范围,但重点要布置在现有噪声源对敏感区有影响的那些点上,如度假疗养区、受噪声影响较大的景点。

为便于绘制等级声线图,可采用网格法布设测点。网格的大小视旅游区具体情况而定:对包含呈线状声源特征的项目,平行于线状声源走向的网格间距可大些(如 100—300 米),垂直于该走向的可小些(如 20—60 米);对呈点源特征的项目,网格的大小一般在(20 米 × 20 米)—(100 米 × 100 米)的范围。测量点选在网格中心,如果中心位置不适宜测量,可以移到附近适合测量的地方。对于受到交通噪声影响的区域,应在主要交通干线和交通要道两侧建筑物外 1 米处增设适当数量的监测点,同时记录车流量。

2. 噪声现状调查。

调查旅游区内的噪声源种类、数量及相应的噪声级,按其分布情况,测定噪声强度。测量时,天气要正常,风力小于 4 级,应排除旅游区正常运行、施工等噪声,偶然汽车噪声也应排除(交通道路除外)。测量时间应根据实际情况,划分为昼间(6:00—22:00)和夜间(22:00—次日 6:00)两个阶段,如用积分声级计测量,昼间 16 小时,建议测 3 次,每次半小时;夜间 8 小时,建议测 2 次,每次半小时。每年冬夏季分别测 1 次。对于稳定噪声源,每次至少测定 1 昼夜,随机噪声源应测 5 昼夜。

3. 游客反应调查。

对游客进行问卷或走访调查。调查内容主要包括游客对旅游区内不同区域和不同时段声景观和噪声的感觉影响,对心情、交流、休息以及人体健康的影响。

(四)声环境影响分析

声环境影响分析包括根据拟建项目多个方案的噪声预测结果和环境噪声评价标准,评述其施工、运营阶段噪声的影响程度、影响范围和超标状况,重点评价敏感区域或敏感点声环境变化;分析受噪声影响的区域分布(包括超标和不超标噪声影响的人口分布);分析建设项目的噪声源和引起超标的主要噪声源及原因;分析建设项目选址(选线)、设备选型和设备布局的合理性;分析建设项目中已有的噪声防治措施的适用性和效果,提出需要增加的适用于该项目的噪声防治对策,提出针对该项目的噪声污染监测、管理和旅游规划方面的建议。

(五)声环境评价

1. 声景观评价。

声景观与游客个体特征和身心状态关系密切,同时也与个体所处环境的视觉景象密切相关,其价值是由人的主观判断作出的,与评价人的听觉感受、视觉感受和心理感受相关联。根据评价人的感观描述,对声景观质量各参数进行评分。

表8.7 声景观质量分值表

评分值	10	8	6	3	1
听觉感受	很动听	动听	一般	难受	很难受
视觉感受	很协调	协调	一般	不协调	很不协调
心理感受	很愉悦	愉悦	一般	烦躁	很烦躁

按照分值表对各参数进行评分,然后计算声景观综合指数。

$$SSI = \frac{1}{3}(AI + VI + PI)$$

式中,SSI 为声景观综合指数;AI 为听觉感受评分值;VI 为视觉感受评分值;PI 为心理感受评分值。可把声景观质量分成 5 个等级。

表8.8　声景观质量评价分级

级　　别	I	II	III	IV	V
评价总分值	≥9	8—9	6—8	4—6	<4
总体评价	极好	良好	一般	较差	低劣

2. 统计噪声级。

某点噪声有较大波动时,采用描述噪声变化情况的统计物理量。具体方法为将测得的 100 个数据按大小顺序排列,总数为 100 个的第 10 个数据为 L_{10},同理确定其他两个。

L_{10} 表示在取样时间内 10% 的时间超过的噪声级,相当于噪声平均峰值。

L_{50} 表示在取样时间内 50% 的时间超过的噪声级,相当于噪声的平均值。

L_{90} 表示在取样时间内 90% 的时间超过的噪声级,相当于噪声的背景值。

3. 噪声源评价。

根据旅游区噪声污染源和噪声对周围环境影响的调查,可评价噪声源状况。一般评价旅游区界外 1 米处的噪声,评价方法采用超标值法。

$$P = L_A - L_0$$

式中,P 为噪声超标值;L_A 为某点测量的 A 声级;L_0 为执行的噪声标准值。

4. 旅游环境噪声质量评价。

旅游环境噪声质量评价,可以预先确定等效 A 声级的一个基准值 L_0,把通过测量得到的平均等效连续 A 声级 L_{eq} 除以基准值,就能求得评价噪声质量的污染指数 P_N。

$$P_N = \frac{L_{eq}}{L_0}$$

表 8.9　旅游环境噪声质量分级

等　级	分级名称	P_N范围	等效声级（分贝）
一	安静	$\leqslant 0.60$	$\leqslant 45$
二	较安静	0.60—0.67	45—50
三	一般	0.67—0.75	50—56
四	吵闹	0.75—1.00	56—75
五	很吵闹	> 1.00	> 75

对于旅游环境噪声质量评价,可取室外高烦恼噪声级 75 分贝为基准值。计算出 P_N 值后,可查出环境噪声质量的等级。

四、旅游声环境保护

旅游区声环境保护主要从正负两方面去考虑,正面的是在原有的基础上添加新的声景观,丰富旅游区的声环境;负面的指控制和消除声环境中不协调的、不必要的噪声。噪声传播中的三因素为声源、传播途径和接受者,控制噪声也是从这三方面入手,即控制声源、控制传播途径和进行个人保护。

(一)营造声景观

结合旅游区的自然和社会文化资源,对协调的、好感度高的或希望听到的声要素进行添加或强化,如导入合适的自然声、人工声、文化声、生活声等,通过场景的设置唤醒历史声、记忆声和联想声,营造良好的声环境,提高旅游者的体验,丰富景观感觉的多样性。

1. 把握背景音。

背景音是旅游区的基本声音特征,是其他声音的背景,能突出其他声音的存在。通过对旅游区存在的自然声、活动声、社会声等背景音的发掘,把握旅游区的声环境特征,从而添加某些背景音,以衬托旅游区氛围,或者通过营造背景音来突出其他景观。

扬州的个园,以杰出的春夏秋冬四季假山叠石艺术著称于世,与北京颐和园、承德避暑山庄、苏州拙政园并称为中国四大名园。冬山在南墙之下,假山以宣石堆叠,宣石又称雪石,内含石英,迎光则闪闪发亮,背光则耀耀放白,远远望去寒气逼人,恰似积雪未消。南面高墙上有 24 个风音洞,每个孔洞直径约 1 尺,共 4 排,每排6 个,每当阵风掠过,即会发出风鸣声,让人联想到呼啸的北风,烘托了雪石营造的冬景气氛。

2. 借用外围音。

水声、风声、钟声都可借用到旅游区之中,利用声景引起视觉联想,产生更丰富、更有层次的美感,如苏州藕园的听橹楼借助园外河上的划橹声。《园冶》说:"萧寺可以卜邻,梵音到耳。"古典园林常常傍寺而筑,就是为了借用寺庙的钟声。

3. 规范信号音。

信号音是利用其本身所具有的听觉上的提示作用来引起人们的注意,如钟声、汽笛声、号角声、警报声等。信号音的使用必须用在适宜的场合,为旅游者的健康、安全或出行提供信息,同时要考虑音量、播报频度和时间等,防止播报和设置不合理引起游客不满,使信号音产生噪声化倾向。

4. 挖掘标志音。

标志音是具有独特场所特征的声音,象征着某一地域或时代特征的最有代表性的声音,是旅游区声环境保护中必须加以保全和复兴的重要对象,可通过对当地社区居民的访问调查获得。标志音的设置要结合旅游区的自然生态、历史文化、风土人情等要素,在与视觉景观相协调的区位进行播放,从而把标志音融入到旅游区的整体环境之中,如澳大利亚布雷的海湾前滩公园原来是一家造船厂,改造成公园后,设计者在代表船身的范围内播放码头的声音,在船下水的地方,也会发出模拟船下水的声音,营造出生动的历史氛围。

(二)控制噪声源

噪声源控制是噪声控制的根本途径。要通过各种措施减少和清除噪声源,如限制车辆进入旅游区,禁止车辆鸣笛;餐馆、娱乐场所不允许使用高音喇叭;游览时间内不得进行会产生噪声干扰的作业等。

要通过各种方法降低噪声源的辐射声功率。选用低噪声的设备和材料,如客房采用静音系列风机盘管的空调,卫生间座厕使用静音马桶,从而降低客房的环境噪声值;提高设备的精度和安装技术,加强旅游设施设备的维护;把声源排放口朝向野外、地沟等对游客影响较小的地域,都可以降低噪声源的辐射声功率。

(三)控制传播途径

1. 吸声法。

吸声技术可降低噪声 10—15 分贝。在噪音影响较大、游客数量较多的地方,设置由吸声材料、吸声结构建造的吸声装置,吸声材料可用玻璃棉、毛毡、泡沫塑料、吸声砖等;吸声结构有薄板共振吸声结构、穿孔板共振吸声结构、微穿孔板吸声结构等。

通过装饰也能很好地吸收噪声,如木质家具中的木质纤维具有多孔性,能吸收噪声;布艺是较常用且有效的办法,其中窗帘的吸音作用最明显,一般来说,越厚的窗帘吸音效果越好,质地以棉麻为佳,一条质地好的窗帘可以减少10%—20%的外界噪声。

2. 添声法。

添声法是指用其他悦耳动听的声音来掩盖噪音,例如利用水流声掩盖车流和人流的嘈杂声。西雅图市中心的先锋历史广场,最吸引人的地方是位于角落的瀑布,水流激荡在高低错落的石头上,以此掩盖城市的各种噪音。五角场下沉广场位于五条路的交叉处,广场利用喷泉环绕广场,以掩盖和减弱上方的交通噪音。

3. 消声法。

对于噪声很大的旅游设施、设备和器械,要安装消声设备。消声设备种类有阻性消声器和抗性消声器。阻性消声器主要有管式、片式、蜂窝式等;抗性消声器包括扩张室消声器、共振腔消声器等。

植物是自然界的消声员,可通过植物来消除噪声。林地面积越大、林带越宽,消除噪声的功能越强,行道树可使噪声降低10分贝,而在大森林里可降低60分贝。所以,要合理布置旅游区及旅游交通道路两侧的绿化,既能减弱噪声,又可美化环境。

4. 隔声法。

隔声法采用隔声屏障(自然、人工),阻碍噪声向空间传播,其结构形式可采取规范的声屏障或利用自然地形地物(如位于噪声源和噪声敏感区之间的山丘、土坡、地堑、围墙等)或建立生态型声屏障,使吵闹环境与需安静的环境隔开。

旅游区要采用"合理布局"和"闹静分开"的设计原则,划分每个区域的功能,把强噪声设施设备,如锅炉房、水电房、厨房等与旅游者居住区、游览区隔离开。同时,采用隔声屏障减弱噪声,如常用的玻璃幕墙,由于玻璃间内封存的空气或惰性气体对声音的衰减,具有优越的隔音效果,可降低噪声25—30分贝;在旅游交通道路两侧设置的隔声屏,一般可降低噪声5—15分贝。

（四）进行个人防护

若在声源和传播途径上无法采取措施，或采取的声学措施仍不能达到预期效果时，应当采取个人防护措施。如果能够避开，尽量采取避开的方式；若不能长时间避开，可以采取坚持 1 小时，避开 1 小时的办法；若在短时间内无法避开，可以佩戴护耳器（耳塞、耳罩、头盔等），一般可使耳内噪声降低 10—40 分贝。

第二节　旅游光环境

光环境是由光（照度水平和分布、照明的形式）与颜色（色调、色饱和度、颜色分布、颜色显现）所建立的与周边环境相关的生理和心理环境。适宜的光环境能创造舒适、优雅、活泼生动或庄重严肃的气氛，而影响自然环境，对人类正常生活、工作、休息和娱乐造成负面影响，损害人的观察能力，引起人体的不舒适感和损害人体健康的各种光就称为光污染。

一、光污染的类型

（一）白亮污染

产生白亮污染的噪光有玻璃、釉面砖、铝合金、磨光花岗岩大理石和高级白涂料等建筑物外墙对光的强反射；有雪地和白色地面产生的噪光；有室内装潢亮光，电脑、电视机等电器亮光，过多的白色、镜面、瓷砖等的反光。据测定，白色的粉刷面光反射系数为 69%—80%，而镜面玻璃的反射系数达 82%—90%，比绿色草地、森林、深色或毛面砖石装修的建筑物的反射系数大 10 倍左右。

长时间受到白色光亮污染，会使人的视网膜和虹膜都受到不同程度的损害，视力下降，白内障的发病率可高达 40%—48%；使人头昏心烦、失眠、食欲下降、情绪低落、身体乏力等类似神经衰弱的症状；反射光汇聚会升高温度，诱发车祸和引起火灾。

（二）人工白昼

人工白昼是指夜间过多地使用灯光，街道、商场、酒店楼上的霓虹灯、探照灯、灯箱广告和灯饰标志，有夜间许可证的工地白炽灯照明等。人工白昼影响正常的天文观测；使人夜晚难以入睡，影响人们正常休息，打乱人体生物钟，影响人体褪黑色素的分泌，使雌激素分泌失调，导致罹患像乳腺癌等与雌激素相关的疾病；伤害鸟类和昆虫，破坏动物夜间的活动。

（三）彩光污染

彩光污染一般发生在歌舞厅、夜总会，像各种黑光灯、荧光灯、激光灯、闪烁彩光灯等产生的光污染，是光污染中对人体危害最大的一种。据测定，黑光灯可产生波长为 250—320 纳米的紫外线，其强度远远高于阳光中的紫外线；蓝光和绿光对人体的危害也很严重，绿光的危害是白光的 50 倍。彩色光源让人眼花缭乱，不仅对眼睛不利，而且会干扰大脑中枢神经，使人感到头晕目眩，出现恶心呕吐、失眠等症状，诱发流鼻血、脱牙、白内障，甚至导致白血病和其他癌变，不利于人们身心健康。

二、光污染的危害

（一）破坏夜空景观

根据一份反映全球夜空人工照明强度的地图，英国皇家天文学会于 2001 年指出，63% 的世界人口所居住区域的夜空亮度超过了国际天文协会所确定的光污染上限，多数人在晴天的夜晚看不到星光灿烂的夜空，接近一半的人无法用肉眼看到银河系。

（二）损害旅游资源

光污染可能损害旅游资源，如对古建筑造成影响，古建筑的斗拱大多饰以油彩画，如果对拱彩画高温强光照射，光源中的红外线和紫外线会加速彩画褪色、变色；光线的增强会加速雕塑、壁画的变质，导致壁画的逼真细节失去光泽，红色和肉色逐渐变为黑色；光污染也可能引发火灾，如英国一家豪华酒店无端失火，经考证分析，失火的罪魁祸首就是它对面的一座比它更高大的略成凹面的玻璃墙，反射聚集的强烈太阳光引发了火灾。

热光源和高瓦数的光照会损害洞穴景观。洞穴内安装的声光电设备，使洞穴的原生环境受到破坏，加大了洞穴中方解石的氧化速度，使洞穴景观、沉积环境和生态环境受到破坏，如镇宁的犀牛洞，洞穴深部由于灯光的照射产生了一些像苔藓类的低等植物，并使洞穴温度达到了 18 摄氏度以上，比刚开放时上升了 1.5 摄氏度，破坏了洞穴环境。有些溶洞有强烈灯光照射，对溶洞内的钟乳石和石笋等景观有破坏作用,使钟乳石和石笋等变色或粉化而造成破坏。

（三）干扰旅游交通

光污染对陆地、海上、空中交通皆会造成干扰。白天,矗立的一幢幢玻璃幕墙如镜子般会在瞬间遮住司机的视野,或使司机感到头昏目眩,使司机出现突发性暂时失明和视力错觉;夜间,照明产生的干扰光,特别是眩光会危害司机的视觉功能;对旅客的正常视觉活动,如走路、辨识路标、路障及周围环境状况等也造成影响,从而产生道路交通安全隐患。对海上交通的影响主要表现在干扰海上航行人员对航标灯或灯塔光信号的识别。对空中交通的影响表现在使驾驶员在心理或生理上产生高度的紧张感,干扰驾驶员的正常工作。

（四）危害游客健康

旅游区的光污染主要来自游客住宿地周围的夜间人工强烈光源,以及白天的玻璃、铝合金、瓷砖等反光墙面。光污染会对人的眼睛造成很大的伤害,60%以上的近视眼是由强光和频繁闪烁的彩光所造成的;不断处于光污染刺激下,还会出现头昏心烦、恶心呕吐、失眠、食欲下降、烦躁、情绪低落、身体乏力等身心健康问题,影响旅游的愉悦心情。

（五）影响生态环境

1. 对动物的影响。

除了极少数在夜间活动的动物外,大多数动物在晚上都很安静,不喜欢强光照射。夜间室外照明产生的天空光、溢散光、干扰光和反射光会打乱动物的生理节奏,干扰它们的正常生活。如有一种树蛙,喜欢在晚上鸣叫,如果周围有强烈的灯光,它们就不再出声,而雄蛙如果不叫,就无法吸引雌蛙繁殖后代;随着佛罗里达沿海海岸夜间照明的日益增加,大面积的海滩暴露在灯光照射之下,造成雌性赤蠵龟难以找到筑巢之地。

夜间过亮的室外照明,会使不少益虫和益鸟直接扑向灯光而丧命,比如德国法兰克福游乐场的霓虹灯每晚要烤死数万只有益昆虫;美国杜森市夏夜蚊虫多的原因之一是该市上千组霓虹灯"杀害"了无数食蚊虫的益鸟和益虫;北美洲有450多种夜间迁移的鸟类都发生过与高楼相撞的惨剧。

2. 对植物的影响。

植物和其他生物一样,日长夜息,具有明显的生长周期性,具体表现是植物按体内生物钟的节律活动,如果夜间灯光长时间照射植物,就会破坏植物正常的生活节律,对其生长、发育以及花芽的形成等造成严重的影响,特别是夜里长时间、高辐射光照作用于植物,会使植物的叶或茎变色,甚至枯死。

表8.10 不同光源的光谱对植物生长的潜在影响

光　源	荧光灯	汞　灯	金属卤化物灯	白炽灯	高压钠灯
波　长	蓝、红色少	紫—蓝	绿—橙	红色、红外线	红色、红外线
潜在影响	低	低	低	较高	高

易受夜间灯光影响的树种有枫树、四照花、垂柳等,长时间的夜间照明甚至会引起它们的死亡。桃树按照不同的叶龄,对灯光的灵敏度不一样,受到强光照射的部位,跟其他部位的叶和花明显不同。由于光的照射,梧桐、刺槐的叶子密度将逐渐减少,留下的叶片也会慢慢枯死。光叶榉、银杏受光照射的影响很小,落叶主要受温度的影响,而不是光照的结果。

三、光环境的评价

(一)照度

照度指物体被照亮的程度,是照面单位面积上所接受的光通量数值,单位为勒克斯(Lux, lx),即流明/平方米,照度用照度计进行测量。照度的均匀度对室内空间中人们的行为、活动能产生实际效果,是保证光环境的光量和光质量的基本条件。

不同的场所对照度值的要求不同,应根据具体环境的要求确定照度,一般活动的起居室为100勒克斯,餐厅的餐桌面为150勒克斯,室内游泳池水面照度不低于80勒克斯,室外满意人数最大百分比的照度约1 500—3 000勒克斯。对于公共建筑,要根据其用途考虑各种特殊要求,如商场除要求工作面适当的水平照度外,还要有足够的空间亮度,给顾客一种明亮感和兴奋感;宾馆等建筑则常常运用照明来营造气氛。

(二)亮度

亮度表示发光体(反光体)表面发光(反光)的强弱,是发光体在视线方向单位投影面积上的发光强度,亮度的单位是坎德拉/平方米(cd/m^2, $1\ sb = 10\ 000\ cd/m^2$),亮度用亮度计进行测量。视觉功能和舒适性可以从平均亮度、亮度的均匀性等方面进行评价。

表 8.11　常见光源亮度值

光源名称	太阳表面（正午）	太阳表面（近地平线）	晴天天空（平均值）	阴天天空（平均值）	白炽灯灯丝（真空灯泡）	白炽灯（充气灯）
亮度值(sb)	225 000	160 000	0.8	0.2	200	1 200

　　良好的亮度为游客提供良好的视觉条件,帮助游客看清周围的环境与景观,以及辨别方位。适宜的光线亮度可以为休闲、购物、观光等公共场所提供良好的氛围,起到丰富生活、繁荣经济,以及提升旅游区形象的作用。

　　(三) 采光系数

　　采光系数是同一时刻室内照度与室外照度的比值,测量采光系数需要两个照度计,一个测室内照度,一个测室外照度,二者同时读数。采光系数的测量最好在全阴天进行,并且最好在一天之中室外照度相对稳定的时间,即上午 10 时至下午 2 时之间。

$$C = En/Ew \times 100\%$$

　　式中,C 为采光系数;En 为室内照度;Ew 为室外照度。一般来说,酒店客房宜有较好的朝向,自然采光系数以 1/5—1/8 为宜,室内游泳池采光系数不低于 1/4。

表 8.12　采光系数标准值

采光等级	作业精确度	侧面采光		顶部采光	
		室内天然光临界照度(勒克斯)	采光系数(%)	室内天然光临界照度(勒克斯)	采光系数(%)
Ⅰ	特别精细	250	5	350	7
Ⅱ	很精细	150	3	225	4.5
Ⅲ	精　细	100	2	150	3
Ⅳ	一　般	50	1	75	1.5
Ⅴ	粗　糙	25	0.5	35	0.7

注:采光系数标准值根据室外临界照度为 5 000 勒克斯制定。

　　(四) 眩光指数

　　在视野范围内有亮度极高的物体,或亮度对比过大,或空间和时间上存在极端的对比,就可引起不舒适的视觉,或造成视功能下降,或同时产生这两种效应的现象,称为眩光。眩光是影响照明质量的重要因素,是评价光环境舒适性的一个重要指标。

$$GI = (\omega \times Ls)/(p \times Lf)$$

其中,GI 为眩光指数;ω 为立体角;Ls 为光源亮度;p 为观测点的位置系数;Lf 为背景亮度。

表 8.13　眩光标准分类

GI	10	16	19	22	28
等级	A	B	C	D	E
人体感觉	勉强感觉	可接受	临界值	不舒适	不能忍受

四、光环境的保护

由于与其他环境污染相比,光污染不能通过分解、转化和稀释等方式消除或减轻,因此,光环境的保护应以预防为原则,做到未雨绸缪、防患于未然。

(一)提高思想认识

要防治光污染,首先要对光污染有一个清醒的认识。通过宣传和教育,让公众了解有关玻璃幕墙、夜景照明以及室内彩光产生的光污染的危害性以及危害途径,提高人们防治光污染的意识,如 2009 国际天文年"暗夜天空"、"全球关灯一小时"等活动,都是引起人们关注光污染很好的措施。

(二)加强照明设计

从能源和环境等方面考虑,加强夜景照明的生态设计,在保证照明、保障人身财产安全和减少交通事故等前提下,对照明灯具配光、安装位置、透光角度进行优化设计。应科学合理地使用灯光,注意调整亮度,既要照明充分,又不能照亮过度;合理地选择光源、灯具和布灯方案,尽量使用光束发散角小的灯具,并在灯具上采取加遮光罩或隔片等措施;减少夜间对植物的彩光投射;适当关闭夜间电影院、广场、广告牌等的照明,减少过度照明,降低光污染和能量损失;路灯安装尽量避免在酒店窗前,防止路灯灯光射入室内,干扰人们休息;慎用彩色光,防止色光使用的主观随意性。

(三)进行环境区划

根据旅游区不同区域环境结构、环境状态和使用功能上的差异及对光环境的不同要求,进行合理划分,并对每个子区域制定合适的光环境目标,使光环境在符合人们需要的同时尽可能地减少负面影响,为区域的合理布局、确定具体的环境目标服务,同时也便于目标的执行和管理。

表8.14　夜间室外光环境功能区划分类

类别	功能区	定　　义	区　　域
A	近无光区	非常幽静,不需要照明的场所	国家公园、自然保护区、农业种养区及不明亮的景区,天文观测站周围等
B	暗视觉区	低亮度环境的地方,需要一定照明满足安全目的,但同时又不影响夜间休息的场所	动物园、远离商业闹市的居民区、农村生活区、疗养区、别墅区、高级宾馆区等特别需要较低照明程度的区域,位于城郊和乡村的一类区域可视情况参考执行
C	中视觉区	中等亮度,需要较亮的照明,但同时又较少夜间休息的场所	道路区域、商业区、商住混杂区、娱乐区、医院、文教区、工业区(无夜间室外作业)等
D	明视觉区	高亮度,需要照明来满足室外工作的场所,可以完全识别物体	夜间施工场地、有室外作业的工业区、港口地区等

（四）使用绿色材料

旅游区的装修装饰要尽量选用反射系数低的材料。室内装修墙壁粉刷时,最好用一些浅色,主要是米黄、浅蓝等,来代替刺眼的白色。在满足照明要求的基础上,尽量采用光效高、寿命长、光束发散小的截光型灯具,控制灯光照射方向,颜色上尽量采用"生态颜色",从而减少和避免眩光的产生和能源浪费;科学合理地开发和使用低反射率幕墙玻璃,如采用低反射玻璃、微晶玻璃、茶色玻璃(反射率为11%)、宝石蓝色玻璃(反射率为12%)等低反射玻璃。

推广暖白光。暖白光接近于阳光的表现效果,能给人以温暖的心理感受,人们易于在暖白光下辨别道路和周边环境颜色的特点。与黄光相比,暖白光的可视性更好,照明效率更高,耗电量更少。同样的路灯,暖白光要比黄光至少少用10%的电能,减少40%的二氧化碳排放量,符合环保照明和绿色照明的要求。

（五）配置室内灯光

营造亲切、温馨和友好的氛围,都是各类旅游室内设施共同的诉求,要利用照度和色温的匹配关系,营造适宜的空间气氛。

1. 大堂。

大堂空间主要有三个部分的照明区域,它们分别是进门和前厅区域的照明、服务总台的照明以及客人休息区的照明。这些照明应该保持色温一致,色温为3 000 K左右,色温太低,空间感显得狭小,色温太高,空间缺乏亲切感,并且喧闹,直接降低客人的安逸感觉；显色性要求为 Ra＞85，较高的显色性，能清晰地显现接待员与宾客的肤色和各种表情，给宾客留下深刻满意的印象。

三个区域的照明，进门和前厅，在离地面 1 米的水平面上照度要达到 500 勒克斯；服务总台一般为 750—1 000 勒克斯；客人休息区一般为 300—500 勒克斯。通过亮度对比，使酒店大堂这种非亲切尺度的空间，形成富有情趣、连续且有起伏的明暗过度，从整体上营造亲切气氛。

2. 餐厅。

餐厅的色温要求为 3 000 K 左右，并且要求光色统一协调，显色要求为 Ra＞90。

中式餐厅的照明整体气氛应该是正式的、友好的，一般照明的照度取 200 勒克斯，重点照明的照度取 300 勒克斯，其照度一般比西式餐厅高出许多；照度应该均匀，点式光源、条带状光源或各种花灯，均可满足良好的照明要求；为了使菜肴的质量和色调能够显现得生动好看，用显色性高的光源在餐桌上方设置重点照明；对配光给予高度关注，作为补充的侧面光可采用光源的光束到达照明对象以后中心光强在 150 坎德拉左右，以使照明富有立体感。

西式餐厅的照明整体气氛应该是温馨而富有情调的，一般照明的照度取 50—100 勒克斯，重点照明的照度取 100—150 勒克斯；餐桌桌面的重点照明要令菜品生动亮丽，并且要让就餐者方便取用，所以它的显色性是很重要的；若有侧面光，可采用光源的光束到达照明对象以后中心光强在 50 坎德拉左右。

3. 客房。

酒店客房应该像家一样，宁静、安逸和亲切是典型基调。客房的照明设备一般采用分散的局部照明方式，一般照明的照度取 50—100 勒克斯，色温 3 000 K 左右，客房的照度低些，以体现静谧、休息甚至懒散的特点；但局部照明，比如梳妆镜前的照明，床头阅读照明等应该提供足够的局部照度，这些区域可取 300 勒克斯的照度值。

客房是游客休息睡眠的场所，游客在睡眠时，需要有一个弱光的环境，在卧室用 3 500 K 以下的光源，在洗手间用 3 500 K 以上的光源。在卧室需要暖色调，在洗手间需要高色温，以显得洁净、清爽。显色性 Ra＞90，较好的显色性能使客人增加自信，感觉舒适良好。

4. 公共区。

旅游区设施内部的公共空间，要创造适应环境的采光照明。根据各个区域不同的功能要求,采用不同的亮度标准。对于休息厅,不要有太亮的光线,除了低度的一般照明之外,在靠近座椅的地方,还可以适当增加辅助光源,以便于阅读。对于客流量较大的公共休息室,光线可以变化,以吸引更多的游客聚集在休息室。

（六）注意个人防护

旅游者要提升环保意识,防止光污染,采取个人防护措施,如外出郊游可戴上起保护作用的遮阳镜,把光污染的危害消除在萌芽状态;外出遇有强光时,应戴防护眼镜或防护面罩,光污染的防护镜有反射型防护镜、光电型防护镜、吸收型防护镜、变色微晶玻璃型防护镜等多种类型;应尽量少去歌厅、舞厅、夜总会等场所,待的时间也不宜过长,避免受黑光灯、闪烁光源的照射;出现症状的要及时去医院作检查,及时发现病情,以防为主,防治结合。

案例点评

案例一   从"钟下刑"看噪声危害

古往今来,对于判了死刑的人,不外乎用刀、枪、绞索或电椅等方法去结束犯人的生命。可是,在中世纪却有一种刑法,叫"钟下刑",也就是利用钟声刺激受刑者,使之逐渐死亡。

我们生活在一个被各种声音包围的环境,噪声对人的危害是不难体会到的,如人们在吵闹的环境中总显得烦躁、疲劳、反应迟钝、容易出差错。噪声对听力的损伤是直接的,噪声还可以损伤视觉,当人们受到高强度噪声作用以后,眼睛对运动物体的对称平衡反应失灵,此时会感到眼痛、视力减退。此外,噪声还会引起血压升高、心动过速、心律不齐、消化功能减退、溃疡病以及头痛、眩晕、多梦、失眠、神经过敏等症状,它对人的危害可谓是"全方位"的。噪声除了危害人的健康以外,还对建筑物有伤害甚至破坏作用。

点评:

噪声会对人体健康造成不良影响,旅游区应重视噪声控制,使游客免受"钟下刑"。

案例二　灵隐景区的噪声污染事件

　　2001年10月23日上午,荷兰某旅行社组团的一行20人慕名来到杭州灵隐景区,兴致勃勃地游览各个景点。可是,走到哪里,都有扰人的高音喇叭播放景区的介绍,要听清带队导游的讲解都十分费力。在这样的环境里,他们游兴全无,于是匆匆离去,并向有关部门投诉。据领队说,该旅行社每年向杭州输送游客不下4 000人,这次的遭遇让他们对杭州旅游环境的印象大打折扣。

　　国家颁布的《旅游区(点)质量等级的划分与评定》中,从A级旅游区(点)到五A级旅游区(点),对噪声的控制都有相应的规定,显然,是有关部门及一些旅游景区对这项规定有所忽视或疏于管理。杭州灵隐景区在这起境外游客投诉事件发生后,及时进行了整改,将分布在整个景区的5只高音喇叭全部拆除,景区又恢复了宁静的环境。

　　资料来源:梁牛:《旅游景区对噪声污染应说不》,《市场报》,2001年11月26日。

　　点评:

　　噪声影响旅游环境氛围,破坏游客游览体验,在旅游景区安装喇叭应慎重。

案例三　西湖宝石山景区夜景工程破坏光环境

　　宝石山的夜景亮灯工程是针对不同的植物种类,以及植物的形态、高度、色彩、叶片等特征选择不同的光源和光色,一到夜晚,整个山脊都是各式各样的小灯,宝石山通体透明、绚烂多彩。

　　西湖宝石山景区里,有大量百年以上的古树和稀有的名木,它们都具有重要的历史价值和科研价值,夜间室外灯光对植物的影响很大,会破坏植物的生物钟,使植物光合作用能力减弱,叶或茎变色、甚至枯死;宝石山景区夜间亮灯同样影响动物的正常生活,让它们不能正常入睡和休息,长久下去生态平衡就会破坏。著名学者毛昭晰说:"在澳大利亚悉尼的晚上只能看到60个星座,当地的媒体都在呼吁,悉尼的光污染非常严重。而在杭州西湖的晚上如今还能看到几个星座?西湖的光污染已经很严重了。"

　　资料来源:方晓:《西湖宝石山景区夜景工程可能会致光污染》,《今日早报》,2007年4月18日。

点评：

灯光为我们创造宝石山美丽夜景的同时，我们应该慎重选择与考虑宝石山景区的亮灯范围、亮灯时间、光源方式和器材设备，保护好景区的光环境。

案例四　故宫倦勤斋光环境保护设计

倦勤斋是故宫宁寿宫花园（又称乾隆花园）中的代表性建筑之一，位于宁寿宫花园的北端，是乾隆皇帝为其归政后的生活而预建的，历时 8 年完成（1771—1779 年）。建筑面阔九间，由东五间（明间）和西四间（戏院）两部分组成。斋内遗存有极其珍贵的历史文物，其中不仅包括精美的室内装修、家具、绘画和书法作品，还有欧洲传教士郎世宁及弟子王幼学借鉴欧洲教堂中的天顶画和全景画的形式而移植于清代宫廷内的"通景画"，是清代帝王生活、宫廷文化的生动写照，反映了欧洲艺术对中国宫廷建筑装饰的影响。

光环境保护与照明设计的目的是实现内檐文物整体开放展示的功能诉求，呈现乾隆时期的室内氛围，并保证相关文物的光辐射安全。"最少干预"原则被阐释为室内视觉环境的真实性原则、照明的文物安全优先原则、展示照明的可逆性原则和可识别性原则。基于经由采光系数实测和采光模型实验获取的数据，根据北京的光气候模型，对于室内文物的年曝光量进行估算，提出设计策略：通过维持天然光形成的室内亮度布局保护空间固有的视觉趣味；通过特制的纸百叶窗还原通景画与天顶画的创作情境；通过保持双面绣隔断两侧的亮度关系维系倦勤斋特有的细腻视觉意味。

光环境保护与照明设计的内容包括：保护原有光环境包含的丰富历史信息和视觉信息；将经过过滤（最大限度隔绝紫外辐射、红外辐射）、降强度且"启闭可控"的天然光作为室内照明的主要光源，在双层窗中间采用可启闭的纸百叶；在妨碍参观安全的"暗区"补充功能性的电气照明，对于内墙通景画、天顶画和部分重要文物补充低强度展示照明；在所有照明改造部位保护文物的深层历史信息。

资料来源：张昕：《故宫倦勤斋光环境保护设计》，《世界建筑》，2015 年第 7 期，第 52 页。

点评：

通过光环境的科学研究，提出合理的设计策略，从而有效地保护了文化建筑的光环境，重新塑造出建筑原有的韵味。

练习思考

一、填空题

1. 一般来说，_____分贝以上的声音在旅游区都可称为噪声。

2. 在大多数旅游区，_____是主要的噪声污染源。

3. _____表征人耳主观听觉较好，它几乎成为一切噪声评价的基本值。

4. 旅游区的光污染主要有白亮污染、_____和彩光污染。

二、单项选择题

1. 噪声的判断和人们所处的环境和主观感觉反应有关，表明噪声(　　)。

A. 无污染物　　　　B. 无累积性　　　　C. 不能集中控制　　D. 是感觉公害

2. 噪声会干扰游客交流，噪声达(　　)分贝时对话有困难。

A. 30　　　　　　　B. 45　　　　　　　C. 55　　　　　　　D. 65

3. 疗养区、高级宾馆区执行噪声的(　　)类标准。

A. 0　　　　　　　B. 1　　　　　　　C. 2　　　　　　　D. 3

三、简答题

1. 简述旅游声环境及其基本特性。

2. 旅游区的声环境应如何保护？

3. 简述旅游区光环境的保护措施和方法。

四、列举题

1. 列举噪声对旅游的危害。

2. 列举声景观的营造方法。

3. 列举光污染的危害。

第九章

旅游地表环境

学习要点

了解旅游固废垃圾的特点;熟悉固废垃圾对旅游的影响;掌握旅游固废垃圾的治理措施;了解旅游对土壤环境的影响;熟悉土壤环境的评价方法和保护手段。

基本概念

旅游固废垃圾、减量化、资源化、无害化、水土流失

随着旅游活动的开展以及旅游设施的增加,随之而来的土地侵占、地表铺面、垃圾堆积、游客踩踏等都会对地表环境造成很大的压力,尤其是地表植物所赖以生存的土壤有机层,往往受到最严重的冲击,影响植物的生长繁衍,对生态系统造成不良影响。

第一节　旅游固废垃圾

旅游系统中既有维持自然成分功能的正常物质循环,又有维持社会经济成分功能的物质循环。其中输入的物质包括交通工具使用的汽油、柴油和其他燃料,食

宿所需的食物、日用品,旅游区建设需要的水泥、砖、钢材等建筑和装饰材料;输出的物质以废弃物形式出现,包括气态、固态、液态等形式。在旅游设施运营过程中或旅游者消费活动中所产生的固态、半固态废弃物质称为旅游固废垃圾。

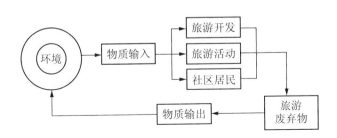

图9.1　旅游系统的物质循环

一、旅游固废垃圾的特点

(一)废物种类多

由于旅游地背景、游客数量及层次、燃料种类及结构的差异,旅游垃圾的产出量、组成和分布等也不尽相同,但旅游固废垃圾种类多,基本囊括了日常生活中的各类废弃物,主要有厨余垃圾、废旧塑料制品、废纸、织物、玻璃陶瓷碎片、废电池及粪便等。据尼泊尔登山协会统计,截止20世纪90年代初,世界上已经有127个登山探险队进入喜马拉雅山,遗留下的废弃物包括塑料、瓶子、衣物、纸张、药品、睡袋、食物、金属罐头盒、绳子等。

(二)排放强度大

由于旅游是消费性活动,旅游业越发达,消费越多,相应产生的废弃物也就越多,两者呈正相关关系。如黄山旅游垃圾人均日产量约为0.9千克,其对环境质量的影响不容忽视;我国每年约有几千吨的经营垃圾和旅游垃圾倒入旅游区内的溪流和水体;日本富士山每年夏天至少有200—300万个易拉罐被丢在山间。

(三)白色污染重

白色污染是指不可自然降解的废弃高分子有机聚合物排放到环境中所形成的一种污染现象。主要污染物是各类塑料垃圾,包括塑料袋、地膜、快餐盒、饮料杯、废电器壳等,其成分主要是聚苯乙烯、聚丙烯、聚氯乙烯等高分子化合物,降解困难,在自然界停留的时间很长,一般可达 100—200 年。

因为包装物品携带、使用方便及产品包装行业的发展,遗弃在旅游区的包装物数量巨大,尤其是塑料包装物非常多,在一些旅游区、交通线两侧随处可见,严重影响旅游景观。

（四）收集处理难

游客在游览过程中,往往携带一些简易包装的食品和饮料,这些便携食品多有轻便包装,游客在食用后,如果缺少环保意识,往往随手丢弃包装物。游客活动范围广,丢弃物分散,旅游区内茂盛的植被增加了收集、清扫的难度与成本,往往成为污染物的藏身之处,特别是面积较大的旅游区,废弃物收集和清扫的难度更大。

旅游垃圾的处理也是一大难题,因为"没有一种废弃物的处理方法是全然安全的",处理设备要耗电、耗能,还会产生二次公害（如焚化炉可能排出含有有毒物质的废气）,再次威胁环境,甚至损害大众健康。

二、固废垃圾对旅游的影响

（一）破坏旅游景观

旅游区应该风景优美、环境清洁,然而一些旅游区由于环境保护设施不配套,对旅游活动产生的固废垃圾没有及时有效地收集清理,导致垃圾抛洒散落在林下、水中和路边,或堆积在旅游区内,给游客的视觉造成不良刺激,破坏旅游区的景观美感,使游客在心理上产生厌恶感,影响游客的旅游体验,降低了游览效果。如在墨西哥恰帕斯大峡谷一带的河段上,由于管理不力,塑料瓶、尼龙袋、木块等垃圾覆盖了整个水面,严重破坏了这个峡谷的旅游景观。

（二）占用旅游用地

固废垃圾如果没能及时处理清运,就会堆积在旅游区内,固废垃圾堆积量较大,会占用大量旅游用地,造成旅游用地的浪费和紧张。

（三）影响环境卫生

固废垃圾严重影响旅游区的环境卫生。旅游固废垃圾有机质含量高,如果处理不当、任意堆放,会腐烂发臭,滋生细菌和病毒,并助长苍蝇、老鼠、蟑螂、蚊虫等有害生物的滋生和繁衍,导致尘土、病虫卵随风飘扬,传播疾病,影响旅游者和当地居民的健康,甚至导致旅游区公共环境卫生问题。

（四）污染旅游水体

在旅游区内，废弃物往往容易被直接投入水体，或随天然降水冲入江河湖海，其中有一些是难以降解的，日积月累，容易造成水体污染和自净能力降低，长期淤积还会使水面缩小。如我国东部沿海海岸 16 个海滨浴场，由于游客丢弃的垃圾太多，使水体受到污染；每年夏天去地中海的游客达 1 亿多人，丢弃的废物超过 5 亿千克，因为没有进行有效处理，致使数十个意大利海滩和 1/10 的法国海滩达不到欧盟规定的《浴场用水法》的清洁标准。

未经无害化处理堆放的固废垃圾，可能含有一些有害物质，如汞（来自霓虹灯管、电池等）、镉（来自印刷品、涂料、着色陶瓷等）、铅（来自彩色油漆、防锈涂料等）等随水渗入土壤，进入地表水或者地下水，会造成水体的有毒有害化学物质污染。

（五）加重大气污染

在适宜的温度和湿度下，固废垃圾本身的蒸发、升华、分解及发生化学反应，会释放出有害气体，产生有毒气体或恶臭；固体废弃物中的干物质或较小的颗粒、粉尘会随风散扬，增加大气含菌数，加重大气的粉尘污染；焚烧法是处理固废垃圾较常用的方式，但焚烧会产生大量的有害气体和粉尘，加重旅游区空气污染。

（六）损害土壤质量

旅游者所产生的固废垃圾长期露天堆放而未及时处理，其中的有害成分如重金属、酚等经过风化、淋溶及地表径流的侵蚀，其有毒液体将渗入土壤，改变土壤的性质和土壤结构，并对土壤微生物的活动产生影响，破坏土壤中的生态平衡，使之成为无腐解能力的死土。这些有害成分在土壤中过量积累，还会导致土壤酸化、碱化、毒化，导致植物死亡，污染严重的地方甚至寸草不生。

三、旅游固废垃圾环境评价

固废垃圾的环境影响评价主要是调查通过淋溶、燃烧、挥发、分解、扬尘等进入水环境、大气环境的污染物种类、形态和数量，以及对水环境、大气环境产生的影响。

（一）有害物浸出分析

含有有害物的固废垃圾直接倾入水体或不适当堆置而受到雨水淋溶或地下水的浸泡，使固废垃圾中的有毒有害成分浸出而引起水体污染。

$$L = W_{SR} + W_P + W_{GW} + W_D - \Delta_S - E,\text{其中 } W_{SR} = W_P \cdot C$$

式中，L 为淋滤液的产生量；W_{SR} 为地面水径流量；W_P 为降雨量；C 为径流常数，在一般情况下，砂质土为 0.10—0.15（坡度为 2%—7% 时），粘质土为 0.18—0.22（坡度为 2%—7% 时）；W_{GW} 为地下水径流量，是堆场底部土壤渗透率、渗透面积与地下水压梯度三者的乘积；W_D 为固废原有含水量；Δ_S 为固废在堆置过程中的失水量；E 为蒸发量。

（二）恶臭释放分析

固废垃圾在生物和细菌的作用下，或在发生化学反应时，都有可能释放出异味和恶臭。恶臭作为一种嗅觉公害，非常容易被旅游者所感知，使旅游者产生不快，影响旅游效果，严重时会使人恶心、呕吐，甚至诱发某些疾病。可以通过嗅觉描述来判别臭气的强度和等级。

表 9.1　臭气强度分级表

等级	强度	嗅　觉　描　述
0	无臭	无臭味
1	检知	勉强可以闻到轻微臭味（检知阀值浓度）
2	认知	容易闻到轻微臭味（认知阀值浓度，能辨认气味性质）
3	明显	明显闻到臭味（可嗅出臭气种类）
4	强臭	强烈臭味
5	剧臭	无法忍受的强烈臭味

四、旅游固废垃圾治理

为实现旅游业的可持续发展，对可再生性旅游资源，要保证其利用与该资源的可持续生产一致；对不可再生性旅游资源，应强调节约利用、再利用和再循环。所产生的固废垃圾要实现全过程管理，采用废弃物最小化措施，减少产生量，尽力做到处理无害化。

（一）固废的全过程管理

由于固废垃圾本身往往是污染的"源头"，故需对其产生、收集贮存、运输、利用处置等环节实行全过程管理，在每一环节都将其当作污染源进行严格的控制，并划定有害废物与非有害废物的种类和范围，建立健全固废垃圾管理法规。

1. 产生。

对旅游区和旅游者,要求其按照有关规定,对所产生的旅游废弃物进行分类,并用符合法定标准的容器包装,做好标记、登记记录、建立废物清单,待收集运输者运出。

2. 收集贮存。

收集贮存是指在对旅游区产生的固废垃圾进行处理处置前实行的污染控制。为了防止在暂存过程中产生污染,对不同的固废垃圾要采用不同的容器包装,容器的质量、材质、形状应能满足所装废物的标准要求。旅游垃圾盛放装置的类型主要有金属垃圾箱桶、塑料垃圾箱桶、塑料袋、纸袋等,要求不漏水、不生锈、结实耐用、有盖和易于清洗等。

旅游垃圾收集设施应靠近游道或旅游者休息地,使旅游者容易接近垃圾箱;垃圾箱桶等设施尽量避开栅栏、草坪、花丛和水边;垃圾收集设施容量的大小需与其具体设置区域的旅游者数量、使用频度、旅游活动类型等因素相适应,在游客多的地方,如旅游区门口、停车场、住宿点、餐馆、商店摊位等处要放置得密集一些;垃圾箱桶要安放牢固,并及时清洗、消毒。

3. 运输。

运输管理是指收集过程中的运输,和在收集后运送到中间贮存处或处理处置厂(场)的过程中实行的污染控制。在旅游旺季,最好每日清运,如果游客不多或在旅游淡季,可根据情况处理,收运垃圾最好选在旅游区开放时间之外,以免打扰游客。

4. 利用处置。

固体污染物的利用处置措施为减量化、资源化、无害化。旅游区相关设施设备报废后,要送回该设备的回收单位进行处理,因为旅游区不具备回收处理能力,相当一部分回收物要运出旅游区到他地完成循环利用。

(二)固废垃圾减量化

减量化针对的是输入端,旨在减少进入旅游消费过程中的物质和能源流量,通过预防方式而不是末端治理的方式来减少废弃物的数量。

1. 净物进旅游区。

旅游固废垃圾中有很大一部分是主副食品废弃物,目前,这些物品大多未进行处理即进入消费点,其中有大量泥沙及不能食用的附着物,如蔬菜中丢弃的垃圾平均占蔬菜重量的40%左右,且体积庞大。如果对一些带皮、带壳、带毛的蔬菜和肉类等在旅游区外先行粗加工，去皮、去壳、去毛，将净菜运进旅游区（点），这样就可以大大减少旅游区垃圾中的有机废物量。

2. 降低资源消耗。

倡导绿色消费，通过对游客、经营管理人员的环境教育，最大限度地减少旅游区内的资源和能源消耗量。在与游客沟通的前提下，变床单、被单"一天洗"为"一客洗"，节约水资源；我国宾馆饭店一次性牙刷的日用量达 100 多万支，对环境造成严重影响，要减少牙刷、牙膏、拖鞋等一次性用品的使用；重复使用耐用品，纸张正反两面用，或将废旧打印纸作为草稿纸再次使用等；尽可能购买使用当地产品（无需运输、较少贮藏、包装垃圾少）。

合理利用常规能源，倡导使用清洁能源和节能技术，提高能源利用效率，尽量采用可再生能源，如用太阳能来加热水；建立以节能为中心的无污染型交通运输系统；要充分结合本地能源优势，优先考虑利用自然能，减少能源使用量和污染物产生量，实现旅游业持续发展。

3. 限制有害物质。

禁止使用环境破坏性强的材料，使用产生垃圾量少且无污染或可再生的产品，严格控制白色污染，限制不能被生物降解的或不能被回收利用的物品进入旅游区。各旅游区（点）要禁止使用一次性发泡塑料餐具，禁止使用超薄塑料购物袋，用纸制品或可降解塑料制品代替难降解泡沫塑料制品，采用可以多次使用的饮料瓶等措施，在一定范围内、一定程度上可减轻有害物质的危害。

4. 避免过度包装。

旅游商品中有大量的纪念品、艺术品，由于人们看重的多是它们的艺术性或纪念意义，而非实用性，这就促使商品生产部门在包装上下了很多功夫，这无疑会增加旅游垃圾产生量。因此，必须强调包装废物的产生者有义务回收包装物，促使包装制品的生产者和销售者在产品的设计、制造环节少用材料，减少废物产生量。

5. 游客自带垃圾。

为减少旅游垃圾的存积量，最大程度地降低固体污染物的产生，应对游客加强公德教育（设立告示牌、管理人员及时提醒等），提高游客素质。对于进入旅游区内的游客，免费发放印有环保口号的废品收集袋，提醒游客将产生的垃圾放入回收袋内，在旅游区出口处，将收集袋放到指定回收地点，实现固体垃圾的回收。

五指山位于海南岛中南部，热带雨林景观保存完好，是有名的"翡翠山城"。为更好地保护五指山的生态环境,五指山国际度假寨开展了"爱我五指山,保护五指山"的登山环保旅游活动,即对旅游登山者所携带的饮食物品在出发前实行登记,登山者必须做到把饮食后剩下的罐、盒、袋等垃圾全部带回,由五指山国际度假寨按每件的市场回收价付给他们环保费。

（三）固废垃圾资源化

资源化是输出端方法,能把废弃物再次变成资源,以减少最终处理量。旅游区内不能被直接再用的固体垃圾应该被回收。据测定,每回收 1 吨废旧物资,可节约自然资源近 120 吨、节约标准煤 1.4 吨,减少近 10 吨的垃圾处理量。

1. 废物分类回收。

资源化的前提是对垃圾进行分类回收,在旅游区放置垃圾分类回收装置,把垃圾分成可燃物、不可燃物、塑料、玻璃制品等,采用不同颜色或不同形状的垃圾箱桶,也可放置不同的标志,引导游客把不同种类的垃圾分类放入垃圾回收装置,再由环卫工人定时将垃圾妥善转移或处理。调查表明:旅游业的物品回收率比家庭用品的回收率低,回收率最高的是玻璃制品（57%）和铝制品（55%）,其次是塑料制品（31%）,报纸（21%）和杂志（10%）回收得较少。

2. 废物再次利用。

再利用属于过程性方法,尽可能多次或以多种方式使用物品,延长产品和服务的时间强度,避免物品过早地成为垃圾。旅游区应贯彻物尽其用的原则,在确保不降低服务标准的前提下,为同一目的可再次使用的物品要尽可能地反复使用,如盥洗用品尽量采用能够重新灌装的容器;为不同目的再次使用,把一次性使用变为多次反复使用或调剂使用,如将脏水用来浇灌植物。

3. 废物提取资源。

废物提取资源是采取工艺措施,从固废垃圾中回收有用的物质和能源。相对于自然资源来说,固废垃圾属于二次资源或再生资源,物品完成其使用功能之后,通过回收、加工等,可以重新变成可以利用的资源,如垃圾中的金属、玻璃、塑料、橡胶等物质经分选提取出来以后,经过加工处理,就能变成有用的资源。在德国,新闻纸的 60%、玻璃瓶的 50%、铜制品的 40%,都是从回收的垃圾中提取出来的。

4. 废物高温堆肥。

高温堆肥是将固废垃圾放在特定的条件下,经过自然或菌种作用,发酵升温降解有机物,实现无害化,可以分为好氧堆肥和厌氧堆肥。好氧分解能有效地快速分解有机物,现代堆肥的方法基本上都是采用好氧堆肥。

旅游垃圾中可利用的有机质含量为 17%—50% 左右,人体排泄的粪便中含有大量致病微生物和寄生虫卵,如每克新鲜粪便中,含大肠杆菌 50 万—1 亿个、肠道病毒 100 万—1 亿个空斑形成单位,如不对粪便、垃圾进行合理收集和处理,势必造成环境污染。把经筛分的旅游垃圾中的有机物与人体排泄的粪便混合堆成条形堆料,当堆肥温度升高时,可杀死粪便中的致病菌和虫卵,同时生产腐熟的堆肥,是一种很好的资源再生生物处理法。

表 9.2　高温堆肥的卫生标准

项　　目	指　　标
堆肥温度	最高堆温达 50—55 摄氏度,持续 5—7 天
蛔虫卵死亡率	95%—100%
粪大肠菌值	0.1—0.01(含有一个粪大肠菌的克数或毫升数,即粪大肠菌数的倒数)
苍　　蝇	肥堆周围没有活蛆、蛹或新羽化的成蝇

5. 废物沼气发酵。

旅游区内每天残余的食物和有机垃圾,以及产生的粪便,可通过厌氧发酵生产沼气。沼气池无害化处理可以减轻旅游厕所臭气对周围环境的污染和扩散;降低周围环境中的苍蝇密度,其中下降较明显的蝇种为:绿蝇下降 73.9%、金蝇下降 67.0%、家蝇下降 44.9%,沼气厕所区域的蝇密度比普通厕所区下降 90%。产生的沼气可作为清洁能源供给旅游区内的服务单位或周围居民使用,武夷山景区早在 2002 年就开始在景区内推广沼气利用技术。

表 9.3　沼气发酵的卫生标准

项　　目	指　　标
密封贮存期	30 天以上
高温沼气发酵温度	53±2 摄氏度,持续 2 天
寄生虫卵沉降率	95% 以上
血吸虫卵和钩虫卵	使用粪便中不得有血吸虫卵和钩虫卵检出
粪大肠菌值	常温发酵 10 000,高温发酵 10—100
蚊、蝇	粪便中无孑孓,池周围没有活蛆、蛹或新羽化的成蝇
粪渣	需经无害化处理后方可用作农肥

（四）固废垃圾无害化

固废垃圾"无害化"处理的基本任务是将固废垃圾通过工程处理,达到不损害游客与旅游地居民健康,不污染旅游区自然生态环境的目的。

1. 破碎分选。

垃圾破碎的目的主要是改变垃圾的形状和大小,增大容重,减小容积,有利于分类和进一步处理。当垃圾体积、形状过大而不能使用破碎机进行破碎时,一般要先对其切割解体。

垃圾分选一般有手工分选、风力和重力分选、筛分分选、浮选、光分选、静电分选和磁力分选等,垃圾分选系统多是几种分选方法的联合运用,一般顺序是:破碎、风选、重力选、磁力选、筛选、铝分离选、静电选、浮选。

2. 废物焚烧。

废物焚烧是一种高温热处理技术,通过氧化燃烧反应,能够使垃圾变成能源,据测定每5吨垃圾可节省大约1吨标准燃料,可以使废物中的有害毒物在高温下氧化、热解而被破坏。废物焚烧后减量明显,减重一般达70%,减容一般达90%。但是,垃圾焚烧会向大气排放有毒、有害气体,增加环境灰尘量,产生二次大气污染,只能在一定范围内使用。

3. 动物处理。

许多动物能够处理垃圾等固体废弃物。如1978年澳大利亚从中国引进蜣螂,用来处理草原上的牛粪,蜣螂每二三十只组成一组,先将牛粪分割成小块,再分别滚成小粪球,然后将粪球逐个掩埋起来,解决了草原上严重的环境卫生问题,使曾被牛粪污染的草原获得了新生。

蚯蚓是清除垃圾的能手,能够分解果皮、树叶、硬纸板、下水道污物和其他生活垃圾等固体废弃物。位于南非开普敦的纳尔逊山五星级酒店,利用蚯蚓分解酒店每天产生的大量有机垃圾,经蚯蚓消化分解后,腐烂的食物变成富含养分的液体排泄物,为酒店花园提供有机肥,这种垃圾处理方法还有助于缓解全球气候变暖问题。

4. 卫生填埋。

卫生填埋是目前世界上最常用的,也是经济、适用的垃圾最终处置手段,它的处理成本是堆肥法的1/3、焚烧法的1/10。卫生填埋是把无利用价值的垃圾进行减害化处理后,运到填埋场,用推土机或压路机压实,进行逐层填埋,最后覆盖一层30厘米厚的泥土,在填埋2—5年后,可在上面钻孔取沼气。

在偏远的旅游区,可以采用机械辅助挖"猫洞"的形式对人类的粪便、卫生用纸、草纸、卫生棉球等废弃物进行埋藏处理,以减少对土壤、植物以及人类健康的影响。"猫洞"一般深度为 0.15—0.20 米,要远离水源、干沟和有过水流的区域,距离至少 30—60 米,推荐以 60 米为基础距离。

第二节　旅游土壤环境

土壤是位于陆地表面的、具有肥力的疏松层次,是固相(矿物质和有机质)、液相(土壤水分或溶液)和气相(土壤空气)三相物质有机组合而成的。

土壤处于大气圈、水圈、岩石圈和生物圈之间的过渡地带,是联系无机界和有机界的重要环节,是结合环境各要素的枢纽;土壤是植被赖以生存的基础,是食物链的首端,也是生态系统中物质与能量交换的重要场所;土壤具有纳污和净化功能,能同化和代谢外界进入土壤的物质;土壤是旅游区重要的环境背景和基础,不同的土壤类型还能吸引旅游者的视线,如昆明市东川区红土地景区就是以其广袤的红壤高原面而成为摄影爱好者的天堂。

一、旅游对土壤环境的影响

(一)旅游开发的影响

在旅游区修建宾馆饭店、道路桥梁、楼堂馆所等设施时,在工程建设中砍伐树木、炸山采石、场地施工等,会造成地貌改变、土壤搬移、地表覆盖,加剧水土流失,造成地表破坏,尤其是在公路两侧、水库沿岸,以及宾馆等建筑物的四周。

(二)旅游活动的影响

1. 旅游活动的踩踏。

旅游活动的踩踏是对土壤最常见的冲击,游客的穿行踩踏会将土壤压实,破坏地表植物赖以生存的土壤有机层。踩踏会减小气孔间隙,减少水分的获得,影响土壤有机体的生存和发育,并导致从好气细菌向厌气细菌的改变,影响土壤肥力;土壤压紧会增加径流,引起水土流失,也会使有机污染物和一些有害元素乘隙而入,使土壤结构遭到破坏,进而会使植被的演替和发育受到影响。

旅游活动的踩踏会对地表土层造成经常性的摩擦触碰和夹带移动,使干燥的土壤颗粒粉末化,粉末化后的土壤就容易被风吹走,或者被雨水夹带往低处流失,使地表的高度降低。

2. 旅游活动的污染。

旅游活动中废弃的有毒、有害物质,没有进行有效处理就进入土壤,积累到一定程度,超过土壤本身的自净能力,就会导致土壤性状和质量的变化,对人体和生态构成影响和危害。土壤污染往往通过作物吸收,如蔬菜、水果等食品污染后,才有机会引起人体中毒和健康危害,其过程隐蔽、影响滞后。污染物质在土壤中不易扩散和稀释,不断积累而超标,同时也使土壤污染具有很强的地域性。许多污染过程不可逆,污染物最终形成难溶化合物,沉积在土壤中,污染持久,如某些重金属污染物在土壤中可能要100—200年时间才能够恢复。

3. 游客行为的影响。

游客的登踏与攀爬,可能破坏自然条件下长期形成的稳定落叶层与腐殖层,增加地表径流与侵蚀的机会;游客的滞留和游憩,可能造成土壤板结,透水、透气能力下降,从而降低理化性能和肥力;游客的采摘、折损、擦损,可能破坏地表覆盖,造成土壤裸露。土壤结构的变化会降低植物的活性与再生能力,使植被覆盖率减少,加剧水土流失。

游客捡拾石头等行为也会造成对地表或土壤的伤害。中国有不少家庭有赏石、玩石的爱好,为满足这些需求和经济利益的驱动,有人专门搜集奇石来出售,从而破坏地表和土壤发育。如以山水风光而闻名天下的桂林,就出现了很多专门经营石头的商店;在南京曾经随处可见的雨花石,如今在大多数地方已难觅踪迹。

(三)旅游的土壤影响效应

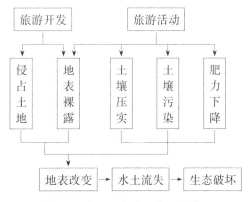

图 9.2 旅游活动对土壤的影响

1. 侵占土地。

旅游开发建设对土地造成占用、浪费和破坏，如兴建大型人造景观、游乐场、游乐园、高尔夫球场等，占用的土地数量非常巨大。据有关资料报道，全国建成的、在建的和待建的人造景观项目，即使是保守估计，占地也有百多万亩。目前，全球至少有 25 000 个高尔夫球场，高尔夫球场会占用大片土地和耕地，少则 300 亩，多则 400 亩，甚至上千亩。如日本已建、正建和待建的高尔夫球场的面积总共为 36 万公顷，占日本耕地面积的 7％；夏威夷海滨曾计划新建 20 个高尔夫球场，而将许多被视为神圣之地的墓地夷平；突尼斯南部的杰尔巴岛每年接待 80 万游客，兴建的旅游基础设施已使绝大部分的农田和果园化为乌有，占用了大片的土地资源。

2. 地表裸露。

旅游活动会增加土壤裸露的机会。旅游开发建设会重塑地表轮廓，地表上的植被被铲除或移往他处，土壤丧失了植被的保护作用，容易形成裸露的地表；旅游活动对原生植物的踩压、树木的砍伐，会造成植被的破坏，随着植物的消失，土壤裸露面积不断增加，降低土壤保水能力，也减低了累积和补充土壤有机质和营养的能力；一些旅游者自作聪明、自辟捷径的做法也会增加土壤的裸露机会，加速土壤的剥蚀作用。

旅游活动会破坏土表，造成枯枝落叶层和腐殖质层的损失，降低有机质的含量，减少其对土壤的保护作用，导致更大的土壤温度变化。夏天日间温度较高，冬季夜间温度较低，使植被间接受到日灼和冻害，如冬季践踏的土壤冻结深度达 3—4 厘米，而使用较少、植被又较多的地方，土壤温度保持在冻结点以上。

3. 土壤压实。

旅游活动会改变土壤的理化性质，特别是游道外 3 米以内土壤的性质变化最明显，其中最主要的变化是土壤压实，一项针对美国 137 处森林露营区进行的调查发现，有 70％的土壤呈现压实状态。土壤压实主要由于踩踏和交通工具所致，踩踏导致土壤板结程度增加，其强度越大，土壤越紧实。研究表明，旅游者的践踏和车辆的行驶将使土壤结构变得紧实，土壤孔隙度降低，徒步旅行、骑马、摩托车践踏草地 1 000 次后，土壤的容重分别增加了 0.2 克/立方厘米、0.3 克/立方厘米和 0.3 克/立方厘米。

土壤板结压实，导致孔隙度降低、容重增加，减少水、空气的渗透，影响土壤内部进行的各种反应，阻碍植物根部吸收水分和营养，影响植物正常生长，导致植物抗病力下降,使病虫害有机可乘;紧实的土壤增加了根系穿入土壤的阻力,并抑制其发芽;土壤的踩压性板结会改变土壤层生物组成,减少土壤中微生物的生存空间,引起物质分解与循环受阻。

旅游区土壤紧实度受许多土壤因子的影响,包括有机质、土壤水分、土壤质地结构、客流量等,如印尼的吉奴吉特·潘格瑞多国家公园,因节假日大批游客进入园内,造成土壤压实十分严重,以致在短时期内无法恢复。一般地讲,土壤颗粒小(如粘土)、踩踏时易出水、有机质含量低的易紧实,干的如砂土紧实甚至可能有益,因为砂粒紧实使一些大孔隙减小成为微孔隙,使土壤保持更多水分。

4. 土壤污染。

游客随身携带各种塑料制的食品袋、用品袋,或是就餐时的一次性餐具、喝水的瓶子等,这些旅游活动的垃圾可能会被丢弃在某个角落,覆盖了土壤,特别是白色垃圾自然降解能力差,在环境中存留时间长,若没有及时进行安全、有效的处置,会造成旅游区土壤理化性质的改变,并阻碍空气和光线,造成土壤营养状态的改变。

游客喝过的饮料汁液溅洒到土壤里,可使局部土壤酸碱度、理化性质发生改变,导致局部生境内植被发生变化。而丢弃的废弃物(如电池)中所含的重金属元素和难降解的有机污染物对土壤污染具有长期性、隐蔽性和积累性等特点,一旦造成土壤污染,就难以清除。同时,污染的土壤将作为次生污染源,对周围的大气、土壤和水系造成污染,通过天然淋滤过程,对地下水源造成污染。

5. 肥力下降。

旅游活动的踩踏或者人为清除凋落物,使土壤表层的枯枝落叶层难以保留,影响其自然腐烂,造成土壤有机质减少,保水保肥性能和缓冲性能降低,土壤肥力下降;污染物质的增加,降低了土壤的肥力;踩踏造成土壤裸露和板结,增大了地表径流,大量养分随水流失,土壤肥力降低。受旅游活动冲击的土壤,有机质和营养元素含量明显降低,以广州白云山风景区为例,随着旅游强度的增大,土壤的有机质、总氮、总磷和速效磷含量逐渐减少。

(四)土壤退化的生态影响

1. 地表改变。

土壤退化会引起地表变化。大多数土壤条件的变化会抑制新植物定居,也不利于现存植物的生长,植物覆盖率、生长率和再生能力都会降低,对于树木而言,将会改变其种群的年龄结构。例如,在一些旅游地,树木种群全部由中龄和较老龄的树木组成,更新能力减弱,下层植物承受旅游影响的能力也有很大变化,承受能力强的树种更有可能存留在旅游场地,树种的组成将向这些承受能力较强的树种转化。

地表覆盖的损失反过来导致土壤恶化。与损失有机质和增加侵蚀一样,对动物也有影响,特别是通过栖息地的变换来影响。例如,土壤有机质的损失,对许多昆虫来说,会转移栖息地和食物来源,这些动物大多对土壤和植被有重要影响,因为它们位于生态系统中营养和能量循环的分解者和草食者的地位,部分动物的迁移会改变其他物种的种群结构、空间分布和丰度,从而对土壤、植被和水体环境产生影响。

2. 水土流失。

水土流失是地球表层土壤在水力、风力、冻融和重力等外力作用及人为因素影响下,所发生的各种破坏、分离、搬运和沉积的现象。良好的植被覆盖、保水能力强的土壤、枯枝落叶层构成了具有缓冲能力的自然结构,可以有效减缓水土流失。

旅游活动可能导致地表裸露、土壤板结和质地恶化、枯枝落叶层损失,降低蓄水保土作用,减弱水分渗透能力,增加地面径流的形成机会,加上风、水等自然力的催化作用,将加速土壤侵蚀作用,形成水土流失网。如长白山天文峰停车场周围的植被破坏严重,盖度小于10％,裸露地面积越来越大,旅游者的踩踏加剧了侵蚀的速度,从停车场到峰顶的坡面土壤遭到严重的侵蚀,水土流失严重。

3. 生态破坏。

土壤一旦受到冲击,其物理结构、化学成分、生物因子等都随之发生变化,土壤条件的变化改变了生态系统的物质循环过程,致使土壤有机物和营养成分来源减少,盐碱化、土壤酸化等现象越来越严重。

旅游设施的修建和旅游活动的开展,引发了土壤板结、土壤养分流失、土地退化、植被破坏和河床淤积、库容萎缩、水质变差等与水土流失相关的一系列生态环境问题,土壤越来越贫瘠,影响土壤上植物的种类与生长,动物也会随之迁徙或减少,导致生态环境失调,影响旅游区的自然生态系统。

二、旅游土壤环境评价

旅游土壤环境评价是从预防性环境保护的目的出发,依据旅游项目的特征和开发区域土壤环境条件,通过监测调查了解情况,识别各种污染和破坏因素对土壤可能产生的影响,预测影响范围、程度及变化趋势,然后评价影响重大性,提出避免、消除和减轻土壤侵蚀与污染的对策,为行动方案的优化决策提供依据,从而有效保护土壤、防止土壤污染、提高土壤质量。

土壤环境评价的技术工作程序,一般分为四个阶段,即准备阶段,调查监测阶段,预测、评价和拟定对策阶段以及编写报告书阶段。

（一）评价工作内容

旅游区土壤评价的主要工作内容包括:收集项目分析成果以及与土壤相关的地表水、地下水、大气和生物专题评价资料;监测调查项目所在地区土壤环境资料,描述土壤环境现状;根据污染物的种类、数量,以及土壤理化性质和净化能力等,分析污染物累积趋势,预测土壤环境质量的变化和发展,以及项目可能造成的侵蚀和沉积;评价项目对土壤环境影响的重大性,并提出消除和减轻负面影响的对策及措施。

评价的范围应考虑在项目建设期内可能破坏原有的植被和地貌的范围;可能受项目排放的废水污染的区域;项目排放的气态和颗粒态污染物因干湿沉降而受污染的区域等因素。

（二）评价因子选择

评价土壤的因子一般根据土壤污染物类型、评价目的和要求等因素综合考虑,或者根据监测调查掌握的土壤中现有污染物和拟建项目将要排放的主要污染物,按毒性大小及排放量多少等因素来进行筛选确定,筛选方法通常采用等标污染负荷比法。

表9.4　常用的土壤评价因子

类　　别	评　价　因　子
土壤质地	土壤含水量、容重、土壤的机械组成等
土壤养分	全氮、全磷、有效磷、有机质等
重金属及无机毒物	汞、镉、铅、铜、铬、镍、砷、氟等
有机毒物	酚、苯并[a]芘、DDT、六六六、三氯一醛、多氯联苯等
酸碱度	土壤 pH 值
有害微生物	肠细菌、肠寄生虫卵、破伤风菌、结核菌等
附加因子	氧化还原电位、阳离子交换量等

　　旅游活动对土壤的影响主要表现为土壤含水量、pH 值、容重和有机质含量等多项指标。对土壤污染物质积累、迁移和转化影响较大的土壤物质和特性，可选取作为附加因子，用于研究土壤污染的运动规律，但一般不参与评价。

（三）土壤环境标准

　　土壤环境评价根据土壤评价目的和技术力量，以《土壤环境质量标准》（GB15618）为基本标准，该标准未规定者，以区域土壤本底值、土壤环境背景值、土壤对照点含量、土壤临界含量、土壤和作物中污染物质积累的相关数量作为评价标准。根据土壤应用功能和保护目标，可将土壤环境质量分为三类。

　　Ⅰ类：主要适用于国家规定的自然保护区（原有背景重金属含量高的除外）、集中式生活饮用水源地、茶园、牧场和其他保护地区的土壤，土壤质量基本保持自然背景水平。

　　Ⅱ类：主要适用于一般农田、蔬菜地、茶园、果园、牧场等土壤，土壤质量基本上对植物和环境不造成危害和污染。

　　Ⅲ类：主要适用于林地土壤、污染物容量较大的高背景值土壤，以及矿产附近等地的农田土壤（蔬菜地除外）。土壤质量基本上对植物和环境不造成危害和污染。

　　标准共分为三级。一级标准：为保护区域自然生态、维持自然背景的土壤环境质量的限制值；二级标准：为保障农业生产、维护人体健康的土壤限制值；三级标准：为保障农林业生产和植物正常生长的土壤临界值。Ⅰ类土壤环境质量执行一级标准；Ⅱ类土壤环境质量执行二级标准；Ⅲ类土壤环境质量执行三级标准。

（四）土壤影响预测

　　土壤环境影响预测的主要任务是根据评价旅游区所在区域的土壤环境现状，拟建项目可能造成的土壤侵蚀、退化，以及排放的污染物在土壤中的迁移与积累，应用预测模型计算土壤的侵蚀量以及主要污染物在土壤中的累积或残留数量，预测未来的土壤环境质量状况和变化趋势，主要包括土壤侵蚀和污染预测、土壤环境容量预测等。

（五）土壤环境评价

1. 单因子评价。

　　单因子评价是指分别计算各项因子的污染指数。一般以土壤污染物实测值和评价标准的比值,来表示该因子的土壤污染指数。

$$P_i = C_i / S_i$$

式中,P_i 为土壤污染物 i 的污染指数;C_i 为土壤中污染物 i 的实测浓度;S_i 为污染物 i 的评价标准。

2. 土壤踩踏影响指数。

以旅游活动踩踏对土壤各相关参数的综合变化计算综合指数。

$$SFI = \sqrt{\frac{1}{n} \sum_{i=1}^{n} \left(\frac{|S_i - S_o|}{S_o} \times 100 \right)^2}$$

式中,SFI 为土壤踩踏影响指数;n 为踩踏影响参数数量;S_i 为第 i 个踩踏影响参数的测定值,旅游踩踏对土壤的影响参数主要为枯枝落叶层厚度、土壤容重、含水量、pH 值和有机质含量等,可根据实际情况确定影响参数;S_o 为对照区第 i 个踩踏影响参数的测定值。按 SFI 值的大小,可将土壤踩踏影响分为三级。

表 9.5 土壤踩踏影响指数分级表

SFI	$\leqslant 20$	20—30	> 30
指数分级	I	II	III
影响水平	轻度踩踏	中度踩踏	重度踩踏

例如,对某旅游区游步道两侧 2 米内和无人区的土壤样品的土壤容重、含水量、pH 值和有机质含量进行了分析测定,结果如下表,计算其土壤踩踏影响指数。

表 9.6 某旅游区土壤环境监测结果

指 标	土壤容重(克/立方厘米)	含水量(%)	pH 值	有机质(克/千克)
对照区	1.25	9.52	8.12	30.12
活动区	1.45	6.90	8.33	26.56

解:

$$SFI = \sqrt{\frac{1}{4} \left\{ \left(\frac{|1.45-1.25|}{1.25} \times 100 \right)^2 + \left(\frac{|6.90-9.52|}{9.52} \times 100 \right)^2 + \left(\frac{|8.33-8.12|}{8.12} \times 100 \right)^2 + \left(\frac{|26.56-30.12|}{30.12} \times 100 \right)^2 \right\}}$$

$$= \sqrt{\frac{1}{4} (16^2 + 27.52^2 + 2.59^2 + 11.82^2)} = \sqrt{289.94} \approx 17.03$$

因此,该样点的土壤踩踏影响指数为 17.03,级别为 I 级,土壤受到轻度踩踏。

3. 土壤污染综合指数。

将土壤各污染物的污染指数相叠加,作为土壤污染综合指数。

$$P = \sum_{i=1}^{n} P_i$$

式中,P 为土壤污染综合指数;P_i 为土壤各污染物的分指数;n 为污染物种类数。如果采用酚、氰、镉作为评价因子,即 $n = 3$,则可以按 P 值的大小将土壤质量分为四级。

表9.7　土壤污染综合指数分级

指数值	$\leqslant 0.2$	0.2—0.5	0.5—1.0	> 1.0
质量分级	清洁	微污染	轻污染	中污染

4. 水土流失评价。

水土流失是一个全球性的生态环境问题,水土流失会使土壤资源遭到破坏,淤积水体,破坏旅游区生态环境质量。水土流失情况一般可用水土流失方程来评定。

$$E = R \times K \times LS \times P \times C$$

$$Q = E \times A$$

式中,E 为水土流失侵蚀模数;R 为降雨因子;K 为土壤可侵蚀因子;LS 为地形因子;P 为控制因子;C 为植物因子;Q 为水土流失侵蚀量;A 为水土流失面积。各因子值可通过查询相关表、实地测定与计算得到。

5. 生物学评价。

生物学评价是根据生物反应情况来判断土壤污染程度。生物学评价是一种最直观的方法,常用的主要有指示法和症状法。一些植物具有超量积累重金属的能力,通常分布于重金属过量的地方,可据此判断土壤重金属污染状况。

利用生物的症状变化,可以评判土壤污染程度,常用的为植物症状法。根据敏感植物根、茎、叶在色泽、形状等方面的症状衡量土壤污染状况。例如,砷污染会使植物先表现出新"功能叶"的萎蔫,继而阻止植物根部与顶端的生长;锰污染会使老叶边缘和叶尖出现许多焦枯褐色的小斑,并逐渐扩大;镉会使植物生长迟缓、植株矮小、退绿；在镍污染土壤上生长的植物，最初没有表现，之后叶片才会失绿，与缺铁相似。

三、旅游土壤环境保护

（一）土壤踩踏的防护

1. 合理规划。

旅游线路局部过热或局部过冷，会造成局部区域生态压力过大或局部旅游资源浪费，同时造成过热地区的土壤受到更多的踩踏危害。所以，观景步道、娱乐和休息设施的规划建设要科学合理，避免和减少游客自行辟径的现象。

2. 科学管理。

土壤和植被在一年的特定季节中（如北方的冬春季）是十分脆弱的，为减少旅游活动对土壤环境所造成的踩踏危害，可在这些时期对土壤危害性大的旅游活动项目和活动范围进行限制，如将破坏性较大的旅游行为集中于规定区域，如游道、广场等，减少踩踏对土壤的危害。

从保护环境的角度出发，制定合理的旅游环境容量，采取适当分流游客的措施，减少因过度使用对土壤环境造成的影响，以免游道超量接待游客，使游道周边的土壤遭到踩踏。加强宣传引导，积极倡导"文明游、生态游"，通过宣传和教育提高游客的环境保护意识，从而减少旅游踩踏的强度和范围。

3. 生态防护。

对受到旅游活动影响较大的区域，应使用生态防护方法尽量把踩踏的危害降到最低程度，如加强裸露地绿化，增加植被覆盖度；在游客活动强度较大区域铺撒干树皮；在植被自然更新能力较差区域采用石块铺装的形式进行保护等。

（二）土壤污染的防护

对于土壤污染，必须贯彻"预防为主、防治结合"的环境保护方针，首先必须控制和消除污染源，同时应充分利用土壤的自净能力。

1. 控制和消除污染源。

旅游区内的项目应通过清洁生产或废物最少化措施，减少或消除"三废"的排放量和排放浓度，使之符合排放标准；在生产中不用或少用在土壤中易累积的化学原料；采取排污管终端治理方法，控制废水和废水中污染物的浓度；保证不造成土壤中重金属和持久性的危险有机化学品（如多环芳烃、有机氯、多氯联苯等）的累积；提出土壤环境监测方案，作为旅游区土壤环境管理的依据。

2. 提高土壤净化能力。

采取合理措施，提高土壤对污染物的容纳量和净化能力，如增施有机肥，促进土壤熟化和团粒结构的形成；增加或改善土壤胶体的种类和数量，提高土壤通透性；施入微生物菌种，增强微生物降解作用，从而提高土壤净化能力，缩短污染自净周期，降低污染。

（三）土壤污染的修复

对污染土壤采取修复措施，以恢复和改良土壤环境的质量，使土壤资源可持续利用。

1. 物理改良。

重金属污染物大多富集于地表数厘米或耕作层，采用排土法（挖去污染土层，换入新的干净的土壤）、客土法（用非污染客土覆盖于污染土上），是快速和较彻底地治理土壤污染的方法，但工程量较大，并需要丰富的客土来源，对排出的污染土壤还要妥善处理，以防止造成二次污染。因此，这种方法只适用于小面积的污染土地。在污染稍轻的地方，可深翻土层，将上下土层翻动混合，使表层土壤污染物含量降低，但在严重污染地区不宜采用。

2. 化学改良。

施加化学抑制剂可改变有毒物质在土壤中的迁移方向，使其被淋洗或转化为难溶物质，但在具体实施时要防止污染地下水。一般使用的抑制剂有石灰、碱性磷酸盐、硅酸盐等，它们可与重金属污染物生成难溶性化合物，降低重金属在土壤及植物体内的迁移能力，减轻对环境的危害。多数重金属形态受氧化还原电位影响，改变土壤氧化还原条件，可以减轻重金属危害。

3. 生物改良。

种植某些非食用的、吸收重金属能力强的植物来逐步降低土壤重金属含量，恢复土壤环境的质量，如羊齿类铁角蕨属的植物对土壤中镉的吸收率为10%，连续种植多年可降低土壤含镉量；利用土壤中红酵母和蛇皮藓菌净化土壤，这两种生物对剧毒性的多氯联苯的降解率分别达到40%和30%；蚯蚓不仅能翻耕土地、改良土壤，还能降解农药、重金属等有害物质，降低污染。

（四）水土流失的防护

旅游区应合理建设适量的土木工程，各种人文景观和旅游服务设施建设应以减少环境影响为原则；在管理中要规范游客行为，减少踩踏对水土流失的加剧；在减少影响的同时，还可以运用生物和工程防护措施防治水土流失。

1. 生物防护。

生物防护的重点是构建完整的生物链，要因时因地，并根据具体条件采取不同的生物措施，从而保持生态系统的良性循环。不同地区的生态条件不同，在选择植物种类和数量，以及构建完整的生物链时要持科学的态度，严格遵循客观规律，将植被放在整个生物链系统中全盘考虑，恢复和扩展植被覆盖面积，使遭到破坏的系统得到恢复，保持生态系统的长久平衡。

生物技术措施较适用于大范围、大面积的水土流失防治，同时也适用于配合工程技术措施防治水土流失。

2. 工程防护。

工程防护措施主要是指采用各种工程技术对径流、泥沙进行拦蓄、截流、疏导，减轻径流冲刷等，主要有对陡坡的升级工程、对沟头起截流撇水作用的沟埂保护工程、逐级蓄水拦沙的沟埂梯地谷坊工程、坡地梯田工程等。工程防护措施较适用于小范围、小面积的水土流失防治。

对在旅游区建设施工中造成裸土的地块应及时覆盖砂、石或客土绿化，并进行经常性管理，增大土壤覆盖度，以减少土壤侵蚀；对在旅游区土木建筑、服务设施等开发建设中造成水土流失的区域，应采取谷坊、挡土墙、沉沙池、护坡网、边坡排水沟等相应的水土保持工程辅助措施；在施工中开挖出的弃土应堆放于安全场地，以防止侵蚀和流失；如果弃土中含有污染物，应防止流失、污染下层土壤和附近河流；在工程完工后，弃土应尽可能运回原地。

案例点评

案例一　随处抛丢垃圾为首要旅游不文明行为

2006 年，中央文明办、国家旅游局向社会公开征集"中国公民旅游不文明行为表现"，在公众反映的比较普遍的国内国外旅游不文明行为中，有关环境保护的内容如下：

中国公民出国（境）旅游常见不文明行为有：随处抛丢垃圾、废弃物，随地吐痰、擤鼻涕、吐口香糖,上厕所不冲水,不讲卫生留脏迹;无视禁烟标志、想吸就吸,污染公共空间,危害他人健康;在车船、飞机、餐厅、宾馆、景点等公共场所高声接打电话、呼朋唤友、猜拳行令、扎堆吵闹;在教堂、寺庙等宗教场所嬉戏、玩笑,不尊重当地居民风俗。

中国公民国内旅游常见不文明行为有:随处抛丢垃圾、废弃物,随地吐痰、擤鼻涕、吐口香糖,污染公共环境;在非吸烟区吸烟,打喷嚏不掩口鼻,危害他人健康;在公共交通工具、宾馆饭店、剧场影院等公共场所高声接打电话、猜拳行令、喧哗吵闹;在景观文物、服务设施上乱刻乱划,踩踏禁行绿地,攀爬摘折花木;不听劝阻喂食、投打动物,危害动物安全。

资料来源:国家旅游局网站.www.cnta.com。

点评:

在国内外旅游的不文明行为中,随处抛丢垃圾、废弃物都排在第一位。因此,加强固废垃圾的处理,首先要提高游客的文明素养。

案例二　青海湖景区的垃圾处理措施

青海湖是我国第一大内陆湖泊,也是我国最大的咸水湖。为了保护好青海湖的生态环境,景区坚持每天两次为所有经营户免费收集运输垃圾,在主景区的两个垃圾场周边,坚持封闭式网围栏,彻底防止白色垃圾外飘和牲畜进入,确保固废垃圾有效处理和牲畜放牧安全。

穿行景区的 109 国道沿线是景区的卫生难题。景区专门成立环卫部,与当地乡(镇)签订了共建整治协议,购置了垃圾清运车、500 个分类垃圾桶及其他一些环卫工具。在正式对外开放的二郎剑、鸟岛、沙岛和仙女湾景区,坚持对免费公厕实行 24 小时保洁。在倒淌河经二郎剑至鸟岛长 180 公里长的路段,吸纳当地 50 名牧民群众组成环卫队,统一配置小型环保三轮车,采取分段包干的形式统一管理,保持 109 国道两侧的环境卫生。

资料来源:郅振璞,《青海湖景区生活污水处理率达到 100%》,http://travel.people.com.cn/GB/12708060.html,2010 年 9 月 12 日。

点评:

青海湖景区的垃圾处理措施优化了景区的动植物生活、生长环境以及旅游环境,保证了青海湖生态状况的优良。

案例三　千岛湖水上垃圾的无害化处理

千岛湖湖面垃圾无害化处理场位于浙皖断面鸠坑口国家级水质自动监测站附近,占地面积 6 000 平方米,其中垃圾处理场房 1 500 平方米,垃圾场 4 500 平方米。

处理场对打捞上岸的湖面垃圾采用焚烧处理技术,使用反烧型的焚烧炉,燃料以燃油为主,辅之以电和人工点火相结合的启动方法,实现能源清洁化目标,是当前国内垃圾焚烧处理技术上的首创。反烧法垃圾焚烧炉只要开始点燃,就不需要长时间的助燃,燃烧时自上而下进行,实现了快速干燥的目的,适合含水量较高的垃圾。同时,实现自动化操作,能够机械化连续投料,减轻了劳动强度,降低了运行成本。此外,垃圾焚烧炉采用厚料层燃烧,垃圾转换成气体后在反烧技术下还能进行二次燃烧,达到了垃圾无害化处理的要求。

资料来源:胡雪君:《千岛湖水上垃圾无害化处理场启用》,千岛湖在线,2006 年 11 月 18 日。

点评:

不同的区域,垃圾的组成与特性不同,应该因地制宜、积极探索,科学合理地处理景区的固废垃圾,保护好景区的清洁卫生。

案例四　九寨沟的水土流失防护措施

九寨沟风景区地处四川省阿坝州境内,有"童话世界"之称,以翠海、叠瀑、滩流、彩林、雪峰"五绝"享誉海内外。

2001 年,历时三年的九寨沟县生态环境建设综合治理工程完工,中央财政投资1 600 多万元,通过封山育林、人工造林、改良草场、退牧还草等措施,治理水土流失面积 72.5 平方公里。为保护九寨沟的自然环境,当地百姓全部用上了电,不再上山砍柴烧,减少了对植被的破坏;在游道顶和边坡上铺设了一密一疏双层铁丝防护网,在防护网上进行人工植草,一方面保证了游客安全,同时防治水土流失;除大面积实行退耕还林外,从 2002 年开始,景区实行"沟外住,沟内游",不再允许在景区内住宿,拆除不符合景区风格的现代建筑物 15 万平方米,拆除后的空地全部进行绿化,尽量恢复植被;在拓宽道路的同时,对扩建后挖开的岩石边坡进行环保修复,施工人员喷洒了一种草籽混合物后,给岩石边坡覆盖上环保薄膜,10 天左右草籽即可发芽,3 个月后薄膜可自然降解,使用了这种技术后,九寨沟景区公路扩建后的 4 万平方米岩石边坡逐渐铺上了"绿毯"。

资料来源:九寨沟旅游网,www.jzgly.cn。

点评:

九寨沟通过各类措施的施行,有效地保护了自然生态环境及其基础——土壤环境,同时也能较好地防范水土流失的发生。

练习思考

一、填空题

1. 对不可再生性旅游资源,应强调节约利用、再利用和_____。

2. 固废垃圾要实现_____,采用废弃物最小化措施,减少产生量,尽力实现资源化,处理无害化。

3. 固废垃圾资源化是_____方法,能把废弃物再次变成资源以减少最终处理量。

4. 土壤是由固相、_____和气相三相物质有机组合而成的。

5. 旅游活动会改变土壤的理化性质,特别是游道外_____米以内土壤的性质变化最明显。

6. 旅游活动的_____可使土壤裸露,土壤板结程度增加,水分渗透能力降低。

二、单项选择题

1. 在以下选项中,属于从输入端来控制旅游固废垃圾的是(   )。

A. 定点分类回收   B. 限制有害物质

C. 废物的再利用   D. 沼气发酵处理

2. 在下列固废垃圾处置方法中,解决固体废弃物最终归宿问题的是(   )。

A. 资源化   B. 无害化

C. 减量化   D. 清洁化

3. 旅游开发造成的地表裸露会造成(   )。

A. 水土流失   B. 土壤压实

C. 土壤污染   D. 肥力下降

三、简答题

1. 简述固废垃圾对旅游的主要影响。

2. 结合旅游区,分析固废垃圾减量化的具体措施。

3. 结合实际,谈谈你对旅游固废垃圾处置的看法。

4. 简述旅游的土壤影响效应。

5. 简述土壤污染的修复措施。

第十章

旅游生物环境

学习要点

了解生物环境的旅游意义；掌握旅游对生物环境的影响；熟悉旅游生物环境的评价方法；掌握生物环境的保护措施。

基本概念

生物量、频度、盖度、多度、多样性指数、感知系数

生物环境是环境因素中活着的生物，包括动物、植物、微生物。动植物是自然环境特征的重要标志，发挥着重要的旅游功能，构成了一个地区的主要风光特色，是自然旅游景观和环境中最富特色、最具活力的一类，它们以其自身生命节律的周期性活动以及变化多端的形态特征，丰富了自然景观，衬托了人文环境，美化了区域环境，增添了游客兴趣。

第一节　生物环境的旅游意义

一、背景协调功能

作为旅游环境的构成要素,植物是开展旅游活动必不可少的重要环境背景,对旅游活动起着极其重要的作用。一方面,植物可以是旅游区的主体,如植物园、森林公园等;另一方面,植物是旅游区中不可或缺的构景要素,可以利用植物来形成抑景、障景、夹景、框景等,增加植被景观的层次感和艺术效果,从整体上美化旅游区环境。

植物可以协调环境中的不协调因素。对地形有协调作用,能减弱地形的起伏感和增强地形的安全感。在人文景观附近配置适当的树木,可协调周围环境的气氛,减少外貌粗陋和呆板建筑物的不良影响,把不同风格的建筑物或杂乱的景物协调为一个整体。

二、旅游资源功能

(一)景观造景

动植物景观是旅游资源中最活跃的构景和造景因素之一,对游客具有很强的吸引力,也可为旅游活动开展提供丰富多彩的活动内容。具有特色的生物是重要的旅游景观资源,如黄山迎客松、泰山"五大夫松"、陕西黄帝陵 5 000 多年的"轩辕柏"等,都是重要的旅游资源。在非洲的坦桑尼亚、肯尼亚和南非等国,野生动植物资源是最大的旅游吸引物。

各种地带性植被及栖息在其中的动物,是各地富有生气的自然景观的重要组成部分。植物造景除了群落造景和古树名木的旅游魅力外,还具有装饰山水、分割空间、塑造意境的功能;动物中旅游价值较高的为兽类和鸟类,各种动物生活栖息的环境不同,导致形体、觅食结构和方式的不同,形成了丰富的动物景观,为游客提供了多样的欣赏对象。

(二)商品资源

旅游区植被中不乏可作为蔬菜食用的植物,它们被称为山野菜。这些野生蔬菜的营养价值高,是天然绿色食品。我国山野菜资源丰富,据调查统计,有真菌、地衣以及草本、藤本、木本的山野菜 700 多种。

丰富的动物资源可以开发出多样的旅游商品。例如,昆虫可以开发旅游工艺品或纪念品,如昆虫字画、雕刻、书签、昆虫标本等;还可以开发各类土特产品,如蜂蜜、药酒等保健食品,蜂胶、蜂王浆等美容食品,冬虫夏草、天牛等医药产品,蜂蛹、蚕蛹等特色菜肴。

（三）娱乐交通

动植物资源可用于开发体验性旅游活动,如利用动植物旅游资源开发的农场、林场、果园、牧场、渔场等旅游区,可开展采摘、品尝、捕捉等参与性娱乐活动;动物可满足旅游者骑乘的娱乐需求,如骑马、骑骆驼、骑牛车、赶羊车、饲喂动物等旅游项目。

畜力交通工具在现代交通工具不能通达的旅游地区,是重要的旅游交通工具,如牛车可以到达偏僻的旅游区,马是草原上不可缺少的交通工具,而骆驼是沙漠地区的主要交通工具。

三、美学观赏功能

动植物的美学观赏价值,主要通过动植物的形态、色彩、声音、习性、运动等形式来表现。植物的叶、花、果以其形、色、味等要素美化环境,给人以形态美、色彩美、嗅觉美等美感;动物的外貌、形态、色彩、动作和声韵或习性,常使旅游景观充满生机。一些旅游区以昆虫为题材开发旅游活动项目,如武夷山自然保护区的昆虫馆、云南大理的蝴蝶馆等。

四、环境优化功能

动植物优化生态环境的功能,主要是指植物对环境起到净化、绿化、美化、香化的作用。

（一）调节小气候

植被对一定范围内的区域性气候具有调节作用,可以降低风速、调节温度、提高空气湿度,给人们提供比较舒适的小气候环境。由于林冠层的保护作用,夏季可以减弱阳光的辐射,并阻挡林内蒸腾和蒸发的水分散失,使林内的气温比空旷地低3 摄氏度—5 摄氏度左右,而空气相对湿度则高 7%—14%,是避暑疗养的良好场所。冬季的情况正好相反,因林内散热较慢,有林地的气温比空旷地高 0.5 摄氏度—1摄氏度,昼夜与夏季及冬季的情况类似。因此,林地能够为人们创造一个冬暖夏凉、夜暖昼凉、湿润清新、有益健康的小气候环境。

（二）净化大气环境

植物具有强大的净化环境的功能,其中尤以森林生态系统为最。森林生态系统是一个庞大的大气净化器,通过植物的光合作用,吸收二氧化碳、释放氧气,恢复并维持生态自然循环。全世界的森林吸收二氧化碳、释放氧气的总量超过世界人口呼吸所需氧的近10倍,平均每公顷森林每天吸收1吨二氧化碳,释放0.73吨氧气,可供近1 000人呼吸一天,因此植物是大自然的"氧气制造厂"。

植物是大自然的消毒器,通过植物的吸收、阻滞和过滤,可以净化空气中的有毒有害气体和粉尘。植物对降尘和飘尘有滞留和过滤作用,一亩森林一年可吸附各种灰尘20多吨,就每平方米面积的吸尘量而言,榆树为3.93克、丁香为1.6克、杨树为0.55克。植物还有减轻光化学污染、吸收和净化某些有毒有害物质的作用,有毒有害物质通过植物表皮气孔吸收后,经过生物转化成为无毒或低毒物质,转变为植物养分或在植物组织中贮存起来,从而减少大气中的有毒物质数量。

（三）生态防护功能

植被具有多种生态防护功能。一是涵养水源,林木能增加土壤的粗孔隙率,截留天然降水,据测定,每亩林地比无林地最少能多蓄水20立方米,松厚的枯枝落叶,可吸收降雨量的50%;二是防风固沙,植被对风沙能起过滤性妨碍物的作用,减少树林的上风向及下风向的风速,如在林带上风侧,在相当树高6倍的范围内风速明显减弱,下风一侧风速减弱范围更大,约相当树高的35倍,特别是距树林边缘3—5倍树高的范围内,风速可减至原风速的30%左右;三是保持水土,由于枝叶和树干的截留,以及枯枝落叶与土壤巨大的持水能力和庞大根系的固土作用,能大大减少水土流失量;四是消音隔音,植被能降低噪音,是"天然的隔音墙",如果营造40米宽的林带,能使噪声降低10—15分贝。

（四）维持生态平衡

动植物在保护环境、维持生态平衡中起着关键作用,丰茂的植被是旅游区的"肺",即可以调节旅游区的温度、湿度,净化空气、水体、土壤,又能降低噪声,还可以美化环境、陶冶情操、防灾避难,是人类最宝贵的资源之一,对改善环境、维护生态平衡起到了重要的作用。

五、疗养保健功能

（一）治疗作用

一些植物的花、果、芽、叶等组织能不断分泌出一些特殊的挥发物(主要是萜烯、有机酸、醚、酮、醛等)，这些物质不仅能散发芳香，给人以舒适畅快的享受，而且能很好地抑制某些细菌、真菌和原生动物，具有抗炎、杀菌等功能。实验证明，通过30—50米宽的林带区，一升水中的含菌量比裸地少。全世界的林地每年要散发1.75亿吨的芳香物质，可杀死多数有害细菌，减少疾病的发生率，这为开发森林保健旅游提供了重要的支撑条件。

1. 根据疾病选择林地。

不同的林地产生的挥发物能杀灭不同的病菌。杉树、白皮松、油松产生的杀菌素可杀死葡萄球菌和百日咳杆菌；桉树、槐树和柏树产生的杀菌素可杀灭结核病、痢疾、白喉病菌；景天科植物的汁液能消灭流行性感冒类的病毒；柠檬叶释放的杀菌素可以杀死肺炎球菌、痢疾杆菌、结核菌及流感病毒；柞树产生的芳香类挥发性物质对心脑血管病人的血液循环有良好的疏通作用；杉树、柏树的香味可降低血压、稳定情绪，适合高血压患者和心脏病患者。因此，不同的疾病患者应选择不同的林地。

2. 根据季节选择林地。

每年9—10月及寒冷期，针叶林分泌的小剂量杀菌素对心血管疾病患者有良好的治疗作用，而到了春末和11月，针叶林比阔叶林潮湿，患有呼吸道疾病的患者不宜在此疗养。高血压、缺血性心脏病和支气管性气喘病患者，如果在树脂分泌的高峰期(6—7月)到针叶林中，不仅会加重气喘，还会引起头痛、眩晕、心律失常、耳鸣、失眠及动脉压升高等病状。

（二）保健作用

幽美的森林环境有很好的保健作用，有益于人们的身心健康。森林环境在白天可吸收过滤强烈的太阳光，使紫外线含量大量减少，可使人们在森林中享受到适度的日光浴和经森林净化的空气浴；树木散发的各种杀菌物质，可促进人体新陈代谢，增强神经系统和呼吸系统功能，改善身体状态，解除疲劳，促进身心健康，有利于康体和疗养；经常处于花木环绕的环境中，皮肤降温1—2摄氏度，脉搏减少4—8次/分钟，心脏负担减轻，有益于高血压、心脏病患者的康复；植物的绿色有利于视觉器官疾病的康复,对人的神经系统、大脑皮层、视网膜组织有调节作用,能缓和血流速度和心跳频率;林地舒适、静谧、幽雅的环境,是人们陶冶情操、寻求精神平衡、增进身心健康的理想场所。

当然,由于人们生活环境的不同,身体内部的循环、代谢机能也有微妙的差异,某些人血液中的氧含量突然大幅度增加时,会导致大脑血管痉挛甚至昏迷。因此,在高原缺氧地区生活惯了的人,不能突然进入森林,以免发生"氧中毒"。

六、科普科考功能

动植物以其所特有的生态特性成为旅游者科普探秘的对象,旅游者通过观赏生态系统奇特的物种形态、群落结构,呼吸清新的空气、饮用洁净的泉水,了解生态系统内部的物质、能量和信息流程与循环,从而在无形中得到生态教育、科普教育。

动植物环境的结构、分布、生态特征、发展变化及实际利用等,都是科学研究的重要内容,如峨眉含笑、黄山木兰、厚朴等的聚合蓇葖果与裸子植物球果很相近,对研究植物进化有重要价值。古树名木、珍稀动植物及其生存的生态环境,也是科考科普的主要对象和重要依托,如通过古树年轮宽窄和颜色深浅变化研究古代气候冷热变化及水文变迁规律,通过对古树年轮的多元素分析,可研究空气与土壤污染的时空范围。

第二节　旅游的生物环境条件

一、生物环境对旅游的负面影响

一些动植物会以不同的方式对游客的旅游活动产生负面影响,威胁游客的健康与安全。

（一）动物环境的负面影响

某些动物可能对旅游者造成伤害,如全球有 1.5 亿海水浴爱好者和渔民深受水母困扰,美国佛罗里达州每年有 20 万人被水母蜇伤。而旅游区常见的蜂、蚊蝇、蝎、褐色蜘蛛、刺毒蛾等,都可能蜇咬或刺伤游客,轻者出现红肿、热疼、瘙痒等症状,重者可出现肢体麻木、恶心、呕吐、眩晕、昏迷等症状,甚至还会出现生命危险。

在外出旅游时,特别是穿过草丛或露宿时,若不当心则有可能患上莱姆病。莱姆病是一种人畜共患病,病原体为莱姆病螺旋体,通常以蜱为传播媒介。我国的长白山、天山、祁连山、六盘山、太行山和武夷山等地,都有莱姆病疫源地。人感染莱姆病后,早期以慢性游走性红斑为特征,同时出现发烧、多汗、疲乏无力、头痛以及肌肉、骨和关节疼痛等症状;后期则出现关节、心脏和神经系统受损等表现。因此,在林区和山区旅游时,要注意自我保护,要穿长袖衣和长裤,同时要用驱虫剂喷涂在衣物上,防止蜱侵袭。在莱姆病疫源地区旅游时,最好不要露宿,如果被虫叮咬,或者皮肤有红斑时,应及时到医院检查和使用抗生素。

（二）植物环境的负面影响

植物一方面给游客提供了旅游的环境,另一方面,某些植物会对游客造成一些危害。例如在旅游区内,植物上的毛刺能划伤和刺伤人体的皮肤,轻微的外伤通常只引起瘙痒,但处理不当也有可能继发感染。这种单纯的机械性损伤比较容易预防和处理,棘手的是某些特殊的植物性皮炎。

有些植物通过接触使游客患上植物性皮炎,表现为游客的皮肤上出现一些风疹、红斑,成簇的斑丘疹、水泡和紫斑,甚至眼肿唇胀、黏膜糜烂、瘙痒难忍。荨麻科植物表面粗糙的毛刺中储存了几种过敏性反应的介质,如果刺毛与皮肤接触,其中的过敏性物质就会侵入皮肤,引起过敏性反应,皮肤上可出现典型的红线、红斑和风团;仙人掌、万年青类植物的根、茎、叶、花内有一种高度刺激性的白色乳液,皮肤与之接触后会出现红斑、水泡,甚至脱发;漆树树液、木荷树皮等含有过敏性物质,人体接触后,轻者皮肤红肿结块、瘙痒难忍,重者出现呼吸困难、哮喘、昏迷,以及引起过敏性休克,甚至死亡。

茴香、金凤花、佛手柑等植物含有使人体皮肤对日光过敏的物质,人体皮肤接触到这些植物后,如果再日晒数小时,接触的部位就会出现伴有灼痛的红斑、水泡,次日小水泡往往会融合成大水泡,待水泡消失后,常留有皮肤色素沉着,有的维持数日之久;无花果的汁液流到皮肤上经日晒,皮肤就成为褐色,好像浓咖啡洒到皮肤上一样;游客在牧场、草地行走后所发生的草地皮炎,也是一种植物性光照皮炎。因此,游客在旅游区内应加强皮肤的防护,减少皮肤暴露的部分,旅游中不要光脚走路,更不要随便践踏植物,不要攀折枝叶,要避免接触野生植物的叶、茎、根等,否则既破坏自然环境,也可能使自己受到伤害。

二、旅游活动的生物环境条件

旅游活动对动植物环境的要求,首先是必须有益于游客的身心健康。在植物园等以人工培育树种为主的旅游区内,植物栽培要慎重选择,不能栽植散发异味的乔灌木,要选择使游客赏心悦目的植物;在自然林区,要求森林覆盖度高、树种丰富、空气新鲜、气候宜人、不含有毒物质,林间小道有落叶层覆盖,树叶、树干能挥发各种杀菌物质,有益于游客的身心健康。

其次是不危及游客安全。某些植物会对游客造成一些伤害,如枝杈会划伤和刺伤皮肤,造成瘙痒疼痛甚至感染,面积较大的森林易造成游客迷路、遭遇野兽等危险,应采取措施避免游客受到伤害;动物园必须为游客提供绝对安全的环境,并且不能带有传染病。在一般的动物园,游客与被观赏的动物之间必须设立安全屏障,杜绝一切直接接触的机会。在野生动物园,安全措施要更加严格,以避免游客发生人身伤亡事故。

第三节　旅游对生物环境的影响

在旅游开发中,要建设和完善生态保护设施,旅游的经济收益可以有计划地投入到生物环境保护中去;旅游为当地居民提供了就业机会,提高了居民收入,增加了他们保护自然资源的经济动力;开展以动植物为对象的旅游活动,可以使人开阔眼界、增长知识,增进与动植物的亲近感,在旅游过程中应对游客进行环境保护教育,增强其对生物多样性的认知,增强环境保护意识,有利于对动植物的保护。因此,旅游能推动对自然资源、野生动植物及环境的保护。

但旅游活动对生物环境的正面影响是相对的,其有效性有赖于合理的制度设计、良好的环境意识和有效的管理。旅游活动对生物环境的负面影响是绝对的,会对生物的生境造成破坏,影响生物种类与结构,造成生物资源的减少,导致生态平衡失调。

一、旅游对植物的影响

旅游对植物的影响可分为直接影响和间接影响。直接影响包括移除、践踏、采集、火灾等;间接影响包括外来物种引入、营养盐污染、车辆废气、土壤流失等问题。影响程度取决于旅游特性(旅游强度、性质、持续时间等)和植物特性(植物的敏感性、抗干扰能力等)。

大多数植被类型都包括三个水平层次的垂直结构:地被物层、灌木层、乔木(大、中、小)层,旅游对各层次植被的影响效应各不相同,但从总体上来看,主要影响种子发芽及苗木的成活、造成植被稀少的面积增加、植物高度降低、植物群落结构改变(即正常种属被耐磨踩物种替代)、影响植物的生理及形态、影响植物开花及结实、影响植物的健康与活力、降低植物的再生长能力、传染植物病菌等。

(一)开发建设的移除

在旅游区兴建旅游设施,必定会占用一定面积的土地,从而使地表植被被剔除,改变植被覆盖率或植被结构性质,使生态稳定遭到破坏。旅游设施建设中移除植被最严重的要属高尔夫球场的建设,为塑造适宜挥杆的坡地环境,常常改变整座山头的模样,原生植被几乎全部被挖除,重新植上外来草种。一些大型财团在马来西亚和泰国等地买下大片山坡地,建设高尔夫球场和俱乐部,大量的原始林因而蒙受浩劫。

旅游区内的基础设施如道路、住宿设施等的建设,同样会造成植被的移除。在旅游区内修建道路,会移除道路建设范围内的植被,而住宿设施可能破坏大面积植被,如云南轿子山风景区有科研及生态价值极高的原生冷木,但是当地为修建旅游宾馆和其他设施,造成大片砍伐;新疆天池景区内共有毡房 250 座,一座毡房平均占地 25 平方米,每年光建毡房一项就可能破坏草地近 7 000 平方米。

(二)旅游活动的影响

1. 践踏的影响。

在旅游活动对植物的影响中,践踏是最普遍的形式。践踏的直接影响一般是损伤植物,虽然轻度践踏对少数几种植物的生长有刺激作用,而多数植物种类的丰度、高度、活力以及在旅游地的再生能力都明显降低,特别是地面植被受践踏的直接破坏;践踏影响的最终结果是植被数量减少,践踏严重的地方植物的生命力减弱或完全枯死,这种影响在野营地上较为明显。

对植被的践踏还会引起一系列相关反应,通常如土壤压实和结构破坏,影响植物种子的发芽和根系穿入土壤的能力;地面裸露荒芜使下层的有机物质暴露,植被层消耗使幼苗间接受到日灼和冻害;植被破坏会影响水源涵养条件,造成水源补给量减少、地表径流萎缩、地下水位下降、河水自净能力减弱等生态问题。德国巴伐利亚国家公园由于大量旅游者和其他休闲者的到来,造成了令人无法接受的环境质量衰退、动植物群落破坏、土壤侵蚀等问题,该地因此限制交通车辆甚至行人的进入。

2. 损伤的影响。

损伤比较普遍,主要是旅游者和经营者有意或无意造成的机械损伤,如折断树枝、在树干上刻画、磨碰树皮、剥皮引火等。一些低矮横卧的灌木容易受到践踏损伤,在肯尼亚的马赛马拉保护区,观光的游客常常为了观赏野生动物而在草地间穿梭,对植被的损伤极大;较大的灌木和幼树则易受越野交通工具的危害,如美国加利福尼亚州南部地区使用越野交通工具的地段,灌木减少90%。损伤会使植物用于进行光合作用的面积减少,从而使植物的活力降低,进而影响植物的再生能力,对于多年生植物,如果不断地减少叶片面积,可能使植物完全枯死。

3. 采集的影响。

采集是对植物的一种伤害行为,会破坏植物的生长,引起物种组成成分变化,造成人为的植被数量减少,特别是一些珍稀植物成了掠夺式采摘的主要对象,会造成这些物种灭绝的危险。在鼎湖山自然保护区内,被郭沫若誉为"客来不用茶和酒,紫背天葵斟满杯"的鼎湖山特产紫背天葵,因被掠夺式采摘,已接近绝迹。

旅游经营单位的非法采集会对旅游区植物资源造成破坏。北京香山公园有近10万株黄栌,每到秋天,满山红叶。香山周围一些小商贩采摘红叶,做成塑封红叶出售,破坏了生态环境和自然景观。游客购买稀有植物的行为,会诱发当地居民或商人进入生态保护区盗挖天然稀有植物,如台湾省阿里山的一叶兰等就曾遭到盗挖,从而引起植物群落结构的变化。

游客最常见的采集动机是想摘下某朵漂亮的花,或想尝尝果实的滋味,或是想带一部分植物回家种植。早期一些外国国家公园的解说员会热心地告诉游客哪些植物具有疗效,结果解说活动一结束,这些神奇的植物已经不翼而飞,所以现在他们已不再大肆宣传植物的用途与疗效。

4. 用火的影响。

旅游活动引起植物资源的最大破坏现象是火灾。随着旅游业的蓬勃发展，进入森林旅游区观光游览的人员与日俱增，由于森林旅游区内山高林密、管理人员少，旅游线路上散落枯枝落叶等可燃物，森林旅游区内存在着各种各样的火灾隐患，一旦旅游者不慎（如乱丢烟头、违章烧香、野炊等）或管理不善，就有可能引发森林火灾，火灾会烧毁大片植被，使植被覆盖率下降，烧死或赶跑一些动物，造成生态环境恶化。

（三）外来物种的危害

国际社会已把外来物种入侵和栖息地丧失、传统化学污染及气候变化共同列为当今全球四大环境问题。在我国已产生严重危害的外来入侵物种已达 280 多种，39.6％属有意引进造成，如作为宠物的巴西龟，作为观赏植物的加拿大一枝黄花，作为改良土壤、绿化海滩的互花米草，作为食物的福寿螺以及以饲料形式引进的凤眼莲等；43.9％为进出口贸易、游客等无意携带进入；仅有 3.1％是借风力、鸟类等的携带自然进入。在世界自然保护联盟公布的全球 100 种最具威胁的外来入侵物种中，我国就有 50 种。而在所有的外来入侵物种中，近 50％已入侵自然保护区。

随着践踏的加剧，会在现有生态系统中产生空地，为外来物种的侵入提供了场所，而旅游者有意或者无意带入外来物种，还可能带入危险病虫害，这些物种由于种间关系的改变而可能演化成为竞争力很强的物种，阻碍原来优势种的生长，导致生态系统内食物链的中断和危险病虫害的发生，打破原有的生态系统平衡，对旅游区原有物种形成生态压力，导致生态系统功能的弱化甚至丧失。

二、旅游对动物的影响

旅游活动对动物的影响，表现为直接和间接两方面。直接影响主要为污染、破坏对动物造成直接伤害，以及狩猎捕杀、商品加工等消费活动直接影响动物数量；间接影响是由于程度不同的干扰，以及旅游活动的污染和破坏造成的生境改变，使留守的动物改变习性适应人类的活动，迁移的动物改变习性适应新的环境，这些影响往往缩小了动物的生活范围和生存空间，可能引起动物繁殖能力减低，影响动物的数量。直接和间接影响的最终结果是导致野生动物种群的组成和结构发生变化，并改变生物多样性。

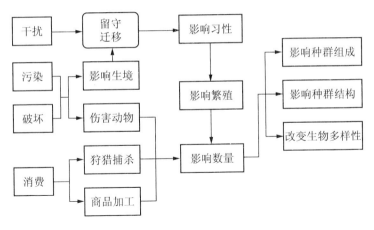

图 10.1　旅游对动物的影响

（一）反复干扰对动物的影响

在旅游区内对野生动物具有干扰性的活动主要包括徒步游览、野生动物观察、山地车或雪地车、野外宿营、电动或机动艇游湖、溪涧漂流等。对野生动物有意识的反复干扰可以通过管理与教育等手段减少其影响，但旅游者在不知不觉中或无意识地给动物造成的压力却难以避免。干扰的直接影响是个体行为的改变，包括进食规律改变、放弃现有生境，以及生理指标的变化，如过多的能量损耗、压力反应等，如北美的笛鸻在受人惊扰时的取食时间只有正常取食时间的一半左右，取食时间和取食率减少，而警戒时间增加，导致了能量消耗的增加。这些影响进而导致动物的丰富度、分布、组成结构以及物种多样性的变化。

1. 改变野生动物的习性。

旅游者的出现对野生动物的正常生活造成干扰，使动物的生活规律发生改变或增加压力。如哥斯达黎加的旅游者影响了当地特有的珍稀动物松鼠猴的正常生活；西双版纳的象谷，由于大规模游客的进入，影响了野象的生活规律；在澳大利亚东海岸，观赏海豚的游客喜欢给它们喂食，海豚免遭渔猎杀害，但却使幼海豚降低了自己觅食的能力。观赏、拍照是针对动物旅游资源开展的重要旅游活动，但不可避免地会影响动物的生活习性，如动物的行为会受到无度拍照的惊吓或伤害，雪地的旅游摩托车会影响动物的冬季活动模式。

野生动物的习性由于旅游者的出现而发生变化，特别是动物的取食习性可能发生急剧变化。大型哺乳动物受道路和游道的影响而改变活动和摄食范围，如在美国加利福尼亚州的约塞米蒂国家公园,当旅游者和巡护人员遗留垃圾或饲喂时,该区域黑熊的数量就会增多。野营地剩余的垃圾吸引熊、鹿、鸟类、啮齿类和昆虫等前来取食,从而改变了它们的摄食习性,美国国家公园的偏僻宿营地和岸边野营地经常受到臭鼬鼠、花栗鼠和其他鼠类的干扰,因为它们逐渐依赖于人的食物。

2. 引起野生动物的迁移。

旅游开发不当可能破坏野生动物的栖息地,旅游者的进入可能引起动物生境的变化,导致动物生存环境质量下降,使生存其中的动物被迫迁移,如云南省由于热带雨林生态环境遭到破坏,曾发生过大象、老虎迁往缅甸的情况。

大多数野生动物对旅游者是回避的,如肯尼亚的马塞马拉,自成为野生动物观赏地后,蜂拥而至的游客把猎豹吓得无影无踪。频繁的干扰会使动物放弃适宜生境,尤其是当关键生境因子如迁徙路线、洞穴、水源地等被占据时,动物为逃避游客而迁移。以大角羊为例,在宿营者、狩猎者及车辆的干扰下,大角羊会退缩到食物贫瘠的高海拔区,导致种群数量下降。

3. 影响动物的繁殖能力。

干扰会造成野生动物生活周期的中断,影响动物繁衍进程,降低动物的繁殖能力。旅游者到墨西哥太平洋沿岸观看海龟在月夜沙滩上产蛋,为了让旅游者看清楚,在海滩上亮起了耀眼的灯光,结果海龟无法辨出海岸的方向,下不了蛋。

繁殖期鸟类对干扰非常敏感,旅游活动的不良效应包括游客直接踩踏地面巢、改变亲鸟行为、引起弃巢,影响孵化及幼雏存活。英国有一种小型燕鸥,因为经常有钓客和戏水者在其巢穴附近活动,致使其无法顺利繁衍下一代。游客的存在使成鸟不能好好孵蛋导致失温,妨碍成鸟为雏鸟喂食,导致雏鸟体重减轻,影响雏鸟生长。在厄瓜多尔的圭亚本自然保护区内的游客参观区仅15%的麝雉巢里有一枚蛋,非游客进入区域内则50%的麝雉巢里都有蛋,游客参观区内小麝雉的紧张情绪和荷尔蒙下降幅度均是无人参观区的两倍。

4. 改变物种的组成结构。

旅游活动对野生动物影响的最终结果是导致种群数量、组成及结构的变化。对动物的干扰可能会导致动物繁殖能力的下降,使野生动物的数量减少,部分野生动物种群数量的变化可引起整个食物链上生物种类、数量及结构的改变,进一步导致整个生态系统的平衡被破坏和演替的重新开始。在坦桑尼亚的某个国家公园,来自游客的干扰已对猎豹种群产生了严重的不良影响。旅游业使地中海地区的

500多种生物物种受到灭绝的威胁,龟、海豹及很多海洋生物遭到灭顶之灾。因此,对严重干扰野生动物的旅游活动进行适当管制是必要的。

（二）污染破坏对动物的影响

1. 污染对动物的影响。

在旅游区内,饭店、餐馆、交通工具等设施排放的烟尘和污水会使动物受害,如排入海滩、湖泊、河流的污水会制约水生生物的种类、数量和生长速度;旅游产生的固废垃圾可能对生物造成伤害,如丢弃在水中的塑料袋常被误认为是水母而被海洋动物误食,一头鲸死在了澳大利亚卡恩斯海滩,它曾吞下了6平方米的塑料物质,其中就有塑料袋;部分有害物质(如重金属元素)进入自然环境后会对动物产生危害,使其产生某些病变,甚至造成死亡,如水禽食入钓客钓鱼时遗留下来的小铅块而丧命。

污染还会导致动物体内的内分泌失调,以至动物生殖器官出现两性同体的情况。2000年,科学家在北极附近的挪威斯瓦尔巴特群岛发现,岛上生活的约3 000头北极熊中,有1.2%呈现出雌雄同体的变异,而在10多年前,该群岛上还未发现雌雄同体的现象,这主要是环境污染的后果。

2. 破坏对动物的影响。

在旅游开发过程中,建设的旅游设施会破坏动物的栖息环境,修建的水泥硬化游道会阻隔动物之间的交流通道,如墨西哥高地是帝王蝶的大本营,为了增辟旅游设施,砍伐森林的情形非常严重;旅游区管理不善,可能导致不法人员有计划的伤害、捕捉动物等破坏行为的发生,如山西南部黄河湿地自然保护区内,曾有不法之徒因一己私利,非法使用毒饵,诱杀益鸟达12万余只,对野生动物造成了巨大的伤害。

旅游者的不文明行为,如随意投喂食物、肆意逗弄动物都会对动物造成伤害。投喂、逗弄过程中附带的固体废弃物,常常被野生动物当成食物而误食,在北京动物园,饲养员在大象的粪便中曾发现过游客冬天戴的棉手套。而这些废弃物中影响最大、最普遍的是塑料袋,动物不能消化塑料袋,有很多动物因此造成肠道阻塞而死亡,如北京市大兴南海子麋鹿苑曾在解剖一只麋鹿的胃时发现4公斤的塑料袋。

（三）消费行为对动物的影响

1. 品尝野味的消费影响。

在旅游活动对野生动物的影响中,要数游客对野生动物的消费行为最为严重。

一些游客嗜吃各种野味,以及本地居民急于赚钱的欲望,加上管理不善、执法不力,一些宾馆饭店以野生动物作为美食招徕游客,各种珍禽异兽成为人们猎食的目标而遭到乱捕滥杀,族群数量大量下降甚至濒临灭绝,如加勒比海的龙虾和大海螺族群,由于过量捕捉已大量减少。

2. 动物制品的消费影响。

一些游客偏爱收集各类野生动物制品,如动物毛皮,为了满足旅游者的需要和出于利益的驱动,经营者肆意捕杀野生动物,导致一些珍稀物种濒临灭绝。在一些海岸地区,有各式各样的贝类,经营者为满足部分游客的猎奇心理,采集一些稀有海洋生物后加工成纪念品出售;有些海滨旅游区还大力开发游客动手采集的参与项目,过度采集使得活海贝、珊瑚、海龟壳等资源大量减少,对海滩资源、滨海生物造成了破坏。

三、旅游对生态的影响

旅游对生态环境的影响主要表现为环境的污染和破坏,如旅游活动对植被落叶层、腐殖土的破坏,会导致水土流失、森林生态系统破坏;采集、狩猎和捕杀等会造成生物种群减少,甚至造成物种灭绝,如夏威夷由于旅游开发及大批旅游者进入的影响,当地特有的动植物已有相当一部分绝迹了;环境污染使污染物被生物吸附、吸收和富集,对生物产生了毒害。

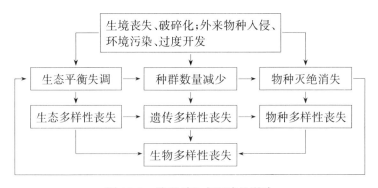

图 10.2　旅游对生态环境的影响

(一)破坏生境

旅游区内动植物之间有相互依存的关系,各种植被类型是各类野生动物栖息和繁衍的环境。旅游开发修建的各类设施会毁坏植被及其结构、侵占绿地与水面,造成生境破坏和破碎,使生物的生存空间和养料系统发生变化,限制生物活动范围,使栖息地减少或丧失,如为改善或扩大旅游用地而伐除浅水植被,导致鱼类产卵地减少;野营地砍伐灌木会减少鸟类和小型哺乳动物的食物和遮阴来源。而栖息环境的破坏会影响生物的种类与数量,国外有资料表明,城市公园与森林公园相比,巢宿鸟类减少 55.4%,哺乳动物减少 46.4%,昆虫减少 76%。

旅游区人口数量的季节性增加、流动和废弃物排放都会给动植物本来宁静的生存环境带来干扰。由于游客的进入及活动的践踏会破坏土壤物理结构,旅游废弃物堆积会使土壤营养状态发生改变,导致土壤肥力下降,影响植物的生长发育;旅游设施排放的烟尘、污水和垃圾粪便等废弃物、噪声、拍摄、观赏等都会破坏动植物生活的基础生存环境。希腊、土耳其等地中海沿岸的海滩,本是稀有动物海龟的生存地,海龟在沙地才得以固巢,但随着这些区域成为旅游胜地,海龟的繁殖环境遭到破坏。

（二）影响生物多样性

生物多样性是生物之间的多样化和变异性以及生物与生境之间的生态复杂性,是地球上所有生命形式的总称,包括动物、植物、菌类或微生物在内的所有物种和生态系统以及其中的生态过程,是生物资源丰富多彩的标志。旅游活动对生物多样性的负面影响主要表现在对生态环境的破坏造成生态多样性丧失、对物种的过度掠夺造成种群数量减少的遗传多样性丧失和物种灭绝的物种多样性丧失。

（三）导致生态平衡失调

旅游会对旅游区的生态系统造成不良影响,影响生态系统的结构和功能,甚至导致生态平衡失调。旅游开发建设的设施会侵占森林、绿地和水面,使动植物物种减少,破坏栖息环境及动物的正常活动,改变构成生态系统的物种、数量和比例关系,使生态平衡遭到破坏。一些经营部门为吸引游客,任意引入一些生物,外来物种干扰了当地物种的生长和繁殖,破坏了原先生态系统的结构,引起生态系统紊乱,造成当地固有生态系统的不平衡。旅游地居民为满足旅游者需求,从事旅游商业活动,不适当地使用当地的动植物资源,例如捕杀珍禽异兽、滥伐森林、乱挖草药等,会造成生态结构失调。

伴随旅游活动会产生多种环境问题,如植被破坏、水资源污染、空气质量下降、噪音污染加重等,会破坏种群结构,影响生态平衡。对于部分生物的采集活动,会造成该物种数量的急剧减少,如蝴蝶美丽的外表可能导致旅游者的捕捉或被经营者作为旅游商品出售，1988 年至 1991 年间，云南丽江玉龙雪山保护区就查获七起游客偷窃珍稀蝴蝶、昆虫、植物种子的事件，一旦蝴蝶数量大量减少，就可能使一些植物得不到授粉，导致其数量减少甚至灭绝，从而造成生态平衡破坏。

第四节　旅游生物环境评价

旅游生物环境评价是通过定量评价，揭示和预测旅游活动对生物环境的影响，为进行旅游区生物保护与区划，旅游区生态环境规划和生物管理提供依据。通过评价可以了解旅游区生物现有状况及各生物种群在旅游区中的作用，确定旅游开发对生物的影响范围和程度，判断项目开发的合理性和可行性，为项目的选址和实施提供理论依据和实施基础。

一、评价标准

一般以国家、地方及行业规定的环境质量标准作为评价依据，包括国家和地方的环境质量标准，如《环境影响评价技术导则非污染生态影响》《生态环境状况评价技术规范（试行）》等；地方政府规划的环境功能区划及其环境目标值，如区域绿化指标；行业发布的规范和其他技术文件；以旅游区生态环境背景值或本底值作为评价标准；以未受人类干扰的相似生态系统或相似自然条件下的原生自然生态系统作为类比参考对象，比如原始森林的生物量、类似生境的植被覆盖率等；以科学研究已阐明的生态影响阈值为评价标准。

二、基本评价

（一）植物环境基本指标

1. 生物量。

生物量是指一定地段面积内在某一时期生存的活有机体的数量，又称现存量。生物量的测定，采用样地调查收割法。样地选择以花费最少劳动力和获得最大精确度为原则，样地确定后，依次测定全部立木的高度、胸高直径等项目，草本及灌木层，测定各种类成分的高度、盖度、频度等，然后分别按照不同的植被类型确定其生物量。

2. 物种量。

物种量是指群落单位空间（面积）内的物种数量（物种数/亩或物种数/公顷）。

3. 频度。

频度表示一个种群在一定地段上出现的均匀度。频度等于某植物出现的次数与小样地数的百分数。

4. 盖度。

盖度分为投影盖度和基部盖度，其大小不决定于植株的数目，而取决于其生物学特性，如体形、叶面积等。投影盖度是植物地上器官垂直投影所覆盖土地的面积，以百分数表示；基部盖度又称纯盖度，是指植物基部实际所占面积，多用于草本群落，主要是计算草丛基部的盖度。植被盖度是反映旅游活动影响强弱的重要指标，植被盖度越大，旅游影响越小。

（5）多度。

多度表示一个种在群落中的个体数目。某个种的多度等于该种的个体数目占样地中全部种的个体数的百分比。

（二）动物环境基本指标

动物环境的基本指标包括动物的组成种类，并按照动物分类单元，列出当地动物名录，标出优势种、常见种、稀有种，如果是鸟类，应列出迁徙型（留鸟、候鸟、旅鸟）；以动物地理学为依据，写出当地动物地理区划及动物区系；以野生动物保护法和当地省份野生动物保护管理条例来确定该区域内野生动物保护级别。

三、生物多样性评价

生物多样性表示物种的丰富程度和各物种组成的均匀性程度，指数越大，表示物种越丰富，生态环境质量越好，受到旅游活动的影响越小。

表 10.1　主要生物多样性指数计算公式一览表

指　　数	丰富度指数	Simpson 多样性指数	Shannon-Wiener 多样性指数	均匀度指数	McIntosh 多样性指数
计算式	$R = \dfrac{S-1}{\ln N}$	$D = 1 - \sum\limits_{i=1}^{s} P_i^2$	$H = -\sum\limits_{i=1}^{s} P_i \ln P_i$	$E = \dfrac{S_w}{\ln S}$	$D = \dfrac{N - \sum N_i^2}{N - N^{1/2}}$

式中,$i = 1, 2, \cdots, S$,S 为该群落中所包含的物种数;Pi 为相对多度,即第 i 种个体数占总物种数的比例,$Pi = Ni/N$;Ni 为种 i 的个体数;N 为群落中全部物种数。

四、生物综合评价

（一）植物环境综合评价

植物环境质量是植被景观保持其美学特征的根本所在,它应以植被景观和群落结构的稳定程度为尺度,评价指标有群落景观重要值、阴生种比值、伴人植物比例和旅游植被影响指数等。

1. 群落景观重要值。

群落景观重要值是以物种多样化、群落结构和美学因素来反映植物群落的旅游价值和环境质量。群落景观重要值越大,说明该群落的旅游价值越大,其生态环境质量越好。

$$LIV = Xs + Xh + Xw$$

式中,LIV 为群落景观重要值;Xs 为相对物种系数＝样方物种数/旅游区总种数;Xh 为相对树高系数＝样方平均树高/最高树高;Xw 为乔木相对冠幅系数＝乔木平均冠幅/最大冠幅。

2. 阴生种比值。

阴生种比值指样方中耐阴植物种类占样方中全部植物种类的比例。耐阴植物适合生长于低温阴湿的环境,其环境敏感性大,环境的微弱变化即可引起耐阴植物的变化,阴生种比值越大,表明群落所依存的生态环境质量越佳。

3. 伴人植物比例。

伴人植物比例指伴人植物在样地中所占的比例。伴人植物主要指干扰依赖型的觅科、黎科等一些草本植物,伴人植物的种类和数量越多,其比例越大,旅游活动影响越强。

$$PPC = 伴人植物物种数 / 总种数$$

4. 旅游植被影响指数。

旅游植被影响指数是反映旅游活动造成的植被干扰状况,主要指人为影响,不计自然影响,其影响主要包括垃圾、践踏、折枝损坏等,采用半定量的分级赋值方法进行计算。

表 10.2　旅游植被影响因子赋值表

赋值	0	1	2	3	4	5	6	7	8	9	10
Cb(m)	<0.6	0.6—0.8	0.8—1.0	1.0—1.2	1.2—1.4	1.4—1.6	1.6—1.8	1.8—2.0	2.0—2.2	2.2—2.4	≥2.4
Cc(n)	0	1	2	3	4	5	6	7	8	9	≥10
Cm(%)	≥90	80—90	70—80	60—70	50—60	40—50	30—40	20—30	10—20	5—10	<5
Cr(n)	≤5	6—15	16—25	26—35	36—45	46—55	56—65	66—75	76—85	86—95	≥96
Cs(cm)	≥9.5	8.5—9.5	7.5—8.5	6.5—7.5	5.5—6.5	4.5—5.5	3.5—4.5	2.5—3.5	1.5—2.5	0.5—1.5	<0.5
Ct(n)	≥28	25—27	22—24	19—21	16—18	13—15	10—12	7—9	4—6	1—3	0
Cu(n)	≥28	25—27	22—24	19—21	16—18	13—15	10—12	7—9	4—6	1—3	0

Cb 为折枝影响系数,利用样地(一般情况下,样地面积,森林选用 1 000 平方米,疏林及灌木林选用 500 平方米,草本群落或森林草本层选用 100 平方米)中的林木枝下高来表示,枝下高越高,折枝损坏现象越严重,旅游影响程度越强;Cc 为刻画影响系数,利用被刻画的树木量(株)来表示,被刻画的树木越多,旅游活动的破坏程度越强;Cm 为踩踏影响系数,利用草本层盖度表示,盖度越大,影响程度越小;Cr 为垃圾影响系数,利用垃圾量(件)来表示,垃圾数量越多,旅游影响越强;Cs 为表土影响系数,利用枯枝落叶层和腐殖层来说明践踏程度,厚度越厚,影响程度越小;Ct 为剔除枯树系数,利用枯木和树桩数量来表示,旅游活动会剔除枯木和树桩,故枯木和树桩量越多,剔除程度越小,即旅游影响越小;Cu 为林木更新系数,利用树木幼苗量表示,幼苗越多,林木更新程度越强,旅游影响程度越小。

根据旅游区的实际情况选择影响因子,确定影响因子后,对各要素进行调查并获得相关数据,查得旅游植被影响因子系数值,然后计算旅游植被影响指数。

$$TII = \sqrt{\frac{C_{max}^2 + \bar{C}^2}{2}}$$

式中,TII 为旅游植被影响指数;C_{max} 为分系数的最大值;$\bar{C}$ 为分系数的平均值。旅游植被影响指数共分为五级,其值越大,说明受到旅游活动的影响就越大。

表 10.3　旅游植被影响指数分级表

TII	<2	2—4	4—6	6—8	≥8
等级	I	II	III	IV	V
影响水平	无影响	基本无影响	影响一般	影响较大	影响严重

例如,对某森林公园植被进行调查,样地面积为 100 平方米。在其中一块样地中,

林木枝下高平均值为 2.1 米,有 5 株树木被刻画,草本层盖度为 46.3%,共发现 12 件垃圾,枯枝落叶层和腐殖层的厚度为 1.7 厘米,计算该样地植被的旅游影响指数?

解:根据各因子的调查结果,对照旅游植被影响因子赋值表,得到折枝影响系数为 8,刻画影响系数为 5,踩踏影响系数为 5,垃圾影响系数为 1,表土影响系数为 8。因此,C_{max} 为 8, $\overline{C}$ 为 5.4,则旅游植被影响指数 $TII = \sqrt{\dfrac{8^2 + 5.4^2}{2}} \approx 6.8$。

因此,该样地植被的旅游影响指数为 6.8,影响等级为 IV 级,旅游对植被的影响较大。

(二)动物种群结构评价

1. 多度。

多度是指某种动物的个体数量,是物种普遍度和稀有度,或者说优势度和均匀度的衡量指标,是揭示野生动物组织结构和物种区域分布规律的重要手段,也是确定物种保护等级的基本依据,在生物多样性保护和管理中具有重要意义。

种多度变化是生态群落最显著和连续的现象之一,也是群落结构多样性的一个重要表征,一般利用数学模型来评定,常用的模型主要有对数级数分布模型、对数正态分布模型、几何级数分布模型和分割线段模型等。

2. 性比。

野生动物种群的性比是一个重要的参数,应仔细观察并统计种群的性比,尤其是雌体在种群中所占比率的变化决定了种群的繁殖能力。在一般情况下,雌性个体的比率增加,如果食物很丰富,每个雌体产下的幼体较多,种群的数量增长较快。因此,可以用种群中雌体的比率来分析种群的发展趋势。

3. 年龄比。

种群的年龄分布是一个重要参数,尤其雌体的年龄对种群的增长起主要作用。雌体的幼体数量多,种群会迅速增长,如果它的比率很低,则意味着未来种群数量会下降。

确定动物的年龄是野生动物研究的一项重要工作,鉴定年龄的技术多种多样,包括测量动物的体型、重量、毛色、体型类型、羽毛类型、羽毛长度、软骨发育、骨长、眼球晶状体的重量以及繁殖状态等,各种鉴定技术适合鉴定不同年龄的动物。

4. 感知系数。

以问卷调查的结果为基础,通过同一野生动物在不同年代为人们所感知的人数变化来分析该野生动物在不同年代的种群消长情况以及种群的濒危程度;通过分析不同野生动物种群消长情况,可以分析野生动物种群结构的变化。

$$感知系数\ FI_j = \frac{N_j}{N_0}$$

$$感知系数下降率\ DFI_j = \frac{FI_0 - FI_j}{FI_0} \times 100\%$$

式中,FI_j 为某时期第 j 类野生动物的感知系数;N_j 为某时期感知第 j 类野生动物存在的人数;N_0 为被调查的总人数;DFI_j 为第 j 类野生动物的感知系数下降率;FI_0 为野生动物感知系数参照值,一般选用 20 世纪 70 年代前期的野生动物感知系数。

（三）生境变化评价

动物栖息环境的变化,是指气候、水、土壤、植被等动物栖息环境因子的变化及其程度。旅游对动物生境的影响可以用生境变化率来评价。

$$R_i = (HD_i - HD_0)/HD_0$$

式中,R_i 为某类动物的适宜生境变化率;HD_i 为旅游开发后的适宜生境面积;HD_0 为旅游开发前的适宜生境面积。若 $R < 0$,说明旅游开发对生境的影响是不利的,反之则是有益的。

第五节　旅游生物环境保护

一、就地保护

就地保护是指为了保护生物多样性,将包含保护对象在内的一定面积的陆地或水体划分出来,进行保护和管理,是保护生物多样性的重要手段和有效措施。

（一）建立自然保护区

就地保护主要指建立自然保护区,保存各种野生生物及其赖以生存的独特环境条件,从而保护生物多样性。我国于 1956 年在广东省肇庆市的鼎湖山,建立了第一个自然保护区——鼎湖山自然保护区。就地保护的对象，主要包括有代表性的自然生态系统和珍稀濒危动植物的天然集中分布区、水源涵养区、有特殊意义的地质构造、地质剖面和化石产地等，这些能够为人类提供生态系统的天然"本底"，作为动植物和微生物物种及其群落的天然贮存库，同时也为人们探索自然、开展旅游活动提供了极佳的场所。

自然保护区主要有自然生态、野生生物、自然遗迹三种类型，由于保存着较为完好的自然生态系统、珍稀动植物、特殊自然历史纪念物和景观，在许多国家已成为重要的旅游资源被加以开发利用。自然保护区要进行严格管理，防止人为干扰破坏，在有条件的地方，从非核心区域划出一定的适宜地域开展旅游活动是允许的，但对其活动范围和强度要有严格的限制，以保护物种为前提，将旅游与保护和谐地统一起来。例如广东省曲江罗坑鳄蜥自然保护区通过繁殖放归了大量国家一级保护动物鳄蜥，使鳄蜥数量不断增加，这是自然保护区就地保护珍稀濒危物种的成功例子。

（二）古树名木的保护

古树是指树龄在百年以上的树木。树龄在 300 年以上的树木为一级古树，其余为二级古树。名木是指珍贵、稀有的树木和其他具有历史价值和纪念意义的树木。古树名木多是旅游区的标志性风景，也是当地生态质量的标志，因此必须对其实行重点就地保护。

1. 管理保护措施。

一是加强宣传教育，向大众介绍古树名木的保护管理知识，提高公众对古树名木的保护意识；二是规划实施扶贫富民工程，缓解古树名木保护与利用的矛盾；三是严格依法保护，凡涉及古树名木的项目，要做到按程序审核、按手续办事，加大对破坏古树名木案件的查处力度，切实有效地保护古树名木；四是普查建档，全面实行古树名木挂牌保护制，建立档案，并统一制作和悬挂古树名木牌，实行明令保护，落实古树名木的保护管理责任。

2. 技术保护措施。

一是加强日常养护，包括适时进行浇水、施肥、除治病虫害、培土松土等技术措施；二是组织具有相应资质的专业队伍，对管辖范围内长势较弱或濒死的古树采取堵洞、支撑、科技复壮等措施，抢救濒危古树，如黄山对迎客松实行特级护理，确定专人全天候守护；三是针对每一株古树名木的实际情况，采取设置围栏、支撑修复等技术保护。

（三）野生动物的保护

我国有动物 10.45 万种,是世界上野生动物种类最多的国家之一,我国特有或主要分布在我国的珍稀动物达一百多种,是重要的旅游资源。野生动物旅游发展潜力巨大,同时也给野生动物及其生存环境造成了威胁,必须加强保护。

1. 保护栖息地。

栖息地是野生动物赖以生存的基础,也是保护野生动物的根本。根据自然地带性的特点,对野生动物栖息地特别是珍稀濒危野生动物主要栖息地、迁徙物种停息地采取建立自然保护区、保护小区和禁猎区等管护措施;在建立动物观察所(站)、架设动物瞭望台时,以不破坏生境和景观质量为尺度;在旅游区内规划道路和游览场所时,要与动物栖息地保持一定的安全隔离地带;设置野生动物通道,如我国的藏羚羊通道、大熊猫走廊带,美国的黑熊通道、西雅图鱼梯,澳大利亚的鸟路等。

2. 倡导生态伦理。

1822 年,世界上第一部与动物福利有关的法律在爱尔兰通过。目前,西方发达国家大多对动物福利进行立法,亚洲的日本、韩国等也已有动物福利法。在野生动物保护中,应当关注动物栖息地保护和动物的生存权,包括赋予动物福利与动物伦理。

保护野生动物,要重视、强调人与动物的关系。在突出人的重要作用和重要地位的同时,也要改变"人是万物之灵",是自然的征服者、统治者的传统观念,重塑环境道德、生态伦理和自然权利之间"人与自然和谐共处"的思想,建立科学的生态伦理道德,正确处理保护、开发和利用之间的辩证关系,热爱、尊重、保护、合理开发和利用野生动物资源。

3. 严格保护执法。

从维护法律严肃性、保护生物多样性和维护生态平衡出发,必须依法强化野生动物保护的执法力度。在允许狩猎的旅游区,要严格按照国际和国家狩猎规定,如在动物哺育期要停止狩猎,狩猎的数量规定必须考虑到不同动物的繁殖年度变化,以及动物越冬的死亡率等因素;禁止猎捕国家和地方重点保护的野生动物以及有益的或有重要经济、科研价值的野生动物;对于非法猎捕、杀害珍贵、濒危野生动物的行为应当依法追究其刑事责任;禁止饭店、餐馆、商店等场所违法出售野生动物食品和制品,严厉打击破坏野生动物资源的违法活动。

4. 深化科学研究。

加快野生动物科研步伐,促进科技成果推广应用,以科技进步提高保护手段,如无线电跟踪装置可以用来保护野生动物,武陵源在保护娃娃鱼过程中采用了无线电标志技术。进一步争取对野生动物科技研究的投入,带动资源培育,提高资源利用效益,都是野生动物资源保护的重要措施。

建立野生动物驯养繁殖及其合理利用的科技认证制度,加强科技咨询,推动野生动物资源培育和合理利用。鼓励和引导野生动物资源培育和利用单位与科研教学单位开展多种形式的合作,建立"产、学、研"联动机制,积极增加和培养行业科研专业人员,完善联合科技攻关机制,加快科研成果转化。

5. 加强国际合作。

随着世界旅游业的发展,跨国旅游流大幅增加,野生动物非法贸易也在暗中加剧。野生动物及其制品的跨国(边)境交易将造成外来物种的入侵,危及国内生态安全,同时也存在外来野生动物各种疾病和寄生虫跨国(边)境传播的危险。采取积极主动的态度,采取和多机构合作的措施进行野生动物保护和管理的国际合作,形成野生动物保护的国际大气候。

二、移地保护

移地保护是指将生物多样性的组成部分移到它们的自然环境之外进行保护。移地保护主要适用于对受到高度威胁的动植物物种的紧急拯救,既是物种保护的场所,又是对公众进行生物多样性和自然资源保护教育的基地。

(一)动物园

在许多珍稀野生动物濒临灭绝的情况下,国际自然保护组织公认的保护策略为:当一种野生动物物种数量下降到 1 000 只以下时,必须建立人工饲养种群,予以辅助繁衍。动物园是重要濒危野生动物个体保护和繁育的场所。目前全球的动物园饲养着 3 000 多种、50 多万只两栖动物、爬行动物、鸟类、哺乳动物等。动物园在公共教育及濒危野生动物移地保护中的作用已经引起人们的重视,动物园内的相关教育活动也已经成为自然资源保护的有机组成部分。

动物园在旅游开发中应注重对人工创建的动物生存环境的保护,不能让旅游商业气氛充斥园区空间。应加强对游客的引导,按照管理人员及自然保护人员的昐咐、不逗弄、不追逐、不投喂、不恐吓动物;根据动物习性、特征、凶猛程度分别在园区内散放、半散放、圈养、独养、混养等,增进人与动物间的感情,体现人、动物、自然的和谐共处。

(二) 水族馆

水族馆是收集、饲养和展览水生动物的机构。世界上第一个供展览用的水族馆于 1853 年在英国摄政公园对公众开放。水族馆可专养海洋生物或淡水生物,也可兼养;既有供观赏或普及科学知识的公共水族馆,也有供科研及教学专用的水族馆。著名的水族馆如意大利那不勒斯水族馆、美国巴尔的摩水族馆、中国香港海洋公园水族馆等。

在世界各地,水生动物灭绝的情况时有发生,现在人们运用养殖技术帮助珍稀水生动物繁殖,以增加它们的数量。如水族馆饲养鲸类、豚类的经验可以应用到濒危鲸类、豚类的保护中,利用人工授精和人工哺乳维持水生哺乳类动物的移地种群。

(三) 植物园

目前世界上有 1 500 多家植物园,培育着至少 3.5 万种植物,占世界植物种类的 15% 以上。世界上最大的植物园——英国皇家植物园栽培了 2.5 万种植物,约占世界植物种类的 10%。有些植物园专门收集某一类型的植物:哈佛大学的阿诺德树木园收集了大量温带树木种类;新英格兰野花协会的伍兹植物园栽培了数百种多年生温带草本植物;美国加利福尼亚州的松树园中生长着世界上 110 种松树中的 70 多种;南非植物园栽培的植物占南非所有植物的 25%;西双版纳热带植物园建立了热带植物移地保护基地。除了栽培植物,许多植物园还保存了相当数量的植物种子。因此,植物园对珍稀植物以及生物多样性的保护起着不可替代的作用。

三、生态修复

(一) 封闭自然修复

封闭自然修复是将生态破坏的旅游区封闭起来,利用生态系统的自我调节和自然修复能力使旅游区生态系统全部或部分恢复到原初状态的过程。旅游区的生态承载能力是有限的,持续疲劳会造成生命力下降,通过对已经遭到破坏和容易受到破坏的景区(点)实行定期封闭轮休制度,对疲劳景区(点)进行暂时封闭,在封闭休养期间，禁止游客入内，让受损的旅游环境系统恢复其自然生态平衡。如黄山风景区科学规划，光明顶以南的天都峰、莲花峰相互"轮休"，光明顶以北的始信峰、狮子峰等有计划"轮休"，以保护景区资源的可持续利用。

在旅游区封闭"轮休"后，管理部门要对旅游区植物和林间环境进行严格的卫生清理，清除枯死倒伏木，枝干发生病虫害的对症下药，茎叶瘦弱的叶面喷肥，根系闭气积水的"透气透水"；同时测土施肥、增加营养，中和土壤酸碱度，促使生态尽快恢复；另外加大旅游区设施建设，如水土流失严重的，要移土固土、栽草植树、增加辅助设施。在轮流开放时，要注意开放旅游区的类型搭配，不要同时将同一类型、同一功能的景区或景点全部关闭，以免影响游客游兴和整个旅游区的形象。"轮休"期满，还要邀请专家评估，只有植物恢复健康、水土流失得到综合治理、野生动物恢复到一定水平、旅游设施没有安全隐患等几项指标齐备后才能重新对游客开放。

（二）封闭人工修复

封闭人工修复是指将生态破坏的旅游区封闭起来，在人为辅助控制下，利用生态系统演替和自我恢复能力，使被扰动和损害的生态系统部分或全部恢复到受干扰前的状态。恢复的目标是创造良好的条件，促进一个群落发展成为由当地物种组成的完整生态系统。恢复的方法有物种框架方法和最大多样性方法。

针对旅游区的实际情况，选择适宜的修复方法，通过人工管理和维护，恢复生态破损区域的生物多样性，实现旅游区的"山川秀美"和重建完整、稳定的旅游生态系统，使旅游业实现持续和高速的发展。为妥善保护当地的生态环境，尤其是野生动物资源，中国政府于1999年全面停止了"北大荒"持续了半个世纪的垦荒，抢救性地建立湿地自然保护区，采取各种措施逐步进行生态修复。目前，北大荒拥有扎龙、三江、兴凯湖、洪河4处国际重要湿地，有75%的天然湿地划入保护区，得到有效保护，为野生动植物恢复一片自然的天地。

（三）生态修复监测

对旅游区的生态修复过程进行适时监测监控，可准确掌握生态修复措施的实施进度、实施数量、运行及发挥效益等情况。因此，除研究运用水文测验法、地貌调查测定法和土壤学方法等常规监测方法外，旅游区应建立灾害预警系统、防灾救援系统，如建立火灾、山洪、滑坡、泥石流、森林病虫害等观测站，降低灾害事故对旅游生态环境的破坏，还要推广空间信息技术、模拟实验室法等新技术的应用，以提高生态修复监测的技术水平。

（四）生态管理措施

旅游区的开发建设,必须作好生态保护规划,保持旅游区生态原生性。对生态群落发育良好、群落稳定性强的旅游区,可随其自然发展;对生态群落受到人为和自然破坏出现异化的地区,要控制和调整物种与群落的发展,采用适当的人为干涉,使其接近原生自然生态与生境;对生态大部分或者局部受到破坏的地区,要建立新的生境与引进新的物种,或模拟自然生态,或按人类的需求发展引进物种,配置新的生态群落。对病虫害的防治,要谨慎使用化学农药,提倡生物防治和综合防治的生态防治技术。

要把旅游开发与生态环境保护结合起来,从管理角度控制旅游者的流量、流向。在实际操作中,可以通过控制门票、调整价格、限游、规定游览时间和线路以及适当的市场策略等办法控制旅游者数量及其流向,减少旅游活动对生态系统的干扰和破坏,把景点再造、生态修复结合起来,以生态化管理措施维护旅游区生态系统平衡,保障旅游业可持续发展。

案例点评

案例一　德国施普雷自然保护区的生物保护措施

施普雷森林自然保护区是大自然的宝贵遗产,也是人类保护开发的杰作。施普雷森林被划分为四个部分:纯原始状态的核心区、尚未开发的自然风景缓冲区、已开发利用的旅游度假风景区和从城镇到旅游景区之间的过渡区;然后根据自然条件、动植物种类特点再划分出许多不同的小区域,分别采取不同的管理措施。保护区在开发管理上强调协调一致,区内的城镇、村庄、房舍、街道等所有人文建筑设施都要由专家精心设计,如房舍高低、门窗风格以及房前屋后及街道两旁种植的花草树木等都要统一规划。

保护区对野生动植物规定了严格的保护措施。保护区内的草地都是严格按计划割剪的,什么时间、用什么工具、留茬高低都有严格规定,为的就是保护那些在草丛里垒窝产卵的鸟类和在草地里生存的各种动物;即使是可食用的鱼类,也是以协会的形式把渔民们组织起来,有计划地捕捞和上市销售;为了保护蝙蝠,工作人员在森林里为蝙蝠做了许多人工巢，修建了蝙蝠过冬区，在"过冬区"里建起隔离墙，安装取暖设备，投撒食物；为了保护水生动植物，整治了河流堤岸，修建了闸门以调节和控制河流水位和水流速度，每年冬季到来之前，都要给森林里所有的河流注满水，以避免冬季河岸风干，植物枯死。

资料来源：常玉生：《德国施普雷森林自然保护区纪行》，《人民日报》，2001 年 6 月 21 日第7 版。

点评：

施普雷自然保护区的各种保护措施有效地保护了区内的动植物。

案例二　世界各地的野生动物通道

美国佛罗里达州生活着大量的黑熊，约有 1 000 头至 1 500 头。在每年的一段时间里，黑熊非常饥饿，经常变动活动地点，在逐渐缩小又被公路网穿插的栖息地之间交叉往来，很容易被汽车撞倒，每年都有 40 头黑熊死于交通事故。于是，美国交通部决定在该州 46 号公路上，铺设一条直径 8 英尺的水泥预制管作为黑熊的通道。公路两边的防护栏底部呈漏斗状，可使黑熊顺利落入管道，同时，在实验通道里安装摄像机以帮助野生动物专家确定黑熊能否利用安全通道。在加拿大的一些国家公园中，也经常可以见到野生动物的专用通道或绿桥。

在我国，也有一些野生动物通道，如为了不影响高原珍稀物种惯有的迁徙、觅食、繁殖等活动，有关部门编制了"自然保护区和野生动物通道专题规划报告"，在沿青藏铁路 400 千米长的线路上规划设计动物通道 33 处，有桥梁下方、隧道上方及缓坡平交三种通道形式。为了保护大熊猫，在陕西秦岭大熊猫栖息地之间建立了 5 个走廊带。

世界各地的野生动物通道还有鸟路（澳大利亚）、鹿路（加拿大、美国）、象路（南非）、蛇路（美国）、海龟路（澳大利亚）、熊隧道（保加利亚）、蟾蜍隧道（英国）等。

点评：

旅游动物环境的保护要尊重动物的生存权，保护野生动物的栖息地，保证野生动物的正常生活、迁徙和繁衍。

案例三　生物王国武夷山及其保护

福建武夷山是世界闻名的生物之窗。在动物方面,武夷山保护区素有"昆虫世界"、"鸟的天堂"、"蛇的王国"、"生物模式标本产地"、"研究亚洲爬行和两栖动物的钥匙"的称誉,区内有脊椎动物 484 种,昆虫 4 635 种(约占全国已定名昆虫的 1/5,全世界昆虫共 34 个目,中国有 33 个目,保护区就有 31 个目);在植物方面,被誉为"东南植物宝库",保护区内有 2.9 万公顷原生性中亚热带森林植被,区内分布有 11 个天然植被类型,已定名的高等植物种类有 267 科 1 028 属 2 466 种、低等植物840 种。

武夷山有组织的保护管理始于 8 世纪中叶。公元 748 年,唐玄宗派遣登仕郎颜行之到武夷山封名山大川,并立碑"全山禁樵采"。这是关于武夷山保护管理最早的法规。公元 950 年,南唐元宗李璟为武夷山修建会仙观,诏告"方圆一百二十里为本观护荫,全山禁樵采,张捕"。宋元以后至明清时期,武夷山茶业兴起,朝廷对茶政管理日益严格,时而发布茶令,仅清代有关武夷山茶令的摩崖石刻就有 7 处,这些茶令也起着保护武夷山的法规作用。

中华人民共和国成立后,国家将武夷山范围内的原始森林列为禁区,加强保护管理。在武夷山的西部和东部,先后建立了武夷山自然保护区、国家重点风景名胜区和国家重点文物保护单位。同时,设立了保护管理机构。为了保护武夷山,相关单位积极宣传国家相关的法律、法规、条例,如《野生动物保护法》、《森林法》等,增强民众保护资源的意识;另一方面制定一系列保护管理措施,区内严禁乱砍滥伐,实行限额采伐;严禁乱采集、乱猎捕等。

由于有完善有效的保护措施,严格的管理和监测,自然保护区的保护工作取得了显著成效。如今,武夷山自然保护区的森林覆盖率高达 96.3%,绿化程度达98%,区内空气清新、水质一流、生物多样性丰富。联合国世界遗产专家莫洛伊博士在组织对武夷山评估考察时赞叹:"武夷山是生物多样性的一个突出例证,是中国人民永续利用资源的永久性象征。"

资料来源:福建武夷山国家级自然保护区,http://www.wbr.cn/zilm.aspx?parentid=6&typeID=14&newsID=181。

点评：

　　武夷山是生物多样性的一个突出例证，正如世界旅游组织执委会主席巴尔科夫人说的："未受污染的武夷山风景区是世界环境保护的典范。"

练习思考

一、填空题

　　1. 旅游活动对动植物环境的要求，首先是必须有益于游客的_____，其次是不危及游客安全。

　　2. _____是自然旅游景观和环境中最富特色、最具活力的一类。

　　3. _____指干扰依赖型的苋科、藜科等草本，其种类和数量愈多，旅游影响愈强。

二、单项选择题

　　1. 在旅游对植被影响中，其中（　　）完全受旅游使用的影响，特别是践踏的影响。

　　A. 地被物层　　　　B. 灌木层　　　　C. 幼树层　　　　D. 成熟木层

　　2. 以下（　　）属于旅游对植被的间接影响。

　　A. 移除　　　　B. 践踏　　　　C. 外来物种引入　　D. 采集

三、简答题

　　1. 简述生物环境的旅游意义。

　　2. 旅游对生物环境的影响主要表现在哪些方面？

　　3. 简述旅游植物环境评价的主要方法。

　　4. 简述旅游活动对动物的主要影响。

　　5. 生物多样性在旅游环境保护中有什么作用，保护生物多样性的措施有哪些？

第十一章

旅游环境容量

学习要点

了解旅游环境容量的特征和影响因素;熟悉旅游环境容量的测算程序;掌握旅游环境容量的测算方法;熟悉旅游环境容量的调控措施。

基本概念

旅游环境容量、旅游空间容量、旅游生态容量、旅游经济容量、旅游心理容量

随着旅游业的高速发展,客流量成倍增长,给旅游环境造成巨大压力,不利于旅游环境的保护和旅游业的可持续发展。为了能够合理开发利用宝贵的旅游资源,对旅游环境容量作出计量与分析,是旅游区规划开发、经营管理、组织游览和确定规模的重要依据,是促使旅游区生态、社会、经济效益协调统一的立足点,是维护旅游地生态系统平衡的保障。

第一节　旅游环境容量概述

旅游环境容量又称为旅游环境承载力,是指在不影响旅游地环境系统正常结

构和功能的前提下,不降低旅游者的休憩质量与满意度,在一定时期内旅游目的地环境所能承受的旅游活动量,一般量化为旅游目的地接待的旅游人数最大值。

旅游区的环境容量是一种资源,通常表现为一种"阈值",超出上限就会造成环境污染或破坏,低于下限又会造成旅游资源的浪费与闲置,合理利用这种资源,对于旅游区的可持续发展至关重要。

一、旅游环境容量的特征

(一)综合性

旅游环境容量是一个复杂的有机体系,它包含自然生态、社会经济、感知心理等若干个环境容量指标,涉及旅游环境的方方面面,是在各容量进行协调和综合平衡基础上形成的综合接待能力,并组成具有时空、功能、多组分的多维结构,具有综合性。

(二)反馈性

旅游活动与旅游环境之间存在着正、负反馈作用。良好的旅游环境在一定程度上呈现出资源性,通过有力的管理、旅游者和当地居民的保护,可使旅游环境容量适当扩大;而一旦旅游活动超过其阈值时,环境系统就会作出反馈,迫使自然和人文系统进行自律调节,否则,就会导致旅游环境质量恶化,降低或损害旅游者兴致,导致该区域旅游环境容量降低。

(三)变动性

旅游环境容量是一个动态发展的变量,极易受到来自外界(自然或人为)的影响。如一段时期内降水增加,会引起湖泊水面面积扩大,而使水面旅游环境容量增大;旅游污水的随意排放会导致水质污染,降低水环境容量;恢复原先遭受破坏的植被,增加新的旅游产品等可能使环境容量增大;开放时间与停留时间的不同也会导致环境容量值的不同变化。

(四)可控性

旅游环境容量按照一定的规律变化,只要认识和掌握其规律及系统变化特征,就可以根据自身的目标与需求,对环境系统进行有目的的改造,从而对旅游环境容量进行调控,具有一定的可控性,如旅游区通过保持适度的生态建设、增设服务设施数量、合理布置空间格局、科学调控客流及改变消费方式等手段可提高旅游环境容量。

（五）有限性

在一定的时期及地域范围内,在一定的环境系统结构和功能条件下,区域环境系统对旅游活动所提供的最大容纳程度和最大支撑阈值是有限的,特别是洞穴旅游区空间上的局限性和封闭性,环境容量极为有限。为了促使旅游环境系统良性循环,在实际运用中应用其最佳容量或者最适容量,以使旅游环境既达到最佳利用,又不损害其旅游资源和环境。

（六）可量性

在一定时期内,某一旅游环境在构成要素、功能、信息传达等诸多方面具有相对的稳定性,由此决定产生的旅游环境容量的大小是客观存在的,可以通过数据调查、定量分析及数学模型等手段或方法进行计算。

二、旅游环境容量的影响因素

由于旅游环境是由若干因素组成的复杂生态环境系统,不同类型的旅游地其地域空间的环境背景值不同,旅游环境容量组成体系的结构也不同,其容量大小与一定时期、一定状态(或条件)下旅游地自然条件、旅游区特点、社会环境等因素密切相关。

（一）自然条件

1. 地形与土壤。

地形越复杂,植物种类越丰富,群落的结构则越复杂,环境容量也越大;地形多变,有利于形成较大的环境容量,缓坡比陡坡有更高的容量。土壤条件好,植被生长茂盛,环境容量较大;稳定性较好的土地比不稳定的土地(水土流失、滑坡等)有更高的环境容量。

2. 植物与动物。

不同的植被类型对观光的适宜性不同,其环境容量也各异,生长健壮的植被环境容量大,阔叶林区比针叶林区容量大,林木密度在0.6—0.8郁闭度下较好,郁闭度增大或减小,环境容量趋于下降;在野生的或自由放养的动物观赏区中,植被种类和数量的多少,也影响环境容量。

3. 气候与季节。

气候可改变植被结构或影响旅游设施使用效率,使不同时期的旅游环境容量产生变化,如高温多雨的气候有利于植被的生长与恢复,从而提高环境容量。

在不同季节,旅游环境容量会不同。夏季森林的遮蔽能力比冬季强,故夏季的生态环境容量较大;山区河流在不同的季节表现出丰水期、平水期、枯水期,不同时期其水环境容量就不同;高山地区的步行道在冬季时可能结冰,这时的承载量就不同于夏季。

4. 地理区位。

同一类型的旅游地,因区域条件和区位特性的差异,其环境容量也可能不同,例如同是山地旅游区,内陆与沿海地区就有很大的差异。

5. 自净能力。

不同的旅游区,其土壤、水、植被与气候等条件存在差异,对同一污染物的降解能力与降解时间就不一样,一般来说,土壤肥沃、水量充沛、植被茂盛、气候温润的旅游区环境自净能力强些,其环境容量相对较大。

(二)旅游区特点

1. 产品类型。

旅游产品不仅影响旅游地吸引力的大小、旅游客流的流向与流量,而且与旅游环境容量密切关联。一般而言,山岳型、海滨型、海岛型、古村落型、少数民族文化型旅游地,其自然与社会环境的脆弱性较大,敏感度较高,易受到外来旅游流的冲击与影响,其环境容量较小;城市型、主题公园型等旅游地,其抗环境扰动能力较强,环境容量较大。

2. 空间规模。

旅游区空间范围较小,游客进得去、散不开,游客密度过高,环境系统压力较大,环境容量有限;可供旅游开发使用的面积越大,旅游活动的空间范围越广,所能容纳的旅游者就越多,旅游环境容量就越大,但旅游用地面积的扩大会压缩当地居民的用地规模,导致当地居民的心理抗拒,产生主客矛盾,会缩小社会环境容量。

3. 旅游市场。

旅游开发的目标市场不同,其服务对象各异,同样产品类型和空间规模范围内的容量会不同。法国地中海沿岸的朗格多克-鲁西荣旅游区主要面向高端市场,而西班牙地中海沿岸的太阳海岸旅游区主要面向大众市场,在同等规模的旅游地,前者的容量远小于后者。

4. 活动类型。

旅游区开展不同类型的活动,环境容量差别较大,如休闲疗养、文娱活动、科学考察等旅游活动,因为项目性质不同,对环境的要求各异,其中的文娱活动区与服务区环境容量较大,休闲疗养、科学考察等区域环境容量小些。

5. 管理水平。

管理水平的差异会影响环境容量的大小。管理水平好的旅游区,其区域旅游开发能力较强,能够投入更多的资源,有更强的供给能力,环境容量值就大;管理体系不完善的旅游区,开发能力较弱,缺乏科学、合理的资源供给,会降低环境容量值。

（三）社会环境

1. 文化环境。

旅游开发时间长的区域,由于居民习惯旅游者的到来而使容量增大;旅游产业化程度高的地域,环境容量也会增大,如庐山牯岭镇的居民对游客密度的承受力要大于九江城区;文化差异（包括宗教信仰、生活习俗、生活观念等）大的地域,居民所能承受的环境容量就小。

2. 经济环境。

旅游区的接待能力受到当地经济发展水平的限制,较发达区域的交通、零售、服务等所能满足旅游需求的设施相对完善,从区域外调入人力、物力、财力的能力较强,能够适应游客的增长,而欠发达区域对快速增长的旅游需求适应能力相对较弱。因而,空间和人口规模相近的两个区域,在旅游资源潜力近似的情况下,经济较发达的区域旅游环境容量较大。

3. 游客特征。

环境容量也取决于旅游者的地域分布及其文化背景。在地域上,南欧人比北欧、北美人,亚洲人比欧美人更能容忍高密度的拥挤和近距离的个人空间;爱独处的人需要更大的空间,有些人出于社交缘故或从安全方面考虑,希望有少数人来到旅游地等,其心理容量就较小。

不同类型的游客对资源和设施的占用不一样,产生的废弃物类型与种类不同,其旅游环境容量就有差异,在"能过夜"与"舒服过夜"两个层次上,其住宿容量有很大区别;生态旅游者尽量不使用对环境不利的物品,同样的游客数量,相对于普通游客,其环境容量就大些。

三、客流对旅游环境的影响

旅游客流量随时间和空间的变化很大,在空间上形成旅游热点、温点和冷点,在时间上形成旅游旺季、平季和淡季。在旅游热点地区和旅游旺季,客流量往往过多地集中,极易超出旅游地的承载范围,使旅游环境系统紊乱、不协调及破坏,对旅游地的环境资源、社会秩序、生态结构和功能造成影响。

（一）污染旅游环境

当旅游区以观光旅游活动为主时,对旅游环境的影响相对较小,但当观光游客量超过旅游环境容量时,旅游环境不同程度的破坏也就随之产生。大量游客进入旅游区,交通和旅游接待设施也需要相应增加,过量游客在旅游区内的吃、住、行、游、购、娱等活动会导致旅游服务设施超载,废弃物、污染物以及对旅游区生物种群干扰现象增加,造成环境质量下降乃至恶化,如欧洲的地中海地区,一些地方由于度假者的大量涌入和乱丢废弃物,出现了严重的环境污染。

（二）损害旅游资源

客流量过多,使旅游资源承受超出其正常容纳能力的旅游活动量,会加快旅游资源的过度利用和损坏,影响设施的使用寿命和使用过程中的安全性,不利于旅游区的可持续发展。由于游客过量,对文物古迹等资源的机械磨损和碳酸气腐蚀作用增强,如苏州拙政园,因游客过多,见山楼前的石桥沉陷倒塌,鸳鸯馆的曲桥负载过重发生裂缝,香洲的地基下沉;过多的踩踏使土壤压实、自然地貌变形,如八达岭长城,上山马道两侧,已被游客踩磨出两道深深的沟痕。

（三）破坏生态平衡

超过生态系统承载能力的旅游活动将使旅游区生态系统结构发生变化,如果不能及时修复,将会打破旅游区原有的生态系统平衡,如大量游客将旅游区土地踏实,使土壤板结,游客的踩踏会破坏自然条件下长期形成的稳定落叶层和腐殖层,造成水土流失;植被和野生花卉被游客践踏、破坏,野生动物受干扰,数量减少,这些最终会造成生态退化、恶化或破坏,造成生态平衡失调。

（四）影响旅游氛围

过量的旅游流导致声音嘈杂,造成旅游区整体氛围的破坏,使旅游者感觉拥挤不堪、心烦意乱,不能获得应有的旅游气氛,难以看清优美的景色、聆听大自然美妙的声音,降低了游览体验质量,造成旅游者心理上的不满足,使重游率降低,如苏州园林,游客人数经常远超环境容量极限,尤其是在旅游旺季更是人满为患,旅游者根本无法欣赏到中国古典园林艺术诗意悠远的神韵;泰山接待量最大时,玉皇顶上游客数量达 6 万人,远远超过其承载能力,使泰山的天街成为空中闹市,丧失了本应有的舒适氛围。

（五）改变社会秩序

游客的过度密集会造成区域人口压力突发式放大，影响当地居民的生活环境和物资供应，使正常的社会秩序受到干扰甚至被破坏，如引起交通拥挤、物价上涨、商品供给不足、治安不稳定、对接待地基础设施的冲击过强、占用资源过多（如水资源、电力资源、生存空间等），造成当地居民的心理排斥，不利于旅游区的可持续发展和旅游活动的展开。

第二节　旅游环境容量测算

旅游环境容量测算是制定旅游环境管理容量的基础和前提，通过容量研究，可以了解当前旅游资源的利用状况，为旅游管理部门的营销策略和旅游资源梯度开发提供参考。旅游环境容量的确定可以保障旅游资源和旅游环境质量，使生态系统保持自我更新能力，并保障游憩质量，使旅游者达到心理和生理上的满足。

根据旅游区的自然环境、社会经济特征及旅游业的概况，将旅游环境容量分为旅游空间容量、旅游生态容量、旅游经济容量、旅游心理容量四个分量。

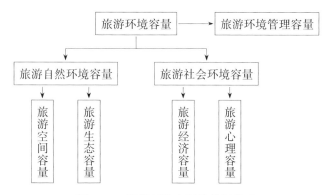

图 11.1　旅游环境容量的指标体系

旅游环境容量由一次性游客容量、日游客容量、年游客容量三个层次表示，一次性游客容量（瞬时容量），单位以"人次"表示；日游客容量单位以"人次/日"表示；年游客容量单位以"人次/年"表示。

一、旅游环境容量测算程序

（一）旅游环境资源调查

了解旅游环境资源的状况，包括舒适性资源、水资源、土地资源、污染物处理能力、服务设施情况、社会经济文化状况等。

（二）旅游环境容量计算

通过相关资料的收集和分析，应用相应数学模型，对旅游环境容量进行计算，主要有旅游空间容量、旅游生态容量、旅游经济容量、旅游心理容量等。

（三）旅游环境承载评价

在分析旅游供求关系是否平衡的基础上，通过定性与定量相结合的方法，采用一定的计量模型或公式，计算旅游环境承载指数，得出旅游环境承载的评价结果。

（四）环境容量管理对策

通过旅游环境容量与承载能力的评价，根据具体情况分析原因，有针对性地采取相应对策与措施。对于超载，一是采取措施限制需求，二是引导疏散分流客流，三是扩大供给提高容量；对于弱载，一是促进需求、扩大市场，二是找出限制因素，设法解决，有效发挥整体优势。

（五）容量管理信息反馈

信息反馈对旅游环境容量管理是很有必要的。在采取相应对策与措施后，要及时、准确地反馈旅游环境容量的变化信息，从而可以有针对性地采取措施进行调整和完善，形成良性循环，实现旅游环境容量的科学管理与决策。

二、旅游环境容量测算标准

旅游环境容量的测算在于应有一个基本的测算标准，即每位旅游者在旅游区游览所需占用的资源量，这是旅游环境容量测算的基点，也称为单位规模指标。

（一）基本测算标准计量指标

对于不同的旅游容量而言，表示基本测算标准的计量指标也不相同。对旅游空间容量的计量，通常用人均占有面积数（平方米/人）表示；在测算生态容量时，一般采用一定空间规模上的生态环境所能吸收和净化的旅游污染物的数量（污物量与净化规模）；在测算经济容量时，多用单位旅游者所需的经济供给量来表示。

（二）基本测算标准数据获取

基本测算标准数据的获得，大多是长期经验积累和专项研究的结果。测定旅游空间容量、旅游心理容量和旅游经济容量的基本测算标准，初始阶段需要对旅游者进行直接调查，如搜集不同旅游者对于同一活动场所的拥挤与否和满意程度的反映，即可得出这一场所的基本测算标准，然后将其调查资料应用到同类型旅游场所的规划与管理中。具体调查方法可视环境与具体条件而定，一般有自我体验、问卷调查、比较分析以及航空摄影分析等方法。

（三）基本测算标准事例

对于一个旅游场所而言，它所要接纳的旅游活动的性质和类型，是决定其基本测算标准的关键因素。不同的场所有不同的标准，室内标准与室外标准不同，自然风景区与人文名胜地的标准也不一样，也就是说，不同旅游活动场所的基本测算标准差异可以很大。此外，影响基本测算标准的因素还有旅游资源条件、旅游环境和旅游客源结构、居民生活方式等。

表 11.1　旅游环境容量基本测算标准参考值

旅游活动	场　　所	基本测算标准
饮　　食	室内餐馆 室外餐饮用地	2—5 平方米/人 10—30 平方米/人
住　　宿	五星级酒店 三、四星级酒店 一、二星级酒店 度假村 公共旅馆 私人旅馆 一般露营 汽车露营	500 平方米/床位(酒店面积) 300 平方米/床位(酒店面积) 100 平方米/床位(酒店面积) 300 平方米/床位(度假村面积) 100 平方米/床位(旅馆面积) 50 平方米/床位(旅馆面积) 150 平方米/人 650 平方米/辆
交　　通	小型游艇 汽艇 停车位	2.5—3.0 公顷/只 8 公顷/只 30 平方米/车(小车)
运　　动	高尔夫球场 滑雪场 溜冰场 射箭场 划船池 骑自行车 徒步旅行	0.2—0.3 公顷/洞 200 平方米/人 5 平方米/人 230 平方米/人 250 平方米/只 30 平方米/人 400 平方米/团

(续表)

旅游活动	场　　所	基本测算标准
娱乐休闲	浴场海域 浴场沙滩 钓鱼场 狩猎场 室外电影场 夜间俱乐部	10—20 平方米/人(海拔 0——2 米以内水面) 5—10 平方米/人(海拔 0—+2 米以内沙滩) 80 平方米/人 3.2 公顷/只 最多 1 000 人/场 最多 1 000 人/处
赏景空间	针叶林地 阔叶林地 森林公园 疏林草地 草地公园 城镇公园 古典园林 洞穴 乡村旅游地 商业型旅游地 动物园 植物园 牧场、果园 农业园 郊游乐园	3 000—5 000 平方米/人(景点面积) 1 000—2 500 平方米/人(景点面积) 500—700 平方米/人(景点面积) 400—500 平方米/人(景点面积) 100—300 平方米/人(景点面积) 30—100 平方米/人(景点面积) 10—20 平方米/人 10—20 平方米/人 20—40 平方米/人 8 平方米/人 25 平方米/人 400 平方米/人 500 平方米/人 300 平方米/人 40—50 平方米/人
行政和中心服务	集中服务(洗衣和食物处理等) 行政、健康与卫生服务	最少 0.3 平方米/人 0.2 平方米/人

三、旅游空间容量

旅游者对旅游景观的欣赏,具有时间、空间占有而形成的某一时段内(如一天)的游客承受量,是以资源可利用面积或规模为计算依据的容量形式,包括旅游游览面状空间、游览线路、容积空间等可接纳的游客总量。

(一)面状空间容量

面状空间容量用于计算面状、均质空间的游憩环境或服务设施所能容纳的游客量。

$$TSCa' = S/d \qquad TSCa = TSCa' \times D' \qquad D' = T/t'$$

式中,$TSCa'$ 为瞬时面状空间容量(人次);$TSCa$ 为日面状空间容量(人次/日);S 为可供游览面积;d 为旅游者人均占用游览面积(平方米/人);D' 为该游览区日周转率;T 为每天的有效游览时间(小时或分钟);t' 为旅游者游览该游览区平均费时(小时或分钟)。

（二）游览线路容量

游览线路容量用于计算旅游区游览线路所能容纳的游客量。线路容量的大小主要取决于旅游区内实际可游览线路的长度、宽度、可行程度或险易程度、线路交通组织方式、沿线景点布置结构等因素。通常，仅简单地以可游览线路的长度、宽度等指标进行计算，根据经验，每位游客所占平均道路面积为 5—10 平方米/人。

$$TSCt' = L/d \qquad\qquad TSCt = TSCt' \times D'$$

式中，$TSCt'$ 为瞬时游览线路容量(人次);$TSCt$ 为日游览线路容量(人次/日);L 为可供游览线路面积或长度;d 为旅游者人均占用游览线路面积或长度。

（三）容积空间容量

对于溶岩洞穴、古墓穴、进深大而通道窄的石窟等旅游资源，其与外界空气对流量小，大量的游客会使二氧化碳含量过大，对人体造成不良的健康效应。一般大气中的二氧化碳浓度为 0.04%，当二氧化碳浓度为 1% 时，呼吸加快;达 4% 时，呼吸加倍;达 10% 时，出现头昏头痛症状;达 20% 时，则引起惊厥，甚至死亡。因此，对于溶岩洞穴类旅游区，环境容量除考虑面状和游线空间容量外，还需考虑容积、通风量等因素的影响。

$$TSCv' = V/d \qquad\qquad TSCv = TSCv' \times D'$$

式中，$TSCv'$ 为瞬时容积空间容量(人次);$TSCv$ 为日容积空间容量(人次/日);V 为自然和人工提供的通气量(升/分钟);d 为每位旅游者每分钟呼出或吸入的空气量，一般情况下为 20 升左右。

（四）综合空间容量

根据面状空间容量、游览线路容量和容积空间容量的测算结果，可以计算出旅游区或游览参观点的综合接待量。旅游区通常由若干个功能分景区构成，各景区又包含着诸多景点，景区(点)加总后相比单一景区(点)的游览面积和线路长度会增大，瞬时空间容量相应增加，但同一游客会游览旅游区内的不同景点，游览时间相应增加，从而周转率减小。因此，旅游区日综合空间容量不是各分景区(点)日空间容量的直接加总。

$$TSC' = \sum_{i=1}^{n} TSCa_i' + \sum_{i=1}^{n} TSCt_i' + \sum_{i=1}^{n} TSCv_i'$$

$$TSC = TSC' \times D \qquad\qquad D = T/t$$

式中,TSC'为旅游区瞬时空间容量;$TSCa_i'$为第i个景区(点)的瞬时面状空间容量;$TSCt_i'$为第i个景区(点)的瞬时游览线路容量;$TSCv_i'$为第i个景区(点)的瞬时容积空间容量;n为景区(点)数量;TSC为旅游区综合空间容量;D为该旅游区日周转率;T为每天的有效游览时间(小时或分钟);t为旅游者游览该旅游区平均费时(小时或分钟)。

四、旅游生态容量

旅游生态容量是指在一定时间内,旅游地域内的自然生境系统及要素保持持续生存能力而不受损害的前提下,该地域所能承受的旅游活动量。

(一)旅游生态容量影响因素

自然生态环境承纳旅游活动所带来的两个方面的消极影响:一是生态的破坏,如游客对植被的践踏,对野生动物生境妨碍而导致的习性改变、种群迁移,对珍稀植物的采集造成珍稀植物品质退化或灭绝等;另一个是环境的污染,如宾馆饭店等服务设施产生的污水、废气,旅游者产生的固体废弃物,旅游娱乐设施运行产生的噪声等。

旅游活动直接导致的对自然生态环境的破坏,可以通过严格的管理措施而予以控制、限制,如践踏、采摘、折损等,在生态容量测定中,一般不予考虑;对于污染物物质形态而言,旅游区生态环境容量的大小取决于一定时间内自然生态环境的吸收自净和人工净化能力与旅游者产生的污染物数量的比值。在绝大多数旅游区,旅游污染物的产出量都超出旅游区生态系统的净化与吸收能力,在旅游区的管理中一般不依赖于旅游区的自净能力,而是对污染物进行人工处理,所以,人工净化处理能力往往成为衡量旅游生态容量的主要标准。

(二)旅游生态容量测定

1. 大气环境容量。

大气环境容量是指人类和大气环境不致受害的情况下,旅游区大气环境对大气污染物的最大容纳阈值。大气环境容量的大小与该地区的地理条件、气象条件、大气资源总量等因素有关。

$$TECa_i = (NA_i + MA_i)/PA_i \qquad i = 1, 2, 3, \cdots, n$$

$$TECa = \text{Min}(TECa_1, TECa_2, TECa_3, \cdots, TECa_n)$$

式中，$TECa_i$ 为第 i 种大气污染物的环境容量；$TECa$ 为大气环境容量；NA_i 为单位时间内自然生态环境净化吸收第 i 种大气污染物的数量（千克/日）；MA_i 为单位时间内人工净化处理第 i 种大气污染物的数量（千克/日）；PA_i 为单位时间内游客人均产生第 i 种大气污染物的数量（千克/人·日）。

旅游活动产生的大气污染物以二氧化碳为主，如果以二氧化碳的净化能力来代表自然生态环境净化污染物的能力，则大气环境容量测算如下式。

$$TEC_{CO_2} = S \times F \times NA_{CO_2}/Sk$$

式中，TEC_{CO_2} 为以二氧化碳净化能力计算的大气环境容量；S 为旅游区面积（公顷）；F 为森林覆盖率；NA_{CO_2} 为每单位面积森林日均吸收二氧化碳的量（千克/公顷·日），通常一公顷阔叶林一天可以吸收 1 000 千克的二氧化碳；Sk 为人均二氧化碳日排放量，约为 0.9 千克/人·日。

2. 水环境容量。

某种水污染物在某旅游区的水环境容量是指人类和水环境不致受害的情况下，这种水污染物在旅游区纳污水域所能容纳的最大负荷。

$$TECw_i = (NW_i + MW_i)/PW_i \qquad i = 1, 2, 3, \cdots, n$$

$$TECw = \text{Min}(TECw_1, TECw_2, TECw_3, \cdots, TECw_n)$$

式中，$TECw_i$ 为第 i 种水体污染物的环境容量；$TECw$ 为水环境容量；NW_i 为单位时间内水体净化吸收第 i 种水体污染物的数量（千克/日）；MW_i 为单位时间内人工净化处理第 i 种水体污染物的数量（千克/日），人工处理污染物的速度要比自然的净化和吸收速度快，1 公顷面积的污水处理场，日可处理约 3 330 人产生的生活污水；PW_i 为单位时间内游客人均产生第 i 种水体污染物的数量（千克/人·日）。

3. 土壤环境容量。

土壤环境容量主要是指土地环境对土壤污染物的最大容纳阈值。

$$TECs_i = (NS_i + MS_i)/PS_i \qquad i = 1, 2, 3, \cdots, n$$

$$TECs = \text{Min}(TECs_1, TECs_2, TECs_3, \cdots, TECs_n)$$

式中，$TECs_i$ 为第 i 种土壤污染物的环境容量；$TECs$ 为土壤环境容量；NS_i 为单位时间内土地净化吸收第 i 种土壤污染物的数量(千克/日);MS_i 为单位时间内人工净化处理第 i 种土壤污染物的数量(千克/日);PS_i 为单位时间内游客人均产生第 i 种土壤污染物的数量(千克/人・日)。

4. 固废环境容量。

$$TECr = (\sum_{i=1}^{n} NR_i + \sum_{i=1}^{n} MR_i)/\sum_{i=1}^{n} PR_i \qquad i = 1, 2, 3, \cdots, n$$

式中,$TECr$ 为固废环境容量;NR_i 为单位时间内自然生态环境净化吸收第 i 种固废的数量(千克/日);MR_i 为单位时间内人工净化处理第 i 种固废的数量(千克/日);PR_i 为单位时间内游客人均产生第 i 种固废的数量(千克/人・日)。

表 11.2   旅游者产生的主要固废污染物量(单位:克/人・日)

污染物	粪 便	固体垃圾	
数量	400—800	100—300(公园)	500—1 000(远足)

5. 生物环境容量。

生物环境容量主要指旅游者对植被的破坏,其方式主要是对游览线路两侧植被的践踏及个别采摘行为,计算生物环境容量时,以旅游区游览线路里程和旅游者沿线活动范围(线路两侧各 5 米)为依据,并通过现场检测,确定人均生物影响承受面积标准,从而计算出生物环境容量。

$$TECb = S/d$$

式中,$TECb$ 为生物环境容量;S 为有效游览面积;d 为人均生物影响承受标准面积,其经验值是 15 平方米/人。

6. 综合生态容量。

生态环境容量是在旅游区环境质量不超出环境目标值的前提下,旅游区环境能够允许的污染物最大排放量,综合生态容量是各生态环境分量的最小值。

$$TEC = Min(TECa, TECw, TECs, TECr, TECb)$$

五、旅游经济容量

旅游经济容量是指在一定时间和区域范围内经济发展水平所决定的能够接纳的旅游活动量,主要是满足游客食、住、行等基本生活条件的物资供给,包括主副食品供给、住宿设施（床位）、水电供给、交通运输等诸方面的供给水平所能承载的旅游者人数。

（一）食品供给容量

$$TFCf_i = S_i/d_i \qquad i = 1, 2, 3, \cdots, n$$

$$TFCf = \text{Min}(TFCf_1, TFCf_2, TFCf_3, \cdots, TFCf_n)$$

式中，$TFCf$ 为食品供给容量；$TFCf_i$ 为第 i 种食品的供给容量；S_i 为第 i 种食品日供给量；d_i 为第 i 种食品人均日需求量。

表 11.3　旅游者的基本食物消耗（单位：千克/人·日）

食品	粮食	肉	蛋	奶	鱼	水果	蔬菜	酒、饮料
数量	0.4	0.15	0.1	0.1	0.15	1	2	1.5

注：不住宿游客及服务人员的消耗，可按照所述指标的50%计算。

（二）住宿设施容量

$$TFCl = B \times \frac{T}{t}$$

式中，$TFCl$ 为住宿设施容量；B 为旅游区及依托区所能提供的床位总数；T 为某时间段；t 为游客平均住宿天数。

（三）水电供给容量

$$TFCw = \frac{W}{a} \times \frac{T}{t}$$

式中，$TFCw$ 为水电供给容量；W 为总供电量或总供水量；a 为人均用电或用水标准；T 为某时间段；t 为游客平均停留时间。

表 11.4　旅游者用水用电标准

类　　别	用水（升/床·日）	用电（瓦/床）	备　　注
简易宿点	50—100	50—100	公用卫生间
一般旅馆	100—200	100—200	六级旅馆
中级旅馆	200—400	200—400	四五级旅馆
高级旅馆	400—500	400—500	二三级旅馆
豪华旅馆	500 以上	1 000 以上	一级旅馆
当地居民	60—150	100—500	
散　　客	10—30升/人·日		不住宿

(四)交通设施容量

$$TFCs = \frac{T}{t} \times \sum_{i=1}^{n} M_i \times N_i$$

式中,$TFCs$ 为交通设施容量;M_i 为旅游区投放的第 i 种交通设施数量;N_i 为第 i 种交通设施乘员数;n 为交通设施类别数;T 为交通设施平均工作服务时间;t 为交通设施往返平均所需时间。

(五)综合经济容量

经济环境由诸如食物供给、水电供应、交通运输等经济要素所组成,既有各个经济因素所能给予的容量,又有整个经济环境的容量,往往其中某一因素限制性最大,从而确定经济环境的综合容量。

$$TFC = \mathrm{Min}(TFCf, \ TFCl, \ TFCw, \ TFCs)$$

六、旅游心理容量

旅游心理容量是指当地居民和游客从心理感知上所能接受的旅游者数量,包括旅游目的地居民心理容量和游客心理容量。容量测算一般采用群体的"社会—心理"承受能力的观察方法,常用的指标为"饱和状态容量",即居民或游客感觉到"拥挤"状态时的游客量。

(一)居民心理容量

居民的心理容量反映当地居民对旅游者及其旅游活动的理解和支持程度,受接待地区的人口构成、宗教信仰、民俗风情、生活方式和社会开发程度以及管理水平等因素的影响。旅游业占绝对主体的地域,居民所能承受的游客密度要大于具有不同产业结构特征的地域;旅游地生命周期中的后期阶段一般大于前期阶段;文化差异(包括信仰、习俗、生活观念等)越大,旅游冲击力越大,居民的心理容量就越小。

$$TPCr = Ar \times Pa$$

式中,$TPCr$ 为居民心理容量;Ar 为旅游依托地的居民点面积(公顷)或依托地的居民人口数量(百人);Pa 为当地居民不产生反感的游客密度最大值(人/公顷或人/百名居民)。若居民点在旅游区内,则 Pa 值较大;若居民点与旅游区分离但作为依托区,则 Pa 值较小;若居民点与旅游区不关联,则 Pa 值无穷大。

（二）游客心理容量

旅游者心理容量极限值的产生，与两方面有关：一是由于旅游者人群过度拥挤导致的视觉干扰和感应气氛破坏；二是由于旅游区开发程度过高、人工建筑过于密集而导致的景观美感度损害。所以，人群敏感阈值和景观敏感阈值为旅游者心理容量的两个分量。

1. 人群敏感阈值。

旅游者在旅游时对环绕在身体周围的空间有一定的要求，如果空间狭小、拥挤，便会导致情绪不安和精神不愉快，影响游览的心理感受。

$$TPCs = Al/Pb$$

式中，$TPCs$ 为人群敏感阈值；Al 为旅游区的游览面积或线路长度；Pb 为旅游者对人群密度的最大接受能力。Pb 值的大小受以下因素的影响：活动类型和活动场所的特性，年龄、性别、种族、社会经济地位与文化背景等个人因素，人与人之间的熟悉和喜欢程度、团体的组成与地位等人际因素，其中，旅游活动的类型对个人空间值影响最大。

表 11.5   不同旅游活动对个人空间的要求

活动类型	个人空间要求
自然观光	希望充分体验自然美景，不希望观光者过多而破坏宁静气氛
休闲运动	希望充分体验运动乐趣，追求自然氛围，要有较宁静的环境
海滨泳浴	希望看到较多的同类旅游者，追求略为热闹的气氛
户外露营	寻求自然气氛，要有较大的活动空间，愿意看到周围有一些同类型的旅游者
荒野探险	期望宁静、清新、与世隔绝的气氛，寻求自然随意的环境，看到的人要少

Pb 值通常需要通过实际测算和问卷调查结合的方式来获得，如通过调查研究表明，一般山地风景区的旅游者对人群的最大接受能力：外向型团队旅游者为 1.87 米/人，内向型团队旅游者为 2.23 米/人，外向型散客旅游者为 1.8 米/人，内向型散客旅游者为 2.56 米/人。

2. 景观敏感阈值。

$$TPC_i = \frac{A}{\sum_{i=1}^{n} K_i \times C_i} \qquad (i = 1, 2, 3, \cdots, n)$$

式中，TPC_i 为景观敏感阈值；A 为旅游区总面积；K_i 为第 i 类建筑物的视觉敏感系数，计量方法有心理阈限测取和专家经验拟定两种；C_i 为第 i 类建筑物的面积；n 为建筑物的种类，建筑物通常是指接待服务性建筑、电缆、道路、索道、人工景物等。阈值越大的景观分区接受旅游开发和旅游者接待的规模越大。

3. 综合心理容量

$$TPC = \text{Min}(TPCr, TPCs, TPC_i)$$

式中，TPC 为旅游综合心理容量。

七、旅游环境管理容量

旅游环境管理容量指的是在不影响有效管理的情况下，借鉴旅游容量测算量而制定的特定旅游区可接待旅游活动量的最大程度。管理容量可根据旅游区具体的人口、经济、财政、设施等限制因子予以调整，是社区（包括纳税人、管理人员、规划师、政府官员等）综合协调的结果。旅游环境容量遵循经济学中的水桶原理，即最小限制因子决定最终的综合容量值。因此，一般情况下，可依此原理求得旅游环境管理容量。

$$TMC = \text{OPT}(TSC, TEC, TFC, TPC)$$

式中，TMC 为旅游环境管理容量；OPT 为 Optimize 的缩写。

基于水桶原理确定的旅游环境管理容量大小取决于旅游环境容量中最小的分容量，要提高旅游环境容量的关键不在于提高旅游环境容量的每个方面，而应该将重点放在增加最小容量方面，这样才能做到低成本、高收益。

第三节　旅游环境容量调控

缺乏合理的环境容量调控，疏载会使旅游资源得不到有效利用，超载会造成旅游资源的破坏。通过旅游环境容量研究，可以详细了解旅游环境中的薄弱环节与发展缺口，通过合理的调控措施，限制过热景点，开发新景点，引导冷景点，维持供需平衡、稳定客流，并使不同层次、不同区域、不同时间的游览活动与旅游环境充分协调。

一、旅游环境承载指数

旅游环境承载指数也称承载力饱和度,是指旅游环境承载量与旅游环境容量的比值,表示环境容量实际利用的状况。旅游环境承载量是某一旅游地域环境系统在一定时期内实际承载的旅游活动量,如果通过旅游人数对其进行量化,承载量即我们通常所说的客流量。

根据旅游环境承载指数的大小,可对其进行分级处理。一般情况下,环境承载指数小于 0.8 时,开发强度不足,为疏载;0.8—1.0 时,达到开发平衡;等于 1.0 时,为饱和;大于 1.0 时,为超载,表明已开发过度。

表 11.6　旅游环境承载指数分级

承载指数	$\leqslant 0.8$	0.8—1.0	1.0—1.2	> 1.2
承载情况	疏载	适载	轻度超载	强度超载

二、容量超载的类型

（一）短期性或长期性超载

短期性超载是旅游地域和场所常见的容量超载现象,包括周期性超载、偶发性超载两类。周期性超载根源于旅游的季节性,与自然节律性有关,如每年 5 月的旅游旺季容易造成旅游区超载;偶发性超载起因于旅游地域或其附近发生了偶然性事件,在短时间内吸引了大量旅游者而造成超载,如张家界的飞越天门活动,吸引了众多游客。长期连续性超载多发生在城市郊区的国家公园或郊野公园内,而且主要发生在一些知名度较高、生态环境较优良的文化古迹旅游区或其他人工吸引物场所。

（二）整体性或局部性超载

旅游区的整体性超载指的是该地域所有景区(点)以及其设施所承受的旅游活动量均已超过了各自的旅游环境容量值。旅游区的局部性超载指的是部分景区(点)承受的旅游活动量超过了景区(点)的旅游环境容量,而另外的景区(点)并未饱和。在大多数情况下,整个旅游区承受的旅游活动量未超过旅游区的旅游环境容量,这种现象往往会造成"隐蔽式"的破坏。

（三）轻度或强度超载

轻度超载是指旅游活动强度已经超过环境系统的承受能力，环境系统整体上超负荷运行，局部景点可能会处于超强负荷状态，旅游可持续发展受到威胁。强度超载是指旅游活动强度已经大大超过了环境系统的承受能力，须对旅游活动作较大的调整，否则，会对旅游环境系统造成较大破坏。

三、容量超载的调控

旅游资源是旅游业存在和发展的根本，旅游业可持续发展的关键就是控制合理的旅游客流量，使旅游活动量控制在旅游容量允许的范围之内。

（一）协调供求关系，促使供求平衡

1. 降低旅游需求。

从旅游需求方面着眼，采取价格调整，以及恰当的市场策略来降低旅游需求，降低旅游旺季的高峰流量，使旺季的旅游流量在旅游环境容量饱和点之内。运用价格杠杆调节进入旅游区的客流量是一种有效的经济调控手段，如实行淡旺季旅游价格（包括门票、食宿费、交通费等）浮动调节，按不同的标准收取服务费用，向旅游者征收较高的超载能源和资源使用税及排污费，以使部分旅游者因经济原因而缩减旅游需求。如北京故宫，为保护古建筑和改善旅游环境气氛，实行调整门票价格和限制游览人数的做法，取得了良好效果。

2. 提高供给能力。

从旅游供给方面着眼，通过调控旅游供给的内部结构，扩大旅游供应能力和延长旅游季节（如抑制旺季、促销平季和淡季）来协调供求平衡。扩容应设法增大最小的容量值，如果是受空间容量限制，可开发有特色的替代产品，扩建旅游区、增设配套景点或开辟一些新的景点，增设多类型旅游项目等；如果是受旅游生态容量所限，则提高污染物的人工处理能力，同时搞好旅游区绿化；如果是受旅游区经济容量制约，在不影响旅游景观和危及旅游区生态系统的前提下，优化设施结构，增加设施规模。

（二）实行总量控制，分流旅游客流

为了保障旅游服务质量，应对每日可接待人数进行合理的控制，当游客人数超过环境容量时，即不对外发售门票，对客流量实行总量控制，如九寨沟在旅游高峰期间每日限客 1.8 万人；敦煌莫高窟限准 2 000 人入内；山西悬空寺一次限 80 人登临；玉龙雪山上山索道限定每小时输送 420 人左右。另外，要通过分流的方法降低进入旅游区的游客量。

1. 整体或连续性超载的分流。

对于整体或连续性超载的旅游区，一是实行参观预约和预报制度，分时段、有计划地接待游客，减缓压力；二是加强舆论引导，充分利用一切传媒手段，向潜在旅游者陈述已发生的超载现象及由此给旅游者带来的诸多不便与危害，所造成的生态环境后果等，倡导游客追求高质量的旅游体验，科学选择旅游目的地，有计划安排休闲时间错开旅游高峰期；三是替代性开辟新的旅游区，选择本身具有较高吸引力、区位适中、旅游效果近似，而在时间上更节省、价格上更低廉的同类旅游区吸引旅游者，人为地分流以减轻整体或连续性超载旅游区的环境压力，如墨西哥的坎昆通过对加勒比海（北美市场）的介入而成了世界闻名的旅游胜地，河北昌黎海滨开发分流了北戴河海滨旅游者等。

2. 局部或短期性超载的分流。

对于局部或短期性超载的旅游区，一是在超载的旅游景区、景点入口地段设置限流设施和采取限制性措施，根据旅游区内客流量与容量值的差值情况（尚未饱和或趋近饱和），收取旅游资源附加使用费，收费越高，进入人数越少，一旦饱和则停止进入，九寨沟景区就已经开始此类操作；二是实施旅游区分区分级规划，根据各区特点，充分利用道路、天然小径、停车场、厕所、饮食及信息中心等设施的布局，在有关地点设立解说词，在适当位置设立电子屏发布预告，对旅游者进行空间上和时间上的划区引导分流。

（三）加强交通调控，完善应急机制

加强交通调控，通过调整不同交通工具的数量以及运营的线路，达到控制进入旅游区的客流量，如奥地利的历史名城萨尔斯堡，旅游客车被禁止驶入市中心；利用"景区旅游专线"进行调控，进入旅游区的游客要换乘"景区旅游专线"进行游览，根据实时监测信息，引导专线班车将游客送往不同的出入口，通过调整发车班次，控制进入旅游区的客流量，均衡客流；根据旅游区客流的分布情况，通过调整客运索道的运营情况和运载量进行调控。

管理人员要及时掌握游客的分布状况，在旅游区各出入口以及容易产生拥堵的地段，利用电子监测仪器对客流的时空分布进行自动监测与记录，根据旅游区客流量的统计分析，针对不同的情况，制定完备的管理与控制预案，以便在拥堵的情况发生时能够及时有效地采取措施进行动态管理与调控。

（四）增加环境补给，加快环境修复

应充分重视旅游区的休养生息和环境补给，如百慕大实行"选择旅游"政策，分批轮流开放旅游热点地区，保证旅游、环保两不误；张家界市通过适时调整旅游精品，控制游客数量，使部分景区、景点得到很好的休养生息。由于在旅游旺季，旅游环境系统的物质、能量、信息等消耗过量，在旅游淡季时，就不能仅靠环境本身的调节能力去休养生息，而需要人工地补给大量物质、能量和信息等来促使旅游环境尽快恢复，保持其容纳能力。

旅游环境受损大的区域，单靠环境的自净能力和自我修复能力难以解决其生态环境问题的，应采取人工治理措施。在旅游区建立定位与半定位观测站（点），对旅游环境进行长期监测和研究，对受干扰严重的自然生态环境系统要靠人工干扰恢复其生态平衡；对受污染的水体采取相应的措施加以治理，如政府投入巨资治理滇池；对造成的旅游者与当地居民的紧张关系要多做疏导、宣传教育工作，以使旅游环境保持其最佳的容量。

四、容量疏载的调控

疏载是指旅游区的实际承载量明显小于承载力，造成旅游资源和旅游环境容量闲置，导致资源和设施的浪费。

（一）造成疏载的原因

1. 旅游地域开发方式单一。

旅游资源和环境是旅游开发的灵魂和生命线，无论是国际指向性、国内指向性、区域指向性的旅游区，其开发一定都要有自己的特色，如果开发方式单一、产品单调、没有特色，也就无法吸引旅游者，会导致旅游资源闲置、旅游环境容量疏载。

2. 旅游产品周期规律影响。

旅游产品和旅游区在开发上都有其生命周期。随着时间的推移，旅游产品和旅游地都有一个初创期、成长期、成熟期、衰退期，到了衰退期就会出现旅游者数量减少，造成疏载。

3. 旅游活动的季节性影响。

旅游活动的季节性是旅游业发展的客观规律，受自然、气候、季节、假期等条件的限制或影响，一些旅游活动季节性变化比较大，如以避暑为功能的旅游区，一年内产生淡季—旺季—淡季的变化,夏季游人如织,冬季冷冷清清;某些以人文旅游资源(节日、庆典、庙会等)为依托开展的旅游项目,在一年内常有固定的开展时间,旅游者的流向和流量也会发生相应的变化。

4. 旅游宣传营销力度不够。

一些旅游区资源上乘,开发已有一定程度,但其宣传营销力度不够,不为广大民众所知,就不能激发旅游者前往的动机,游客数量就比较少。

(二)疏载的调控措施

疏载虽不会导致旅游环境的失调和破坏,但它从经济上否定了环境的价值,影响旅游环境价值的实现,导致旅游环境资源的浪费。

1. 综合开发,挖掘特色。

旅游资源和环境存在功能上的多样性,旅游产品开发也日趋多样化和综合化,要以市场为导向,依托基础设施,完善旅游功能,注重特色的挖掘、保护,深化旅游资源的特色开发,充分实现旅游资源和环境的价值,推出特色项目或增加旅游活动,增加对不同层次旅游者的吸引力,如澳大利亚开展丛林远足、野生动物观赏、观鲸鱼旅游、观企鹅旅行等。

2. 旅游策划,克服衰退。

一些开发较早的旅游区因其产品逐渐进入衰退期,对旅游者吸引力下降,应以提高其吸引力为中心,针对客源市场,因地制宜地策划开发一些特色旅游产品,推出新的旅游项目,并提高管理水平,改善服务质量,延缓其衰退速度,重新激发旅游者的旅游动机,实现旅游资源和环境的深层价值。

3. 以热带冷,全面发展。

区域旅游开发中存在着"热点"、"热线"、"冷点"、"冷线"等现象,旅游开发中也存在着类似现象,热点时旅游环境容量超载,而冷点则出现疏载,可通过有差别的旅游税税率,鼓励、扶持旅游冷点地区的发展,想办法吸引旅游者前往冷点冷线,调节游客的流向、流量,实施"冷""热"搭配,以"热"带"冷",推动区域旅游环境容量相对均衡,促进旅游的全面发展。

4. 方式多样,创新营销。

有效收集和分析旅游市场总体态势和游客对旅游产品的需求状况,加强广告宣传,提高知名度,大力开拓客源市场。可通过电视、网络、报刊、广播等各种媒介传播方式,尤其是结合国家、地方的旅游促销主题,以及举办各种与旅游有关的节庆活动,如昆明世界园艺博览会、杭州世界休闲博览会等,创新旅游营销手段,使信息及时传播给广大民众,激发大众旅游动机,吸引旅游者前往。

案例点评

案例一　普陀山景区限制游客数量

浙江省政府修订的《浙江省普陀山风景名胜区保护管理办法》规定,景区管理委员会应当按照风景区环境容量控制规划,科学合理确定游览接待规模,不得无限制超量接纳游客。

旅游业的快速发展,对普陀山景区的生态环境、资源保护和社会秩序构成很大压力,为减少这一过度压力,浙江省政府第 55 次常务会议讨论重新修订了《浙江省普陀山风景名胜区保护管理办法》。除要求限制游客数量外,《办法》还规定,禁止修建破坏景观、危及安全、妨碍游览的建筑物和设施,对已有不符合风景区规划的建筑物和设施,应当限期拆除或搬迁;禁止在普陀山前山、中山、佛顶山新建、扩建各类休养所(院)、招待所、宾馆、歌舞厅等设施。

资料来源:符智伶:《普陀山将限制游客数量》,2005 年 12 月 12 日。

点评:

合理控制游客数量,有利于保护旅游区的资源与环境。

案例二　颐和园景区重点区域精确限流

颐和园管理处为应对大客流对区内文物的影响,园区陆续启用了一些保护措施。如在重点文物处采用精确控制客流的"大客流"办法调控游客数量。与"最大容量"统计全天人数不同,"大客流"针对某个时段统计某处景点的游客数量。如文昌院是颐和园重要的文物集中地之一,且作为独立院落只有一个出入口,紧急情况下难以疏散众人。因此,文昌院的"大客流"被评估设定为 400 人/小时,当每小时接待人数超过 400 人时,文昌院临时限客,只出不进了。东宫门外的麒麟等文物,除了有独立的摄像头专门监控外,还安排了工作人员"贴身"保护。

资料来源:傅沙沙:《故宫客流超最大容量 2 倍,专家称破坏文物建议限流》,《新京报》,2010

年10月6日。

点评:

　　通过对重点区域的精确限流,使旅游环境容量的管理更科学、更合理,对重点文物能起到有效的保护作用。

练习思考

一、填空题

　　1. 旅游环境容量是一种_____,通常表现为一种"阈值"。

　　2. 不同类型旅游地的地域空间环境背景值不同,旅游环境容量_____的结构也不同。

　　3. 旅游环境容量遵循经济学中的水桶原理,即_____因子决定最终的综合容量值。

二、单项选择题

　　1. 旅游区的(　　)最终决定旅游环境管理容量。

　　A. 旅游生态容量　B. 旅游环境容量　C. 旅游经济容量　D. 自然环境容量

　　2. 旅游环境承载指数为0.8—1.0时,表明旅游区(　　)。

　　A. 疏载　　　　　B. 适载　　　　　C. 轻度超载　　　D. 强度超载

三、简答题

　　1. 旅游环境容量由哪些基本容量所构成?

　　2. 旅游环境容量的测算依据是什么?

　　3. 如何计算一个旅游区的旅游环境容量?

　　4. 旅游环境容量超载如何调控? 疏载如何调控?

四、列举题

　　1. 列举旅游环境容量的特征。

　　2. 列举客流对旅游环境的影响。

第十二章

旅游环境规划

学习要点

了解旅游环境规划的原则、特点和作用;熟悉旅游环境规划的程序;掌握旅游环境功能区划的方法;掌握旅游环境损益分析的方法;熟悉旅游设施和旅游景观的环境规划方法;了解旅游污染防治规划内容。

基本概念

旅游环境功能区划、旅游环境损益分析

旅游环境规划是以旅游环境质量保护目标为准绳,以旅游区环境供给能力和环境评价为依据,为旅游环境资源的保护利用制定科学、长远、最优的发展思路和旅游环境影响最小化的实施方案。旅游环境规划是旅游区环保工作的纲领性文件,是实施旅游环境管理、实现旅游业可持续发展的重要基础和依据。

第一节 旅游环境规划概述

一、旅游环境规划原则

旅游环境规划的基本要求是:保持环境系统内的动态平衡,保护旅游资源的价值,防止旅游开发和旅游活动造成环境损害。

（一）保护开发原则

旅游环境规划要坚持以保护为主,合理开发,依法而治。保护是开发利用的前提和基础,规划设计时应以旅游区的环境容量为依据,在不破坏旅游环境和资源的前提下,对旅游资源进行优化配置,要充分利用原有的基础设施和自然景观,有选择性地满足旅游者的需求,有计划地进行空间拓展,注重自然生态景观的原始性、文化的完整性和社区发展的可持续性,尽量减少生态成本,进行适度的开发和建设。

（二）因地制宜原则

旅游环境规划要因地制宜,不能脱离旅游区的实际,因地制宜可以分为环境适宜性、技术适宜性和经济适宜性。旅游开发要以当地的自然和社会环境为中心,因地制宜地开发旅游产品,科学合理地设计旅游线路,巧妙合理地组织旅游活动;旅游开发所采用的技术应该是成熟的,同时该技术对该地区的居民来讲,通过短期的培训或指导,是居民能够掌握的;旅游在经济上也必须适宜于某一特定区域的经济条件及旅游的经济效益,在旅游成本的投入上必须是旅游区可以承受的,旅游的投入产出在经济上必须是可行的。

（三）三效统一原则

要把当地的生态系统与旅游经济系统紧密结合起来,旅游经济发展与环境建设必须同步规划、同步实施、同步发展,使得经济发展符合自然生态规律,既能促进和保证经济发展,又能使生态系统免遭破坏。要处理好局部与全部、当前利益和长远利益之间的生态、经济结合问题,保护好游览区和旅游景点的环境,达到环境效益、社会效益和经济效益的有机统一。

（四）循环开发原则

为保护旅游资源和解决环境问题,旅游开发过程中的规划设计、建设开发、经营管理和环境监测四个环节间的关系模式应该为环状。

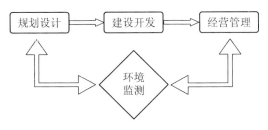

图 12.1　旅游开发的环状模式

环境监测是沟通规划、建设与管理的链,有了监测这个链,不断地向其他三个链反馈信息。根据监测反馈的信息,充分认识旅游规划设计、旅游区建设和管理中存在的旅游资源及环境保护的问题,进一步优化规划设计方案,完善管理制度和措施,同时为旅游区注入新的内涵,增加旅游资源对游客的吸引力。

（五）社区参与原则

社区居民参与到旅游服务中,可以增强地方特有的文化气氛,提高资源的吸引力;更为重要的是,可让社区居民真正从旅游中受益,实现旅游的扶贫功能,并能使自觉保护具有强有力的动力。在发展旅游时,要积极组织当地居民参与旅游服务,安排具有地方特色和民族特色的民俗文化旅游项目,使外来游客受到原汁原味的当地特有文化氛围的感染。

（六）可持续发展原则

要以可持续发展理论为指导思想,根据旅游地的环境和资源特点,采用节能降耗技术,减少污染物的产生,构筑旅游地资源循环利用体系,把对环境的影响降到最低水平。在利用旅游环境的同时,制定环境保护计划和措施,保护好景观资源、水资源和动植物资源,确保旅游环境保护与旅游经济发展相协调,使可持续发展贯穿于整个旅游发展过程中。

二、旅游环境规划特点

（一）区域性

旅游环境规划具有空间特定的地域,每一个旅游区都有其范围、面积,并具有可度量性,而不是那些超地域的、浮动的、弹性的、在地图上无法落实的虚构或设想。作为旅游区,在不同的地域内有其不同的自然条件、人文背景和旅游资源,形成的旅游活动差异很大。因此,在规划设计时,必然要反映这些差异,即所谓的区域性特征。

（二）综合性

旅游环境规划包括很多内容,涉及许多方面。从规划内容来看,既要有旅游资源环境的保护区划,还要涉及污染防治规划和具体的生态建设方案;从其与周围的关系来讲,则直接受外围工业、农业、城建、交通等各方面的影响,同时还与游客的活动行为、时间长短等有关,是一项复杂的、综合性极强的工作。

（三）客观性

旅游环境规划都应有扎实的区内环境及资源的客观调查评价,并根据国家相应的环境保护法规和方针政策,制定出适合当地的环境保护目标、实施方法和措施,这样才能保证旅游区的环境规划与客观系统相一致。这一切都是在客观的基础上实现的,任何主观意识的强加,都会使环境规划的可行性受到影响,或达不到提高环境质量的目的。

（四）层次性

环境规划的层次性首先表现在地域的等级上,对于旅游区,可有国家级、地区级、地方级等不同层次,环境规划也相应地有从大范围到小范围的不同层次;其次,规划设计方案也有明显的层次性,这主要体现在综合性总体规划与各专项规划设计之中;再次,环境规划还与旅游区的主要功能和游客的行为层次有关,不同功能旅游区所接待游客的层次不同,对环境的要求也不同,表现出明显的层次性。

（五）目标性

目标选择是环境规划的核心,目的是通过规划提升环境质量,达到理想状态。它是以改善旅游区环境质量为主要目的而确定的,具有一定的预见性和长期性,并要求它是未来一定时期内环境质量具体的定量目标,据此对旅游区环境制定出可行的保护措施、途径和实施的步骤、方法及方针政策等。

（六）政策性

环境规划涉及旅游区内各开发建设项目的进行,居住及旅游人数的控制,区内及周围工业项目的设置、规模等一系列社会问题,因而必须依据国家有关政策行事,规划的编制即是各有关政策的体现。

三、旅游环境规划作用

（一）保护旅游资源

随着旅游开发的深度逐步加大和旅游活动的开展,旅游区内的旅游资源受到多方面的威胁。旅游环境规划遏制旅游资源各自为政的盲目开发,杜绝不顾长远效益的竭泽而渔的行为,通过对不同类型旅游资源的分区保护,制定有针对性的防范性保护措施,制止各种不利于旅游资源和环境保护的行为,保证旅游资源在渐进有序、统一和可持续的状态下进行开发。

（二）保持环境质量

旅游环境规划旨在防止旅游区内因各种开发及旅游活动所导致的旅游区环境质量下降,进一步改善和美化环境。通过规划的相关措施,保持现有的环境质量,同时针对存在的旅游环境问题,通过污染防治、绿化美化、生态建设工程,控制污染物排放总量,提升旅游区环境的总体质量。

（三）保护游客健康

旅游环境规划采取措施保护旅游资源、控制污染、加强生态建设,为游客提供良好的生态环境和游览氛围,让游客呼吸到清新的空气、喝到洁净的水、看到悦目的景色、体会到优美的环境,不仅有利于游客的身体健康,而且利于心理和精神的放松。

（四）实现可持续发展

旅游环境规划的目标是实现人与自然的和谐发展,保障环境与旅游经济协同发展。规划力求保护旅游资源,恢复被破坏的环境系统,使旅游环境系统向良性循环方向发展,实现旅游业的可持续发展和资源的永续利用。

第二节　旅游环境规划程序

一、准备阶段

（一）论证与立项

论证与立项是由旅游管理部门提出,邀请有关学者专家进行科学的可行性论证,综合分析旅游资源和环境条件、交通区位条件、居民的收入消费水平和市场需求,分析旅游环境规划的必要性和可行性,如有必要,可制定旅游环境规划的工作方案。完成论证后,向有关部门提出报告和申请,进行旅游环境规划设计立项并落实经费。

（二）组织规划团队

旅游环境规划设计队伍可通过一定的渠道或采取招标的方式,由社会有关单位来担当。团队成员应包括环境保护、环境工程、旅游管理、地理、园林、生态学、农业、土地规划、建筑工程等方面的人员,并积极吸收当地社区公众参与,通过分工,明确各自承担的任务和职责。

（三）编写规划大纲

旅游环境规划大纲的主要内容包括旅游区的基本情况,所需技术资料和图件资料,工作的主要内容以及时间安排和经费预算等。

（四）资料收集与分析

资料收集要商请相关部门（旅游、环保、林业、农业、园林、城建、交通、水利等）提供所需的旅游区有关的资源、环境、社会、文化和经济等信息数据资料,然后进行资料的分析研究,尽可能地利用原有的旅游、生态、环境调查以及地方志等相关资料,从中发掘有价值的内容。同时,采取统计调查法、抽样调查法、典型调查法或定点观察法等,调研环境问题的性质、产生原因、各种相关因素的作用及其相互影响程度的大小,对实地调研得到的信息、数据进行处理,使环境问题变得清晰,明确规划的主要目标和范围。

二、规划阶段

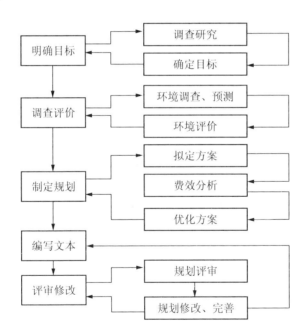

图 12.2　环境规划编制的一般程序

（一）确定旅游环境目标

旅游环境目标是为了满足旅游业可持续发展的要求,旅游区在一定时间内所要达到的环境指标值。旅游环境目标是旅游区建设和发展不可缺少的一部分,是旅游区环境保护任务的综合反映,是编制旅游环境规划、进行旅游环境建设和管理的基本出发点和归宿。在实际规划中,根据规划目的、要求的不同,旅游区范围大小、层次及功能区性质的不同,要以解决主要的环境污染和生态环境问题为目的,以规划区所具有的经济技术力量为条件,以能表征规划对象的实际状况和体现规划目标内涵为原则,制定相应的环境目标。

1. 资源保护目标。

旅游资源保护包括自然旅游资源和人文旅游资源的保护。自然旅游资源包括旅游区内各类地形地貌、水文水体、气象气候、生物、土壤等资源条件,其保护目标可以参考有关水土保持、森林、草场、绿地、动植物等的保护要求而定。人文旅游资源如历史遗迹、古建筑、珍稀文物、文化社区等,也应根据国家有关的法规、条例来制定。

2. 环境质量目标。

确定环境目标,首先要根据不同的产品类型提出、分析、讨论所要解决的环境问题,进行细致的分析和论证,并根据环境现状与发展趋势及所要解决的环境问题,确定初步目标,在此基础上,进一步研究实现目标的措施及人力、财力等方面的支持条件,通过测算和可行性研究,反馈修改或最终确定各阶段或时期(近期、中期和远期)的环境目标和要求。

表 12.1   旅游区(点)各环境要素的质量目标

环境要素	环　境　质　量　目　标
大气环境	达到《环境空气质量标准》(GB3095)一级标准
水环境	与人体直接接触的娱乐水体达到《景观娱乐用水水质标准》(GB12941)A 类标准,非直接接触的达到 B 类标准;生活饮用水水质达到《生活饮用水卫生标准》(GB5749);其他水体达到《地表水环境质量标准》(GB3838)
声环境	达到《声环境质量标准》(GB3096)
公共卫生环境	达到《公共场所卫生标准》(GB9663—9673、GB16153)
环境绿化	人文景观型旅游区的绿地率不少于 30%;自然景观型旅游区和度假型旅游区,除滑雪、海滨和河湖型旅游区外,绿地率不少于 50%

3. 游客容量目标。

根据旅游区的环境容量确定旅游区的极限瞬时容量、极限日容量等指标,对不同客流量和环境承载水平采取不同的环境保护和管理措施。

4. 其他相关目标。

为达到旅游环境质量目标,还需要旅游区所在地相关的支持指标和保证性指标,如地区环境规划目标、各项环境要素多年监测数据等。这类指标的完成与否，与规划区的环境质量优劣密切相关，这类指标往往由专业环保部门规划确定。

（二）旅游环境调查评价

旅游环境调查的内容主要包括大气、地下水、地表水、土壤、噪声等本底情况，污染源情况等。根据旅游区的实际情况制定相应的环境评价指标体系，弄清旅游区的经济发展状况、环境污染状况，通过模型分析，找出旅游区的主要环境问题及产生原因。同时，还要预测规划期内环境问题的发展趋势，确定未来影响环境的主要因素，分析未来可能出现的各种旅游环境问题，预测方法如排污系数法、弹性系数法、趋势外推法等。

在环境调查的基础上，对旅游区环境进行评价，分析旅游开发给旅游地环境带来的正负影响，为规划方案的制定提供科学依据。

（三）制定环境规划方案

在对旅游区环境的现状及演变趋势进行深入分析的基础上，根据环境保护的技术政策和技术路线，把规划目标具体化，制定满足环境目标要求的各种可行措施和行动方案，方案不仅有空间上各类设施的布局，从时间纵向上还有分阶段开发的具体安排。一个目标（或目标集）可以通过多种途径来实现，但是只有在正确的技术政策和技术路线指导下，拟定的方案才能符合"三效统一"的评价准则。

（四）制定环境优化方案

拟定方案通常采用"情景分析"的方法，通过对各个拟订方案进行技术分析、经济分析、社会影响分析、环境费用效益分析等，综合比较不同方案的经济、社会、环境效益，从中筛选或通过数学模型优化出最佳方案。最佳方案要广泛听取专家和大众的建议和意见，并与有关部门协调商议，根据各个部门的反馈信息进行调整，使旅游环境规划满足目标要求，既符合经济、社会发展的需要，又使旅游区全局效益达到最优。

（五）编写环境规划文本

旅游环境规划要纳入旅游区规划，同时，作为一个专项规划，旅游环境规划还要单独经人大通过或经政府批准赋予法律效力，加以实施，因而，环境规划文本通常需要编写两种文本，一是规划的详细文本，这是一种技术性文件，除了表述规划目标和要求以外，还要说明规划的技术依据和可行性分析；二是规划的法律文本，该文本要简明、准确地表明规划的目标和要求，供人大或政府批准审核使用。

（六）规划文本修改与评审

旅游环境规划文本及图件先在旅游区内部进行意见征询或初审,邀请主管领导、各相关部门及有关专业人员发表意见,根据意见对其进行修改,然后提交专家组评审,再根据专家组意见和建议进一步调整、修改、完善,形成最终文本及图件,报请相关部门批准后实施。

三、实施阶段

规划实施过程要进行全面监督、检查、考核、协调与调整,应用行政管理、协调管理和监督管理,建立与完善组织机构,建立目标责任制,实行目标管理、目标定量考核,保证规划目标的实现。

（一）执行规划

为了较好地执行优化后的规划,必须力求执行规划的渠道畅通,资金和设施到位、人员组织管理和待遇落实,规划执行过程中所涉及的有关单位、部门或各利益群体利益协调。进行旅游开发时,要充分依据旅游环境规划,坚持规划指导与监督管理相结合,对不符合规划要求的开发,坚决不予批准,确保旅游环境规划的权威性,保证旅游环境保护总目标的实现。

（二）环境监测

在旅游区建成并运行期间,进行定位或半定位的环境监测,包括自然生态、社会及经济环境在旅游区建成后产生的正负影响,及时监测旅游发展过程中环境的各种变化,随时分析这些变化对规划实施可能产生的影响,及时发现和纠正规划实施中出现的偏差和问题,采取一切可能的有效手段实现预定的环境管理目标。

（三）优化规划设计

根据监测反馈的信息,为旅游区的规划设计提供优化依据,对环境规划进行不断优化改进,同时也为环境保护提供科学依据,使旅游区环境保护工作日趋完善。

第三节　旅游环境建设规划

一、旅游环境功能区划

旅游环境功能区划能起到较强的保护作用,是旅游区设计、开发和管理的有效工具。环境功能区划一般可以分为综合环境区划和单要素环境区划。

（一）综合环境区划

综合环境区划主要以旅游区中生物群落特征、人类影响程度、建设开发以及对环境的要求为分区准则，考虑地质地貌特征和旅游区发展需要，采用专家咨询法，也可采用数学计算分析法作为辅助方法，如生态适宜度分析、主因子分析、聚类分析等划分旅游环境功能区。

1. 二级分区模式。

旅游区的二级功能分区，是指旅游区内和旅游区外的功能分区，如"区内游、区外住"，区内为观光游览，食宿、管理等设施建于区外。

中国古代对天下名山的五岳就有"山上游、山下住"之说，就是说山上是游览活动区，山下的城镇则是旅行游览者的食宿基地，如泰山之麓泰安。目前的风景区、遗产地大多继承了二级分区的传统，如九寨沟景区，在规划设计时就遵循"沟内游，沟外住"的内外功能分区模式。

2. 三级分区模式。

旅游区按被保护的重要性和可利用性，可划分为核心区、缓冲区、实验区或游憩区。核心区是整个保护区中绝对保护的地段，保存原始自然状态的生态系统以及珍稀、濒危动植物的集中分布地，严禁任何人为的干扰；缓冲区是在一定程度上可受人为干扰的、但仍基本保持自然生态系统状态的区域，主要起着保护核心区和观景廊道的作用；实验区是综合利用自然资源的地段，是旅游开发的重要区域，可以进行对环境没有负面影响的活动。

表 12.2　三级分区模式表

功能分区	管　理　要　求
核心区	禁止任何单位和个人进入；除特殊批准外，不允许进入从事科学研究活动
缓冲区	在核心区外围划定一定面积的缓冲区，只准进入从事科学研究观测活动
实验区	在缓冲区外围划定一定面积的实验区，可以进入从事科学试验、教学实习、参观考察、旅游以及驯化、繁殖珍稀、濒危野生动植物等活动

三级分区适用于以自然保护为唯一或首要目的的自然保护区、人与生物圈保护区等保护地。一般情况下，其核心区占总面积的 50% 以上，核心区和缓冲区构成保护地的主体。

3. 五级分区模式。

核心保护区是脆弱性强的区域、稀有物种(或濒危物种)的栖息地、生物多样性保护区等,保护要求最高;景观保护区一般位于核心保护区的外缘,在维护环境系统完整性上具有重要价值,允许少量的游憩和其他对自然影响较小的活动;游憩观光区是户外游憩体验的集中区域,可开展大众观光游览活动;发展控制区是可进行有控制的建设区域,可修建适量的基础设施和旅游服务设施;利用开发区是当地居民生产、生活的区域。

表 12.3　五级分区模式表

功能分区	管 理 要 求
核心保护区	不允许公众进入(探险、科考等经批准可限制性进入,但不得有损害环境的任何行为);不允许开展建设活动(保护设施经批准可适当建设)
景观保护区	有限制的进入,允许对资源保护有利的少量分散的体验性活动;只能进行景观维护和恢复性工程建设
游憩观光区	允许开展在合理环境容量控制内的游憩观光活动;允许进行对环境没有负面影响的有限开发,修建必要的安全防护和简易的游览服务设施
发展控制区	允许开展娱乐型、度假型的旅游活动项目;允许有控制、无害的设施建设,如接待服务设施、食宿设施、休闲设施等,允许对原有景观的适当改造
利用开发区	允许集中的人类活动和开发利用,可有集中的公共设施,或是当地居民的居住区、生产区、商业区;允许建设与原有景观相冲突的建筑物,但限制污染企业或采掘工业的开发

(二)单要素环境区划

单要素环境区划主要指大气环境区划、水环境区划和声环境区划等。单要素环境区划要以综合环境区划为基础,结合每个要素自身的特点加以划分,如大气环境功能区,依据国家大气质量标准,分为一、二、三类区域;水环境功能区依据国家地方水环境质量标准,按其保护目标分为自然保护区及源头水区、生活饮用水水源区、水产养殖区、旅游区、工业用水区、农业灌溉区、排污口附近混合区;声环境可分为休闲疗养区、文教居住区、工业商住混杂区、工业区、道路交通区五类。

二、旅游环境损益分析

旅游环境损益分析可反映项目的社会环境效益和环境经济效益,旅游区的开发建设活动可以通过权衡环境损益分析来评价开发方案的可行性。环境损益分析采用指标计算法,对项目建设产生的环保费用和环保效益指标进行逐项计算,通过效费比和净效益的环境经济评价指标的静态分析,全面衡量项目投资的环境经济效益和社会环境效益。

（一）环境保护效益

环境保护效益可分为货币效益和非货币效益。货币效益指可以用市场价格直接估算的部分,分为直接效益(如景区回收塑料瓶的收益)和间接效益(如农家乐产生的有机废弃物生产沼气、沼渣用于农业生产用肥,降低生产成本);非货币效益是指市场规律失效的部分,例如矿渣山经治理后变成供人们游览的公园而带来的社会效益。在一般情况下,只计算货币效益,可依据市场价值法进行计算。

$$EB = B \times \mu$$

式中,EB 为环境保护效益;B 为旅游经济收益;μ 为环境建设费用占旅游区建设投资的比重。负环境效益是项目建设对社会环境产生的经济损失和负面影响。负环境效益主要是废水、废气、废渣等处理所产生的费用,如使用的自来水中所含的污水处理费。

（二）环境保护费用

环境保护费用包括内部费用和外部费用。内部费用是指企业为防治污染所支付的费用,如酒店对于餐饮污水处理设施的投入;外部费用是指建设项目排放污染物造成对自然资源和环境质量的损害费用。在一般情况下,只计算内部费用,包括环境建设投资、环保设施的建设及其运行费用、生态环境绿化建设费用、环保设施维护保养等费用。

$$C = \frac{C_1 \times \beta}{\eta} + C_2$$

式中,C 为环境保护费用;C_1 为环保投资费用;β 为固定资产交付使用率,指一定时期由投资建成投产或交付使用的新增固定资产与同期投资完成额的比率,环保投资的固定资产交付使用率一般为 $80\% - 90\%$ 左右;η 为折旧年限;C_2 为各项环保设施维护及运行费用。

（三）环境损益分析

1. 效费比。

效费比是指环境效益和费用之比。

$$\alpha = \frac{EB - MB}{C - DE}$$

式中,EB 为环境保护效益;MB 为负环境效益;C 为环境保护费用;DE 为节约的费用,是指由于环境建设而节省的费用支出,如中水利用和雨水利用设施的建设使用可减少用水量,从而节约水费开支,太阳能利用设施可减少能源消耗,节约能源支出费用。

如果效费比 $\alpha \geqslant 1$,说明得到的环境效益大于项目建设支出的费用,建设项目在环境经济上是可以接受的;$\alpha < 1$,则说明项目环境损失费用大于取得的环境效益,建设项目在环境经济上是不可取的。

2. 净效益。

净效益是扣除费用后的剩余效益。

$$NB = (EB - MB) - (C - DE)$$

若净效益 $NB \geqslant 0$,表明社会环境效益大于环境损失,项目是可接受的;若 $NB < 0$,则项目是不可取的。

三、旅游设施环境规划

旅游设施环境规划要进行旅游环境教育资源的调查与评价,规划各类基础设施、旅游接待服务设施时要考虑设施设备和场所对环境的影响,选择对环境影响最小的地方建设,从环境角度严格控制其规模、数量、色彩、用料、造型和风格等,尽量减少对当地自然和文化的影响。

(一)旅游基础设施规划

旅游基础设施规划是保证旅游活动得以进行的基本条件,主要包括道路、水电、通讯和卫生设施等。规划内容和形式都要遵循生态原理,建筑风格应与当地文化和环境协调,体量不宜过大,尽量就地取材,要考虑一物多用,兼具实用功能和环境教育功能。

(二)环境教育设施规划

为了使游客在旅游活动中提高环境意识,需要规划具有环境教育功能的设施,如游客中心、科普馆、生态教育馆、标牌系统等,同时各旅游区根据需要还可规划科普长廊、博物馆、陈列室、影视厅等。在规划中,要贯彻环境教育理念,建筑物本身也要达到环境保护的效果。

1. 游客中心。

游客中心是每个旅游区必不可少的基本设施，一般设在入口处，主要是帮助旅游者了解旅游区内的基本情况、购买各种必需品和资料、为游客解决困难的一个咨询服务综合型设施。游客中心可以通过实物、图像、多媒体等方式对游客进行环境教育。

2. 科普馆。

将旅游区内的科普图片、实物展示出来，图文并茂地让游客了解旅游区内的自然科学知识，了解人与自然的关系，从而启迪游客的环境保护意识。

3. 生态教育馆。

生态教育馆向游客介绍生态旅游的内容、特色以及生态学和地学的价值，提高游客生态环境意识，引导游客按照生态旅游的要求，开展高质量的旅游活动。

4. 影视厅。

通过多媒体演示设备向游客介绍旅游区的概貌、景点、线路和环境保护知识，调动旅游者的感觉器官，为达到最佳效果，可采用效果好的高科技设备，使游客有身临其境的感觉。

5. 标牌系统。

通过环境解说标牌，图文并茂地向游客介绍旅游区内的景观、自然生态知识、环境保护宣传口号等。精心设计旅游区内的宣传栏牌、游览交通图以及路牌、标语等，设立环境保护宣传栏和卫生指示牌，在奇花异草、古树名木、地质遗存等处设立解说牌，通过多种方式对游客进行环境知识宣传教育。

（三）旅游生产设施规划

为了向游客展示自然生态系统的物流、能流规律及当地传统生产工艺，可在旅游区内设立一些生产小部门，如利用旅游区人畜粪便的生态农场，不用化肥和人工饲料的果园、菜地、鱼塘等。还可在旅游区内建设生产当地特色旅游商品的小作坊，游客可在此参观、购买。

四、旅游景观环境规划

旅游景观环境规划是指运用景观生态原理和方法，结合考虑地域综合环境特点以及具体目标要求，科学、合理地利用旅游地景观资源，构建空间结构和谐、生态稳定和社会经济效益理想的区域景观系统。

（一）森林景观

森林景观规划要结合林业生产的各个环节，使景观的人工设计做到经济效益和美学的有机统一。

1. 森林景观营造。

为满足游客观赏的需要，需进行森林景观的美化，形成层次丰富、色彩绚丽、四季有景可观的森林彩带。混交林比纯林具有材质好、生长快、适应性强、景观好的特点，其营造应根据不同树种的习性，使其互补、互助，形成良好景观，如松和枫或槭树、松和白桦等；防护林的营造应结合旅游景观的建设，坚持适地适树、防护功能的原则，注意林相的四季景观效果。在营造中应选择生长力强、花、果、叶、枝有较高观赏价值的树种，树种有针叶树、阔叶树、大乔木、小乔木、灌木、花卉、地被等，构成老龄、中龄、幼龄三个龄级。

森林景观营造时布局要自然，竖向上层次错落，平面上疏密结合，避免规整种植。林中草地面积不宜大，一般不超过 1 公顷，草地宽 10—50 米，长度不限，形成风景透视线；草地形状不宜规整，边缘自然布置小树群，树群面积不应小于总面积的 50%；树群应结合林木更新，以小树群混交为好，每个树群面积以 5—20 公顷为宜，最大不超过 30 公顷，大小树群交错配置，避免形成小林分、散生混交平均分配以及带状混交的呆板景观。

表 12.4　不同规模树群的配置数据

树　群	小树群	中树群	大树群
数量（个/公顷）	4—5	2—3	1—2
间距（米）	40—50	60—70	70—100

2. 带状景观规划。

在靠近林道的两侧和交叉路口、随地形起伏、蜿蜒的山脊和河流等处，以自然的形式布置风景树群或孤植树，使游客视线所及的环境自然活泼。林中的道路在满足采伐运输功能要求的同时，应以自由流动大曲率的线型为好，随树群迂回曲折，并途经林区主要景点；铺装要就地取材，与自然环境相协调。

道路两侧实施还林还草，补种行道树、灌木及花卉等。一般考虑观赏价值较高的花灌木、自然式的草本花丛及地被植物，营造漂亮的林相，注意道路路面的光影变化,让游客产生移步换景的审美感受。道路两旁要达到一定的水平郁闭度,为游客提供良好的庇荫条件,垂直郁闭度应小一些,高度一般应在游客的视线以下,使林下空间产生独特的艺术效果。

3. 森林与动物保护。

据调查,80%以上的人喜欢人工维持的森林美。因此,森林抚育和建设应结合美的创造,如道路边上不能打枝,打枝不能太重,以免影响树形和树势;要使林木保持郁闭,择伐、间伐、小林分采伐、补植、更新等应结合风景透视线的开辟;保存好的林分、树群,形成疏林草地或孤植树、草地、森林之间封闭与开敞的对比;加强废弃残枝、树叶、树上悬挂物等的处理,保护留存的林木,防治病虫害等,创造适宜游览休憩、舒适清洁的森林环境。

森林中的动物景观吸引力极强。禁止乱砍滥伐,一般不进行人工景观建设,减少人为的干扰破坏,保持相对稳定的森林环境,为动物提供良好的庇护和活动场所;禁止捕杀、严禁狩猎,栽植和保存丰富的饲料植物,保证动物的正常生命活动,保持相对稳定的物种数量。

(二)种植业景观

农田是以生产为主要目的,不能适应游憩的需要。因此,要从种植结构上作根本的调整,改变传统的大田生产为主的格局,强化果树、蔬菜和花卉等观赏性强的产业,营造具有较高生态稳定性和景观多样性的种植业景观。

1. 美化季相构图。

根据种植景观的特点,增加植物种类以丰富景观,调整落叶、常绿植物的比例,增补针叶树、阔叶树及其他观赏植物,在全面考虑季相构图的同时,保持一定的乡土特色,在局部上可突出一个季节的特色,形成鲜明的景观效果。

2. 空地景观营造。

空地是观赏周围景观的最佳位置,可栽种一些观赏性较高的花灌木或不同季节观赏的缀花草坪,较大面积的草地上,可保留或栽种适量的遮阴树。空地的边缘,应适当保留孤立木和树丛,使其自然地向田野过渡。

空地的面积要适当,过大会损害景观质量,过小则难以表现出景观的开阔性。根据景观与视角的关系,仰角从 6 度起,风景价值逐步提高,到 13 度时为最佳,超过 13 度以后风景价值降低。因此,空地中植株的高度与草地或水面的直径比为 1:3—1:10 为宜。具体面积的确定要综合考虑土壤特性、草本植物种类及覆盖能力、游憩活动的类型等因素。

3. 边缘景观美化。

农田、道路两侧或与其他景观交接的边缘地带为田缘线,植被顶面轮廓线为田冠线。田缘线和田冠线是游客最直接的观赏部分,形状应多变,田缘线以自然式为主,避免僵硬的几何或直线条;田冠线高低起伏错落,形成良好的景观外貌。

加强空间的多样性,使游客既可感受到闭锁的近景,又有透视的远景。道路的两侧及农田的边缘,保持一定的水平郁闭度,为游客提供良好的庇荫条件,形成浓郁的乡村气氛;垂直郁闭度应小一些,其中二层或三层可透视的林分结构占 2/3 左右,多层郁闭的结构在 1/3 以下,使游客的视线可通过林冠线下的空隙透视深远的景观,避免封闭游客的视线。

(三)牧业景观

牧业景观应与林地交错分布,有利于牧草生长茂盛,为牧业的发展提供充足的饲料。在牧业景观中,动物是重要的组成部分。在保证生产的前提下,对动物的合理利用,会给旅游活动增添许多情趣。动物利用分为消费性利用和非消费性利用,消费性利用指在游憩活动中直接消耗动物资源,如打猎、垂钓等获取食物、毛皮或作为战利品的活动;非消费性利用通过观赏、摄影、研究获取乐趣和享受的活动。

为提高动物景观的观赏性,对动物及其生境进行保护。在道路两侧设立保护带,避免人为干扰;在林中开辟空地,适当开挖人工湖,丰富自然景观,保护水源,提供鱼类和动物的生存场所;保留不同树龄的植被,增种一些浆果类的乔灌木,如银杏、榛树、冬青、梅、桃、女贞等,保证动物的越冬和隐蔽的场所、充足的食物来源。

(四)渔业景观

渔业景观包括海洋、滩涂、内陆水域和宜渔低洼荒地和作为渔业生产对象的水生生物。观光渔业是结合生产、生活、观光的渔业,是集渔业生产、加工制造及旅游服务的产业。

在积极开发渔业资源的同时,应大力进行景观建设,利用渔业的设备、空间、经营活动场所,生态、自然环境及人文环境资源,特别是可利用的特殊地形地貌如溪谷、山涧、海岸等,特殊的景致如晨曦、日落、云海等,特殊的动植物、生物资源如鱼类、鸟类、蝴蝶、昆虫等,让人们认识渔业与体验渔村的生活,展现乡土特色,发挥观光求知功能。

五、旅游污染防治规划

旅游污染防治规划是属于工程范围的内容,主要根据环境评价的结论和旅游区环境质量的要求,对旅游区的废气、废水、噪声和垃圾等进行的治理规划。

(一)旅游环境问题分析

通过旅游环境系统及其构成各要素的容量研究,确定旅游区污染控制目标(近期、中期、远期)。采用现状调查的方法,获取反映污染现状的指标,如污染物排放量、污染物浓度等,分析旅游区内的环境现状,包括大气环境、水环境、生物环境、声环境和土壤环境等状况,并通过现代科学技术手段和方法,对规划期内环境状况和环境发展趋势进行预测,对旅游区环境进行评价,掌握未来环境状况与控制目标之间的差距,找出旅游区存在的主要环境问题,确定污染物消减量,为制订污染治理方案奠定基础。

在旅游区具体的景点设施、景区道路、食宿等基础设施和旅游服务设施的设计与建设上,遵循与旅游区性质相关联的环境容量指标和环境保护要求,正确定位旅游区的开发规模和接待能力,从而充分利用旅游资源,并使各部分在日后正常运转,发挥旅游资源的最佳经济效益。

(二)旅游污染控制对策

由于不同旅游区的特征和污染情况差异较大,污染控制对策要因地制宜、因景制宜。

1. 末端控制与全程控制。

末端控制是针对生产末端产生的污染物开发行之有效的治理技术,或者称为"先污染后治理"。末端控制方式是在已经产生了污染和破坏以后,再去消除影响,被动而消极,相比在污染前采取防治对策产生更多经济成本,而且由于旅游环境的脆弱性,末端控制可能导致旅游资源难以恢复的损坏,造成巨大损失。

全程控制是从源头开始对旅游产品和旅游活动过程持续运用整体预防的环境保护战略,通过采用清洁原料和能源,通过环境教育和管理,使污染物产生量、流失量和治理量达到最小,使资源充分利用,使污染物最大限度消减,是一种积极、主动的控制方法。

2. 浓度控制与总量控制。

浓度控制是采用控制污染源排放口排出污染物的浓度来控制环境质量的方

法。污染物排放浓度依据国家制定的污染物浓度排放标准。浓度控制实施和管理方便,对管理人员要求不高,对旅游区的污染控制具有重要的作用,适合在我国旅游区开展。

总量控制是以旅游区环境质量目标为依据,根据污染控制目标的要求和污染物排放的"输入—响应"关系,推算出达到该目标所允许的污染物最大排放量,将允许排放量分配到各个污染源,由此规划相应污染源污染负荷的削减方式,论证污染控制方案的可行性。旅游区布局重整、环境基础设施的修建应在污染物总量控制的框架下进行规划设计。

3. 分散控制与集中控制。

分散控制是以单污染源为主要控制对象的一种控制方法。很多旅游区污染源分散,污染物排放强度不大,特别是一些山地风景区,污染物集中收集困难,分散控制可以很好地消减污染,如分散式污水处理,不但控制旅游区点源污染,还可减少管网建设投资。

集中控制是在整个旅游区或特定的范围内,为保护环境所建立集中治理设施和采用集中的管理措施,是强化环境管理的一种重要手段,它用尽可能小的投入获取尽可能大的环境、经济和社会效益,适合于旅游集镇、旅游基础服务设施集中区。

(三)旅游环境补偿方案

良性循环的环境系统,既是旅游业发展的自然环境基础,也可为开展旅游提供条件。依据环境学和生态学的基本原理和方法,通过环境补偿和建设,提高旅游区环境系统的稳定性、抗逆性和适应性。

1. 绿地补偿。

绿地在旅游区中占有重要的地位,直接影响着旅游区大气、土壤、动植物等环境,绿地是旅游区景观的重要组成部分,同时在吸纳污染物、降尘降噪、调节微气候、保持空气湿度、释放氧气、保持水土等方面发挥综合环境作用。

见缝插绿,旅游区空地和线路普遍绿化,增加绿地总量;适地植树,合理配置绿地结构,在不同的功能区设置相应的绿地类型,科学配比乔木、灌木,合理配置块状、带状等形式的绿地;因地制宜,以当地乡土树种为主,选择适应性强、净化空气、降尘降噪效果好的树种,同时考虑不同地段、不同季节的景观效果,在特定地段配置有色造景植物作为衬托,实现常绿树种与落叶树种相结合、速生树种与慢生树种相结合、风景林与经济林相结合。

2. 水体补偿。

旅游区的水体包括河流、湖泊、沼泽、泉水、瀑布及池塘等,是旅游区重要的风景要素,具有重要的构景价值。水体还具有重要的环境作用,水体能增加空气湿度,均衡温度,对旅游区小气候有一定调节作用,能提高旅游地气候舒适度,并且能够消化部分污染物。

对于水体补偿,首先,要节约用水,提高水的重复利用率,充分利用和节约水资源;其次,在保护现有水景观和水污染修复处理的基础上,利用工程措施进行水体补偿,如雨水利用措施,把雨水收集贮存于地面、地下以及回灌地下水,贮存的水可以用于旅游区日常用水;再次,采用生态设计和综合治理的方式,通过工程措施,增加水体景观面积。

3. 脆弱区保护。

旅游资源和环境有其非常脆弱的一面,容易受到外界因素(自然的或非自然的)的破坏,从而失去自身的稳定性、可恢复性,并最终导致旅游资源的消亡。

旅游开发要尊重和保护旅游资源和环境,不能与所在区域的生态环境功能相冲突,应在保持原有生态环境功能的前提下,进行科学合理开发,脆弱生态区不建或少建人工建筑,并加强管理,采取各种绿色生态技术进行保护,促进旅游开发和环境保护和谐共处。

案例点评

案例一　规划对旅游环境保护的作用

世界旅游组织在 1992 年出版了一个旅游与环境的出版物,通过 6 个案例,分析、阐述了旅游地开发的整体步骤。这些案例包括印度尼西亚、韩国、墨西哥、多米尼加共和国、土耳其和西班牙的旅游地。

案例分析得出的一个重要结论是:可以通过采取良好的规划和开发来防止旅游区的环境问题。作者建议在旅游区整体规划中不仅要包括对硬件的要求,如有足够的基础设施和执行合理的设计标准,以及把整个旅游发展规划融入到当地或地区的规划中,还要包含组织结构的设置和训练有素的员工。

点评:

规划可以减少和避免旅游环境问题,应该要重视规划的作用。

案例二 敏感区域的环境功能区划

索夫瑞尔海滨紧邻加勒比海圣露西亚岛,经过政府、当地渔民、潜水开发商以及其他相关的海滩利益主体多年谈判,最终于1994年正式成立海滨管理区。

公园被划分为几个不同的功能区,每个功能区都有自己的特征,某些带有潜在污染性的活动只能在一定的区域内开展。公园管理者设立了一个游客管理项目,特别强调对被某类海滨资源所吸引的潜水者的数量及其活动类型进行控制。游艇只能在很少的一些区域抛锚停留,在这些游艇区,大约有60个停泊系统安装了抛锚设备。在这些措施下,某些珊瑚礁已经开始慢慢恢复到破坏以前的状态。

资料来源:颜文洪、张朝枝:《旅游环境学》,科学出版社2005年版。

点评:

通过合理的旅游区环境功能区划,使游客在享用旅游资源的同时,对环境产生的负面影响最小化,从而保护好旅游资源。

案例三 黄山的生态环境保护规划

2006年编制的《黄山风景区生态环境保护规划》向世人展示了一幅黄山未来20年的生态建设蓝图。《规划》把黄山风景区分成资源高强度利用区、资源低强度利用区和资源保护与管理区3个生态区进行保护。

资源高强度利用区包括奇松、怪石、云海、温泉等"黄山四绝"集中分布的北海、玉屏楼、温泉景区,这些区域生态脆弱,人类活动较强,开发强度较大,需要加以重点管理和维护;资源低强度利用区包括松谷庵、钓桥庵、云谷寺,这些区域旅游开发活动规模较少,生态环境现状良好,但部分地区将作为未来旅游开发热点地区,所以区域开发要适度控制,要求严格执行环境评估政策,合理规划新景点和旅游路线,严格控制游客周转输送区的游客数量和停留时间;资源保护与管理区包括东部地区、洋湖、浮溪等地,主要是资源脆弱和密集区域,区内有国家和地方重点保护的野生动植物,是重要的源头水所在区域。《规划》要求该区不宜承担旅游和其他开发功能,要保护溪、河的水量和自然流态,不宜修建水库、塘、坝等用水设施,也不宜进行线型工程和宾馆住房的建设。

资料来源:项磊:《黄山将进行生态分区保护资源,保护与管理区内拒建宾馆住房》,《新安晚报》,2006 年 11 月 22 日。

点评:

根据黄山不同地区生态承载力和敏感程度将其分成不同的生态功能区,可以有的放矢地实行保护措施,保证黄山风景区的可持续发展。

练习思考

一、填空题

1. 旅游环境规划是以旅游环境质量_____为准绳的。

2. 旅游环境规划要坚持以_____为主,合理开发,依法而治。

3. 旅游环境的_____可反映项目的社会环境效益和环境经济效益。

二、单项选择题

1. 规划大纲的编写属于旅游环境规划的( )阶段。

A. 准备 B. 规划 C. 审计 D. 实施

2. "山上游,山下住"的规划分区为( )分区模式。

A. 二级 B. 三级 C. 单要素 D. 五级

3. 从源头开始对旅游产品和旅游活动过程持续运用整体预防的环境保护战略属于( )。

A. 总量控制 B. 浓度控制 C. 全程控制 D. 集中控制

三、简答题

1. 简述旅游环境规划的程序。

2. 如何对一个旅游区进行环境功能区划?

3. 简述旅游景观环境规划的具体内容。

四、列举题

1. 列举旅游环境规划的原则。

2. 列举旅游环境规划的特点。

3. 列举旅游环境规划的作用。

第十三章

旅游环境管理

学习要点

了解旅游环境管理的任务、职能和内容;熟悉旅游环境管理制度;了解旅游环境管理手段;掌握旅游业各主体的环境管理方法;了解旅游环境的标准化管理;熟悉旅游环境审计的程序和方案编制方法。

基本概念

旅游环境管理、旅游环境标准化管理、旅游环境审计

旅游环境管理是旅游环境保护工作的重要组成部分,是协调旅游发展与环境保护,处理国民经济与旅游相关各部门、单位及个人相关环境问题的重要工作内容,是实施旅游可持续发展战略的基本保证,使旅游发展既满足游客的需求,又保护旅游资源,防治环境污染和破坏,实现经济效益、社会效益和环境效益的有机统一。

第一节　旅游环境管理概述

旅游环境管理是指旅游管理主体运用各种管理手段,对旅游管理客体实行以

旅游可持续发展为目标的旅游环境管理与决策活动的过程。旅游管理主体包括政府、行业主管部门、旅游中介组织、旅游专业组织等;管理手段包括法律、经济、行政、规划、科技、教育等手段;旅游管理客体包括旅游环境、旅游企业、旅游者、旅游社区等。

一、旅游环境管理的任务

(一)执行环境政策

旅游环境管理的首要任务就是贯彻并实施国家和地方关于旅游资源与环境保护的方针、政策、条例、规划、计划以及任务、要求和具体措施。各旅游区可根据国家有关法律政策来制定本区域的管理办法。

(二)开发旅游资源

环境问题的产生往往是由于人们在经济活动中不合理地开发和利用自然资源所造成的,因此必须通过加强管理来促进旅游资源的合理开发利用,减少环境污染和破坏,维护生态环境的良性循环,促进旅游经济的持续发展。

(三)保护旅游环境

旅游环境管理的一个重要任务,就是在发展旅游经济的同时保护好环境,创建一个清洁、优美、安全和文明的旅游区环境,保护旅游者及当地居民的身心健康,获得最佳的环境效益、经济效益和社会效益。

(四)开展环保科研

开展旅游环境科研、旅游环境监测和旅游环境教育,从旅游开发与环境保护的相互关系中探寻内在规律,采取合适的政策及有关措施,促进旅游与自然、文化、环境的良性发展。

二、旅游环境管理的职能

(一)计划职能

规划与计划是旅游环境管理最基本的职能。为了避免旅游活动可能产生的不良后果,环境管理不能只限于控制污染,而是在发展的同时采取预见性政策,制定环境保护规划、计划和措施,合理利用环境和改善环境,使旅游业发展与环境保护相协调。

(二)组织职能

对旅游环境管理中的各要素及其相互关系进行合理的组织,是实现旅游环境管理目标和计划的保证,包括内部组织职能和外部组织职能,内部组织职能主要是规定组织内部的职责和权力以及它们的内部结构;外部组织职能主要是按照国家和环保部门的要求组织旅游区环境保护工作和以旅游资源开发活动为中心的生态环境保护工作。

（三）协调职能

协调职能是指消除旅游环境保护过程中的不和谐现象,使之形成合力,实现保护旅游资源与环境的预期目标。旅游环境管理具有交叉性,涉及的行业广、部门多,通过协调和沟通联系,把各地区、部门、行业的利益充分调动组织起来,统一步调,减少旅游环境保护各环节、各要素之间的相互脱节和相互矛盾,建立上下左右、条条块块相互配合的良好关系,做好各自管辖范围内的环境保护工作,并协调解决跨部门、跨地区的环境问题。

（四）监督职能

监督职能是指监察旅游管理主体的管理工作行为和决策是否与旅游环境管理计划预期目标相一致,及时检查、更正,使旅游环境管理目标得以实现。要实现监督职能,除了管理主体要赋予一定的权力外,还应建立健全执行监督的依据,包括旅游规划、法规、标准以及旅游环境监测指标体系等,并对旅游及其相关活动进行全过程的监督管理。

（五）指导职能

指导职能是指管理主体指引被管理者应该"怎么做"的导向活动,其实质是服务。指导职能包括做好旅游环境管理和旅游环境建设两个方面,具体内容有:指导防治旅游环境污染和破坏;总结、交流和推广环境管理及污染防治的先进经验和技术;为旅游区（点）提供投资少、效果好的污染防治实用技术;组织开展旅游环境保护、宣传和教育活动等;提高旅游者、旅游地居民和决策者的环境科学知识水平。

三、旅游环境管理的内容

（一）旅游环境规划管理

旅游环境规划管理是有计划地优化利用旅游区环境资源的前提条件。通过制定旅游环境规划,使之成为旅游区经济社会发展规划的有机组成部分。应用环境规划指导环境保护工作,结合实际情况检查和调整环境规划,促使旅游环境资源得到合理利用。

（二）旅游环境质量管理

旅游环境的质量管理是旅游环境管理的核心，是环境管理的根本目标。旅游环境质量管理是为了保持适宜开展旅游活动所必需的环境质量而进行的各项管理工作，包括旅游部门配合环境保护部门制订旅游环境质量标准、污染物排放标准和监督检查措施；组织联合调查组进行环境调查、监测和评价环境质量的状况，确定环境质量管理的重点领域和管理程序，以及报告和预测旅游环境质量状况和变化趋势。

（三）旅游环境技术管理

旅游环境的技术管理包括制订旅游环境污染和破坏的防治技术标准、技术规范和技术政策；确定合理的游览路线，以协调旅游经济发展与环境保护的关系；确定旅游环境科学技术发展的方向；组织和开展旅游环境保护的技术咨询和技术情报交流；利用旅游环境保护的技术和情报，组织国内和国际旅游环境科学技术的合作交流。

（四）旅游环境监督管理

旅游环境的监督管理是指运用法律、行政、技术等手段，根据国家或地区环境保护的政策、法律法规、环境标准、环境规划的要求，对旅游区的环境保护工作进行监督，以保证各项环境保护政策、法律、法规、标准、规划的实施。监督管理是环境管理的一项重要职能，是环境保护法赋予环境保护行政主管部门的权力。

第二节　旅游环境管理制度

旅游环境管理离不开政策的指导，需要有一整套与之适应的、可实施的旅游环境管理制度。旅游环境管理制度是对环境政策的具体解析和规定，不仅包含国家法律法规意义的原则性规定，还明确了具体实施办法和程序，具有规范性、程序性和可操作性等特点。

我国环境保护工作已形成了"预防为主、污染者付费和强化环境管理"三大环境保护政策体系，围绕这三大政策，建立和完善了八项环境管理制度与措施；按照预防为主的方针形成环境影响评价制度和"三同时"制度；由污染者付费政策形成排污收费制度和污染源限期治理制度;在强化环境管理政策的指导下,形成了城市环境综合整治定量考核制度、环境保护目标责任制度、污染集中控制制度和排污许可证制度。环境管理的八项制度组成了从宏观到微观不同层次的"决策—政策—制度"体系框架。

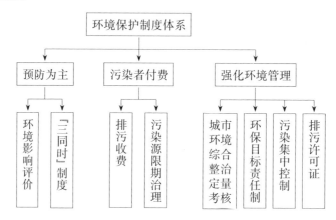

图 13.1　我国环境保护制度体系

一、预防为主

旅游环境管理应以预防为核心,采取各种预防性手段和积极的治理措施,防止环境问题的产生和恶化,使旅游区内的环境污染和破坏控制在能够维持生态平衡、保护游客身心健康、保持旅游经济持续稳定增长的限度之内。

(一)环境影响评价制度

旅游环境影响评价制度,是旅游环境管理中贯彻"预防为主"的一项基本原则,也是防止新污染、保护旅游环境的一项重要制度。在旅游开发、建设和项目运行之前,应进行必要的旅游环境影响评价,研究旅游区存在的环境问题,从而采取措施予以消除,可以有效地避免和减少环境污染和破坏,确保旅游环境质量处于良性状态,为旅游业发展提供良好的基础。

(二)"三同时"制度

"三同时"制度是指要求旅游及有关企事业单位在进行新建、改建、扩建工程时,对配套的环保设施同时设计、同时施工、同时投产的旅游环境管理制度。"三同时"制度与旅游环境影响评价制度相辅相成,是加强旅游开发建设及其建设项目环境管理的重要措施,也是保护旅游环境的有效的经济和法律手段。

二、污染者付费

污染者付费是在责任归属上所采用的一种基本管理制度。我国宪法规定,国家保障自然资源的合理利用,禁止任何组织或者个人以任何手段侵占或者破坏自然资源。在开发旅游资源、利用自然资源时造成环境破坏的,有义务对被破坏的环境进行整治;造成旅游环境污染者,有义务对环境污染源和被污染的环境加以治理。

(一)排污收费制度

排污收费制度是指对所有向环境中排放污染物的单位和个体生产经营者,依照国家的规定和标准征收费用的制度。排污收费制度体现了"谁污染、谁治理"的原则,通过排污收费,触动了企业的经济利益,使企业防治污染的工作由被动状态转变为主动状态。

针对旅游业污染,国家环境保护部、国家工商行政管理总局颁布了《关于加强饮食娱乐服务企业环境管理的通知》和《关于加强旅游区环境保护工作的通知》。文件规定:饮食、娱乐、服务企业排放的污染物,必须达到国家和地方规定的污染物排放标准;排放废水、废气、固体废弃物及产生噪声等污染的饮食、娱乐、服务企业必须按照国家有关规定交纳排污费。

(二)污染源限期治理制度

污染源限期治理就是在污染源调查、评价的基础上,以环境保护规划为依据,突出重点,分期分批地对污染危害严重、群众反映强烈的污染物、污染源、污染区域采取限定治理时间、治理内容及治理效果的强制性措施。

三、强化环境管理

旅游环境保护关系到旅游地经济与社会的发展,管理部门要强化环境管理,约束旅游地居民、旅游者和有关企业的相关行为,宣传旅游环境管理措施,使公众提高旅游环境保护意识,自觉执行管理措施。

(一)城市环境综合整治定量考核制度

城市环境综合整治就是把城市环境作为一个系统、一个整体,运用系统工程的理论和方法,采取多功能、多目标、多层次的综合战略、手段和措施,对城市环境进行综合规划、综合管理、综合控制,以最小的投入换取城市环境质量的优化。旅游城市的考核范围包括城市大气、水体、噪声、固体废物、绿化五个方面。

（二）环境保护目标责任制度

环境保护目标责任制度是一项具体落实地方各级人民政府和污染单位对保护环境质量责任的行政管理制度。可通过签订责任书的形式，规定旅游区（点）和旅游城市的负责人和管理者及其任期内的环境保护目标和任务，并把环境保护工作状况列入其政绩考核范围。

（三）污染集中控制制度

污染控制将集中与分散相结合，发挥规模效应的作用，以集中控制为主，是一条行之有效的污染治理政策。

（四）排污许可证制度

排污许可证制度是以改善环境质量为目标，以污染总量控制为基础，对被管理者从事旅游开发利用环境的行为颁发许可证。排污许可证制度是一项具有法律性质的行政管理制度，通过许可证制度，可对排污单位限期治理、限制生产规模，甚至责令停产或搬迁。

第三节　旅游环境管理手段

一、法律手段

法律手段是利用各种涉及旅游资源与环境保护的有关法律、法规来约束旅游开发者和旅游者的行为，是处理旅游环境问题、进行旅游环境保护工作的基础和依据。法律手段的基本特征是权威性、强制性、规范性和综合性，基本要求是有法可依、有法必依、执法必严、违法必究。

（一）旅游环保法律体系

1. 根本法。

宪法是我国的根本大法，它的规定为我国环境保护法制建设提供了最重要的法律依据。我国宪法第 26 条规定："国家保护和改善生活环境和生态环境，防治污染和其他公害。"此外，宪法的一些其他条款也有关于环境保护的规定，这些规定是我国环境保护法律、法规的立法依据和基本原则。

2. 基本法。

环境保护基本法是一个国家或地区在环境保护方面拥有最高法律效力的法律,1989 年 12 月 26 日颁布的《环境保护法》是我国的环境保护基本法。环境保护基本法对保护和改善生活环境与生态环境,防治污染和其他公害,建立健全环境保护法律体系,促进社会发展,都发挥了重大的影响和作用。

3. 单行法。

单行法是针对特定的资源保护对象和特定的污染防治对象而制定的单项法律。单行法是由全国人大常务委员会制定的,分为两大类:一类为自然资源保护法,主要包括《森林法》、《草原法》、《渔业法》、《矿产资源法》、《土地管理法》、《水法》、《野生动物保护法》和《水土保持法》等法律;另一类为污染防治法,主要包括《水污染防治法》、《大气污染防治法》和《海洋环境保护法》等法律。

4. 行政法规。

环境保护行政法规是国务院根据宪法和环境保护法律的规定,依法定程序制定和发布的有关环境保护的规范性文件的总称。按内容可分为环境整体保护法规、污染防治法规、自然环境要素保护法规、环境标准法规、排污收费法规等。环境保护行政法规的名称,应依其内容情况,分别称为条例、规定、办法、实施细则等,如《自然保护区管理条例》、《旅游发展规划管理办法》、《大气污染防治法实施细则》等。

5. 国际协议。

我国政府签订且未作保留的有关环境保护方面的国际条约、参加的宣言等。如以野生动植物的国际贸易管理为对象的《华盛顿公约》,以湿地保护为对象的《拉姆萨尔公约》,以候鸟等迁徙性动物保护为对象的《波恩公约》,以世界自然和文化遗产保护为目的的《保护世界文化和自然遗产公约》,以及其他一些国际或区域性的公约和条约。

此外,我国民法通则、刑法、治安管理处罚法和经济法中有不少关于环境保护的规定,这些共同构成环境保护法的法律体系。

(二)完善旅游环境法规

是否制定健全完善、切实可行的旅游环境保护的各种法律法规,即是否能做到有法可依,是依法进行旅游环境保护的前提条件。要在认真贯彻执行国家已经出台的有关环保方面的法律、法规的基础上,结合不同旅游区的实际,建立和完善旅游环境保护的地方性行政法规、制度和条例,为旅游区环境保护管理工作提供强有力的法律保障。

（三）加强旅游环境执法

旅游环境管理中要执法必严、违法必究,对违反旅游环境法规,污染和破坏旅游环境,危害旅游者健康、财产的单位和个人进行相应的责任认定,追究责任人的行政责任(包括行政处罚和行政处分,行政处罚如警告、罚款、责令重新安装使用、责令停产等,行政处分如记过、降级、降职、撤职等)、民事责任和刑事责任(包括管制、拘役、没收财产、剥夺政治权利、有期徒刑、无期徒刑、死刑等)。

二、行政手段

（一）行政管理机构

1. 政府管理部门。

政府的基本职能是行政功能,旅游由旅游行政管理部门来管理。在我国,国家旅游局是国务院主管全国旅游业行政管理的直属机构,各省、市、区、县相应成立地方旅游行政管理组织,管理着全国各级旅游业。政府在确立旅游发展目标、协调社会力量、推动旅游开发等诸多方面发挥主导作用,其行为对旅游环境影响巨大。

2. 行业管理组织。

行业管理组织既是政府管理职能的延伸,又是整个行业利益的代表,其实质是介于政府和企业之间的市场中介性组织。我国的行业组织如中国旅游协会、中国旅游饭店业协会、中国旅游车船协会、中国旅行社协会等;国际上的重要行业组织如世界旅游组织(WTO)、世界旅游及旅行理事会(WTTC)、国际酒店协会(IHA)、国际酒店环境管理协会(IHEI)等。这些组织机构都能对旅游发展及其产生的环境问题进行引导、监督。

（二）行政管理手段

行政管理手段是旅游主管部门根据有关环境保护的方针政策、法律法规和标准,依靠行政组织,运用行政力量,采用各种行政方式和手段(如下命令、发指示、定指标等)管理和保护旅游环境的方法。

旅游环境保护的行政管理手段可采取行政决定、通告、行政政策、措施、倡议等形式,举办有关旅游环境保护的评选活动,对旅游市场的专项整治或综合治理等方式进行。具体的如运用行政权力划定自然保护区、环境保护区、生态保护区等,保留、保护珍稀、宝贵的自然景观和人文景观；运用行政手段制约旅游区内的各类活动，调节游客量及制止游客不合理的旅游行为；审批和发放与旅游资源及旅游区开发保护有关的各种许可证。

三、经济手段

经济手段是旅游环境保护管理中的重要手段，是国家或主管部门，运用税收、收费、补贴、信贷、罚款等经济杠杆和价值工具，以及经济合同、经济责任制等方法，调整国家、集体、个体等与旅游开发经营者之间的利益分配关系，把企业的局部利益同社会的整体利益有机结合起来，达到管理和保护旅游环境的目的。

（一）税收

税收手段主要有旅游税、旅游资源税和环境资源税。旅游税是对使用各类旅游资源以赢利的单位和个人进行征税。旅游资源税调节因资源差异而形成的级差收入所征收的税种，应向旅游区内外受益于旅游资源的经营单位征收。环境资源税是为了保护环境资源、促进可持续发展而对一切开发、利用环境资源的单位和个人，按照其开发、利用自然资源的程度或污染、破坏环境资源的程度征收的税种，主要包括排污税、燃料税、污染产品税三种形式。

税收手段对筹集旅游环保资金、产生环保激励作用都有重要的影响，并发挥税收杠杆对旅游经济行为的调节作用。税收资金可重点投向旅游业发展的薄弱环节，如旅游区（点）的对外交通、污水处理、旅游厕所等方面；利用有差别的旅游税率，对进行合理开发、保护旅游资源的企业给予税负优惠，限制和禁止可能造成旅游环境污染和破坏的项目。

（二）收费

收费是指根据产品本身的特点（一般是具有潜在污染危害），收取一定的费用，如通过向旅游区内获利的经营、服务性项目收取特许经营费，对产生的污染物收取排污费，通过收费使产品价格上升，抑制有污染的产品消费。

对开发、利用自然资源开展旅游的生产者和消费者收费，收入可用于补偿或恢复开发利用过程中对生态环境造成的破坏。江苏盐城市政府授权盐城珍禽自然保护区对在保护区内采捕鱼苗、汲螺等渔业资源的个人和渔船征收渔业资源补偿费。

（三）罚款

对违反旅游环境保护规定造成污染和破坏的单位或个人，应给予经济制裁。

罚款是对污染者提供的一种附加经济刺激,使其遵守法律规定的环境要求,其最终目的和作用都是为了促进环境保护。

(四) 补贴

补贴是指政府对旅游业经营单位和个人治理环境污染和其他保护旅游资源及环境的活动和行为给予的资金补助。一些产业为旅游业带来了正外部效应,为人们提供了游憩价值,如观光农业、观光工业等。政府补贴可以促进正外部效应的内部化,提高整个社会的福利水平,如德国的巴伐利亚风景区计划、巴登-符腾堡地区的风景区补贴计划(MLCP)和奥地利的农业环境计划(AEPA)等。

(五) 押金

押金是指对可能造成污染的产品如酒瓶、饮料瓶等加收一份款项,当把这些潜在的污染物送回收集系统,避免了污染时,即退还款项。挪威是世界上应用押金制最早的国家之一,尼泊尔、巴基斯坦等国在登山旅游中使用了对游客收取押金以促进其回收垃圾的措施。

(六) 保证金

保证金是指从事某项活动前向主管部门或有关单位按一定比例交纳一定数额的款项,如按要求完成,则该款项退还缴费单位,否则予以没收。在旅游资源开发、利用及旅游服务设施建设中,可尝试实行“三同时”保证金制度:凡是对环境可能造成影响的新建、扩建和改建项目,由环境保护主管部门按该建设项目总投资的0.1%—0.5%收取保证金,待该项目竣工完成并验收合格后,保证金全部返还,否则,不但不返还保证金,还要给予一定的处罚。

四、科技手段

在旅游环境管理中,科技手段是指行业主管部门运用现代科学的设备、手段和方法,对管理对象实施计划、组织、协调、控制、监督等职能的管理方法,具体包括物理方法、化学方法、生物方法和工程方法等,利用和发挥它们各自的优势,将它们单一或组合使用以达到保护旅游环境的目的。

科技手段在旅游环境管理中应用广泛,可以提高管理效率,强化管理可监控性,如建立环境管理信息系统,搜集环境质量监测数据、游客数量与需求变化情况、资源开发情况等,并通过对系统信息的分析处理,对环境质量作出客观、科学、准确的评价和预测,为环境管理决策提供依据。另外,综合运用生物、化学、物理、工程等技术手段,如节能技术、垃圾无害化技术等,防治旅游环境的污染破坏,为环境管理提供技术上的支持。

五、教育手段

旅游环境教育是达到旅游环境保护目标的一种途径,通过教育使人们正确理解人与环境的相互关系,唤起受教育者的环境道德意识,树立正确的环境价值观,具备环境道德行为的善恶判断能力,并获得解决环境问题的技能。

(一)自然观察

自然观察是营造良好的氛围,发挥旅游者的主动性,让游客在旅游活动中自觉体验、观察和感受自然。

1. 自然欣赏。

自然景观可以使旅游者获得大自然的美感,激发对大自然的热爱。名山大川、奇石异洞、湖海泉瀑、红林绿树等都体现着自然的景观美;旅游区的亭台楼阁等古建筑体现着人与自然的和谐美,游客在游览中与大自然进行着交流,被自然生态环境所感染、启迪和熏陶,培养了审美情操,增强了环保意识,实现环境保护情感的升华。

2. 文化观察。

旅游者通过对不同地区和民族各异的风土人情、文化服饰、饮食习惯等的观察,了解自然环境对人类的影响,也认识到人类对自然环境的深刻影响,如一些不良的服饰、饮食习惯严重破坏自然环境,为获得饰品,捕杀大象、犀牛、藏羚羊等稀有动物;一些地方追求"珍味",对野生动植物造成严重破坏。旅游者通过观察了解,获得尊重自然、热爱自然的情感,了解自然生态环境恶化的原因,从而获得环境伦理道德的升华。

3. 文学对比。

文学艺术会给人以美的享受,能够陶冶情操,引起心灵共鸣。许多歌颂祖国大好河山,描写自然美丽风光,歌颂、倡导人类保护环境的诗词、散文、绘画、雕塑等文学艺术作品,都能潜移默化地影响人的思想,使人们自觉形成爱护环境、保护自然的意识和行为。

在游览过程中,想象文学艺术所描绘的幽雅景色,如古人对漓江留下了众多笔墨,如"桂林山水甲天下"、"江作青罗带,山如碧玉簪"等。然而,现在桂林地区的河流数量不断减少,漓江流程日益缩短,两岸与自然环境很不协调的人工建筑不断增多,一些山体被人为破坏,漓江的风姿卓韵已大不如前,当美好的想象碰到坚硬的现实后,会深化旅游者的环境认识,激发环境保护的行动。

（二）新闻媒介

新闻媒介包括电视、广播、报纸、杂志、网络等,新闻媒介及其他大众传播工具是最重要也最有效的一种环境教育形式。通过新闻媒介的教育功能,宣传旅游环境保护的政策法规和环境资源保护的科学知识,提高公民的环境保护意识,如中央电视台插播的环境、资源和文物保护方面的公益广告。通过新闻媒介的导向功能,引导旅游者的环境行为和活动;通过舆论功能发挥监督作用,表彰旅游中的文明行为,揭露和批评不良行为,从而规范旅游者的旅游行为和活动,避免旅游环境的破坏。

（三）环境解说

旅游环境解说系统是旅游目的地的教育功能、服务功能、使用功能得以发挥的必要基础,它是运用某种媒体和表达方式,把环境教育信息传播给游客,帮助游客了解相关事物的性质和特点,并达到服务和教育的基本功能。

1. 自导式解说。

自导式解说是通过视听媒体、解说牌、标志、牌示和宣传印刷品等方式来达到旅游环境教育的目的。视听媒体用强烈的视觉冲击和听觉冲击来调动游客求知的积极性,并增强环境教育效果;解说牌应突出教育性,使游客能够更多地认识和了解环境的科学、文化和历史价值;设立提醒游客保护环境、注意卫生等的指示牌;宣传印刷品形式简单,可以把环境知识准确地传达给游客,可以将适当的环境知识渗透到各种旅游商品中,比如在门票、导游图、导游册上增加生态知识和注意事项,从而起到教育作用。

2. 向导式解说。

向导式解说是旅游地向游客主动地、动态地、互动地传达环境教育信息,其优势在于互动性,不仅可以提供丰富的教育信息,还可以与游客进行交流,回答游客提出的各种问题,同时,可以对游客的行为进行示范及监督。

通过讲解人员在较短时间内有计划、有目的地将大量环保知识和概念等内容深入浅出地传递给游客,启发游客的积极思维方法,使游客形成良好的环境认知观。向导式解说要求讲解人员要有比较丰富的环境保护领域的知识,还要具有运用语言的技巧,内容丰富且具有说服力的讲解,能对游客产生强大的感染力。

（四）体验教育

体验教育的本质是快乐教育,它鼓励旅游者亲身体验,参与一些充满趣味性的并有环境教育意义的旅游活动,激发他们的兴趣,强化他们的环境意识,如甘肃马路滩沙漠生态旅游区,每年通过旅游与植树、旅游与科普教育相结合的方式,将旅游转变为参与性的造林绿化活动、国际考察活动和青少年科普教育活动,让更多的人认识和关注生态环境。

1. 角色扮演。

角色扮演是为了达到一定的教育目的,管理者或旅游区服务人员精心设计模拟情景,由旅游者扮演其中的角色,进行有规则的寓教于乐的活动。角色扮演是以某个环境问题为主题,鼓励游客参与游戏,在进行游戏时,应有一定的目标、规则和步骤,让游客在娱乐中获得环保知识,培养环境意识。苏格兰爱丁堡皇家植物园与青少年游客一同开展戏剧和扮演角色的活动,如"迷失在丛林中",对青少年进行生态环境保护教育,取得了良好的效果。

2. 探究考察。

通过引导旅游者对具体环境问题的考察、思考、探索,形成环境保护态度,寻求解决环境问题的途径和方法,如通过观鸟旅游活动,考察鸟的活动方式和人类活动对鸟类生存的影响,重新认识人与自然的关系,思考保护鸟类的方法。在游客离开旅游区之前,通过写建议等方式,请他们对旅游区的环保现状进行评价,对旅游区未来的环境保护进行构想,引导旅游者为将来的环境保护作出贡献。

3. 知识竞赛。

开展有关生态环保和生态旅游的有奖知识竞赛、有奖问答、摄影比赛和征文活动等群众喜闻乐见的形式,可以调动游客学习环境保护知识的积极性,是普及旅游环境及保护知识、树立绿色消费观念、培养旅游环境意识的有效手段。

4. 夏（冬）令营。

夏（冬）令营是由某一单位或团体在暑（寒）假中组织的,主要由青少年参加的一种集体旅游活动。夏（冬）令营寓教于乐,可让青少年在游玩、娱乐等旅游活动中接受旅游环境教育,是向青少年宣传旅游环保知识、提高青少年环境意识的有效手段。

第四节　旅游业各主体环境管理

一、旅游资源环境管理

（一）旅游资源利用管理

旅游资源的使用都是有客观代价的，要把旅游资源的消耗，尤其是环境资源的消耗纳入旅游成本进行考虑。对旅游资源制定全面管理的指导性方法，旅游开发所涉及的资源占用必须有计划性，使资源配置符合当地社会的最佳利益。

1. 环境容量控制。

旅游的发展必然涉及旅游资源的开发、旅游设施的建设以及各种旅游活动的开展，为了保护旅游资源和环境，要确定旅游区的合理环境容量，把旅游区发展规模和游客接待量控制在环境承载能力的范围内，保护自然环境系统的自净功能，防止旅游活动对环境和资源的过度使用，如依据环境容量确定旅游区内的客房数量、建筑规格和水准，通过限定进入旅游区的车辆数及车辆必须达到的尾气排放标准等来保护旅游区的大气环境。

2. 环境预警机制。

旅游资源具有不可再生性，开发后的变化具有不确定性，贸然决策，可能会造成不可逆转的破坏。建立环境预警机制，在分析旅游对环境影响因素及影响程度的基础上，通过探求环境变化规律，预测环境的未来变化趋势，并及时作出预报，作为管理部门进行环境治理、处理旅游经济发展与旅游环境整治、保护等工作时的决策参考或依据。

（二）旅游环境监测管理

环境监测包括施工期和运营期，其目的在于全面、及时地掌握旅游区的环境现状，旅游活动对所在地区的环境质量变化程度、影响范围及运营期的环境质量动态，及时向主管部门反馈信息，为旅游区的环境管理提供科学依据。湖南张家界市建立了生态环境监测站，对景区的环境要素进行全面监测，并在全国第一个将监测结果和相关生态保护知识在景区入口处的电子显示屏上滚动播出。

为了更好地掌握旅游环境质量,保护旅游环境与资源,各旅游区应根据自身环境特点及区域具体情况,建立科学的旅游环境监测与预报制度,定期、定点、流动性地监测,检验和分析环境污染状况,定期编写环境监测评价报告,报送上级主管部门审查;上级主管部门应对旅游区出现的资源及环境保护不力状况及时提出警告,并督促其改正。

（三）旅游环境治理管理

旅游管理部门应建立和完善旅游环境保护的功能,加大环境保护的资金投入,制定旅游环境保护措施,保证科学地进行旅游区开发、建设、经营、服务和消费。通过推广环保技术,增强旅游区污染物处理和达标排放能力,实现控制污染、改善环境的目标。对已受到不同程度污染和破坏的旅游区环境,必须及时进行治理、恢复和重建,使之尽快恢复原貌。

二、旅游企业环境管理

旅游地的旅游企业包括旅游投资者、开发商、经营者等,他们在从事旅游经营活动时,都会以追求利润最大化为根本原则,往往会对旅游环境产生负面影响。有效规范旅游企业的投资、开发与经营活动,直接关系到旅游环境演变的方向与程度。

（一）旅游建设"三同时"

加强旅游区内环境设施的建设,因地制宜地建设污水处理和垃圾收集、分类、清理、处置设施,增强污染物处理和达标排放能力。加强旅游区建设施工的环境管理,在施工前必须进行开发项目或建设项目的环境影响评价,在旅游资源开发与基础设施、服务设施的新建、扩建、改建过程中,实行防治污染及其他环境负面影响的环保工程与主体工程同时设计、同时施工、同时投入使用的"三同时"制度。

加强对旅游区开发建设施工期间的环境监管,依照法律、法规进行检查、监督,严格审查把关,防止因建设施工造成环境污染和生态破坏。对在施工过程中产生的污水、废气、粉尘、废弃物、噪声、振动等,应采取措施,防止和减轻对环境的污染和破坏;废弃的土方应统一堆放,完善排水设施,避免因冲刷造成水土流失;对生态环境采取适当的生态保护和恢复措施,边施工边恢复,在必要的地方应进行人工种草,恢复植被。

（二）旅游经营"三许可"

"三许可"是指旅游企业从事旅游服务之前必须取得排污许可证、经营许可证、环保许可证。排污许可证是以改善环境质量为目标,以污染物总量控制为基础,对旅游企业经营过程中的排污种类、数量、性质、流向、方式等作出明确规定;经营许可证是旅游企业的市场准入制度,衡量进入旅游业的资格,控制旅游企业的数量,确保高素质的企业进入旅游地;环保许可证是一种具体落实旅游企业对旅游环境质量负责的制度,明确旅游企业对旅游环境保护的主要责任人、责任范围、责任目标、责任考核等。

（三）旅游管理"三收费"

建立旅游和环保部门的联合协调工作机制,设立环保管理机构和专、兼职工作人员,明确职责分工,加强对所辖旅游区、旅游项目、旅游活动的环境监督,实行旅游企业经营过程中的"排污收费制度"、旅游企业经营过程中造成环境污染与破坏的"罚款收费制度"、旅游企业开发旅游资源的"旅游资源税制度",督促旅游经营者严格执行上述制度,防止旅游经营中的环境污染和生态破坏。

三、旅行社环境管理

旅行社是旅游业的重要构成部分,对旅行社的环保管理体现在其接待旅游者的工作中,分为准备阶段、实施阶段和总结阶段。

（一）接待准备阶段

1. 培养生态导游。

旅行社要大力培养热爱旅游事业、懂环境知识、环境责任感强的导游。通过导游的言传身教,对旅游者进行环境保护教育和旅游活动行为的监督。导游应以身作则,自觉保护旅游环境,在为游客提供讲解服务的过程中,要以游览的景点为依托,将环境教育知识渗透到讲解之中,并及时纠正和阻止游客的环境破坏行为。

强化导游的素质和层次要求,加强导游的环境教育培训,培训内容包括旅游资源的功能、特点,自然风光、民俗风情的特色,动植物、生态文化、地学、环境科学、环境伦理、环境法律法规和环境保护建设等知识,以及服务技能和知识等基本旅游职业素养。如云南西双版纳植物园成立了一个科普教育的专业组及一支经过严格培训的科普导游队伍,每年为30—40万名观光者进行生动的讲解服务。

2. 控制旅游规模。

制订旅游计划时,在人数与地点的选择上要注意环保。旅行团队人数要控制在适当的范围之内,应小团队旅行,便于有效管理,减少对环境的影响及破坏。

（二）接待实施阶段

1. 游客环境教育。

通过导游讲解、散发宣传材料、播放视听资料等方式,对旅游者进行环保教育,教育内容包括:生态保护的重要性、旅游目的地的自然人文概况、旅游的行为规范及注意事项、旅游目的地的环保政策法规、垃圾处理措施、有助于旅游区生态保护和经济发展的援助计划等。

2. 组织环保活动。

在旅游过程中,向游客建议购买不影响旅游地自然环境的土特产品;组织旅游者向旅游区提供环境保护方面的援助;组织旅游者分发环保宣传材料,参加保护自然的公益环保活动,如植树造林活动,为旅游区的生态保护做广告宣传等。

（三）接待总结阶段

向社区和旅游者征求意见以改进下一次旅游的组织安排,总结和积累经验,征求的意见包括旅游感受、组织安排是否合理、管理方式是否达到要求等。

四、旅游者环境管理

旅游者的旅游活动对环境的影响相当大,为了保护生态环境,有必要对旅游者的行为进行规范性管理,管理的基本内容是科学区划分流和疏导游客,合理制定与控制生态容量和经济容量,加强游客环保教育和规范旅游行为等,保护旅游资源与环境。

（一）加强游客环保教育

通过多种手段,把环境教育的相关知识潜移默化地灌输给游客,使游客在无形中形成良好的环境意识,懂得其必须履行的环境义务和责任,杜绝破坏环境的和不健康的消费与活动。

1. 不同阶段的环境教育。

对旅游者所进行的环境教育,要采用寓教于游的方式,教育要贯穿于旅游的全过程。旅行前,可对游客进行环境伦理等的宣传教育,交代旅游中的环境保护注意事项,可发放通俗易懂、图文并茂并印有环境教育内容的说明书和导游图,教育游客应学会将旅游活动对环境的破坏降到最低限度的有效方法,并使游客认识到保护环境的必要性,认识到保护旅游区环境是应尽的义务和应具备的文化素养。

　　旅行中的各个环节都要做到环保。可借助旅游区的宣传栏、宣传画、演播厅、书籍、手册指南以及通过导游解说对旅游者进行环境教育,教育游客不践踏植物、不攀折花木、不随意刻画、不挖掘花草奇石等;在自由活动中,告诫游客杜绝参与黄、赌、毒或带有迷信色彩的活动,不捕猎、不食用、不采集野生生物,不乱扔垃圾、不污染水土、不违章使用火烛等。在游览活动结束后,通过启发、提问和游戏等方式,让游客回味在旅游活动过程中的环境生态问题,引导游客深入思考,启发游客的环境责任和危机意识,深化旅游环境教育的作用,使旅游者受到感染,树立合乎生态环境道德规范的文明、绿色消费行为。

　　美国阿拉斯加德纳里国家公园在公园主大门的游客中心,通过独立电脑操作方式对已经获得参观许可券并试图获得在野营区露营许可的游客进行包括安全和环境最小负面影响等知识的入园考试,只有正确率为100%的游客方能最终获得露营资格。这种模式既是一种富有创意的游客"游前"教育模式,也是一种非常好的"游中"游客管理和生态保护措施。

　　2. 不同游客的环境教育。

　　团队旅游者多来自于同一地区甚至同一单位,在行动上容易统一,可以采取和旅行社配合进行环境知识教育和引导,或利用导游讲解的形式进行教育;散客旅游者自主性大,行动容易分散,活动范围相对难以固定,要在游客购票进门时就进行环境教育,如在门票上印制相关的环境教育知识,在游览过程中还要做好环境教育和监督工作。

　　当地旅游者可采取直接教育的方式,用丰富的生态和环境保护知识感染游客、教育游客,努力提高他们的环境保护意识,让游客"游"出快乐,也"游"出知识和责任;外地旅游者可利用广告营销的附属效应,在宣传旅游区的同时,附带地宣传当地的自然社会环境,让其了解相关的环境保护知识,必要时也可以派专业人员到社区进行免费知识讲座或散发宣传资料,使旅游者进入旅游区后能主动地保护环境。

　　对年轻游客的环境教育,主要是加强和完善环境教育设施,如科普馆、标本馆、生态教育馆等,开展生动活泼、知识性、趣味性和参与性强的环境教育活动,激发其环境探索意识,使其在游戏和活动中体验自然,增强环境责任感;对年老游客的环境教育,主要是通过旅游区内设立的宣传牌、警示标语和通过导游讲解,以及利用广播进行环境知识的宣传教育,使游客自觉爱护旅游区资源,保护旅游区环境。

（二）规范游客旅游行为

通过法规、制度和管理规范,约束旅游者行为,杜绝游客不良游览与消费行为对旅游环境的影响。行为规范主要包括按规定线路进行观光;减少浪费,降低人均旅游环境占用;尊重旅游目的地的文化习俗,不将自己的文化价值强加于人,防止对旅游地居民的不良示范效应;不购买、不采食、不携带野生动植物;爱护旅游区一草一木,不踏踩植物,不乱丢垃圾,不损害和污染环境;积极参与保护生态环境的有益活动。

五、旅游社区环境管理

旅游目的地社区环境管理是指相关管理部门通过政策规范、行政引导、经济措施、技术引进等手段和方法,对旅游社区环境方面进行规范、引导、治理和美化。

（一）加强社区居民教育

社区居民是旅游区资源的利用者,他们对身边环境的认知和行为,直接关系到旅游区资源的有效利用和保护,关系到旅游区的可持续发展。通过环境教育,全面提高居民的环境道德意识和信念,支持并参与旅游区的环境保护和环境建设。

1. 环保法治教育。

对于社区居民,要耐心宣传国家有关环境保护的政策、法规、条例等,如《环境保护法》、《森林法》、《文物保护法》、《自然保护区条例》、《风景名胜区管理条例》等法律法规,以及各级地方政府制定的各类实施细则和办法,使当地居民具有初步的环境法律、法规知识,使社区成为旅游区环境保护的参与者与监督者。

2. 环境意识教育。

对当地居民进行环境意识教育,首先要关注当地居民的利益,为他们提供必要的生产和生活条件,协助他们逐步改变传统的生活及生产方式,杜绝狩猎、伐木、垦荒等破坏环境的行为,及时解决当地居民的实际困难和问题;其次,通过实际生活条件的改善及旅游环境保护方法的宣传,使当地居民意识到,当地的环境和资源对他们意味着经济利益,保护好旅游区的环境就是保护好自己的聚宝盆,只有环境保护好了,旅游业才能得到更好更快的发展,创造出更多的就业机会,使他们得到更多的收益,进而激发他们自觉自愿地参与环境保护。

3. 环保参与教育。

当地居民对旅游的参与程度和旅游环境的保护关系十分密切。肯尼亚生态旅游的成功得益于旅游资源的良好保护,而旅游资源的保护在很大程度上依靠当地居民的参与。

当地政府应积极鼓励社区居民参与旅游业,成为旅游环境的保护者,旅游区内的就业岗位要优先考虑当地居民,如导游、解说、护林巡视、防火、绿色食品生产和加工、手工艺品制作、民俗歌舞表演等旅游服务、管理和资源保护工作,让当地居民成为旅游区环境的管理者和保护者,也享受旅游发展所带来的收益。

（二）建立生态补偿机制

旅游者的旅游活动消耗了当地的自然资源,造成了环境资源利用的压力,旅游区通过发展旅游业置换了游憩功能价值,而旅游区居民牺牲了公平利用自然资源的权利,应该得到相应的生态补偿。旅游生态补偿可以矫正外部性,体现对环境的补偿和环境容量的租金,保证旅游给当地居民带来福利效应,改善居民对旅游开发的态度和强化居民的环境保护行为。青城山、峨眉山、蜀南竹海等旅游区采取在门票收入中划分 5%、15%和 30%的比例作为补偿费用;祁连山自然保护区从水源涵养林收益地区征收的水资源费总额中提取 3%,从保护区内的旅游收入中提取 2%—5%,用于生态环境补偿。

生态补偿机制的核心是解决补偿主体、补偿客体、补偿标准以及补偿方式等问题。根据生态系统服务价值的评估作为补偿标准的依据,采取机会成本法、市场价格法等对森林、水体、湿地、草场等生态系统的服务价值进行评估,据此确定退耕还林还草、退田还湖等行为的补偿额度。旅游区应根据实际情况,从宏观与中观尺度,建立区内与区际、跨行政区域、流域、地域的旅游生态补偿机制。

（三）构建利益共管模式

旅游地是由于旅游流的产生、分配、集聚与扩散而形成并成长的复杂、开放的地域综合体,主要包括国家、地方、企业、旅游者、居民等五个方面的利益主体,他们对环境与旅游业发展的利益诉求目标有差异。国家要生态,地方要发展,企业要效益,游客要风景,居民要增收,这种不同利益主体的利益诉求目标的差异性,导致旅游区的旅游经济发展与旅游环境保护之间出现矛盾。

构建利益主体共管模式,鼓励参与合作,将各种利益主体都整合到管理体制中,有助于各种利益主体的利益平衡,减少各利益主体间的矛盾冲突。为此,旅游地要成立联合管理委员会,以法律、政策、行政、经济、规划、审计、教育、技术等为手段,以和谐旅游为目标,构建利益一体化环境共管模式和社会公共监督的环境保护管理机制,其组成应包括当地政府、与旅游开发有关的非政府组织、企业和当地居民等。

(四)加强社区环境保护

充分展现社区人文环境,对社区的人文环境进行保护,保持社区居民生活方式的独特性,对有特殊价值的资源进行监管。保护好社区卫生环境,定期整治社区环境,对社区环境进行绿化和美化,在社区原有面貌的基础上,适度地进行景观规划设计,营造出一种既引人入胜又亲切温馨的旅游意境,提升社区的环境质量和旅游形象。

(五)提高居民参与能力

尊重居民对旅游环境利用的公平权,全面提高社区居民的参与能力。旅游地社区居民只有积极参与旅游发展并从中受益,才能真正认识到旅游发展的价值和环境保护的重要性,并能够积极主动地保护旅游环境。社区参与被认为是实现旅游业可持续发展的重要途径。

1. 扩展公众的环境知情权。

环境知情权是指公民和社会组织收集、知晓和了解与环境问题和环境政策有关的信息的权利。环境信息包括公共信息和个别信息,公共信息是向社会公布的环境信息,如环境状况公报、空气质量周(日)报等;个别信息指只有在公众提出要求的情况下提供的信息,如某个建设项目的环境影响、某个企业的排污数据等。

环境知情权是公众行使环境决策权利的基础,只有让当地居民更多地了解有关环保的真实信息,他们才有可能参与到环境决策中来。因此,扩展公众的环境知情权,公开各种可靠的环境信息,给公众参与环境保护与决策提供基础资料。

2. 促进居民参与环境决策。

构建旅游社区居民环境决策参与的机制,明确旅游开发社区参与的主体地位和权利,确定旅游开发社区参与的内容,如旅游开发决策参与、过程参与、效应评估参与和利益分配参与等,保障社区居民的环境参与。广州市某区 1998 年 1 月在全区率先引入公众参与环保项目审批机制,实行开办饮食业必须征询附近居民意见的规定后,否决了一批不符合条件的项目,从而使居民对餐饮业污染的投诉大幅度下降。

第五节　旅游环境标准化管理

旅游环境的标准化源于 ISO14000 系列标准的出台和导入，ISO14000 系列标准是目前世界上最全面和最系统的一套环境管理国际标准，为旅游环境管理提供了新的标准化依据。峨眉山、武夷山、九寨沟、鼓浪屿等国内重点风景名胜区先后通过了认证。

一、旅游环境标准化管理的意义

环境管理系列标准给企业带来了两种效益：一种是可以衡量的经济效益，主要体现在降低资源成本、管理成本方面；另一种是无法以数量来衡量的效益，如环境管理水平的提高、员工协作精神的加强等。前一种效益可使企业在短期内获得对建立体系标准所花费的人力、物力的补偿，而后一种则可以在企业长期发展过程中带来不可估量的长远利益。

（一）促使环境管理纳入旅游区总体管理

以往的环境管理一般都是由旅游管理公司的环保科和环卫所负责。ISO14001 环境管理体系中要求，建立该体系必须由该企业最高管理者制定并发布环境方针，委任公司高层管理者为环境管理者代表。这样就保证了环境管理者在环境管理决策和实施中有足够的权力和影响力，能够保证环保政策顺利执行，也促使将环境管理纳入旅游区的总体管理之中。

（二）提高旅游从业者及公众的环境认识

我国的旅游管理者在对环境管理的认识上还存在许多误区，大众也普遍缺乏环境保护意识和参与环境管理的认识。通过导入实施 ISO14000 环境管理系统系列标准，在广大的旅游企业和旅游区建立 ISO14001 环境管理体系，将促使旅游管理者和公众深入认识环境问题，全面提高环境管理意识；使旅游环境管理的各项工作在各方充分认识的基础上，在严格的程序控制下顺利进行，并取得期望的效果。

（三）促使旅游环境管理工作系统规范化

旅游环境管理是一个涉及多个部门、包括多项内容的系统工程。通过导入

ISO14000 系列标准,将对旅游管理的各相关部门、机构,甚至每个人的职责和权限,都以文件的形式明确规定,从而使旅游环境管理工作系统化、规范化,全面提高旅游环境管理的效率和水平。

(四)促使旅游环境管理工作的不断改进

ISO14001 环境管理体系标准中包括对管理检查和纠正的相关要素。它将环境保护与企业的内部管理融为一体,运用市场机制突破了单一的环境管理模式,由单纯靠强制性管理的政府行为,转变为引导企业自觉参与的市场行为,使企业在环境保护工作中的地位由被动消极的服从,转变为积极主动的参与,有利于旅游区环境管理工作的不断改进,使旅游区因地制宜、合理规划,始终寻求旅游经济效益和环境效益的最佳平衡状态。

二、ISO14000 环境管理体系模式

环境管理体系(EMS)是一个组织内全面管理体系的组成部分,它包括为制定、实施、实现、评审和保持环境方针、目标、指标所需的组织机构、规划活动、机构职责、惯例、程序、过程和资源。环境管理体系是一项通用型内部管理工具,旨在帮助组织实现自身设定的环境质量目标,并不断改进环境行为,适合于各种类型的组织,是组织实施环境管理的基础。

ISO14001 是 ISO14000 系列标准的"龙头标准",对环境管理体系提出了规范

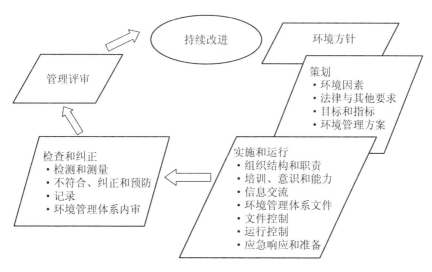

图 13.2　环境管理体系运行模式

性要求,规定了环境管理体系的要素,包括环境方针、策划、实施和运行、检查和纠正、管理评审 5 个部分的 17 个要素,各要素之间有机结合、紧密联系,形成 PDCA 循环的管理体系。

（一）规划阶段

规划（Plan）,即策划阶段。根据旅游企业自身的特点确定方针,建立环境质量总体目标,并制定实现目标的具体措施,以实现环境方针所期望的结果。

（二）实施阶段

实施（Do）,即行动阶段。为实现旅游环境质量总体目标,明确职责,根据活动的特点,制定相关的文件化管理程序及技术标准,来对活动的全过程实施有效的控制。

（三）检查阶段

检查（Check）,即评估阶段。根据目标、方针、指标以及法律法规等要求,有计划、有针对性的对相关过程进行监控和审核,报告结果,从根源上纠正偏离旅游环境质量总体目标的现象。

（四）改进阶段

改进（Actions）,即纠正阶段。改进识别出的缺点和不足,修改规划使之适应变化的情况,必要时对程序予以加强或重新确定,以持续改进的思想指导组织系统实现旅游环境目标。

三、ISO14000 环境管理体系建立

为了维护和改善旅游区环境质量,应建立、实施并持续改进其环境管理体系,实现旅游企业环境管理绩效的持续改善,减少旅游服务供给过程中伴随旅游活动而来的各种有害影响。

（一）决策与准备

最高管理者要承诺建立旅游区环境管理体系,委任环境管理者代表或成立环境管理委员会,接受 ISO14001 及相关知识的培训,并配备相应的工作班子和必要的资源。

（二）初始环境评审

初始环境评审是建立旅游环境管理体系的基础,要收集组织过去和现在的旅游环境管理信息、资料,获取、识别分析、评价现已存在的组织机构、管理制度和资

源,并调查和识别旅游环境影响因素,对旅游环境影响进行评价与判定。

（三）体系策划设计

依据初始旅游环境评审的结论,制定环境方针、目标、指标和管理方案,并补充、完善、明确或重新划分组织机构与职责。

（四）管理体系编写

管理体系编写是建立并保持环境管理体系的重要基础工作。要确定旅游环境管理体系文件的层次与结构,拟定文件目录,统一编写规范,安排人员分工编写、统稿、审批和发布。

（五）体系试运行

体系试运行就是体系的磨合期,要加强运作力度,通过实施其手册、程序和各作业指导书,充分发挥体系本身的各项功能,及时发现问题,找出问题的根源,对不符合规范要求的,采取纠正措施,以期尽量完善。

（六）管理体系审核

审核包括内部审核和管理评审。内部审核是按照内部审核程序实施内审,内审应全方位的覆盖17个要素和各职能部门及现场。内审组应对发现的问题进行汇总和分析,以判断这些问题的严重性,最终形成文件提交管理评审会议。管理评审是按照相关要求和程序实施的评审,由最高管理者主持,评价重点是环境管理体系的充分性、适宜性和有效性。

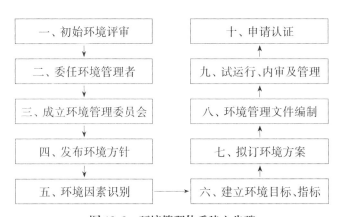

图 13.3 环境管理体系建立步骤

四、ISO14000 环境管理体系认证

环境管理体系认证有助于提高旅游企业的环境意识和管理水平,使旅游区的

环境管理系统化、规范化，降低环境事故风险，保证符合法律、法规要求，避免环境刑事责任，有助于旅游企业推行清洁生产、节能降耗，实现污染预防，减少污染排放。

旅游企业或组织如果要获得环境管理体系证书，首先需要在咨询机构的帮助下，建立起环境管理体系，在这个体系运行 3 个月之后，向第三方认证机构申请认证，认证机构按照公正、合理、规范的原则，对其建立起的环境管理体系进行审核，如果合格，认证机构将发给证书，如果不合格，认证机构将开出不符合项，企业进行纠正，然后对其进行跟踪审核，如果合格就颁发证书。

第六节　旅游环境审计

旅游环境审计是环境审计主体（包括国家审计机关、社会审计组织和具有审计师资格的人员）依法对旅游单位（企业、组织）的开发活动、政策和环境行为进行评估，评价其是否遵从已制定的环境规章、制度、标准和政策的一种审查活动。

环境审计提供一个有效的旅游业环境业绩评估的手段，通过环境审计对旅游开发项目进行监控，及时发现问题并采取相应措施予以解决，促使旅游开发行为造成的环境影响控制在环境容量内，使旅游经济发展与旅游环境保护相协调，如以滇池为样本的环境污染控制领域环境审计，以西双版纳和神农架自然保护区为样本的生物多样性保护项目审计。

一、旅游环境审计概况

（一）旅游环境审计目的

旅游环境审计是为了揭示旅游开发过程中出现的环境问题，明确旅游环境责任，检查环境保护规划的执行情况和执行效果，分析影响规划执行的原因，估算旅游开发引起的环境污染、生态破坏、社会损失之经济价值（包括直接损失、间接损失、区内损失和域外损失），评价环境管理系统的健全性和实施效率，建立健全旅游业环境会计核算制度，提高企业领导者和员工的环境保护意识和环境危机感等，其最终目标是实现区域旅游的可持续发展，保证旅游经济、环境、社会效益的全面提高。

（二）旅游环境审计内容

旅游环境审计的主要内容有：旅游环境管理条例及其实施情况审计；旅游规划和旅游环境保护方案及其实施情况审计；旅游产品的环境合法、合规性审计；旅游建设实施情况审计；旅游开发中的环境负债审计；旅游交易和旅游商品开发的环境负债审计；旅游开发的外部不经济性审计；旅游开发政策，遵守国际、国家和地区条约情况审计等。

（三）旅游环境审计范围

旅游环境审计的范围为存在环境问题的旅游区和治理旅游环境过程的活动。旅游环境审计要对旅游资源的消耗是否有效、恰当，旅游经济收益和污染所造成的损失是否平衡，环境风险在旅游经济活动中的重视程度，旅游环境保护的措施和成效，抑制、消除环境问题的成本费用是否真实、合理等方面进行审计监督。

（四）旅游环境审计作用

一个有效的环境审计，可以反馈旅游环境管理系统的缺陷并实施改进措施，提高旅游环境管理水平和市场竞争力，提高旅游区在公众和政府机构中的形象。环境审计给旅游业提供了一种有效的环境质量自我调控的手段，在旅游环境管理和可持续发展方面，特别是对其环境业绩评估及改进方面，都是一个很有用的管理工具，发挥着重要作用。

二、旅游环境审计程序

（一）准备阶段

确定环境审计任务之后，审计机关要确定具体的审计对象、审计内容和要求，逐项办理立项审批手续，填制审计项目书；根据审计项目的繁简程度和审计人员的情况，选派恰当的审计人员；初步评价被审计单位的内部控制制度，掌握审计依据；在实施审计之前要向被审计单位下达审计通知书；编制旅游环境审计工作方案。

（二）实施阶段

审计的实施阶段是指审计人员进驻被审计单位进行实地审查到查清事实取得充分有效的审计证据的过程。一般程序为：进驻被审计单位，对被审计单位的内部控制进行符合性测试，对被审计单位环境资料及真实反映的环境经济活动进行实质性测试，收集审计证据、形成审计工作初稿。

（三）报告阶段

环境审计的报告阶段是指在环境审计的实施工作结束之后，提出审计报告，作出审计结论和决定并建立审计档案的工作阶段。一般步骤为：分析综合审计证据；起草审计报告，提出审计意见；征求意见，修改报告；复核、审定审计报告；作出审计结论和处理决定；全面总结审计工作；审计文件的整理和归档。

三、旅游环境审计方案编制

旅游企业环境业绩评估的环境审计方案应由独立的第三方或旅游企业管理层来实施。

（一）准备审计方案

选择审计对象、设计详细的审计方案及时间表。对审计对象进行预访，以寻求旅游企业管理层的协助，收集背景资料，设计必要的调查表或问卷。审计方案必须有明确的审计目标、范围和重点，这是实施环境审计方案最重要的步骤，这一步骤决定了审计方案实施的方向。

（二）收集审计资料

对所有与环境和旅游业有关的法规、政策和标准进行回顾，特别是要确认目前正在审计对象中应用的环境法规和政策，确认旅游企业环境业绩的依从标准。

对旅游企业进行详细的环境调查和评估，对其环境影响报告进行分析，了解旅游企业管理的各项活动，特别是与环境有关的活动，包括旅游规划和批准的程序及过程、环境管理过程、组织特征和责任等。

（三）确认关键指标

在了解旅游企业环境管理系统各方面的情况及操作运行的特征后，要确认可以反映整个旅游企业环境质量的关键指标，对环境指标进行优先序排列，确认有关的环境影响范围及其发生的概率。在已确认关键环境指标的基础上，确认旅游环境影响领域，对其进行分类，并进行优先序组合。

（四）评估审计结果

对以往的环境业绩进行检查，观察旅游设施运作情况，与旅游企业管理人士会谈，并从外界收集对旅游企业环境业绩的反映。对已确认的关键环境领域、已收集到的证据以及旅游环境管理系统的有效性进行全面评估，确定其重要性及是否满足预期的审计要求，结果以分类或评级的框架来表现。

对审计结果进行复审,确认发现的证据和审计结果是具有普遍性还是特殊性,以及证据是否充足,这一般是通过与旅游企业管理层的交流来完成的。

（五）提出改进措施

提出改进环境管理方面问题的实施方案,包括方案实施的优先次序排列、时间表,还包括对实施改进措施划分责任范围等。

（六）撰写审计报告

环境审计方案实施的结果是以审计报告来反映的,报告包含的内容包括旅游环境业绩状况、所有发现的证据、观察结果、问题以及方案实施过程的有关文件。

案例点评

案例一　科罗拉多大峡谷的环境管理

科罗拉多大峡谷对游客数量进行控制,严格保护自然景色、野生动物、地形地貌、历史遗迹。在科罗拉多大峡谷国家公园里没有水坝,在公园内也没有住宿设施。为避免过多的私人汽车开进公园,国家公园还提供"穿梭"游览车,由当地人兼职司机与导游。

在公园内介绍景点的解说牌和旅游手册中,注重传播科学知识,对游客进行地质学、生态学等科普教育。如画出游客所站地点岩层的剖面图,一一标出不同岩层的名称、特点、形成年代以及这些特定形状颜色的成因等,帮助游客探求地质地貌变化,了解自然界的丰富信息,获取历史文化知识。管理人员培训也特别注重生态科普的教育。

资料来源:齐云:《案例:科罗拉多大峡谷,控制游客数量,保护自然环境,注重科学教育,提供丰富产品》,《帕米尔》2009 年第 5 期,第 46 页。

点评:

旅游环境管理要从多方面、多角度、全方位地进行,才能达到良好的效果。

案例二　武夷山的环境保护监测管理

旅游环境监测是了解旅游环境质量的重要手段,是旅游管理工作的重要组成部分。武夷山管理单位注重旅游环境监测,强调旅游资源保护,重视旅游发展与管理研究。2000年，武夷山专门设立武夷山世界遗产保护局，并在其下设立世界遗产监测中心、环境保护监察大队，负责武夷山的环境保护与监测工作。

武夷山环境监测的主要内容包括：常规监测，定时、定期对地表水质量、大气质量、污染源进行监测；野生动物监测，制定野生动物信息记录和编码体系；定期对植被、植物区系及生境进行记录，监测生境和植被的动态变化；对武夷山的旅游环境进行评估，旅游活动对动植物及生态环境、文化景观的影响监测；对社区的监测；定期对古建筑、古遗址进行检查，监测其变化情况等。通过良好的环境保护监测和管理，武夷山的旅游产业规模不断扩大，但武夷山的资源与环境保护却始终良好。

资料来源：颜文洪、张朝枝：《旅游环境学》，科学出版社2005年版。

点评：

　　旅游环境的科学监测与跟踪管理，可以为旅游环境管理提供技术支撑，从而有利于旅游区环境保护工作的顺利开展。

案例三　澳大利亚昆士兰地区风景旅游经营的许可证和收费制度

澳大利亚昆士兰大堡礁地区是著名的旅游目的地和世界自然遗产，当地政府部门对景区旅游企业实行了许可证制度，并对企业征收具有生态补偿和环境管理性质的费用。昆士兰相关政府部门制定了逐步深入的三个层次的管理计划，明确了本地区的长期战略性管理目标，制定了包括保护区、一般使用区等在内的分区计划以及对于高使用率地区的管理计划。

许可证包括了经营活动的具体规定和指导性意见，许可证制度的运作过程如下：首先，旅游企业向政府部门提出获取许可证的申请；然后，昆士兰环保局对旅游企业的经营活动进行审查和拟开展的旅游活动进行环境影响评价，只有符合本地分区计划和管理计划相关规定的旅游经营活动才有可能被颁发许可证。

许可证持有者需要有每天接待游客情况的运营记录，每接待一位游客需要交纳环境管理费，按季度将经营记录和环境管理费提交昆士兰环保局，且由后者审查，该收入将部分用于保护大堡礁环境质量的科研和教育。如果企业违反了许可的相关规定或无许可证经营，则被处以罚金，同时可能被暂停或吊销许可证。海上经营许可证是可以转让的，停泊许可证的转让价格为3—5万澳元，但企业需要遵守相关的规定，陆地旅游经营许可证不可转让。

昆士兰大堡礁商业性旅游经营许可证 1999 年的基本情况

特　点	海上旅游经营	陆地旅游经营
评估时间	至少 4 个月	最多 60 天
许可证有效期	新许可证有效期是 1 年，可延长为 6 年	3 个月—3 年
申请费（单位：澳元）	仅使用船只或飞机，申请费 450—3 260 元；其他 1 430—70 580 元	申请费 200 元，许可证费 40—456 元
是否要求提交经营记录	是	是
每接待一位游客的管理费（单位：澳元）	每位游客每天 4 元	活动持续时间＜3 小时 每位游客每天 1.15 元 活动持续时间≥3 小时 每位游客每天 2.3 元
罚　金	高达 10 万澳元，暂停或吊销许可证	高达 1 万澳元，暂停或吊销许可证
许可证的可转让情况	是	否

点评：

　　昆士兰大堡礁地区通过许可证制度，通过总量控制的方式管理该地区的旅游活动及其他经营性活动，以避免对当地的生态可持续发展造成不良影响。

练习思考

一、填空题

　　1._____与计划是旅游环境管理最基本的职能。

　　2. 旅游环境管理法律手段的基本要求是"有法可依、有法必依、_____、违法必究"。

　　3._____是达到旅游环境保护目标的一种途径，可以唤起受教育者的环境道德意识，树立正确的环境价值观。

　　4. 旅游环境的标准化源于_____系列标准的出台和导入。

　　5._____提供一个有效的旅游业环境业绩评估的手段。

二、单项选择题

1. 以下制度中,属于污染者付费的是(　　)。

A. "三同时"制度　　　　　　　　B. 排污收费制度

C. 环保目标责任制度　　　　　　D. 排污许可证制度

2. 1989 年 12 月 26 日颁布的《环境保护法》是我国环境保护的(　　)。

A. 根本法　　　B. 基本法　　　C. 单行法　　　D. 行政法规

3. 在下列旅游环境教育方法中,(　　)最能发挥旅游者的主动性。

A. 自然观察　　B. 新闻媒介　　C. 自导式解说　　D. 导游解说

4. 对可能造成污染的产品如酒瓶、饮料瓶等加收一份款项,当把这些潜在的污染物送回收集系统避免了污染时,即退还款项,属于经济手段的(　　)。

A. 排污费　　　B. 产品收费　　　C. 物质奖励　　　D. 押金

三、简答题

1. 我国目前有哪些旅游环境管理制度?

2. 旅游环境管理的手段有哪些? 主要包括哪些内容?

3. 应用经济手段进行旅游环境管理有哪些具体形式?

4. 公众参与环境决策有何作用? 应如何促进公众参与环境决策?

5. 旅游环境标准化管理的意义是什么? 如何建立环境管理体系?

6. 如何编制旅游环境审计方案?

四、列举题

1. 列举旅游环境管理的任务。

2. 列举旅游环境管理的职能。

3. 列举旅游环境管理的内容。

参考文献

蔡碧凡，《乡村旅游开发与管理》，中国林业出版社 2007 年版

崔九思，《室内空气污染监测方法》，化学工业出版社 2002 年版

崔莉凤，《环境影响评价和案例分析》，中国标准出版社 2005 年版

樊芷芸，《环境学概论》，纺织工业出版社 1997 年版

黎洁，《旅游环境管理研究》，南开大学出版社 2007 年版

李永文，《河南省旅游系统结构优化研究》，科学出版社 2005 年版

李悦铮，《沿海地区旅游系统分析与开发布局———以辽宁沿海地区为例》，地质出版
　　社 2002 年版

刘超臣、蒋辉，《环境学基础》，化学工业出版社 2003 年版

刘玲，《旅游环境评价》，上海人民出版社 2008 年版

刘绮、潘伟斌，《环境质量评价》，华南理工大学出版社 2004 年版

卢云亭，《旅游研究与策划》，中国旅游出版社 2006 年版

陆书玉，《环境影响评价》，高等教育出版社 2004 年版

马中，《环境与资源经济学概论》，高等教育出版社 1999 年版

石强、李科林、廖科，《景区环境影响评价》，化学工业出版社 2005 年版

史德、苏广和，《室内空气质量对人体健康的影响》，中国环境科学出版社 2005 年版

宋广生，《室内环境污染防治指南》，机械工业出版社 2003 年版

粟维斌,《森林生态旅游环境》,中国林业出版社 2005 年版

田孝蓉,《旅游经济学》,郑州大学出版社 2006 年版

王湘,《旅游环境学》,中国环境科学出版社 2004 年版

王昭俊等,《室内空气环境》,化学工业出版社 2006 年版

袭著革,《室内空气污染与健康》,化学工业出版社 2003 年版

徐学书,《旅游资源保护与开发》,北京大学出版社 2007 年版

严贤春,《生态农业旅游》,中国农业出版社 2008 年版

颜文洪、张朝枝,《旅游环境学》,科学出版社 2005 年版

杨美霞,《旅游环境管理》,湖南大学出版社 2007 年版

杨仁斌,《环境质量评价》,中国农业出版社 2006 年版

禹贡、欧阳洪昭,《旅游景区景点经营案例解析》,旅游教育出版社 2007 年版

张从,《环境评价教程》,中国环境科学出版社 2002 年版

张建萍,《旅游环境保护学》,旅游教育出版社 2003 年版

张文,《旅游影响—理论与实践》,社会科学出版社 2007 年版

章锦河,《基于生态足迹的区域旅游环境影响研究》,安徽人民出版社 2008 年版

中国室内装饰协会室内环境监测工作委员会,《室内环境污染治理技术与应用》,机械工业出版社 2006 年版

Western, D. 1984. Amboseli National Park: Human values and the conservation of a savanna ecosystem. In McNeely JA, Miller KR(eds.) *National Parks, Conservation and Development*. Washington, D.C.: Smithsonian Institution Press.

后 记

　　随着社会的发展,旅游已经渐渐成为人们生活的一部分,旅游业也因此成为全球经济中发展势头最强劲、产业规模最大的行业之一。旅游业是对环境很敏感的产业,极易受到环境因素的干扰和破坏。因而,旅游环境方面的知识和技能成为旅游学科及其他相关专业学生需要掌握的知识之一。笔者希望学生通过本课程的学习,能够提高环境意识,增强环境危机感与责任心,并具备一定的环境评价技能,熟悉旅游环境的防治技术,从而为旅游环境的保护尽一份心、出一份力。

　　在本书编写过程中,参阅了诸多文献著作,并得到复旦大学夏林根教授的悉心指导,在此一并表示真诚的谢意!

孔邦杰

于浙江农林大学

图书在版编目(CIP)数据

旅游环境学概论/孔邦杰编著. —2版. —上海：
格致出版社：上海人民出版社,2017.4
高等院校旅游学科 21 世纪规划教材
ISBN 978-7-5432-2721-7

Ⅰ.①旅…　Ⅱ.①孔…　Ⅲ.①旅游环境-高等学校-
教材　Ⅳ.①F590.3

中国版本图书馆 CIP 数据核字(2017)第 023911 号

责任编辑　张苗凤
装帧设计　路　静

高等院校旅游学科 21 世纪规划教材

旅游环境学概论(第二版)

孔邦杰　编著

出　版	世纪出版股份有限公司　格致出版社	印　刷	苏州望电印刷有限公司
	世纪出版集团　上海人民出版社	开　本	787×1092　1/16
	(200001　上海福建中路 193 号　www.ewen.co)	印　张	22.5
	编辑部热线　021-63914988	插　页	1
	市场部热线　021-63914081	字　数	374,000
	格致出版 www.hibooks.cn	版　次	2017 年 3 月第 1 版
发　行	上海世纪出版股份有限公司发行中心	印　次	2017 年 3 月第 1 次印刷

ISBN 978-7-5432-2721-7/F·1012　　　　　　　　　　　　　　定价:45.00 元